『十二五』普通高等教育本科国家级规划教材

全球化与民俗化

Quanqiuhua Yu Minsuhua

■ 董晓萍 著

高等教育出版社·北京

内容提要

本书全面阐述了全球化背景下如何坚持中国优秀民俗文化的主体性理念与传承实践，面向当今世界多元文化互看互跨、各国人口互动和信息互联、异质社会快速发展的新形势，重点介绍"全球化""民俗化""主体性""国际化"和"跨文化"等基本概念，兼顾中国的历史文明与现代转型文化，系统讲解了中国民俗文化知识、民俗文化与经典文化的关系、民俗文化代表作、民俗文化符号、民族民俗凝聚力、民俗文化对国家文化建设和社会建设的作用等，可作为高校跨文化交流课程的参考书。

图书在版编目(CIP)数据

全球化与民俗化／董晓萍著.--北京:高等教育出版社,2017.9(2018.3重印)

ISBN 978-7-04-048290-4

Ⅰ.①全… Ⅱ.①董… Ⅲ.①风俗习惯-研究-中国 Ⅳ.①K892

中国版本图书馆 CIP 数据核字(2017)第 196874 号

策划编辑 张婧涵　责任编辑 张　林　张婧涵　封面设计 张志奇　版式设计 于　婕

责任校对 刘　莉　责任印制 赵义民

出版发行	高等教育出版社	网　址	http://www.hep.edu.cn
社　址	北京市西城区德外大街4号		http://www.hep.com.cn
邮政编码	100120	网上订购	http://www.hepmall.com.cn
印　刷	固安县铭成印刷有限公司		http://www.hepmall.com
开　本	787mm×1092mm　1/16		http://www.hepmall.cn
印　张	24.25		
字　数	370千字	版　次	2017年9月第1版
购书热线	010-58581118	印　次	2018年3月第2次印刷
咨询电话	400-810-0598	定　价	43.30元

本书如有缺页、倒页、脱页等质量问题，请到所购图书销售部门联系调换

物 料 号　48290-00

目录

绪 论

在本书中，作者尝试提供一部适应我国高校现代民俗学教育发展需求的，同时能够适用于对外教学的民俗学教材。当今人类多元文化互看互跨，世界人口互动和信息互联，异质社会快速发展，本书尝试从这种跨文化的视角拓展民俗学的课程建设。

民俗学课程一向侧重于本土传统文化教育中的民俗文化教育，为什么现在要在教材中讲跨文化、全球化与民俗化的问题呢？

中国民俗文化博大精深，在中国传统文化和世界文化中独树一帜，但它所依赖的现代社会的教育氛围已经发生了很大的变化。它不再是埋地三尺的本家宝贝，它还是在当今经济技术腾飞中迎风生长的奇葩。在网络信息四通八达的时代，大学生们的手眼心脑借助手机短信和微信连接到外部世界，在花样翻新的时尚与“手慢眼拙”的民俗之间，正在构建新的认知。他们需要新的辨识力。

在大学校园周围的社会，全球化的经济霸权与多元文化的冲突此消彼长，统一性与多样化缠斗未决，祖宗留传的民俗似乎已成为过度的精神传递，大学生更倾向于追求看得见的物质力量。这是一种挑战，他们需要新的解释。

本书所讲的“全球化”，是背景、是时势，而不是目标。本书所讲的“民俗化”是应对“全球化”之策，旨在促进优秀民俗文化在年轻人中传承，等他们老了，还要传给下一代，让代代中国人能在世界文化格局不断变迁的环境中各美其美，同时能坚持自我，为此，大学生要在跨文化中长本事，学会反思性的思辨能力，获得对民俗文化主体性的认知。

民俗学教育需要转变方式，才能继续成为现代大学教育系统中的重要一环。在大学高等知识教育和学术活动中，在各学科门类重申文化价值的社会实践和对外交流项目中，讲究全球化与民俗化的互动，提倡跨文化对话，才能真正促进民俗文化交流。人类社会的可持续发展应该求同存异、相互理解和彼此尊重。

关门的民俗已成过往，开门的民俗走向未来。现代民俗学课堂应该告诉我们的大学生，在这个蓝色的地球上，各国、各地、各民族的人民各有各的活法，各种活法都有自己的"表"和"里"，"风"和"雅"，都在文化上自成体系。当国家民族被迫抵抗外来侵略的时候，它的民俗文化性格是内向的，它的民俗文化形态就像石头一样坚硬，能够充任战斗的武器；当国家民族对外开放的时候，它的民俗文化性格是外向的，它的民俗文化形态就像醇酒一样火热，又有自己的味道。现代民俗学教育就是要培养酿造醇酒的人们，让他们懂得"朋友来了有好酒"。

现代民俗学教育是一种跨学科教育。它的跨学科的可能性在哪里呢？在于民俗学本身就是一门具有很强的跨学科性质的人文学科。民俗学课程从开讲伊始，听课的大学生就来自大学的文、理、工科各系，而不仅仅限于文科学生。在民俗学的相邻学科，如社会学、语言文字学、历史学、对外汉语教学和比较文学中，它的教学效果也比较明显。

本书要解决的基本问题是：在全球化背景下民俗文化所呈现的民族凝聚、历史认同和社会整合作用，民俗文化与文化多样性的关系，民俗文化与民族主体文化的特色自识的关系，民俗学教育与现代大学文化转型的关系，在世界文化系统中可参与跨文化对话的民俗文化的特征，等等。

一、全球化与民俗化

现代社会存在种种民俗问题，它们都可以归结为一种普遍现象，即全球化与民俗化矛盾共生。现在到处都是全球化，它的冤家对手就是民俗化，两者像茶和水泡在了一起。全球化送来了高科技、城市化、商品文化、媒体工业和信息高速公路，民俗化又在极力维护拥有民族性、地方性和各种差异文化，两者你追我赶。民俗本来在本土经营，用不着外人帮忙去推销，全球化使它变得外向了。现在的网络信息技术和“文化惊奇（culture shock）”正像两条魔杖，能让地球上的任何一个地方的民俗瞬间便告白天下，于是安静的民俗便变成了旅游枪口的猎物、眼球经济的对象，乃至媒体的谈资。在这个系统内的民俗，逐渐变得没有特点，也没有秘密。全球化目不暇接，民俗化也琳琅满目，到处都是人不歇脚、马不停蹄。全球化与民俗化互为动力，鼓吹统一的民俗，掩埋生态的民俗，这成了现代人类社会的共同问题。

从世界各国的经历看，在全球化的身后总是跟着民俗化，全球化是变化之光，民俗是变化之根。两者在矛盾中交手，在对立中互动。

在整个 20 世纪的后半期，人类都进入了一个全球化和民俗化一齐苏醒的时代。不同文化在进行沟通的时候，被大量展示和解释的正是民俗。这时民俗已不再是人类在襁褓中懵懵懂懂祈祷的仪式，而是被漫长的历史锻造出来的民族文化成分，是被宏观的自然环境和微观的社会关系塑造出来的天赋生活权利。然而，在全球化与民俗化之间，全球化更容易被接受，因为全球化时尚；民俗化更容易被搁置，因为民俗化复杂。所以，一个人在成年之后才会理解自己的民俗，一个国家在跨文化后才能发现本土的民俗文化。正是在这个意义上，在现代社会，民俗化成为文化成熟的标志。在世界不同文化的交流中，它还是一种最节省的发言权，能以固有的和谐规则，去解答失序的矛盾和疑问。无论在人类温柔或疯狂的时候，民俗总是人类的皮肤，能感知人类与万事万物的平衡基准。人类到了拥有高度民俗意识的时候，才能对优秀民俗文化加以珍惜和传承。

个别民俗也可能在全球化中走失，但总体民俗不可能消失。试看，在网络、天上的飞机和地下的高铁穿梭如织的今天，世界许多国家仍在坚持“左行”或“右行”的出行习惯；在人类饮食走出古老的厨房，麦当劳流水线畅行全球的时候，有些民族传统饮食也忽然“一夜成名”，还拒绝转化为大机器产品；当现代广告技术像一只报喜鸟，从一个国家飞往另一个国家的时候，国际知名企业、跨国公司和国际互联网站却积极地发掘中国民俗，用来对西方世界"广而告之"；在影视媒体打开了大众娱乐的潘多拉匣子，令观众为之癫狂之际，还有人利用光学相机去跟踪普通小人物的生活，为媒体工业攒人品；在先进的遥感技术、太空技术、转基因技术、遗传工程技术等大行其道的今天，一些非政府组织要求恪守地球生物链的原则，制止伦理与技术的冲突；当人类痛恨钢铁、水泥、涂料和农药把地球变丑和变瘦的时候，有识之士在呼吁环保工程和绿色工程。这林林总总的反思和坚持，都有找回人类幸福真谛的感觉，也都是民俗化的福音。

民俗化是人类物质文化与精神文化遗产延续的活性剂。全球化越发展，民俗化就越活跃。现在各地都在通过民俗化扩展生存之道，民俗化就成了一种社会策略。民俗化还有另外一个好处，就是提供优秀民俗代表作进入世界文化展示的平台，丰富世界文化的种类和内涵。

以往民俗学侧重描述和解释本土内部的民俗事象，这当然也是一项重要任务，但当今时代的民俗学遭遇了全球化下的整体文化变迁，还要建立新的阐释机制，才能让民俗学产生新的生命力。

（一）趋同与差异

统一文化不能抵消差异文化。民俗文化的存在就是差异性文化的存在，这是最基本和最稳定的国情民意，全球化不能代替它们。现在我国各地都有许多外国专家学者、外国留学生和外国游客，他们在全球化之后来到中国参观、学习或工作，在中国学汉语，了解中国社会，并从事文化交流。但是，当他们安静下来的时候，还要打开收音机，收听母语广播，找本国人来一块说母语，保持自己的文化感。人们依恋于多样性中的自然成长文化和传统习得文化，这就是民俗。这类主动的趋势，成了人气，起了风潮，就是化。中国人在外来文化的包围中，会搞中国的民俗化。外国人行走世界各地，他们也有他们的民俗化。

现在人类社会有两种幸福观，一种是时尚消费的幸福观，一种是稳定守成的幸福观。全球化把追求时尚消费的幸福观与追求商品利润的经济目的刺激结合在一起，愈发较劲。稳定守成的幸福观恋旧、喜爱原真、主张稳定少变。中国历史上不乏复古哲学和复古运动，都与这种幸福观有关。中国的道家鼓吹无为而治，墨家鼓吹俭省守成，都很早就把少安毋躁的理念变成社会理想，渗透到中国人的社会规划思想中。中国人渴望幸福，但中国资源不多，于是中国人就更加渴望以少胜多的幸福。中国人创造了很多这种求福的符号，安慰自己的心灵，也收敛自己的贪欲。大量中国的聚宝盆传说都把幸福感收藏到精神世界里，成为一种可以自控的寄托。中国人喜欢买福字、贴福字，到了过年的时候热热闹闹地求福字，试想幸福是祈求或购买来的吗？当然不是。中国人是通过自己的努力和付出获得报酬的民族。中国人也从来不抢夺别人的幸福，而是把幸福感深深地沉淀在自己的信念和行为中，奔着年年有福的希望，世世代代地刻苦奋斗。他们年年收藏幸福的寄托，这种幸福观就是一种规范，一种积极向上的动力。

我认识一个法国朋友，花了不多的钱，在山村的深处买了一座 19 世纪的老式农舍，周围是空山碧野，环境安宁。她在地头修了一个“龙潭湖”，浇水、开垦、种草莓。她每月从巴黎开车去一趟，过着这种田园生活，你慢慢地和她接触，你会感到，她在追求稳定守成的幸福。

人和人不一样，时代和时代不一样，文化和文化不一样，全球化和民俗化的表现也是多种多样的，数也数不过来。全球化的力量是把不同社会、不同人群和不同发展时期的人们都动员起来，将商品和文化搅在一起，以幸福的名义让人们统一行动，在幸福感中高消费，把民俗丢在脑后。但是，随着全球化的发展，人类社会也出现了新的危机，如自然资源被过度开采、动植物在锐减、可再生资源在减少、社会两极分化在加大、全球一体化灾难在加剧，这种全球化就变成了人类的自毁。这时民俗化的好处在于维护一种人与自然贴心的文化，提醒人类要放慢速度、回归人性、体谅自然，把稳定、节约的幸福当作天下之公器，这对人类和自然都是一种善举和挽救。

（二）越位与恪守

全球化不需要消化，你就跟着它追，付出你的热情，燃烧你的生命，你就在它的怀抱中。不要说一无所有，人有、你有、你就最富有。全球化就是把你的理性给蒙起来，给你造越位的文化。

全球化的传播经历了两个阶段。第一阶段是在20世纪90年代中期之前，以美国为代表，由经济发达强国领衔，由金融寡头控制，推行统一流行文化。中国人不乏追逐全球化者：很多人都去学英语、考托福，造成了不少民族语言的生涩和濒危；很多人都去唱摇滚，追歌星，造成了不少传统民歌的冷却和失传；很多人都去喝可乐、吃麦当劳，造成了民族饮食市场的低迷。在欧洲国家，全球化却遭到了讽刺和抵制。第二阶段是此后至21世纪，全球化的赢家改变了策略，提出了全球联通的口号，这给各国、各民族带来了表面上的自主和自由，其实不过是获取全球经济资源和金融利益的策略调整。这两个阶段的共性，是外来大国采用当地国家趋同的符号，包括利用认同程度最高又没有版权的民俗，设计情商方案，再打商战。在中国大地上，近几十年来，著名国际品牌公司的站脚成功，都采用了这个策略。当然，它们在别国也如此，麦当劳餐馆在北京、纽约、伦敦、巴黎和赫尔辛基的内装修都不一样，都是采用了当地民俗做“第三墙”的，麦当劳因此博得了当地人的消费幸福感。北京前些年轰动一时的肯德基改民俗包装，堪称是此举之第二。更早些时候，诺基亚手机在中国市场上打拼得不错，营销到县级客户，他们也执行了明确的民俗化路线，[①] 把称雄已久的摩托罗拉手机销量甩在后面。

民俗化是回忆的声音，是古老的权威，是讲人与自然关系的车轱辘话，是千年不变的好人逻辑，也是下功夫包装民俗的新招数。但是，如前所述，在现代社会，要懂得民俗并不容易。懂得民俗的现代人，要有跨文化对话的本领，要能正确解释自我社会的历史文化知识，还要有对未来社会的责任感，这不是每个人都能平平常常、随随便便地做到的。

中国民俗以往在封闭或半封闭的社会中传承。民俗是原生态的，它的口传、心传、身传和群体行为惯制的传递，都是自然而然的。一个人从小到大，到什么岁数，就知道什么民俗。一辈子没出过村、没离开家、没见过城市、没见过飞机和火车，却照样能掌握和使用民俗的人比比皆是。但是，为什么现代民俗传承会与现代工业社会扯上关系？这是因为全球化是现代工业社会的产

① 引自中国国际广播电台节目2005年3月1日早7：40分董军对诺基亚中国总裁的采访。

物，是现代年轻一代大学生的生活方式。手机、网络和影视大片都是现代工业化的“皮肤”，民俗文化教育不理这些皮肤，民俗教育就会自己“脱皮”。大学生拥有这些皮肤而不理民俗教育，大学生就会自己“脱皮”。在现代工业社会中获得对民俗的认知，除了在大学里上课，还需要开放地了解别国的文化，还要自我反思。这是一个文化素质全面养成的过程，这比在封闭或半封闭社会获得民俗认知要复杂得多。

在全球化条件下，由于世界工业产品流行的便捷，民俗本体的形态与传递方式也跟着悄然发生了变化。过去人们用鸽子传信，用嗓子唱民歌，用集市交换商品；现在人们用手机传信，用电吉他伴唱，用网络购物。老话说“读万卷书、行万里路”，移动身体是人们获得知识和财富的主要途径；现在人们已可以足不出户而知天下，能通过电视、光碟、经纪人、演出公司和跨国交流项目，快速有效地达到学习目的。异质社会的现代载体是社会变迁的客车，民俗是搭车者。

然而，不管社会结构怎样变化，民俗还是民俗，而不是别人的文化。有一个例子能说明问题，进入 21 世纪以后，中国人出国的多了，去发达国家见世面的机会也多了，中国人在国外的消费额也很高，颇引人注目。据世界最大的信用卡组织 VISA 统计，中国人 2003 年在国外平均单笔刷卡额度就达到 253 美元，创下全球最高纪录。据 2014 年的再次统计，中国出境人口超过 1 亿人，境外消费超过 1 万亿元人民币。[①] 有舆论说，此举推动了全球经济。而在中国人出国消费动机的背后，占相当比重的还是民俗。中国人到了全球化的大本营国家周游，想尽办法省吃俭用，却为国内亲友购物毫不吝啬。[②] 中国人以“千里鹅毛”的古训显示亲友情意的品质，以“情大于金”的理念恪守馈赠民俗的隆重，这些都能说明中国人在异质社会行为的深层，还遵守着本土民俗的历史规约。民俗化，就是在全球化下按老规矩办事。

① 付丁：《商务部长：境外消费超 1 万亿》，《法制晚报》2015 年 3 月 7 日，第 1 版。

② 王万忻：《中国人成了世界消费冠军》，《作家文摘》2004 年 11 月 12 日，第 7 版，转引自《世界新闻报》2004 年 10 月 25 日王万忻文。

二、民俗化与跨文化

中国的民俗文化有一套自我评价体系，它在全球化中是趋新的，又是不拔根的，它的深层民俗元素应该从这里提取。

（一）天人合一

中国古代哲学中已有中和平顺的思想。中国人在处理自然、社会和人际关系时，讲究天时、地利、人和。现代社会崇尚科学理性、科学技术和科层经济，这套天人合一文化则拥有自己独特的精神内涵和物质内容，其传承更需要民俗去承担。在我们这个古老的文明国家，承担这一部分民俗的，主要是阴历民俗。

阴历民俗传承天人约束的观念和行为规范。它分等级、分性别、有职能，并有谱系。最有名的阴历系统的神灵被认为是玉皇大帝、王母娘娘、雷公和电母，传说他们无所不能，能解决腐败问题、民生问题和灾害问题等各种问题。人们通过祭祀他们的仪式，也反省和矫正自己的行为。

阴历民俗崇拜粮食和土地，有一套利用土地和控制人口的规矩。每年腊月二十三和除夕日，家家户户都要“普查”一次人口和土地。各家户在家长的带领下，虔诚掌祀，祭祀土地神和灶神，在向两位神灵进献粮食后，再向他们报告实情。阴历民俗还崇拜水神，最大的水神是龙王。我国各地龙王庙之多，不亚于土地庙。上述阴历民俗至今活跃，对保护生态、节约土地、节约粮食和节约用水都起到一定的管理作用。

阴历民俗的价值观与群体实践有利于形成节约型社会。它通过敬祀自然、克制人欲，克服贫瘠和灾害等不利条件，以勤奋的劳作，换取国泰民安。它以大自然为亲人，善用而不争，鼓励人向大自然学习，陶冶性情、有容乃大，创造了著名的山水文化。

阴历民俗具有现实与象征两个管理系统，两者互补，抵御不测风云。每当危机来临，有一个防御系统失灵的时候，就会有另外一个系统开始报警、排险和补救。在全球化中，在人类过分地向大自然索取资源时，阴历民俗的管理系统的优点便开始重新被人们顾念和珍惜。山西霍州四社五村长期厉行节水民俗，把一个八百年缺水的山区建成了小康致富村。

阴历民俗是在中国血缘家族文化基础上形成的，在我国20世纪以来实行公历纪年后，阴历与公历配合，对内治理，对外交流。它维系个人与群体、家庭与社会的平衡关系，提倡乡土观念和家国观念，营造亲近祥和的气氛，培养善良、正直、奉献的人格，对形成中国民族的优秀人文文化起到了积极作用。全球化袭来日久，人们愈发体会到，人类社会不管发展到什么程度，都要有人文氛围和人文理想，不能让金钱牵着文化的鼻子走。前些年中国大陆和台湾结束了几十年的封航史，实现了直航对飞，春节期间输送两地乘客回家过年。在首架对飞的航班到达北京时，京郊群众结队来到机场，舞狮舞龙热情欢迎，让下飞机的台胞有回家之感，体现了公历岁月的进步和阴历民俗的力量。中国的这些美好的民俗与中国社会长相守、割不断。

（二）公益传统

中国民俗文化中有一些公有文化要素，经历了现代社会的淘洗之后依然保存了下来，值得珍惜。

中国人长期奉行公益传统，不以赢利与否决定取舍。西方社会立法早，可以用制度去塑造人，中国则还需要公益传统养育这个社会。在一个曾经长期自给自足的血缘社会里，在一个曾经缺乏现代沟通的文化环境中，这种传统曾起到凝聚社会成员的作用。在现代社会，它仍然会使中华民族富有同情心和牺牲精神，乐善好施、不计回报、有容乃大、慷慨方正，这种民族性格，是需要继续发扬的。

中国人的公益传统体现在爱惜资源的习惯上，并由此产生了循环利用的生活传统。从前中国人对自然山川和动植物资源爱惜有加，从不浪费原材料，这是世界出名的。拿现在流行的桑蚕丝来说，过去中国人从蚕虫、蚕蛹、蚕茧到蚕丝，无不利用，还化风成俗，用“春蚕到死丝方尽”的诗句，概括这种生活传统与高尚人格的联系，这表现了中国人将生产资源、生产力和生命力联系起来认识的优良习俗。

中央电视台有一期《实话实说》节目的主题叫“长大不容易”。它从现代人的观念入手，讲节约的古老命题，谈节约对获得良好社会评价的作用。被邀请到场的嘉宾都是当代青年大学生，在做节目的过程中，不少大学生当场哭了，为什么呢？是因为他们在给上大学后的消费算账时，突然发现，不挣钱的自己，却无谓地花掉了父母大把的辛苦钱，于是心有所悟。可是从现场家长的发言又能看出，父母对子女的高消费的态度又是很坦然的。现在全球化了，流行高消费了，大多数工薪阶层的家长供养子女上大学并不轻松，但他们还是竭尽全力节省出对子女的教育支出。他们的要求很“民俗”，只要子女“懂事”，他们就能豁得出去。在这种文化氛围中，金钱的运作不取决于经济规律，而是遵守家庭民俗的规则。在家庭中，谁是消费重点，谁是节约角色，都是有说法的。上电视的大学生父母都是在这种民俗中长大的。他们为子女教育而节约也是按照这种民俗原则行事的，所以他们并不后悔。这期电视节目利用这次机会，告诉大学生厉行节约在人生成长中的意义，也让观众能理解到，中国的节约，实在是一种非常深刻并具有牺牲精神的生活传统。

中国人的公益传统有三个特点：一是对有限资源的巧妙使用和循环利用，从不浪费。过去穿戴，讲究“新三年、旧三年、缝缝补补又三年”，就是反对浪费。二是强调总体性的共享规划。一个家庭穿不完的旧衣服哪里去了？被送给有需求的亲友去继续利用了。我国还有一套传递旧物是传递福气的民俗，给共享的双方以精神上的鼓励。季羡林写过一篇动情的散文《赋得永久的悔》，说他有个大奶奶，是村里少有的能吃上白馒头的富户。大奶奶有了白面馒头，“不但自己吃，而且每天都给我留出半个或者四分之一”，每当“我跑到大奶奶跟前，清脆甜美地喊上一声：‘奶奶！’她立即笑得合不上嘴，把手缩回肥大的袖子。从口袋里掏出一小块馍馍，递给我”①。这是另一个在有限资源中共享的例子。这种共享原则是有伦理秩序的。在当时的封建社会，换了一个女孩，即便再聪明伶俐，也未必能换来大奶奶的白馒头。三是人感恩土地、空气、阳光和水，彼此之间也是一种民俗关系。中国人长期传承这种民俗，磨炼

① 季羡林：《赋得永久的悔》，季羡林、邓九平编：《季羡林散文全编》（三）。北京：中国广播电视出版社，1999，第124页。

了许多可贵的品质，获得了数不清的经验，赢得了无数的优良产品。它们都能用来跨文化交流。

中国民俗也有的随着社会的变化成为障碍，传承有弊，更不适合文化输出。在生产民俗方面，一些生产方式和传统品种对本地气候、地理形貌和植被环境有高度的适应性，两者有完好的生态平衡。现在全球环境发生了改变，气候变暖了，生态脆弱了，这些生产民俗对原有环境的高度适应就变成了过度依赖，有时甚至成为破坏因素，新疆且末县还因此出现了生态难民。当地群众按照祖先的传统不断地砍树烧柴，自毁家园，只能背井离乡当移民。① 这类民俗的共享者需要增加环境保护的新知识和改造旧民俗的新方法。②

在精神民俗方面，中国人拥有热爱家庭的传统，习惯于公社式的共享生活，乐于互助周济，提倡财富均等，形成了丰富而深刻的私人领域民俗。但在公共领域内，中国人就多少缺乏民俗约束了，如人们对待公共领域的事物，包括历史建筑保护等，关注程度不高，出现私人住房获利而历史建筑受损的现象。近年国内拆了很多有历史价值的老建筑，被用来改善居民生活条件，就反映出这个矛盾。以四合院为例，它是中国民居的代表作，云南丽江还以四合院和古老的城市排水系统而成为世界文化遗产，但其他地方的一些四合院却被改造得面目全非了，北京什刹海的一些四合院甚至成为咖啡屋和胡同秀，令人痛心。一个相反的例子是，在中法文化交流年中，法国总统邀请中国最高领导人去自己家乡的古堡做客，展现了法国人对历史文化建筑保护的自觉性和成绩，这就是两股劲。在这些地方，中国人还没有现代经验，现在中国各界正在努力改进，情况正在改善。

我认识一个很有社会成就的西方朋友，他对我说“学习才有结果”③，这句话给我的印象很深。当此全球化之际，民俗传承和学校学习是同一种现代理论知识体系的学习，是能参与多元文化交流和创造自己优秀文化产品的学习，也是一种世界格局下发展先进价值观和共享优势的学习，这不是以往普通心态就能完全理解和达到的学习目标。现代中国人要在以往爱学习的基础上，具备

① 刘泉龙、姜雪城等：《沙漠治理赶不上沙化速度》，《作家文摘》2004 年 11 月 12 日，第 7 版，转引自《瞭望新闻周刊》2004 年第 43 期。

② 李友梅、刘春燕：《环境社会学》，上海：上海大学出版社，2004。

③ 2004 年 7 月法国标致汽车公司企业家 Jean-Pierre Charnay 先生与作者的一次谈话。

宏观的眼光和跨文化对话的心态，才能对民俗文化和其他各种文化兼收并蓄，获得学习的成功。

（三）跨文化性

跨文化性，指在全球多元文化的传播中，在与别国的文化交流中，建立自己文化的优势战略定位，包括内外双视角的“跨文化对话”起点，在兼容别人中推广自己，选择软碰软的“接触点（contact zone）”，发展关注普通人日常文化的“边际理论（boundary theory）”效应等。

全球化造成了工业喧嚣、农业丧失、环境污染、技术称霸和人文薄弱等弊病，给人类带来的精神创伤远远大于经济获利。在这种情况下建设民俗化策略，是要吸收“跨文化性”的概念，召回民俗尊重自然的本性，促进世界各国彼此合作，重建人与环境的和谐关系。这时民俗就成了一种新的国际资源，成本不高而一呼百应，被人们用来转换心情、陈述想法、养护人文、控制节奏、辅助建设可持续的人类社会，因此得到善用。

现代人都很忙，忙得透不过气来，民俗化让人们放慢脚步，欣赏人生。某年春节我收到两张贺卡，一幅是绢画，上面有江南水乡，一片小桥流水、一片静谧人家，满目南国春色，让人心旷神怡。另一幅是北京古建，红墙碧瓦，透着北国帝都的深沉，引人伫立独思、发思古之幽情。寄送贺卡已成民俗，但这种民俗所描绘的景色却是让现代人做梦的地方。民俗化还能生成一种心境，让不停地向世界各地突奔的人们向内心的宁静转变，让利益文化回复生态文化。人总有回归的感觉，人出生的父母家庭或某地点是生命起源的地方，民俗的生命力、张力、解释力和再生力都产生在这里。后来的人们无论怎样出门在外，怎样与同事、单位、民族和国家建立身份关系，也总要与这个地方发生联系，用以保持与生命原点的归宿感，知道自己从哪里来，到哪里去。对此最煽情的表达就是“家”。全球化给了“家”很多定义，但最有力的定义是生命之地。在一个社会封闭的时候，这个定义是牢笼、规范和束缚；在一个社会开放的时候，这个定义又是认同、托付和归属。在全球化中，需要这种生态民俗的定义的场合更多，人群的范围更扩大，民俗化正在那里工作。当然，上述种种民俗认知，都应该在具有“跨文化性”概念的前提下，才能被理解得更为自觉和深入。

民俗化对全球化有强大的抵制力，这种抵制来自两方面：一是强调民俗文化权利。民俗在封闭社会是传承最广的内部文化。在全球化得势之际，发展中的国家由于经济落后，在文化上也变成弱势群体，民俗随之成了弱势文化，但这也正是让发展中国家的人民最不能接受的地方。开展跨文化对话，建立民俗化策略，可以帮助发展中国家寻求自我发展和自我保护之路，积极地弘扬民俗文化，争取平等权利。二是选择民俗非物质文化遗产代表作。在中国这个民俗大国中，面对汹涌而来的多元文化竞争，需要在跨文化的视角下重新认识民俗的价值。现在我国政府和各地各民族人民就在考量哪些民俗可以列入中国优秀文化代表作，以奉献给世界文化宝库，提供人类共享，这也是一种必然的选择。

民俗化的选择方式，有的是个人选择，有的是阶层选择，有的是社会选择。生态民俗都是社会选择，没有个人选择。我们先谈个人或阶层的民俗化选择。去过欧洲的人都知道，欧洲发达国家在两次世界大战之后，经历了工业拆建、农业毁坏、环境污染、乡味流失的许多教训，走过了中国现在走着的路，后来他们吸取了教训，尤为注重保护。他们最反对全球化的统一化，这对中国当下的选择也是一种启示。前几年，法国举办中法文化交流年，在巴黎卢浮宫内，有不少法国老师带着法国的小学生参观中国馆，老师站在一边，小学生们坐在另一边，老师给小学生讲解中国民俗。有一个镜头很感人，一个画家母亲，带着四五岁的孩子参观中国馆，孩子专心地画中国画，母亲耐心地给孩子讲中国山水文化的要义。不同文化传统之间在积极地欣赏和学习。外国人可以选择中国民俗，中国人也可以选择外国民俗，大家相互体验，彼此理解，这就是民俗化的现场课。不过，中国对外开放的时间不长，中外人士之间的彼此选择还都比较浮浅，还不能扎根。此外，现代人在对异时异地文化发生惊奇的时候，也容易选择民俗；在中产阶级、成功人群和老年人中间，也容易选择民俗。

民俗化也能促成新的社会选择。从前有些民俗曾遭到误解，被认为是迷信、落后和贫困的符号，其实是不准确的。在现代社会夸奖龙灯、狮舞、筷子、晋商和徽居的时候，不也是在夸奖民俗吗？近年的调研数据证明，在中外文化的“接触点”上，跨文化能促进民俗化。近年国内许多世界文化遗产地，如北京的长城和颐和园、陕西的兵马俑遗址和山东的泰山一带，都是外国游客云集之处，也是国内民俗产品的发祥地。在这些地方，民俗化产品成为稳定的社会选择。

（四）民俗创新

民俗创新是现代生活的需求。从前本土成员使用民俗做两件事，一是家用，二是神用，两者的价值都是由民俗文化传统规定的，而不是靠市场和价格调节的。外来人看不到民俗在内部传统中的价值，内部成员也看不见民俗在外部世界的经济价值，两者是双盲的。在全球化中，内部世界的大门被打开了，民俗资源被送入市场运行。有些在内部看来不值钱的东西在外人眼中变成了稀世珍宝，于是振动了价格的指针，这种民俗赢得了可观的收入，这在内部社会里是无法想象的。现代人的精神空间也在向民俗方面扩展，让一部分民俗成为现代生活的需求品。中央电视台有一个“文物鉴宝”栏目，专门展示和讲评各种民间藏品，一些民俗物品一经推出，市场价格讯号就摆动得十分灵敏，令外界人士眼界大开。在一次节目中，持宝人拿出一枚清代民间花钱请钱币专家讲评。钱币的两面分别刻有“存心忍耐”和“福在眼前”八个字，人工雕刻，匠技高深。在钱孔的内外，分别刻有“存心”和“眼前”四个字，描摹出古代铜钱的外圆中空的形制；另有“忍耐”和“福在”相配，字形结构稳当，内蕴寓意清楚，暗喻持钱人用心求富，财运不远。这枚铜钱的构思与手艺都很精妙，引来观众的一片喝彩。在清代，花钱不是当作货币流通的，是用作佩戴的装饰，有时也被当作祈福的民俗符号，原本不是价格上的竞争物。这次持宝人也只是报价千元，但经钱币专家的鉴定，把这枚铜钱的价格翻番了6倍，反而让持宝人大吃一惊。此枚铜钱还与《芥子园画谱》等上品文物摆在一起供亿万电视观众欣赏，这就将民俗物品带出了内部文化的门槛，带进了跨文化交流的时代，让持宝人和观众都获得了极大的精神满足。过去这种事是看不到的，跨文化交流才能看到。

民俗创新受城镇化的影响。中国民俗的一大内需是城镇文化。近年我国大批农民脱离土地，浩浩荡荡地开进城市务工，学习城市生活方式和生产技能，将个人的身份和家乡的民俗重新价值化。[①] 他们要想在城市站住脚，就要维护好自己的民俗。有的打工者还利用家乡民俗脱贫致富。城市化进程为民俗创新提供了动力。

在现代社会，一个国家、一个民族、一个社会，如果对全球化不敏感，对民俗化也就不敏感。中国是个文化大国和文明古国，全球化和民俗化同时发生，让中国人学会了对内坚持民族文化主体性，对外宽容、接纳和跨文化。我去过巴尔扎克当年常去的一家多姆咖啡馆，在那里一抹秋碧、一线斜阳、一个老剧作家、一杯浓咖啡，静静地构思，就与巴尔扎克小说里的情景一模一样。我感动极了，好像看见有人在触碰巴尔扎克的心灵，在跟历史握手。这一切从历史上流传到现在，已成为活着的跨文化交流遗产，其中不乏民俗。全球化把地球人搞得很忙，民俗化则让我们留一点时间，留一份心情，让自己与外人打交道。大家坐在小酒馆里，回忆过去，品味自然，复习文化习惯，保持人性的自觉，做彼此尊重对方文化的很多思考，这不好吗？

三、文化多样性与民俗

文化多样性与民俗不是一个概念，但它们是一对联系十分密切的概念。两者的联系，在于其理论与实践的相关性，由此所提取的民俗元素，既是民众日常的，又是世界共享的；既是地方独特的，又是多元生发的；既是主体认同的，也是对外交流的；既是原地人的文化权利，也是人类共享新财富。对它们的研究，既要讨论一般民俗文化对象，也要讨论那些能够成为国家或世界优秀遗产的，并能为这类遗产保护提供民俗基因依据的文化事象。对它们的研究，还要包括相关的理论、评价标准和保护规划方案等。它们都是对建设现代政府治理政策和人民未来生活有实际价值的学问。

在全球化的背景下，民俗的地位是在文化转型中获得的。应该说，不等于有了民俗化潮流就能了解文化多样性。对民俗的享用者和研究者来说，还要了解文化多样性，才能对民俗的变化、民俗的生存现状及其优秀元素等，有比较

① 李强：《转型时期的中国社会分层结构》，哈尔滨：黑龙江人民出版社，2002。

准确地把握。

在现代社会里，每个人都身处文化多样性的环境中。我在北京师范大学教书，在这里想举个与个人有关的例子。在北师大周围，在方圆 20 分钟的路程之内，至少有 2 个麦当劳，1 个肯德基，2 个英式西点店，4 个韩国餐馆和 2 个日本饭店，夹在它们中间的是中国八大菜系的饭店。① 下了课，走一圈，就能看见欧美等地区和中国饮食文化并存，北师大校园处在一个饮食文化多样性的包围圈当中。

再说校门。我读书的时候，校门是朝东开的，正对着新街口外大街。门前是毛泽东题词的校牌，门内是绿树成荫的修长甬道，校内师生很容易从一个安静的学府跨入外面的社会。大街上的行人也很容易从这个校门望见校内的绿树红楼和悠悠文风。后来东门外的大街被纳入市政建设计划，马路被加宽，变成快速车道，过街斑马线被撤销，路中间还安装了隔离护栏，把行人的路权让给了汽车，从此东校门就关闭了，再没有昔日的繁华。再过几年，水泥世界把北师大包裹得更紧，出校门的路也变得越来越不通畅了。现在北师大的四周已有 6 座水泥立交桥②、5 个过街天桥和 1 个地下通道，小汽车越来越多，斑马线越来越少，行人手动的绿灯只有南门前的一个，现代化已把过马路的传统行走方式减少到最低点。北师大地处北京市内，所反映的交通变化要比北大和清华集中一些，虽然这个变化只是一个小例子，但它能反映一个八百年古都在现代生活中的不可避免的选择。现在我们要在文化多样性中思考民俗文化的位置。

（一）混合文化现实

文化多样性，英文为 cultural diversity，其解释是：

① 指文化观察视角的多样性；

② 指不同工业化程度和不同阶层文化的平衡发展和经济保护策略；

---

① 据粗略统计，在北京师范大学周围，有粤菜、闽菜和湘菜系统的九头鸟和金潮轩饭店，川菜系统的重庆火锅店、新九龙豆花庄和香丰阁，京菜系统的新街口烤鸭店，江浙菜系统的同春园饭店，沪菜系统的黄浦江饭店和太古城饭店等。

② 这 6 座水泥立交桥是：积水潭桥、明光桥、蓟门桥、北太平庄桥、德外桥和马甸桥。

③ 指多样化的文化产品，包括生产多样性和渗透多样化的运作方式。

在我们看来，文化多样性是一个现代化工业时期的概念，它包含现代化工业时期流传的民俗文化，但这种民俗文化已不是纯粹农业文明的产物，而是与现代化工业文化混合在一起的文化样式，是农业民俗文化传统延续到现代化工业社会的思维习惯和运作方式，它能体现民俗文化发展在不同社会阶段、不同民族、不同地区和不同代际之间的不平衡。在全球化条件下，它们的形态还会因为与科技、商品和外来文化的较量，变得更为复杂，有时成为一种对民俗文化的不同利用和不同保护的应对策略。与以往民俗文化学的角度看待民俗文化的一个差别是，从文化多样性的角度看待民俗文化，是把民俗文化放到一个混合的文化现实中加以定位，被称为“现在性（actuality）”[①]。马林诺夫斯基早在 1944 年就已提出过现在性的问题，他说：

> 文化是一种由不同愿望组合起来的混合物，它源于人类的基本需求，还能从文化上创造新的需求，以及人类为了解决这些需求而产生的种种问题。[②]

他提出了文化是传统与现实的混合体，否认有纯粹的传统文化的说法。他还说明，混合的文化现实是人类的一种创新能力，表现了人文文化的生命力所在，这一观点在今天的人文科学研究中还在使用。与我们现在所谈的问题不同的是，他当时面对的是社会内部的生态传承文化，而现在讨论的是全球化中的跨文化。时代变了，问题也不同了，尽管如此，我们还是能从他的学说中找到文化“混合物”和“多样性”的原创观点，这是后人所不能忽略的地方。回到文化多样性与民俗文化的关系上来说，也应该这样被定位。民俗文化总是按照自己的需求动态地整合现实新事物，它的能耐就在于它是人类所创造的多样文化和多样保护对策的两者，而不仅仅是多样文化中的一个天然类属。文化多

---

① ［日］荻野昌弘：《文化遗产的社会学》，东京：新曜社，2002。

② John H. Bodley, *Cultural Anthropology: Tribes, States, and the Global System*, California: Mayfield Publishing Company, 1999, p. 426.

样性的分布的范围有多大，民俗化的内核就有多少，需要保持民俗文化生存现实的对策就有多少，对民俗文化的现实解释故事也就有多少，这是它和完整定型的精英文化不同的生存策略。现在中国人已经走出了封闭社会，跨入了开放社会，民俗学者还要经历与报刊电台逢年过节解释民俗的互动，这本身就是民俗学者建设民俗化策略的一种体验，也是现代媒体工业和民俗保护对策的“混合物”形态。当少数现代人一定要寻找祖传生态民俗文化的时候，会变得另类和孤独，其实人人都需要了解民俗传统与现实生活混合传承的根性，这样才能发现它从古朴的狭小到现代的宏大之间所存续的连续性。

文化多样性的提法还隐含了另一种价值观，即保护。它已不是一种纯粹的学术概念，它是观察全球不同文化的宽容视角和理性态度，是现代化工业社会在发展型经济和高消费运动中，面临人文传统被吞噬的危机，所提倡的维护人文精神和文化真谛的社会公共政策。它还在加紧建设多元化文化理论，并提高这种理论的可行性和文化产品的说服力。这些都是当今多元文化发展的重要工作，也有助于民俗文化位置的提升。

（二）特色化工具

现代国际民俗学界在讨论民俗文化定位时，还讨论了另一个相关的问题，即“特色化”概念的工具作用。芬兰民俗文化学者欧·乔廉（O. Giollain）界定说，这是一种“混合性的问题”。

> 文化多样性，是一个后现代理论的话语，是一个混合性的问题。它是全球化进程和后现代主义关于全球一体化文化必须瓦解的承诺，而一体化和特色化的讨论还会继续下去。

他继承了马林诺夫斯基的文化定义，也吸收了现代主义和后现代主义等各种后起文化学说的看法，但他更强调切入全球化下的跨文化背景。我们看到，现在对民俗化定位的讨论已进入对“一体化和特色化”关系的讨论。现代民俗学者对前景也很乐观，还提出了“特色化工具”的新概念，使民俗文化获得了新的学术活力。“特色化工具”的实质是在跨文化的比较中捍卫自我文化生命价值，以便提炼和加强优秀民俗文化。

从理论意义上讲，民俗化的定位是与“特色化工具”概念相关的。这种民俗化定位既要有民族性，也要有跨文化性，它同时成为对其他文化多样性的理性认识。它还应该促成不同文化的“特色化”的彼此欣赏，这样才能达到自我民俗化定位的目标。这种民俗化定位的要点，在于其在与世界多元文化建立联系中的定位。

在社会实践上，“特色化工具”的运用，能获得对民俗化发展的社会新关注。全球化与民俗化的矛盾是会继续下去的，但全球化不会压倒民俗化。民俗化学会了跨文化，也会利用和牵制全球化。

（三）网络信息时代与民俗

另一位芬兰民俗文化学者劳里·哈维兰蒂（Lauri Harvilahti）在一篇题为《“全球”世界语境中的传统知识》的文章中提出，现在讨论民俗，除了以往的民族化做法，还需要考虑现代世界工业经济策略的作用，特别是网络信息技术带给民俗发展的革命性作用。

> 当今这个（文化多样性）概念与全球化相关，而全球化与科技发展的水平相关，与经济金融增长的速度的影响所导致的世界范围内的经济、社会和文化品质的变化相关，与全球化关联的一个关键因素，是信息技术和在信息技术中互联网所起的作用。①

现代工业生产改造了民俗的原生态传承模式，改变了民俗化混合物的品质，还营造了民俗的大工业制造和追逐消费的社会基础。信息技术又把民俗变成了一个跨文化、跨国家的卫星电视收视现象，能让外部信息进入内部社会，

① Lauri Harvilahti, *Traditional Knowledge in the Context of a "Global" World*, in The Folklore Fellows by Courtesy of the Finnish Academy of Science and Letters and the Kalevala Institute, FF Network, May 2003, p. 18.

冲击本土民俗，引来了民俗传承方式在全球范围内的可视性变化。在学术上，现代工业化迫使民俗学由生态性、地域性和民族性的研究，转入对网络信息时代的民俗研究。这些变化都是很深刻的。芬兰学者所指出的变化，让我们看到各国民俗学问题的共通之处。

文化多样性的概念也影响了现代人们对民俗的理解，主要有以下四种。

功能需求论。受马林诺夫斯基混合文化定义的影响，该理论认为民俗源自人的生存功能需求。这是马林诺夫斯基对生态传承的文化的分析，以此分析现代化工业时期的民俗，并把发展民俗看成是一种生存需求，那就把事情简单化了。现代人解决了生存需求，就不再需要民俗了吗？显然不是。在现代社会，此国此地人的经济生活水平提高了，又要参观彼国彼地的民俗，这就是将民俗运用与文化多样性的欣赏挂钩。

自我传统论。这种观点认为民俗即自我传统，凡是属于自我传统的民俗都要保护。但它缺乏两种意识，一是现代意识，即在生态传承民俗的社会结构被打破后，纯粹的自我生活传统已经不存在了，任何民俗都多多少少有了现代生活的成分，所以要考虑保护那些对本地本民族来说十分重要而濒危的民俗，而不是怎样划分社会分期。一是比较意识，即要在文化多样性的比较中，选出需要保护的民俗。经过比较被认定为“特色化”的、“代表作”的民俗，才符合要求，才能获得较多的保护发展的机会。

合理社会现象论。少数人从传统社会学的视角出发，认为民俗文化是一种与城市化相对立的社会现实，民俗化是与乡村化、低文化、贫困化和落后化一致的社会运行。在这种认识下策划民俗保护，就将保护工程变成了脱贫工程、扫盲工程、旅游工程和城市化进程，结果造成了保护性破坏或建设性破坏，甚至将很多不可再生的民俗资源都连根拔掉了。一旦发现做过了头，又追悔莫及。

抵御外来文化入侵论。这是以往民俗学的主旋律，从两次世界大战的反战、反殖民、反侵略、反同化的斗争中发展而来，民族性和政治性都很强。现在也在抵制经济全球化和文化霸权中发挥作用。但从保护文化多样性的角度说，它也多少有偏见。它强调在自我文化和外来文化之间，民俗是最后一道防线，也是对立的界限，这其实是一种比较夸张的文化相对论。它对自我文化变迁的焦灼感和对外来文化的紧张感，都不大符合现代社会的实际。以前面讲过的中国节日为例，年节是变迁的，但年味是不变的，因为两者都有规律。保护文化多样性的目标是既让各种文化都保持特色，又能彼此共享，而不是造成相互隔绝和对立。何况互联网的出现已经拆掉了一道道传统的隔离墙。

这些不同偏见的存在，都受到以往的一种假设的影响，认为民俗是不发达国家的文化，这是由不发达国家的“文化多样性”的自身差距造成的。这些发展中国家缺少正规教育，文化素质差，经济发展水平低，全球化进程的多样化所致，民族语言中缺乏概括性的术语、社会长期封闭、没有可供多样文化交流的产品，民俗文化环境被全球化的速度和个人选择的自由度所改变，等等。[①] 这是早期进化论的翻版，现在已经说不通了。现在大家都知道，全球化以来，在那些教育、经济和开放程度都很高的发达国家中，照样有民俗。即便在全球化进程多样化的情况下，仍有大量调查个案和调查数据证明，发展中国家和发达国家的民俗和文化多样性一律平等。

四、特殊文化产品

回顾整个 20 世纪对文化多样性和民俗化的关系的讨论，大体可以反映当今世界人类文明的进程。这种讨论，以不同的形式，每每在社会变革的重大时期出现，是关系到人类可持续发展的重要问题。在第一次世界大战时期，它作为反殖民、反侵略的思潮口号，为发展中国家的生存争取到了地位。在第二次世界大战时期，它适应民族解放和国家独立的需求，成为一种特殊文化产品。在全球化时期，它在发展主义和节约主义的不同模式中，起到提供节约的幸福模式的作用。现在 21 世纪已经到来，人类应该以更清醒的心态去把握两者的定位。以下从四个方面归纳这种讨论的内容。

文化不相关、民俗文化不相亲。这是殖民主义的产物，是殖民国家的文化支配被殖民国家的文化的观点。它把自己的文化强加到别人的民俗之上，是对别人的民俗不尊重，乃至误读。在 20 世纪的后期，在后现代、后殖民的思潮

---

① Richard A. Shweder, *Thinking Through Cultures Expeditions in Cultural Psychology*. Cambridge: Harvard University Press, 1991, pp. 136-146.

中，这种观点受到了批评。当然，在被批评者的早期记录资料中也有很多民俗史线索，只要建立适当的阅读原则，还能找出可用的历史文献，也能看到在不同文化碰撞时，民俗被描述和被界定的多种可能性。有些历史陈迹，还能为今人思考全球化下的多元文化与民俗化的定位，提供某种借鉴。①

文化相关、民俗文化相亲。人类学研究小群体、小社会文化，提出了很多重要理论。人类学者曾发现，文化相关的民族，都有相关的文化标志物，它们让见者自亲，互相接近。民俗学者又发现，文化相关者，都有同类型的民俗事象，它们让人回归，彼此认同。比如，世界各地华侨都有以动物纪年的民俗，未曾谋面的华人只要提起自己的属相，就能自来熟，产生四海一家亲的感觉，这就是民俗在起结构性的作用。人类学和民俗学在研究中还发现，在民俗的各种元素中，母语最亲。在不同文化的撞击中，母语能减轻孤独的哀伤，增添沟通的幽默，还会对外来文化产生新鲜的想象。

文化相关、民俗文化不相亲。中国加入世界贸易组织以后，跨国公司、跨国超市、跨国社区等跨国服务业接踵而至，产生了新的经济文化现象。值得思考的是，现在外来经济文化的输入，让中国与全球经济文化有了相关性，但这种文化相关不等于民俗相亲，有时是各打各的牌。这种商品经济送给人们的文化多样性是一把双刃剑，既刺激民俗，也伤害民俗，这是我们要有精神准备的。

文化不相关、民俗文化相亲。联合国文化遗产保护项目强调多极化的世界发展，鼓励把来自不同文化的优秀作品都看作人类共同遗产，加以平等地尊重和保护。它提倡携手共建未来社会，跨越历史积累的各种不平等沟壑，追求文化平等、民俗平等、人文权利平等，这是好事。

以下简要地分析两个例子。

（一）误读与伤害——以汽车文化为例

不少中国人以为西方的现代化就是小汽车化和大马路化，其实这是一种误

① 参见拙文《牛津大学藏西人搜集出版的部分中国民俗文化书籍》，汕头大学新国学研究中心编：《新国学研究》第二辑，北京：人民文学出版社，2005，第253—293页。

解。西方车多不假，但开道扩路相当谨慎，小轿车走旧马路的情况多的是，不像中国处处为小轿车修大马路，把几百年或近百年遗留下来的人行马路都给拆除了或扩建了。我从牛津去剑桥，坐公共汽车花了 7 个小时，汽车曲里拐弯地什么大街小巷都走，根本没有专用大路供车行驶。在路过一个小站时，抄直道 2 分钟就能进站，司机却在古驿道和小花园中盘来转去，折腾了 20 多分钟才开进停车场，但一路上也让乘客饱尝了“羊肠小道”的感受。我邻座的一个中国同事说，要是在中国，早把这种小马路给拆了，修成大马路。然而我们走了这一趟，还不能不佩服人家守旧的好处，当我们随汽车摇摇晃晃地走上苍茫驿道的时候，能想象中世纪的马车也从这条道上走过，古罗马的战车也从这里驶过，希腊人的高轮车也来过了，于是不由得顿生世界历史感，自己也长了学问了。要是换成现代大马路，到哪里去找这种不平凡的历史想象呢？

国内从前也车少路窄，但充满了人间真情。无数临街的马路搭建了无数的人情小社会，给市民带来了无穷无尽的欢乐。那些沿路的街道，是观察马路公共社会的窗口；路边的民居社会，则是一道情意飘香的人文风景线。学生们上、下学，机关人员上、下班，商店的开、关门，以及街坊邻居的下棋和聊天，都能从马路上看到。那些纵横交织的北京胡同小马路，民俗文化更是韵味深厚：能方便胡同居民穿越往来，能给胡同两侧的四合院提供搭话的平台，还能透过伸出墙外的古树苍枝、屋瓦上的夏草冬雪、烟筒里的袅袅炊烟，讲述四季变换的小路景色和人间烟火。这才是人居社会，是要经过几代人，几十年或几百年的营造，才能建立的市民社会，等小马路一拆，这种胡同社会就没了。

一位社会学者历数老马路的种种好处：一是能满足人们的放松需求，找到自然环境的舒适性；二是能满足人们参与公共生活的需求，这种公共场合拥有不受干扰的进入权，让人感到与环境容易相处。[①] 但大马路很容易抹杀小马路的这种好处。

大马路优待了小汽车，却亏待了行人，造成了技术与人文的矛盾。首先，马路的路面过宽，增加了大量的红绿灯，限制了人们的进入权，迫使人们把道路让给汽车。其次，大马路剥夺了人们的出行安全感，连年轻人都无法一次通

① 郑也夫：《城市社会学》，北京：中国城市出版社，2002，第 191—200 页。

过，更别说是老年人了，有的老年人等绿灯亮了两三次也过不去。过去的小马路有很多斑马线，暗示了行人高于汽车的等级秩序，现在为了大马路的畅行，取消了很多斑马线，把汽车放在了行人之上，甚至为了修路而拆房的现象比比皆是，未免过犹不及。当然，公交部门为了补偿，也修了一些高架天桥和地下通道，但这已不是人们所熟悉的人高于车的主流马路文化，于是一些非主流的东西也跟着挤进来，流动商贩挤占了天桥和地道，破坏了人行通道的景致，于是人们更加怀念那些古老惬意的小马路。

现在连西方人到中国都对过马路发怵，说这不是西方文化。而我们也把自己的小马路民俗文化给弄丢了，殊为可惜。

（二）顺应与伤感——以地名文化为例

在祖国西南边陲，经云南省政府批准，云南迪庆藏族自治州正式改名为“香格里拉”，迪庆地图上的一系列地名也跟着改。这次改地名主要是根据发达国家对藏族聚居区文化的想象，对迪庆进行了地名包装。果然改名后的迪庆迎来了旅游致富的新局面。

这次更改地名的过程有以下特点，值得讨论。

建立全球化的地名关系网，不再坚持使用原有的民俗地名。其实，最早提到“香格里拉”地名的是英国作家詹姆斯·希尔顿，他在1933年出版的一部小说《消失的地平线》中塑造了这个神秘的地名。1937年，同名电影上映，使“香格里拉”声名远播。1971年，马来西亚富翁郭鹤年为自己经营的饭店集团命名“香格里拉”，这就让这个地名又与财富相关。到迪庆藏族自治州在全球化的形势下改称“香格里拉”时，已将自己与世界各地的“香格里拉”地名联系在一起。它在解释这种做法时，还把百年来探访迪庆的各国旅行者的国名与自己连在一起，以提高自己的国际知名度，至于自己长期沿袭的原地名，却被主动放弃了。

使用别人关心的藏族文化概念，而不以保持自身的民俗特色为主。现在的“香格里拉”有26个民族，藏族仅占33.84%，不是主流，但在这次改地名中，当地全力以赴，把自己改造成藏族文化区。他们把迪庆的本意“吉祥如意的地方”[①]，改成藏语的意思“心中的日月”[②]；把叫了500多年的迪庆首府中甸县，改称“香格里拉县”，总之刻意趋同，让历史为现实服务。

强调学者考证的结果，不以原地居民意愿为主。一篇文章这样写道：

> 1997年9月14日，在迪庆建州四十周年暨滇川藏青毗邻地区第二届文化艺术节隆重举行之际，云南省人民政府在迪庆州府中甸召开“云南迪庆香格里拉旅游资源开发”新闻发布会，省人民政府副省长戴光禄宣布，世人寻找了半个多世纪的“香格里拉”就在云南迪庆。戴副省长是根据省政府“香格里拉”课题组的研究报告，从迪庆藏区方言、自然地理环境、宗教庙宇、社会环境、东方学者描述等几个方面阐述了这一观点的。[③]

这是一场由地方政府和学者参加的包装工作。改名之后，他们还举办了艺术节，利用节日形式广而告之。结果当年就吸引国内外游客达54万人次，创下旅游收入过亿元的历史新高，达到了经济目的。[④]

建构虚构地名关系史，而不是以地方史为主。在宣传迪庆的小册子里，把英国小说家希尔顿、第二次世界大战时期的美国飞虎将军陈纳德、30年代国民党国府书吏刘曼卿、30年代中期的红军长征等不同时期、不同政治环境、不同军事背景、不同资料来源的故事都编成“香格里拉”的史料，引人注目。在叙述上，放弃细节的原真性，突出表现民族性和国际性，这样迪庆就不仅是民族圣地，还是国际文化圣地，如果需要，还能成为鲜为人知的生态资源圣地。

这样打造的“香格里拉”就成了全球化经济运作与地名运作的一种工具。一位作者说，于是人们“几乎忘记了那只是一部虚构小说中的地名”[⑤]。可见那里的自身文化和民俗文化被伤害的程度是很深的。

---

① 李茂春主编：《新编迪庆风物志》，昆明：云南人民出版社，1999，第1页。

② 云南省测绘工程院编：《迪庆州旅游交通图》《香格里拉旅游文化交通图》。另见中甸县政府外事办公室编：《香格里拉——中甸旅游指南》，昆明：云南人民出版社，2001，第7页。

③ 李茂春主编：《新编迪庆风物志》，昆明：云南人民出版社，1999，第9页。

④ 李茂春主编：《新编迪庆风物志》，昆明：云南人民出版社，1999，第8页。

⑤ 合和编著：《迪庆：香格里拉》，昆明：云南大学出版社，2001，第4页。

（三）记忆与途径

我们面临的问题是：文化多样性的现实和理论是否对不同人群产生均一化的影响？是否能为世界各国各民族提供更广阔的、了解不同看法的并能获取不同文化产品的途径？哪些民俗文化用于文化多样性的教育中，能使人们更好地融入文化多样性的世界？文化多样性理论和实践的发展能否突出不同国家文化中的优势？这种民俗文化与文化多样性的经验能否成为现代人健康成长的动力？在这种情况下，民俗化，就不是单一化，而是双元化的问题，因此，我们对文化记忆和民俗化选择两者都要分析。

在文化记忆中，有四点要关注：一是正常记忆，它弘扬国家民族的优秀文化，是由现代知识理论、政策导向和社会实践带来的。二是非正常记忆，它由战争、殖民、重大自然灾害等特殊事件造成，是经过人类的反思和学术研究等方式建设而成的。三是现实记忆，它是全球经济发达程度和文化发展处于不同阶段的多样社会模式的产物，也是人类学、社会学和民俗学提供多种社会结构的恢复方式时，可被共同复制的日常对象。四是文化本身的记忆，这是传统民俗文化学所说的集体性内涵，它附着在精神产品上，也附着在物质文化上和地方制度上。今天的民俗化，不再是传统民俗文化学意义上的集体传承，而是处在文化多样性中的，以传统为根基的，又由传统、历史、社会和全球化等多种因素组合而成的选择结果。

认识文化多样性，了解世界文化和民俗，学习文化整合、社会分层等现代概念和知识体系，建立对民俗化的综合思考，有利于建立自觉的民俗保护意识。

在文化多样性中重建民俗文化价值观，可以被用来再现优秀民俗遗产，被用来观察和解释许多以往不熟悉的民俗事物和未来事物，被用来表达不同的民俗文化信仰。它使民俗具有广泛的传播性，能塑造新的文化现实，促进人类文明的新繁荣。

第一章

传统民歌与通俗歌曲

近年中国文化出现复杂局面。这时使用跨文化的视角就能看到，用歌曲沟通，是人生自然而有共鸣的文化交流。在获奥斯卡大奖的英国影片《国王的演讲》中，主人公乔治六世正在治疗口吃，语言治疗师问："你会唱歌吗？你把你心中想说的话唱出来。"他们唱什么呢？唱儿歌、绕口令。这些都是民俗学要讲的内容。此电影已成当代经典，它说明跨文化的民俗学具有启发性。

从跨文化的角度看歌曲研究的历史，需要谈到三个概念：诗歌、民歌与文化。对这些概念的运用，反映了世界范围内对待民俗现象的一些变化。对"诗歌"的界定，在古代中西社会中都有，但对它的利用，在19世纪发生了变化。自从民俗学和人类学等学科兴起后，它被用来描述初民的思维方式。诗歌被说成是初民简单思维的产物，初民用诗歌描述具体事物与具体情感。这种诗歌观与儿童文学观十分相似。"民歌"，由19世纪的"诗歌"观发展而来，凡被界定为民歌的东西，大都指简单、具体、情感、质朴、低级和同质社会的产物，它们之间在某种程度上还是可以互相代换的同义词。"文化"，这个概念也很古老，但在21世纪全球化破坏生态平衡的情况下，它被大力强调，拥有了跨文化观察与预测的成分。它在这种情况下指人类精神生活、物质生活和社会组织的一切内容，而民歌反映文化，也能跨文化。

歌曲是文化符号表演，唱歌是文化权利，传播歌曲是因为歌曲在人类文化品种中具有最大的流行性。然而，现在的问题是，在别人的电影用民歌元素获得世界文化共鸣的时候，我们中国的民歌却远远未被外界所了解。年轻的一代为通俗歌曲而迷狂，却有时忘记了自己古老的歌谣。我们的民族还没有学会理性地利用跨文化的歌曲阵地，我们还需要从了解自己做起。

目前人文与经济交织，表演与民俗融汇。从经济方面说，在现代化工业社会中，它可以通过表演民俗，制造公共产品，随之也制造公众人物和公众事件，为现代工业产品进入生活传统开辟渠道。从人文方面说，它可以通过表演民俗，展现民族文化的公有性、公共传统和公众天才，提高共享文化的知名度，使之具有开发价值。因此，表演民俗是一个特殊的平台，能开发别人，也能开发自己，成为这个时代不离不弃的资源文化。从民俗保护的方面说，表演民俗还有一个特征，就是能以现代社会的普遍共享为边界，找到适者生存之路，对比之下，那些非表演的、日常化的民俗，或只能根据生活传统规则表演的民俗，与之出现了差异。从外界看，民俗在现代社会呈现了繁荣、保持、保存、濒危或消失的种种不同状态，各种不同都处在各自的适应阶段上和发展矛盾中，这就给民俗学的保护理论提供了不同的思考样式。

在跨文化的语境中研究民歌和通俗歌曲，需要关注三个方面，一是娱乐歌曲，它反映歌曲的社会观；二是意义歌曲，它反映歌曲的文化观；三是情绪歌曲，它反映歌曲的艺术观。西方学者对情绪歌曲关注较多，认为它既携带了娱乐的社会形式和意义的文化内涵，还有后殖民、后现代和后结构的文化特点，研究的空间很大。他们还用这种眼光看待中国改革开放后的通俗歌曲，视之为中国现代人情绪的象征。也有少数国际学者研究中国的意义歌曲，但又认为这种歌曲的政治性强，缺乏艺术性。[①] 这些研究对我们都有启发，但限于学术背景和研究方向的不同，还不能以之代替中国学者自己的研究目标和学术见解。

以歌曲所涉及的中国20世纪前后历史相比较，一个很大的变化是农业社会转型。在20世纪以后，中国迅速地走过了传统社会末期、初期工业社会、现代化工业社会和经济全球化工业社会的几个阶段，时间不长，却变化巨大，

① Chang-tai Hung, “*The Politics of Songs: Myths and Symbols in the Chinese Communist War Music, 1937—1949*”, *Modern Asian Studies*, 30, 1 (1996), pp. 236-255.

上述三类歌曲也是混在一起传唱的，截然分开研究是很难的。但是，我们可以将农业社会歌曲与现代社会歌曲做比较，因为中国现代社会的底子还是农业的，中国人的艺术细胞也是对农业文明底子的开发。就歌曲种类而言，可以根据我国的实际情况，从传统民歌和通俗歌曲两个方面考察，这样容易认识相关表演民俗的性质和变化方式。

在本章中，我们将重点讨论怎样从民俗学的角度研究传统民歌和通俗歌曲，怎样解释它们所表现的中国社会不同时期的社会政治和经济结构，它们携带了怎样的表演民俗基因，中国歌曲又是怎样既不恪守传统，也不西化地表达了一个文明古国被外界认识和双向沟通的意愿，怎样讨论它们的文化真实、艺术真实和社会真实，等等。总之，从阐释和保护的两个角度，探讨这些中国歌曲与中国人自己的国家社会、文化传统、艺术品格和民俗传承的关系。

第一节　传统民歌

传统民歌，指在农业社会中产生和世代流传的，由未受过现代学校教育的当地人，主要是农民，及其他从业者，运用当地的方言土调，所演唱的口头歌曲。

传统民歌所表现的，是中国农业社会中农民的生产生活，现在所说的“三农”，即农村、农民、农业，都是指这个问题。中国农业社会以小农经济为主，农民没有土地，依靠租种土地、耕种粮食为生。中国也还有林、牧、副、渔各业，但从生活方式上说，这些副业人口也都是吃粮农民。农民承受了土地资源不平衡的压力，承受了水利气象不稳定的变化，世代勤恳耕作，促进了中国农业社会的长期延续，也促成了中国人对农业理想的热爱和歌颂。传统民歌正是这种文化的艺术产品，是这种文化的情感、愿望和内涵部分。

一、传统民歌研究的学术争论

关于传统民歌的定义和认识，根据学科背景和研究视角不同，也有不同的见解。本书侧重讨论以往民俗学的研究，顺便也将分析相关学科的观点，最后从民俗保护的角度加以反思，提出一些看法。

在以往的民俗学研究中，对传统民歌的讨论，可概括为以下四点。

（一）民歌论

在民俗学史上，没有传统民歌的说法，也几乎没有直接谈到传统民歌的研究。在民俗学者看来，社会史理论就可以把这类问题处理掉。但表演民俗一经出现，就告诉我们事情没有那么简单。

在全球化的冲击到来后，所谓“民歌”，很快陷入了尴尬的境地：学者要保护，它自己要改变，社会史理论却对此表现了知识和方法储备的不足。与此同时，外来音乐、流行音乐、商业音乐、电视音乐和网络音乐等汹涌而入，铺天盖地，大面积占领了音乐产品市场，这对没有市场意识和市场投入的民歌来说，形势是岌岌可危的。在一些传统民歌生态区，尤其是在能歌善舞的民族聚居区，随着农村城市化进程的展开以及旅游工业的侵入，农村生态遭到破坏，民歌传承人青黄不接。过去靠唱歌组织劳动、谈婚论嫁和赢得名声的农民，现在变成了靠打工刷新生活的现代人，这种环境的转变和农民后代观念和生活方式的改变，对民歌的打击是最沉重的，它导致民歌的濒危，严重者还能造成“拔根”，使一些民歌种类消亡。再从市场上看，在现代社会科技、商品、市场和学术交互发声的时代，也有另一批民歌走红、魅力四射，获得了新的身份证，变成了通俗派和学院派的恋人。原来民俗学所说的、社会史意义上的民歌定义发生了萎缩，“传统民歌”一词在这种情况下很快进入不同人士的视野，并被归入了民俗传统。也许它的含义还可以有很多争论，但由于它的目标指向明确，能在民歌保护工作中被及时地加以应用，因此获得了广泛的社会认同。在现阶段，它已成为很多民俗学界与相邻学科学者、政府文化职能部门和国民所能共享的一个词语，已被用来描述现代化工业社会以前的传统民歌资源、民歌生存的现代压力和民歌的保护价值，还被用来呼吁民歌表演的正确开发，显示了旺盛的生命力。比起以往民歌讨论的学术概念，它富有实践性，应该被民俗学所吸收。

（二）歌谣论

在从前高校的民间文学教学中，传统民歌的歌词被归为民间文学类，音乐部分归民族音乐学类，它的概念被界定为劳动人民创作的、短篇抒情的、可以演唱的口头诗歌创作。[①] 它的作品范畴，由历史文献和口头记录两者构成。在这个范畴内，民歌的歌词又分成歌曲和民谣两种形式。单从历史文献上看，歌和谣已经是略有差别的，古人将歌指作用嗓子演唱的韵文，将谣指作用白话念诵的韵文，对两类歌词做了区分。《诗经・国风・魏风・园有桃》说："心之忧矣，我歌且谣"，就是说在心境忧伤的时候，可以通过唱歌或念民谣，排遣自己的苦闷。这句诗里的歌和谣便是各有所指的。自先秦时期开始，直至宋元，谣，又指"童谣"，有谶纬占验的意思。到明清以后，歌谣才不再细分，明人杨慎所编《古今风谣》和清人杜文澜的《古谣谚》，都已把歌曲和谣谚放在一起收录。[②] 另外，在民间文学研究中，对口头资料中的歌谣，又指作民间韵文的一个种类，被用来与民间叙事散文相区别，如神话、传说和故事；也被用来与长篇叙事韵文相区别，如戏曲、说唱和史诗。[③] 不管怎样，我们都可以看出，现代民间文艺学中的"歌谣"研究是对歌词的研究，"歌谣"的概念也是一种文学的概念。

（三）乐府论

有的民族音乐学者把民歌音乐的搜集上溯至汉乐府，认为里面含有一个规则，即民歌是要合乐的。这里的合乐有两层意思，一是指合于乐器，如丝、竹、管、弦，即民歌的演奏是要配乐的；一是合于乐章，即民歌是有既定的曲调和唱腔的，民歌的演唱要合于乐曲和乐章。在这类讨论中，"民歌"是一个音乐概念，能涵盖不少民歌的特点。但它也有遗漏，就是很多民歌原来是不合

---

① 钟敬文主编：《民间文学概论》（第二版），北京：高等教育出版社，2010，第 173 页。

② 钟敬文主编：《民间文学概论》（第二版），北京：高等教育出版社，2010，第 80 页。另见，董晓萍：《民俗学导游》，北京：中国工人出版社，1995，第 65 页。

③ 钟敬文主编：《民俗学概论》（第二版），北京：高等教育出版社，2010，第 210—217 页。

于乐器的，或者说是不配乐的，现在叫“无伴奏演唱”，正在申报非物质文化遗产的苗族飞歌和侗族大歌的一些演唱就属于此类。有的民歌从出现以来便是即兴放歌、徒口演唱，如陕北的信天游，歌者隔着山梁高唱，无需乐器美化，照样余音绕梁。从学术史和实地调查看，把民歌研究归为音乐理论，更早地是受到西方音乐学的影响，所借用的理论并不完全符合中国实际。西方的一些国家，如英、美、德等，都曾经把歌谣当成音乐理论的内容，重视民歌的音乐传统，这对我国音乐学界的研究曾有启发。[①] 但后来他们的理论也在发展，第二次世界大战后产生的民族志音乐学、音乐人类学等，就是新成果，它颠覆了传统的音乐学理论，转向了关注民歌文化的特点，这对研究中国民歌是有新的借鉴意义的。而对中国古代乐府论只能做有限的使用，用它来解决现代民歌研究的全部问题显然是很局促的。

（四）民间诗论

对民歌而言，将之作为诗歌理论的对象，是一个文艺诗学的概念。中国是一个诗歌大国，这种说法也是有来历的。诗歌理论指出歌和诗的区别，是有意义的，这也是一个值得讨论的问题。歌是按照一定的曲调去唱的，其歌词就是诗歌。从歌词的角度研究民歌，就等于研究民间诗歌。但是，严格地说，民间诗歌与文学创作的诗歌还是有区别的，民间诗歌里所蕴含的地方民俗、方言文化和日常社会功能，是普通诗歌里所没有的。也有不少文人诗歌在历史上曾吸收民歌的成分，甚至模仿民歌，但它们始终不是民歌本身。它们抽出了民歌的混沌意境，剔除了民歌的民俗功能，是个人才艺的写照。民间诗歌研究的出路，在于向文化诗学发展。在文化诗学的领域里，巴赫金和鲍曼（Richard Bauman）已提出了重要的学术见解。[②]

---

① ［英］Frank Kidson and Mary Neal：《英国搜集歌谣的运动》，家斌译，《歌谣》周刊第 16 号，第 1 版，北大研究所国学门歌谣研究会出版，1931 年 4 月 29 日。《歌谣》周刊上还有对英国吉特生和英国威森等歌谣音乐理论的介绍。另见［美］瑞爱德等编：《现代英吉利谣俗及谣俗学》，江绍原译，上海：中华书局，1932。

② 参见程正民：《巴赫金的文化诗学》，北京：北京师范大学出版社，2001。另见 Richard Bauman，*Story*，*Performance*，*and Event*. Cambridge：Cambridge University，1986.

总之，中国民歌是一笔宝贵历史财富。大量优秀民歌的原创、生存和传承，都发生在现代化之前的时期，是记录农业、农民和农村特殊文化的样式。在现代化到来以后，特别是在全球化之后，它们与现代化的工业文化产生了疏离、断裂，或者融合，这些也都是值得研究的。使用“传统民歌”的概念，将民歌的农业文化特征与全球化和现代化工业文化相区分，给它们独立的保护和传承空间，或者找到合适的开发途径，是有必要的。从另一方面说，“传统民歌”自身也是在不断变化的，从来就没有生来不变的传统民歌。此外，在当前，对它们的观察和研究，还应该同它们的一部分变体联系起来，包括表演化变体通俗歌曲和信息化变体手机短信，同时，在现代社会多种变体的比较中，重新发现和认识传统民歌的特点，这样才能对它有比较全面的认识，才能把民歌保护工作做得更理性和更前瞻。

二、传统民歌的民俗特征

以下我们将继续使用“传统民歌”的概念。中国是一个传统民歌大国，拥有难以胜计的传统民歌藏品。近年来，广西壮族的刘三姐歌曲、贵州黔东南的苗侗古歌、广东梅县的山歌、四川的康定情歌、江苏的茉莉花、陕晋黄土高坡的信天游、甘肃莲花山的花儿、蒙古族的长调等都已成为知名度很高的传统民歌。各地各民族的传统民歌手，无分男女老幼、工农兵学商，都积极走上北京的舞台，进入中央电视台的“青年歌手大奖赛”、《星光大道》栏目和“春节联欢晚会”亮相，借助高科技卫视网络，让无数支古老的民歌飞向祖国各地，飞向世界。

中国很多传统民歌也有自己的文献史，在二十四史中，特别在明清以后的书籍里，很多文人学士都将之列入读书的体系，给予了评论，进行了一定程度的社会推荐。“五四”以后，研究民歌的工作达到了前所未有的高峰，出现了胡适、董作宾、周作人、顾颉刚、钟敬文等一批大家的著述。中国的传统民歌是人民大众、文人学者与现代文化遗产保护者的共同财富。

从研究和保护的角度说，传统民歌有以下特征。

（一）公有性

传统民歌一个最基本的特征就是它的公有性。现代民族志音乐学家阿兰·玛丽安（Alan P. Merriam）指出，传统民歌的公有性特征，指它“提供一种鼓舞人心的氛围，把全体社会成员聚拢起来，按照约定俗成的习惯，投入到某种集体行动中去”①。这种公有性与专业作曲者和专业演唱者的个性化特点是有区别的。传统民歌初步定型后，要经受群众的检验，受欢迎的就被保存下来，广为流传，或被添枝加叶地再创造和再民间化，久而久之，成为常年流行的传统民歌。在传统民歌的加工和再创作过程中，一些杰出的民间歌手起了相当的作用，被当地拥为“歌王”或“歌仙”。他们都能够根据自己的生活感受、记忆能力、艺术才能和听众的需求，对作品进行即兴加工，使作品凝聚了众人的智慧。20世纪40年代，光未然到云南搜集彝族支系阿细人的叙事歌《阿细人的歌》，他感慨地说：

> 《阿细人的歌》是一部活的口头文学，在实际演唱场合，往往是随着演唱的环境和对象发生若干变化，添加若干灵巧的诗句，并在一唱一和的互相酬答中，发挥若干新的创造。毕荣亮君告诉我，如果让他回到自己的山村，找到合适的对唱的对象，他可以连唱四天四夜也唱不完，这样看来，我们所记录下来的，不过是一个粗略的骨干。②

毕荣亮是路南中学的学生，阿细族人，参加了这次搜集工作。他既是听者，也是歌者，他以亲身体会说明，现在出版的《阿细人的歌》，只有两千多行，放到听众在场的场合，就会膨胀，就不是现在固定的数字。那是一个被“合适”的氛围、互动的激情和不知不觉的时间“连唱”所拉长的行数，是原生态表演文化的固有样式。传统民歌在传统社会的传播中，歌手和听众是共同

① Alan P. Merriam, *The Anthropology of Music*. Evanston, Illinois: Northwestern University Press, 1964, pp. 223-227.

② 光未然整理：《阿细人的歌》，北京：人民文学出版社，1959，第7页。

再创作的，歌曲预留空间是很大的，作品成果也是双方公有的。

（二）听力文化

传统民歌的公有性与它是广泛的听力文化有关。公有性使传统民歌在听力系统传承，不胫而走，越传越广。传统民歌的公有性也在听力认知文化中得到体现和保存，传统民歌因此成为公共社会资源。

口语演唱有利于发展听力系统的认知文化。在传统社会，民众基本不识字，不依靠书面文字传承，歌手通过一套听力词汇，把民歌演唱变成一种展现地方文化的活动，他们在演唱中，引入人生的知识、描摹自然的生态、指认关系人群、叙述社会事件，使歌声在口耳传递中渗入当地的历史与社会。那些久传不歇的民歌，如《茉莉花》《月儿弯弯照九州》和《达坂城的姑娘》等，还以天上的月亮、地上的石头、人间的花草、田里的瓜果为例，即兴起兴，引出后面的歌词，把理想世界和现实生活糅合在一起，构成一个精神世界。当地人对此是再熟悉不过的，他们通过歌声，发展他们的认知系统，也向外界告知其认知文化所在，这是任何外来演唱者和专业创作都无法达到的效果。

据早期学者研究，听力认知文化的产生与人类生理节奏有关。人类喜爱唱歌和听歌，传达了深藏在人体内的节奏感、音乐感和仪式感。人类还通过唱歌产生社会集合和公共事件，也正是这种联系把传统民歌的演唱变成了民俗表演。

听力认知系统的魅力来自现场创作。歌王或著名艺人都有这个本事，他们能见什么唱什么，出口成章。传统民歌的丰富性和竞赛性也来自当地听力认知系统文化的养成，听众正是在这种聆听中，接受自然事物、世界观和人生知识的。现在很多年轻歌手都是跟着录音机学民歌，这样也能练本事，但轮到即兴，就囊中无物、见出高低了。对传统民歌歌手来讲，在听力认知系统内进行即兴表演，既是发挥天才的第一通道，也是与听众亲密交流的文化现实，它是民俗表演的化境。

（三）艺术风格

传统民歌具有鲜明的艺术风格。首先是地区风格。歌手对地理环境十分敏感，歌曲的风格鲜明，方言的表现力强，曲调和节奏也随着地方和民族的不同而形成差别。当红歌手韩红演唱《青藏高原》，高音区嘹亮高亢、遥不可及，与世界屋脊喜马拉雅山之第一高险是相匹配的。山西地区山陡树弯，那里的传统民歌就曲调婉曲，人音回转。内蒙古草原则辽阔无际，牧羊人在一望无际的草原上自由自在地放牧，那里就盛产曲调悠扬、富有抒情意味的牧歌。其次是民族风格，我国不同民族创造了不同唱法、声腔和旋律，出现了许多“天下第一唱”，给我们留下了极为丰富的艺术基因。

传统民歌的艺术风格附着在地方社会的历史上，不是歌手本身就能讲清楚的。贵州凯里苗族的《牯脏歌》，苍老沉劲，需要演唱一个月，还伴随十分复杂的祭祀活动，这些都是当地苗族六十年一度的祭祖仪式所要求的。外人只有理解了当地的社会历史，才能理解这种传统民歌的特点。①

三、传统民歌的人文分类

传统民歌的分类是一种复杂的课题。20 世纪 20 年代，在北京大学的歌谣学运动中，许多著名学者都给民歌做了不同的分类，便展现了这个事实。在过去的 20 世纪里，在上、中、下层文学界，有很多这方面的著述，众说纷纭。朱自清在 1929 年给清华大学中国文学系讲课时，曾采用多项式分类法，把民歌分成 15 类：从地域分，有扬州小调、凤阳花鼓、长安谣、京师谣；从民族分，有苗歌、僮歌；从音乐分，有汉族的小放牛、秧歌，苗族的飞歌；从语言分，有吴歌和粤歌；从职业分，有樵歌、牧歌和船歌；从歌者分，有小儿谣、母歌；从时代分，有秦时谣、汉时谣；从人数分，有独歌、合歌，② 等等。他

① 陈有昇、邱桓兴：《苗岭布依的民俗与旅游》，北京：旅游教育出版社，1996，第 12—15 页。

② 朱自清先有油印本的《歌谣发凡》，1931 年出铅印本时改为《中国歌谣》。朱自清：《中国歌谣》，北京：作家出版社，1957。

的工作，反映了学者的渊博学识和创造精神，但也作为一个例子，说明了民歌分类的复杂情况。不过，他采用与历史文献相一致的术语，描述中国民歌的类别，并不是套用西方音乐学的术语，这些努力，在今天看来，是能方便后人梳理中国民歌的类型和内容的。他还提供了不同的观察角度，有的还具有很强的概括性，如“从地域分”和“从民族分”等，今天这些方法也还有使用价值。只是这些分类缺乏统一标准，在推广和运用上很难。郑振铎关注中层文学，他主张把俗曲小调也纳入民歌，曾有人予以反对，现在看来，郑振铎的意见也是应该吸取的。[①] 钟敬文主编的《民间文学概论》，吸收了国内诸家分类的长处，也吸收了国外同行的可借鉴理论，把民歌分为六类，即劳动歌、仪式歌、时政歌、生活歌、情歌和儿歌，[②] 这一分类对于现在研究传统民歌，也是有启发意义的。

在本节中，我们拟从传统民歌所体现的中国现代化之前的农业社会文化的视角，在吸收前人成果的基础上，将之重新分类。大体分三类，一是在传统生产劳动中演唱的民歌，二是在传统日常生活中演唱的民歌，三是在传统重大社会事件中演唱的民歌。围绕这三类民歌，主要分析三个问题：劳动主题与生态文化、粮食主题与出生文化、庆典主题与信仰文化。我们的目的是引入反思的视角，对传统民歌与现代化之后出现的变体民歌加以比较分析，重点把传统民歌与通俗歌曲做对照研究，以期能从更宏观的角度上研究它和保护它。

（一）劳动主题与生态文化

劳动，是传统民歌的第一主题，这类民歌都是配合农业生产劳动而演唱的歌曲，也叫“劳动歌”。我国各地各行业都有自己的劳动歌。劳动歌风格鲜明，在创作、流传和发展上，与地方社会的生态环境和社会结构有很大关系。

传唱在天地山水之间的劳动歌，当地人又称“号子”。

---

① 郑振铎：《中国俗文学史》，北京：商务印书馆，1938。在此著中，作者把俗曲归入民歌类。

② 钟敬文主编：《民间文学概论》（第二版），第十章“民间歌谣”，北京：高等教育出版社，2010，第173—226页。

1. 行船号子①

黄河那水长流/船儿水上走/搬船、撑船/每日水上游

众家那弟兄们/一定要操心/大家一起用力推/拧成一股绳

这是截至20世纪80年代还在黄河船夫中流传的民歌。这种劳动歌在自然环境中传唱，演唱时配合船夫的拉纤生产进行。我国的黄河、长江上都有很多行船号子。船夫的劳动繁重、集体协作性强，行船号子也多种多样。船夫的歌唱顶风逆浪、高亢强劲，充满了战胜风浪、行船过河的决心和智慧。

另一种号子是东北林区的伐木号子，节奏鲜明、集体协作，在集体伐木劳动中演唱，唱歌时能让工人们凝心聚神、全力配合，否则无法完成劳动，甚至无法保证人身安全。这种传统民歌是特定传统劳动工种的附属物，记录了我国传统农业社会简单劳动和重体力劳动的样式，这种唱歌，是一种生产技能，一种生命技能，反映了社会真实，在这种特定劳动工种消失的时候，这种传统民歌也就跟着不再产生和演唱了。

2. 采茶灯

我国地域辽阔，自然地理条件差异大，形成南北农业格局。在南方农业区，有男插秧、女采茶的分工劳动。在江浙一带，山青江蓝，鱼肥水美，生产劳动随江南生态环境的变化而变化，劳动者的社会生产结构也有所不同。当地民间流行的许多轻松欢快的采茶歌，成为这类民歌的代表。一首浙江的《采茶灯》唱道：

溪水清清溪水长/溪水两岸好风光

哥哥上畈下畈勤插秧/妹妹东山西山采茶忙

① 这首号子在当地又称“推船号子”。

插秧插得喜洋洋/采茶采得心花放
左采茶来右采茶/双手两面一齐下

一手先来一手后/好比那两只公鸡争米上又下
多又多来快又快/年年丰收龙井茶

在歌声中，一群女子，游走在一片青山白云之间，腰系围裙，手提篮筐，唱着歌儿，两手翻飞，上下不停地采摘着新叶。这是一幅美丽的农家田园图。

无论在我国的北方还是南方，传统民歌都是传统农业生产劳动的一部分，是一种农民与农业生产环境相协调的生态文化。上述劳动，如北方的拉纤和伐木，属高强度、高风险作业，传统民歌的演唱便具有生命的意义，艺术欣赏是第二位的，歌曲主要反映的是一种社会真实和文化真实，其要点是小群体、行业分工、公益性、走唱式、相互配合、在人与自然之间组织劳动空间兼表演空间。与之相比，江南地区的采茶劳动就不属于高风险作业，劳动节奏舒缓，那里的歌曲便也委婉悠扬，艺术性较强，不少好听的歌曲后来还变成了采茶戏和花鼓戏，流传至今。

马克思和恩格斯都曾吸收早期文化人类学中的民歌资料，研究人类社会的历史。俄国早期马克思主义者普列汉诺夫论述民歌的劳动起源观，以及他发表的民歌节奏符合传统生产方式与人体生理运动的双节奏的论点，① 对我国新民俗学运动的发展曾产生指导意义。鲁迅使用《庄子》的思想所阐发的劳动产生劳动歌“杭育杭育”调的观点，也被我国民俗学、民间文艺学、文艺学和现代文学等学科的教学所广泛地引用。这些历史说明，从跨文化的角度研究劳动歌，已成为马克思主义社会艺术理论的组成部分。在现代社会，一些传统生产的生态环境和群体作业方式都消失了，相应的传统民歌也就不再流传。在现代影视节目中，也有些行船号子被搬上了荧屏，在无风无浪的室内模唱，已被舞台化和博物馆化了，成为一种无奈的回忆。在现代工业化社会，劳动歌已经

① ［俄］普列汉诺夫：《没有地址的信》，北京：人民出版社，1962，第 39 页。钟敬文主编《民间文学概论》使用了普列汉诺夫的观点，详见钟敬文主编：《民间文学概论》（第二版），第十章“民间歌谣”，北京：高等教育出版社，2010，第 174 页。

退出了历史舞台，但它拥有反映传统生产方式的社会真实，仍然是民俗学研究的学术资料，也是跨文化比较研究的国际资源。

（二）粮食主题与出生文化

世界各国的传统民歌都是研究各国人民人生成长理论的学术资料。在现代社会，各国人民按照现代生活方式度过人生，但在人生成长的观念和行为上，仍然各有各的关注点。中国传统民歌是研究中国人的人生成长理论的学术资料，中国传统民歌所涵盖的中国人的人生理论，主要是出生文化的一部分。

在传统农业社会中，中国人的基本生活资料是粮食，传统民歌中的人生文化也就大都以粮食为主题进行歌唱叙事，与此相关的是土地和劳资关系等问题。

1. 农民生活歌

农民是农业社会的主体，农民生活歌的数量较多，质量也较高，值得注意的有以下几点。

对小农经济生活的描述。很多传统民歌揭示，在中国传统农业社会，土地和粮食是最基本的生产资料。少数地主阶级掌握了生产资料，控制了大多数农民的命运，双方结成了相依赖的雇佣制度，形成了剥削和被剥削的生产关系。这些歌反映这种情形，但不是直接地谈经济和制度，而是谈家庭、人口、情感、矛盾、冲突和人际关系变化的细节，用自下而上的眼光，对农民的情感和观念进行传达和评论。首先是诉苦，叙述劳动繁重和口粮不足增加了体力劳动的艰巨性，表达了农民对待遇不公的不满。一首天津传统民歌《抠心鬼雇工》唱道：

正月里/正月正/抠心鬼雇活上了工
未曾上工先讲价/地头短/少歇工

二月里/龙抬头/抠心鬼雇活去放牛

东家吃的是龙须面/抠心鬼做的是红高粱粥

这种雇佣农业生产是在一种很痛苦的心情中进行的。另一首民歌也唱到粮食缺乏问题是农民受地主剥削的根源。没有土地，种粮收获不足，农业劳力本身也变成了饥饿人口。他们谈到命运的不公平就要谈到粮食分配的不公平。一首民歌这样唱劳力的饭菜：

要吃财主饭/拿着命来换
清晨早上坡/插锄一支箭
晌午大犒劳/两人一瓣蒜
使的是牛马力/吃的是猪狗饭

农民没有土地和粮食所引发的直接危机是家庭贫困化：

想起穷人无靠场/儿子拿来换米粮
一人换得十斤米/口口吃来断肝肠①

这是只有身临其境的人，才唱得出的断肠歌。从对传统民歌的分析中还可以看出，农民自己也在挖受苦的根源，看到了由于没有自己的土地，所以不得不向雇主租地和交地租，以换取微薄的工钱养家糊口的现实。下面一首民歌唱到农民采取消极对立的办法进行反抗：

长工活/慢慢磨/白天望的锄头脱/晌午望的太阳落

还有的民歌说，农民不只是就地反抗，还有的移民或揭竿造反。虽然这些歌词表达了愤懑不平，但在更多的情况下，农民在没有生产资料和粮食有限的背景下，反而是加倍地勤劳奋斗，争取多种地和多打粮，以期维持个人和家庭

① 《儿子拿来换米粮》，原载《广西民歌》1956年第1集，收入钟敬文主编：《民间文学作品选》（第二版），北京：高等教育出版社，2010，第142页。

的生活，这种现象又被经济学者称作“经济内卷”[①]。一般地说，农民都在心里积郁着强烈的翻身感，并为了翻身而奋斗。因此，翻身，是中国人的出生文化的第一个动力。

在长期的农业生产劳动中，农民对亲手耕种的土地和粮食十分尊重，形成了社会共识。其核心观念就是“庄稼为王”。在广大农民的眼里，庄稼、庄稼汉和庄稼活都是美好的，在这种农耕文化中，允许此地和彼此耕作方式的变化，允许在气候水文的变化中加以人为地调整，促进农业社会文化的长期延续。它还欣赏农业田园社会，把它唱成了一支热情的歌，代表作是《小放牛》。

赵州桥什么人修/玉石栏杆什么人留
什么人骑驴桥上走/什么人推车压了一趟沟

赵州桥来鲁班修/玉石栏杆圣人留
张果老骑驴桥上走/柴王爷推车压了一趟沟

这种歌曲充满了农民的自豪感。歌里所唱的生产、建筑和信仰都出自中国农民的创造力、务实精神和乐观态度，现在唱起来也是十分欢乐的。赵州桥也因为进入民歌而承载了丰厚的文化信息，成为中国农业社会奉献给世界文明的一种物质文化遗产。

欧达伟（R.David Arkush）通过对中国农民口文艺资料的综合研究进一步指出，中国农民文化是一种反宿命的文化，它虽然“苦难而贫穷”，含有“极大的焦虑”，但也极少有宿命感，而是通过勤劳节俭、精打细算，去争取农业收成，农民一直在提出各种对策，寻找稳定生活的出路。[②] 他的分析得到了大

① ［美］黄宗智：《华北的小农经济与社会变迁》，第二编“经济内卷与社会分化”，北京：中华书局，1986，第65—228页。

② ［美］欧达伟：《中国民众思想史论——20世纪初期—1949年华北地区的民间文献及其思想观念研究》，董晓萍译，北京：中央民族大学出版社，1995，第60页。

量民间资料的印证。①

2. 妇女生活歌

中国农业社会是长期的封建社会，女人作为男人的一半，要受到政权、神权、族权和夫权的压迫。许多妇女生活歌都描述了女性的人生成长经历。一些民歌唱道，女子少女时期住在娘家的生活还是比较自在的，是“当一天闺女，修一天仙”。但由于过去女子出嫁早，加上重男轻女思想的影响，女孩被认为是白吃饭的，迟早要嫁人，于是，这样一首民歌就出现了，主要讲了女子出嫁时父母的反常表现：“纺花车子钻子莲，养活闺女不赚钱。一瓶醋、一瓶酒，打发闺女上轿走。爹跺脚、娘拍手，谁再要闺女谁是狗。”歌里所唱的父母，用十分微薄的粮食产品“一瓶醋”和“一瓶酒”当作陪嫁品，“打发”了女儿的终身大事，暗示了当时女子地位的卑微。而女子到了婆家，个人命运又开始了新一轮的悲剧。一首广西传统民歌《打得媳妇喊皇天》唱道：

大月亮/小月亮/哥哥起来做木匠/嫂嫂起来蒸糯饭
公食碗/婆食碗/两个小姑两半碗
留半碗/放灶头/猫儿偷吃了
公拿鞭/婆拿鞭/打得媳妇喊皇天②

在传统社会中，封建家长制是占支配地位的。这次家长执行权力的方式是用粮食说话的。两位家长出手打人是因为掌握家里口粮的分配权，里面包括婆婆。歌中的“哥哥”和“两个小姑”虽然是家长的嫡亲，要比外来的媳妇地位高，但也因为是粮食的消费者而不是生产者，所以都不说话，听着媳妇哭。

在诸多媳妇苦的民歌中，最令人感到悲愤的，是诉说童养媳生活的内容：

① ［美］欧达伟：《中国民众思想史论——20 世纪初期—1949 年华北地区的民间文献及其思想观念研究》，董晓萍译，北京：中央民族大学出版社，1995，第 71—73 页。

② 《打得媳妇喊皇天》，原载《广西的民间文学》，1930 年，收入钟敬文主编：《民间文学作品选》（第二版），北京：高等教育出版社，2010，第 150 页。

有个大姐整十七/过了四年二十一
寻个丈夫才十岁/她比丈夫大十一

一天井台去打水/一头高来一头低
不看公婆待我好/把你推到井里去①

廿岁大姐十岁郎/夜夜困觉抱上床
说他夫来年太小/说他儿来不喊娘
等到郎大姐已老/等到花开叶又黄②

开头提到的那首传统民歌的完整唱法是：

当一天闺女/修一天仙
当一天媳妇/坐一天监
当一天婆婆/作一天官③

从前女子的一生大都是被压抑和被损害的。不过妇女生活歌的流传范围不限于下层劳动妇女，中国传统社会的上、中层女性同样在这个制度中生活，否则就不会有员外女儿孟姜女和乡绅女儿祝英台的传统民歌，也就不会有曹雪芹笔下的林黛玉、巴金笔下的梅瑞珏和曹禺剧中的蘩漪等一系列贵族女性的命运。顾颉刚曾搜集了《吴歌甲集》，其中把妇女生活歌分为两类，一类是“乡村妇女歌”，一类是“闺阁妇女歌”，是有道理的。

中国传统农业社会还有一种倾向，就是对外来人感兴趣，这让我们能看到传统社会农民的多样精神生活。19世纪中期，法国天主教团在山西省搜集的

① 《小女婿》，选自《明清民歌选》，乙集，1957，原载《北京儿歌》（据清代抄本编），收入钟敬文主编：《民间文学作品选》（第二版），北京：高等教育出版社，2010，第150页。

② 《小女婿》，原载余姚《浙江民间歌谣散辑》，1956，收入钟敬文主编：《民间文学作品选》（上），上海：上海文艺出版社，1980，第405页。

③ 《妇女的命运》，原载仲吟、李光恒辑：《歌谣集》，1933，收入钟敬文主编：《民间文学作品选》（第二版），北京：高等教育出版社，2010，第151页。

一首民歌《二毛人》，法国人还给它配谱记曲，让我们还能了解它的唱法：

嗳/曼曼[①]打来细细儿听/我给你们表一表二毛人
二毛人生的俊/擦脸抹粉实爱人

麻花辫子驮背心/锁子肮圈背后听
红绫子袄三尺三/黑缎马褂子套外边

绿绫子裤子两腿蹬/鸳鸯皮的股子包后跟
蛇皮花带子花渗渗/走一步嘶玲玲

老汉见了二毛人/爬坡上洼不腰疼
后生见了二毛人/三天不吃饭也能行
……

对这位“二毛人”的叙述，表达了农民对乡村社会以外世界的好奇。还有一种情况，就是民歌对有身体缺陷者的讥讽，如对瞎子和瘸子等不好看的样子进行讽刺等，据西方人类学者研究，这是一种带“腥臊味”的现实主义。[②]但这类民歌现在都已经很难再搜集上来了。近年通过对外学术交流，能够回收一些散落在国外的早年民歌记录，或能补充我们对传统农民精神文化的研究。

一般社会学和人类学研究人生成长理论，往往把性别差异归结为社会制度的原因。但从我国民俗学的研究看，还会发现另一种资料，就是中国人的另一种歌颂女性的出生文化，它很温馨，很和谐，很有构建人生的社会意义，即一些母亲版的民歌。它们主要是演唱出生教育的歌曲，歌词里没有父亲，没有其他任何男性，也没有婆婆，都是讲母亲的。这类歌曲有两种：摇篮曲和祭灶歌。

---

① “曼曼”，为法文杂志中的录文原貌，在此不作任何改动，其意即“慢慢”。

② ［美］欧达伟：《西方史学界的下层文化研究》，董晓萍译，收入钟敬文主编：《民间文化讲演集》，南宁：广西民族出版社，1998，第71页。

摇篮曲，是人生最早接触的歌曲，又称“母歌”，一般由母亲对幼儿边拍边唱，让孩子既不感到疼，又能在音乐的舒缓节奏感中缓缓入睡。在民间文艺学上，也把这类歌曲归为儿歌，① 不过学术界也有不同的意见，认为这种歌都是大人自己唱的，不是让孩子唱，所以还是成人歌曲，真正的儿歌是应该由儿童本人去唱的。本节的讨论，因为侧重对歌者观念和行为的研究，所以采用母亲版的概念。请看歌词：

月儿明/风儿静/树叶儿遮窗棂
蛐蛐儿叫铮铮/好比那琴弦声
琴声儿轻/调儿动听/摇篮轻摆动
娘的宝宝闭上眼睛/睡了那个睡在梦中

报时钟/响叮咚/夜深人儿静
小宝宝快长大/为祖国立大功
月儿明/风儿静/摇篮轻摆动
娘的宝宝睡在梦中/微微露了笑容

中国母亲唱的摇篮曲，里面有一个普遍的观念，就是让孩子“快长大”，提前社会化。这是母亲一生付出养育代价的社会目标。在母亲的歌声中，还流露了对孩子将来赢得较高社会地位的愿望，这都是中国孩子后来才明白的人生道理，但在他们的出生文化里就有了。另一首儿歌《小耗子上灯台》，在北京地区，也是由母亲唱给孩子的摇篮曲。② 在这首歌中，母亲教育儿童成长的重要工具又是粮食：

小耗子/上灯台/偷油吃/下不来
哎呦哎呦叫奶奶/奶奶不来/叽哩咕噜掉下来

---

① 钟敬文主编：《民间文学概论》（第二版），北京：高等教育出版社，2010，第 199—200 页。

② 据北师大的学生在北京郊区的调查，现在当地家庭还把《小耗子上灯台》叫作“摇篮曲”，是由妈妈唱给幼儿听的。

粮油都是中国农业家庭的贵重资产。儿歌以“偷油”为象征性禁令，告诉孩子不要钻高爬低，惹祸生事，应尽快成熟起来，进入成人社会。从这种民歌中还可以看到，中国人出生文化的第二个动力就是提前社会化，用周作人的话说，是趁早培养“小大人”①。据洪长泰对中日资料的比较研究，中国直至20世纪初还没有“童年”的概念，相应的儿童书籍和儿童玩具都相当匮乏。在正统儿童教育资料缺失的情况下，民歌中的儿歌就成为唯一能长期起作用的家传教材。配合这种民间文学的民俗叫“抓周”，也是把儿童当作“小大人”进行前途测试的。

从前母亲的大舞台就是灶台，灶台是家庭粮食的加工厂，中国人还常用“巧妇难为无米之炊”的俗语，形容灶台与家庭管理的关系。在这块三尺之地，民间还认为有一位灶神司掌，灶神是“一家之主”，母亲需要与灶神保持良好的沟通关系，才能保证全家人的安定生活。这类民歌叫祭灶歌。

下面是一首湖北的《祭灶歌》，由老年母亲在腊月二十三演唱。旧时小年腊月二十三，老太太牵头祭灶。唱歌前，她在灶上放一个大萝卜，萝卜上插三炷香、两根葱、两支蜡、一匙糖。这些东西都是日常生活中的平常物，现在成了民间祭祀的“道具”。这些“道具”是什么意思呢？用大萝卜，是在摆祭台。烧三炷香，指燃香通神，用老百姓的话说，就是“给上头发一封信”，翻译成现代人的话，就是给玉皇大帝发一封电子邮件，告诉他现在人间要向他报告社情民意。两根葱，以“葱”谐“聪”。两只蜡，以“蜡”喻“明”，指玉帝要做到耳聪目明，并且要双耳兼听、双眼洞明。一匙糖，指希望灶王上天后为全家人说好话，带来幸福吉祥。以下是老太太的唱词：

一碗凉水两棵葱/送我灶爷上天宫
你爷就对他爷说/就说我家甚是穷

多带皇粮少带灾/再带财宝下界来

---

① ［美］洪长泰：《到民间去——1918—1937年的中国知识分子与民间文学运动》，董晓萍译，上海：上海文艺出版社，1993，第65—72页。

多带福禄喜寿财/少带瘟病火星阳世山间来[①]

从这首《祭灶歌》中能看到，老太太打的是“扶贫”报告，主要问题还是讲粮食，要求灶王“多带皇粮”。其次，还要防灾减灾，即“少带灾”和“少带瘟病火星阳世山间来”。我们要看到，手中有粮，是农民衡量财富和健康的标尺。因此，中国人的出生文化的第三个动力是求好运，中国人自己也叫“求福”。

3. 情歌

情歌是传统民歌的大宗。爱情题材在一切文艺作品中都占有很大的比重，这与恋爱婚姻是人类最基本的要求有关，也与真挚的爱情会产生强烈的情感，而强烈的情感最容易产生灵感有关。一些西方学者提出，中国传统社会长期提倡禁欲主义，为什么中国的情歌最多？为什么还有大量官方禁止的私情歌？他们的结论是，这是中国人对传统封建礼教制度的逆反心理，是正常人性被压抑的一种天然合理反抗。

再看中国上层文学的爱情表达。在中国上层社会中，由于受封建正统观念的束缚，男女当面表露爱情被看成是有伤风化的事情，所以从前的文人学者著书，在写到爱情生活时，都采取了十分晦涩的手法。王实甫写《西厢记》，里面提到崔莺莺爱上了张生，便写了一幅请柬，邀请张生来做客，请柬是四句诗，说：“待月西厢下，迎风户半开。隔墙花影动，疑是玉人来。”翻译成现代汉语就是，请客的时间是在傍晚，即“人约黄昏后”；请客的地点是在崔莺莺的闺房，即西厢房内。她本人看到窗外的花树摇动时，就知道张生已经来了，她会上前迎接客人。这些是她自己写好了的，可是当她的“玉人”果真到来时，她却又扭扭捏捏、吞吞吐吐地想赖账。再看曹雪芹写的《红楼梦》，男主人公贾宝玉借着读《西厢记》的机会，要向林黛玉吐露自己的爱情，但贾宝玉还没敢直率地说出来，林黛玉就马上沉下脸来，表示不高兴了。当然她

---

① 此首仪式歌流传于湖北新洲一带。在河南，此歌的最后两句也作：“多带跑马射箭，少带穿针搭线”，指求子不求女之意，参见河南袁三英辑：《祭灶君歌》，原载《民俗》1929 年第 74 期，收入钟敬文主编：《民间文学作品选》（第二版），北京：高等教育出版社，2010，第 128 页。

这么做是假的，她其实是一直盼望与宝玉的爱情被具体落实的，但她又不得不这么掩饰，这是她的上层教养决定的。

现在再来看情歌，就知道为什么情歌那么招人喜爱了。一首浙江情歌说"无郎无姐不成歌"，这是民众用自己的语言说出了爱情与创作的关系。他们把男女当面直率地表达爱情当作正常的人性，任情而发，以歌声动人。一首民歌说，一个男青年爱上了一个女青年，两人约会时，女青年腼腆矜持，迟迟不开口，男青年便心直口快地问她：

日头要落又不落/小妹有话又不说
小妹有话只管讲/日头落坡各走各

他的意思是，行不行，给句痛快话，纯朴之至，全无掩饰。女青年便这样回答他：

想你想你真想你/找个画匠来画你
把你画在眼珠上/看在哪里都有你

由于情真意切，率真热烈，情歌的手法尽管是白描，却能产生摄人魂魄的巨大力量，能引起人类情感的共鸣。与上层文学描写爱情相比，民歌因为没有正统思想的框子，无拘无束，随口来去，似行云流水，所以也被比作"天籁"佳制，具有上层文学不可替代的优势。晚清学者黄遵宪把它比作"我手写我口"的摹写蓝本。①

与世界其他国家的情歌相比，中国情歌的最大特点是均为青春版，没有中年版，更没有黄昏恋。这也反映了农业社会重视人口生产的观念。在青春版的情歌中，反映青年男女谈恋爱时的说话和行为，大体有三个主题。

一是选择爱人的标准。情歌在演唱爱情上，是对男女双方的真性情的自然流露，早在明代，就已有冯梦龙、袁宏道等文人学士被民歌的情真意切所倾倒，夸奖它们的真情实意，这在今天看来也是对的。

---

① 钟敬文：《钟敬文民间文学论集》（上），上海：上海文艺出版社，1982，第326—330页。

从情歌看民间选择爱人的标准，是从传统农业生产生活的需要出发的，这是与现代人的择偶标准不同的。《康定情歌》唱道：

李家溜溜的大姐/人才溜溜的好
张家溜溜的大哥/看上溜溜的她

一来溜溜地看上/人才溜溜的好
二来溜溜地看上/会当溜溜的家

此歌原名《溜溜调》，是在四川甘孜地区康定城一带广为传唱的老歌。20世纪40年代，曾被南京大学的一位音乐教师改编为《康定情歌》，但基本旋律还都是原民歌的，歌词也是老歌词。当地传说讲，歌中的“张家大哥”和“李家大姐”都实有其人，男的叫张志才，女的叫李贵英，现在我们知道这是一种附会，未必属实，但一首民歌能拥有自己的传说，也证明它属于自己的地方文化，确实是一种原生态的民歌。1948年前后，《康定情歌》首次被上海籍女高音歌唱家喻宜萱在法国和英国的音乐会上演唱，录制了唱片，从此被传到国外，名声大震，国内也有更多的音乐人增加了对它的了解。

回到民歌本身，歌中的张大哥看上了李大姐，两次夸她“人才溜溜的好”，都是在讲选妻标准。据田野调查，原来《溜溜调》还有一句话，叫“溜溜一枝花”，是指要求女方长相漂亮，但我们知道，不同地区、不同民族的“漂亮”标准是不一样的。在当地，“人才好”的女子是指女性的生理特征突出，身体结实，能生儿育女，会打点人缘，管家理财。旧谚说：“要想家里富，炕上坐着胖媳妇”，“丑妻家中宝”，都是讲传统社会的媳妇是要给夫家传宗接代、辅助劳动和协调家庭关系的，是要担任起组织家庭生活的责任的。要是像林妹妹那样的骨感美人，弱不禁风，那就是“人才溜溜的不好”了。

二是强调对婚姻的绝对忠诚。中国青春版的情歌都是从一而终的生死恋，强调专情专一，谴责移情别恋，更反对离婚。民歌《梁祝》传达了相爱男女的生死之恋，这首民歌在中国流传之广，可谓家喻户晓，历久不衰。

碧草青青花初开/彩蝶双双久徘徊

千古传诵深深爱/山伯永恋祝英台

同窗共读整三载/促膝并肩两无猜

十八相送情切切/谁知一别在楼台

三是对两情分离的恐惧感与紧张感。青春版的情歌大量歌谣两情相思，不能分离。它制造了爱情的浪漫，也渲染了爱情的痛苦。男女青年分别的时间一长，双方都很焦虑。所有的相思情一旦进入民歌，都很动人。请听一首江南风格的《茅山歌》：

想郎想得怪心慌/好似喝了迷魂汤

走路忘了过门坎/做饭忘了撇米汤

全文有着刻骨的相思和真挚的情感。另一首西北汉子的花儿《妹妹的山丹丹花儿开》，开首说“尕妹妹的大门上浪三浪”，言出肺腑，毫无藻饰，让人感到真正的爱情就是这样。

还有一类情歌是讲爱人暂时分离的茫然与恐慌。在传统农业社会里，迫于农业歉收和生活压力，很多定亲的男子在婚前开始走西口，闯关东，外出挣钱，以等待将来养家糊口。这时心爱的人不得已分开，分别的时间又长，双方就都要表态维护婚姻的安全。这种情歌大都是以女性的口气唱的，表达的感情也十分细腻和强烈。东方歌舞团歌唱家远征演唱的《绣荷包》，就淋漓尽致地传达了一个未婚妻对“情郎”早回家的期盼：

初一到十五/十五的月儿高/春风摆动杨呀杨柳梢

三月桃花开/情人捎书来

捎书书带信信/要一个荷包袋

一绣一只船/船上张着帆

里面的意思/情郎你去猜

二绣鸳鸯鸟/栖息在河边
你依依我靠靠/永远不分开

郎是年轻汉/妹是花初开
收到这荷包袋/郎你要早回来

这种情歌所埋藏的传统男女恋爱的民俗要点有三个。一是赠信物，即赠送“荷包”袋之类，这是古老的信仰，用来检测相爱者的忠贞度。二是考察对方的年龄，要求双方都年轻并能生育。这是将婚龄与育龄联系在一起的思考，是男女双方能否持续发展感情关系的一个要素，也是从前完整婚姻的一个重要组成部分。三是“早回来”，不要在家庭之外长期滞留。这表达了中国人安土重迁的观念，中国人至今送客习惯说“慢走”，紧接着就说“早回来”。这让外国人感到很困惑，不知道到底该走还是不该走，其实这是中国人把客人当作家人的亲切说法。这些爱情民俗经过歌唱家远征的演绎，被唱得缠缠绵绵、大红大紫，带着呼唤团聚、崇尚故土之情，成了情歌中的上乘之作。

中国情歌强调初恋就是终生恋，男女双方都渴望与初恋者一世团聚和终生厮守。一旦出现双方不能违背的意外，或者遇到人力不能抵抗的灾难，双方就做出“生不能同枕，死也要同穴”的选择，共赴黄泉。在这方面，《梁祝》就是用缠绵的花草和双飞的蝴蝶比喻初恋的双方最终以另类的方式结合。它的手法很古老，它的观念很“中式”，因此成为中国情歌中的经典。青春版情歌反映中国人出生文化的第四个特点是要有后代，并把这种观点深深地沉淀在传统民歌中。情歌所强调的感情忠贞由于符合夫妻婚姻的基本规则，所以唱起来也动容动心。

4. 儿歌

儿歌，是由儿童传唱的、富有儿童情趣的民歌。这里主要介绍两种：发音歌和游戏歌。

先看发音歌。儿童的头等大事是学语言，传统儿歌中的“绕口令”，起到训练发音、锻炼口齿的作用。中国孩子从小就知道的儿歌《吃葡萄》，即“吃葡萄不吐葡萄皮，不吃葡萄倒吐葡萄皮”，就是一首训练发音的绕口令。儿歌大都是把读音近似的双声字和叠韵字错综复杂地组织在排列好的句子中，背诵时要求注意力高度集中，口脑密切配合，稍一走神，就会念错。下面是一首比较复杂的绕口令，现在还保留在上海滑稽戏中：

天上一颗星/屋上一只鹰/墙上一颗钉/凳上一盏灯/地上一根针

弯下腰/去拾针/不小心/打翻灯/碰倒凳/摔掉钉/吓走鹰

抬起头来看/满天都是小星星

歌中的“星”“鹰”“钉”和“灯”，是叠韵，演唱此歌，能锻炼孩子伶俐的口齿和敏捷的反应能力，能灌输很多自然知识和社会知识。儿歌教给他们认识“星星”等天体名词，“老鹰”等动物名词，还教给他们“灯”和“钉”等人工物的名词，这些都是他们在以后生活中常用的。这方面的儿歌还有连锁调、颠倒歌、数数歌和问答歌等。

再看游戏歌。儿童精力充沛，又干不了什么事，游戏便成为他们的主要活动。游戏的童年对一个人来说，是不可缺少的人生阶段。游戏歌或唱或诵，伴随捉迷藏、跳皮筋、踢毽子等传统游戏演唱，可以启发儿童的想象力，告诉他们合群互助，增添他们的野外兴味，锻炼他们的身体灵活性和增强体力。请听下面一首《竹马谣》：

我的竹马真正好/不吃料/不吃草/骑上它/它就跑

跑到泰山乘乘凉/跑到东海洗洗澡

早上还在满洲里/晚上就到海南岛

这首儿歌使用了我国东、西、南、北方的不同地区的地名，给孩子以地方文化感。这些地名，看上去是假设，但能扩展孩子的想象世界，让他们了解方向、地点、距离和交通工具，并能产生好奇心，知道上“山”能“乘凉”，下

"海"能"洗澡"等自然环境与身体文化的关系，还知道"泰山"和"东海"距离很近，去一次能办两件事。在一次春节晚会上，姐弟歌手思浓和思雨演唱了这首歌，略有改编，但内容大体不离谱。还有一些儿歌教育孩子在共同玩耍的时候，要彼此合作，才能获得真正的快乐。湖南儿歌《一抓金》唱到："一抓金，二抓银，三抓、四抓抓茶叶，五抓、六抓抓个人。"这首歌在演唱的时候，就需要三人合作，先由一个孩子伸出一只手来，手心向下张开，然后由另外两个孩子每人伸出一个指头，顶在那个孩子的手心下。大家再同声歌唱，唱到最后一句时，那个孩子赶快把手向下一抓，抓住了谁的手指头，谁就算输了。输者要轮到下一个抓别人。中国很多孩子从小在幼儿园长大，如果不会《一抓金》，也会另一首游戏歌《丢手绢》，游戏的功能大体是一样的：

丢手绢/丢手绢/轻轻地放在小朋友的后边

大家不要告诉他/快点快点抓住他

北京师范大学教育学部设学前教育专业，校内还有一个实验幼儿园，远近闻名。学前教育专业的研究生到这所实验幼儿园做实验，发现孩子们在演唱这首游戏歌时特别认真，只要宣布了"不要告诉他"的行为规则，孩子们都会认真遵守，集体协作，效果极佳。

传统儿歌适合在自然状态下教育儿童，是一种民族化的学前听力文化教材。笑星冯巩曾出演电影《离婚了，别来找我》，尾声也以这首儿歌结束，暗喻人世间要互相理解、保持童心、真诚相待，这是对儿歌的一种开发。

5. 领导歌

生活歌中也有颂歌。1949 年新中国建立后，直到国家改革开放，都有不少颂歌流传。它们的主调是歌颂共产党的领导和广大人民的翻身。在这方面，李雪健演唱的电影《焦裕禄》插曲《共产党是咱们的贴心人》是一首代表作。这首插曲是根据河南民歌改编的，被用来表达广大农民对共产党让他们过上好日子的感激心情。但是，什么是好日子的标准呢？歌中唱了两条：

墙上画虎不咬人/砂锅和面顶不了盆
侄儿总不如亲生子/共产党是咱的贴心人

天上下雨地上流/瞎子点灯白费油
千金难买老来瘦/共产党是咱的好领头

由歌词可见，颂歌中的好日子标准有两条，一条是对“粮食”和分配粮食的家长权力的比喻，歌中用了“沙锅和面顶不了盆”和“侄儿总不如亲生子”的旧词，改为比喻共产党的领导好；另一条是用“瞎子”和“瘦”做比喻，回忆苦涩的往昔，也说明现在的巨大社会变化，歌颂“共产党是咱的好领头”。与传统生活歌相比，这首民歌是歌唱新权威的，不过其思维模式还是农业社会的，还是以“吃粮”和“吃胖”为幸福指标的。现在全球化了，人们换了工业标准、医学标准和西方标准，讲究以少吃和瘦身为美了，这就与以粮食为标准的农业文化观产生了距离。

上述民歌告诉我们，中国人的出生文化的总体特点是一种农业社会的生态传承文化，在这种文化中，人的生命力要与天地万物的能量相和谐，做到天人合一。在跨文化的视角下比较，它与西方社会的人生文化有许多差别，也与现代社会的人生文化观有较大距离。但它以生命的态度关注生态环境这一点始终不能被抛弃，因为它优秀，因为它至今被人类所需要。

（三）庆典主题与信仰文化

中国古人把社会大事概括为“祀”与“戎”两类，用现代白话说，就是庆典祭祀和政治军事，这是传统农业社会的两件大事。与西方史料重视婚姻与商贸的作用相比，中国人的观点是不同的。在中国传统文化中，庆典祭祀和政治军事行动尤为重要，这一思想也延续到后世社会中。在这方面，中国有很多历史文献，它们也是传统民歌中的一种重要文化成分。

1. 政治军事歌

我国著名的三大英雄史诗《格萨尔》《江格尔》和《玛纳斯》，分别歌唱藏族、蒙古族、柯尔克孜族的社会起源和民族发展，都是本民族世代创造和集体传唱的传统民歌，里面有大量的政治军事歌。还有一种政治军事歌是比较短的，只唱一个时代、一个阶段的重大社会军事事件，也称“英雄叙事诗”，① 蒙古族的《嘎达梅林》就是一个例子，其序歌是一首十分有名的蒙古族传统民歌，为我国广大听众所熟悉：

南边飞来的小鸿雁/不落长江不起飞
要说起义的嘎达梅林/是为了蒙古人民的房屋和土地

北边飞来的海力雁/不落辽河不起飞
要说造反的嘎达梅林/是为了蒙古人民的房屋和土地

《嘎达梅林》所唱的军事起义，发生在20世纪20年代内蒙古哲里木盟的达尔罕旗（现科左中旗）。当时东北军阀屯垦的皮鞭加刺刀赶着内蒙古人搬家，人们从心头燃烧起反抗的火焰。嘎达梅林率部起义，斗争坚持了四五年之久，终因力量悬殊而失败。虽然如此，民歌《嘎达梅林》成为人民为他树立的不朽丰碑。另一首民歌唱道：“他的名字叫嘎达，他的官衔是梅林；提起造反的嘎达梅林，在蒙古人心中扎下了根。”

《嘎达梅林》的结尾唱：

天上的鸿雁从南飞到北/是为了太阳的温暖
反抗王爷的嘎达梅林/是为了蒙古人民的利益

天上的鸿雁从南飞到北/是嫌北海冻得慌
反了的嘎达梅林/是为了蒙古人民的利益

① 钟敬文主编：《民间文学概论》（第二版），北京：高等教育出版社，2010，第220页。

阳光不足岁月要减少/年纪老了年青的又兴起来

日光弱了好事难出/好人没了成了坏人的天下了[①]

长歌之哀，过于痛哭，这种歌唱比哭泣更令人悲哀。它广泛地描绘了与嘎达梅林起义相关的各种社会政治势力和民间力量，事件波澜起伏，人物线索主次分明，对关键细节反复渲染，富于内蒙古民歌的往返复沓的特色，歌中内蕴的激情表现得十分浓烈。现在蒙古族通俗歌手斯琴格日勒还经常演唱这首歌，很受欢迎。

政治军事方面的民歌以一定的历史事件为基础，有较突出的历史性。歌手的演唱采纳了本地多种传统民歌的因素，使这种民歌富于民族民间文艺的特色。民歌也从民众感受出发，表达他们对某种政治事件、政治人物、政治措施或政治形势的观念、态度、感情和评判，成为一种歌曲的政论。

2. 仪式歌

仪式歌指在民间礼俗仪式中演唱的带有社会契约性和礼制规定性的民歌，至今还在我国很多地区或部分场合传唱。[②] 在我国兄弟民族中，婚礼歌尤为发达，它们由多段短歌组成，多者达上百段，每首歌都伴随着一道婚礼仪式，唱歌本身就是信仰民俗。湘西土家族有哭嫁歌，当地人认为新娘与家人的哭唱道别是一种求福的惯例，届时必须遵守。

辞别阿爹和阿娘/你养女儿没下场

别家女儿招女婿/你的女儿嫁出房

从今难见爹娘面/怎不叫我情惨伤

女儿若是想爹娘/早晨看见红太阳

① 这首民歌有不同的唱法和翻译本。参见钟敬文主编：《民间文学作品选》（第二版），北京：高等教育出版社，2010，第 269—272 页。

② 钟敬文主编：《民间文学概论》（第二版），第十章“民间歌谣”之第二节“仪式歌”，北京：高等教育出版社，2010，第 179 页。

爹娘若是想女儿/晚间看见黄太阳

一个在东一在西/何日才能见爹娘①

哭嫁歌演唱时，能确认婚礼仪式正在进行，这对当事人及其社会关系的社会安全性都起到保障作用。

另一种是抗灾歌，在对付疾病和自然灾害等社区仪式中使用。它被认为具有与祖先、自然界神灵沟通的法术作用和禳解的力量，其中的语言和歌声都是有魔力的，是能够控制疾病和自然灾害的。从跨文化比较的角度看，这种歌曲的宗教内涵大于文学意义。我国至今比较常见的医疗禳灾歌是“诀术歌”，凡家里有儿童得病，家长就在岔路口或高杆上张贴一张纸，上写：“天皇皇，地皇皇，我家有个夜啼郎，过路君子念三遍，一觉睡到大天亮。”它配合民间治疗活动使用，被认为有一定的实际作用。在抗御自然灾害中演唱的仪式歌又称“求雨歌”或“防涝歌”。在农村地区，每逢洪涝灾害来临，便由村落或社区联合，群体抗灾。陕西、山西一带山村遇到旱灾时，要举行刷石狮子的仪式，由 7 个或 11 个女孩组成一组，在石狮子跟前围成一个圈，打一盆水，每人手里拿一把刷子，围着石狮子转圈，轮流给狮子刷身，大家一齐演唱祈雨歌：

唰唰狮子头/下得遍地流

唰唰狮子尾/下得满地水

龙王爷/要雨哩/你没雨/我不走

你打我/我不吼/你拖我/我又娄

狮子娃/渴死啦/寡妇婆婆受死啦②

仪式歌是民间宗教的历史文本，它以某种象征物为对象，对人接触祖先和自然神灵的现场情景进行模拟，按内部传承的历史规矩进行表演，在音调、歌

① 钟敬文主编：《民间文学作品选》（第二版），第十章“民间歌谣”，北京：高等教育出版社，2010，第 129 页。

② 演唱者：张庚花，女，58 岁，不识字，农民。搜集时间：2000 年 5 月，搜集地点：山西霍县刘家庄村，搜集人：董晓萍、李鹤。

词和动作上有一定的套式，它的流传具有相当的稳定性。一般由老人担任传承教师，老年妇女对传统民俗知识的记忆力和实践能力还要更强一些。

传统民歌的工具性和实践性很强，反映了被支配阶层的心灵和行为，能指导人们接受民俗的规范。有些民歌的传承具有一定的被动性，例如，那些劳动歌，是在行船或伐木中需要唱的，那些祭灶的仪式歌，也是被认为有法术作用和有灵力的，用现代人的眼光看，这种被动方面都是由资源匮乏和世代传承的文化习惯造成的。现代歌曲不同，它是一种主动精神释放的产品。中国人来到这个世界上，首先面临着物质资源的不公平和人生道路的不平坦，但发达的中国传统民歌却给了中国人积累和表达翻身奋斗的动力的勇气。这种翻身动力还成为一种公有文化遗产，深深镶嵌在每个中国人的灵魂中。现代民族志音乐家阿兰·玛丽安（Alan P. Marian）认为，这样的民歌便能“提供一种鼓舞人心的氛围，把全体社会成员聚拢起来，按照约定俗成的习惯，投入到某种集体行动中去”[①]。正是由于民歌具有这种功能，所以它不断地被加工改造，焕发出新的生命力。

现代歌手演唱传统民歌有三个特点：一是所在地方传统深厚，近年西北的歌手很出名，是因为当地民歌传承具有很深的历史传统和广泛的群众基础。二是政府、学者、外国人、媒体等第三方的介入，使一部分歌手被选择，得到发展。三是大学专业教育的结果。歌界女星宋祖英，毕业于中央民族大学和中国音乐学院，曾在奥地利维也纳的金色大厅演唱《茉莉花》。她本人是湖南湘西土家族人，但她唱的是江苏民歌，给她伴唱的全是欧洲歌手，这与国内原生态歌手只能演唱本地民歌大有区别，这时她演唱的《茉莉花》成了整个中华民族音乐的象征。

四、传统民歌的社会转型

在现代化时期到来后，传统民歌也发生了一些社会转型，这是它能继续生存的现代技术，也是它可以发展的物质前提。它的社会转型是表演现实，它在

---

① Alan P. Merriam, *The Anthropology of Music*. Evanston, Illinois: Northwestern University Press, 1964, pp. 233-234.

表演中体现自己的转型特征、转型风格、转型条件和转型目标。

（一）转型特征

第一，演出条件。传统民歌在原地演唱，是分家族传承、村落传承、性别传承和歌会传承等不同形式的。它们在用方言演唱时，还会经常与神话、传说、故事、说唱和戏曲等其他体裁相结合，或相互转化，组成同质文化。它们在现代社会的转型表演中也保持了这些特征。

第二，民俗志知识。传统民歌内部人常唱不败，外人久听重复生厌，两者的界限是与地方民俗志知识的关系。这些民俗志知识包含了自然、人生、宗教、疾病、梦幻、死亡、伦理、习惯法等多种内容，是本地人天赋智慧和文化能力之所在，外人因为没有受到这种文化教育，没有这种文化的束缚，所以也就找不到这种文化的边界。这不仅是中国现象，也是世界现象。实际上，重复正是一种人类基本的认知结构，就是到了计算机时代也离不开重复。民歌重复的价值在于保持和再现了这种认知结构，[①] 在掌握它的人群中，通过重复，进行文化描述；在不掌握它的人群中，通过向外人介绍重复的含义，进行转型。认识民俗志知识的过程，正是传统民歌被肯定、否定和再肯定的过程，传统民歌也在这个过程中重新获得了价值。

（二）转型风格

传统民歌的转型风格由积累而得，但转型时期表现得更为突出。它的风格是幽默，幽默的技术是通喻。从修辞民族志的角度说，通喻就是“谐音”与“双关”，它通过一系列的听力词汇、联想部件、笑料机制和表演艺人的转化手段，把平凡而普通的家常道理转变为现代人的艺术欣赏。

这里特别要提到传统民歌的听力词汇，如在情歌中，用“芙蓉”表示

① 关于民间思维与人类思维共通的重复认知本质，参见［法］弗朗索瓦·法罗：《我们在故事中学到的关于人的知识——故事的研究》，刘璧榛翻译，董晓萍审校，北京：法国远东学院北京中心编印，铅印本，2003，第 11 页。

"夫容"，用"梧子"表示"吾子"，用"耦"表示成双成"偶"，用"丝"表示"思"，用"响"表示"想"等。一首《妹相思》这样唱："妹相思，妹有真心弟也知。蜘蛛结网三江口，水推不断是真丝。"歌里面的"真丝"，被用来表达少女对男子"真心相思"的恋情。这套听力词汇原来是由生活在这种听力氛围中的人才能听得懂的，它还要求听和唱的双方同时产生双人效应，而不像书面文学创作时只产生一人效应，所以听力系统的词汇有对面性，两两构成一组。如上面的一串听力词汇写到书面上，就成为"你和我，配成偶，我思你，你想我"，它们都是让人开心的词汇，传到现代社会也是好东西。

传统民歌的演唱不是无病呻吟，不是约稿作品，也不是成心要流传千古，因此保真性很强。即便到了现代社会，要赢得表演市场，也要靠自己的保真实力，要靠对嗓子、段子和即兴联想的处理。传统民歌手在处理这些因素上，还要比传统表演更精粹，比现代表演更俗白，才能让现代人心跳，感到既有社会真实，又有艺术可看，结果乐于接受和愿意保护。至于处理即兴联想，更是传统民歌手的传统本领，他们对上面提到的梧桐树、荷花藕、养蚕业和鱼码头都要巧妙地演唱，才能呈现自己的才艺。这种表演也告诉我们，歌手就在那里，那里的生活环境正是他们生命相连的家园，现代人应该保护那些如歌的环境，并对已遭到破坏的环境进行反省。

传统民歌中还有一些核心事件，专门描写在当地人看来对自身生命和社会都具有决定意义的事件，如在婚礼仪式中将锣鼓敲响之"响"与想念爱人之"想"相关，里面就有核心事件，民歌的原文歌词叫"响啷啷"，外人不经意地听，会以为仅与"想郎"谐音，其实深层民俗是把锣鼓敲得越响越好，如此一能显示人缘，二能避邪，三能喜庆热闹，四能向社会公开宣布婚姻的合法性。现代人听懂了这种核心事件，就能发现一种远距离文化史并产生兴趣，民歌也能以这种距离感找到补充现代文化的自我优势。

（三）转型条件

传统民歌的演唱原是有自己的文化空间的，一般由歌节、歌场、歌仙、歌王、歌书和固定的地方参与人群等要素组成，这个空间也是传统民歌的遗产地。保护这种文化空间，对传承和发展传统民歌具有关键作用。开头提到的广西歌墟、甘肃花儿会和广东梅县的歌节等，都是这类文化空间。传统民歌的深厚资源是在文化空间的社会基础中体现和发挥作用的，它们对民歌进入现代社会有以下几点意义：

第一，描述不同社会制度的基础。在上面列举的传统民歌中，《打得媳妇喊皇天》是描述亲属制度的；《童养媳》是描述婚姻制度的；《牯脏歌》是描述血缘社会组织制度的，它们是民歌进入现代社会的传统制度文化基础。

第二，指出宗教信仰的背景。上面讲过的《诀术歌》是民间医疗仪式的环节之一，其他庆典祭祀歌也有相同或不同的信仰，它们是民歌进入现代社会的某种动力。

第三，对象征性的现代认同。内蒙古民歌《嘎达梅林》和江苏民歌《茉莉花》等被赋予了这种作用。它们曾经是一种象征，被用来表达民族认同和地区认同。在现代社会，它们成为社会自信心的象征，被用来表达对国家文化传统的认同。

（四）转型目标

在全球化背景下，传统民歌的转型，既要依靠传统文化空间的基础，也要依靠传统民歌手在现代社会中获得的民俗意识，以及主流社会介入等外部条件，这是与它以往在民族内部的社会转型不同的地方。在当前我国全球化和现代化一起发生的时代，从保护民歌遗产的前景来说，这也是它要达到的转型目标。

在自然传承的环境中，老歌手是相当重要的，老歌手失传了，传统民歌也就跟着失传了。但在全球化和现代化的社会中，传统民歌要保持表演能力，已不完全是依靠自然传承的结果，我们从很多资料看，它们还要具备达到转型目标的新因素，大致有三点：一是地方传统深厚，又被外界所了解，扩大了传统民歌的认同范围，赢得了自我发展的机会。近年西北的歌手很活跃，西南的歌手也很出名，都与此有关。二是建立政府评价机制，由政府、学者和专业音乐人士及时介入，使部分优秀歌手被选择，让他们有机会在现代竞争中获得平等发展的机会，在2006年中央电视台举办的“青年歌手大奖赛”中，首次搭建了美声唱法、通俗唱法和传统民歌唱法同台竞技的平台，赢得了观众的一致好评。这也反映了我国政府、学术界、音乐界与国民对传统民歌关注水平的一致提升，表现了政府对民歌手要下力保护和倾心培养的决心。三是纳入大学教育和社会公共教育系统，开设有关传统民歌的教学科研课程，以教育力量促进保护。近年中国音乐学院和中央民族大学等高校开设了传统民歌专业课，培养了一批可以演唱传统民歌的本科生和研究生。少数优秀毕业生还被选拔到世界歌坛上参加表演，提高了中国传统民歌的社会地位和知名度。近年还出现了一个现象，就是经有识之士的奋斗，把国民影响力很强的中央电视台的一些栏目办成了保护文化遗产的公共教育渠道，定期介绍传统民歌及其文化，创造了新型媒体保护围墙。[①] 一位人气很高的拉祜族小学教师、原生态歌手扎约，在央视《星光大道》演唱中获得成功后，被西南音乐学院吸收为某音乐院校本科生，继续入学深造，这对培养新一代传统民歌的基层人才是必要的。当然，我国学院派的传统民歌保护之路还在探索，对那些来自书斋的高才生和产生于基层社会的天才歌手各自如何培养还是新课题，但要紧的是保护行动已经开始。

传统民歌的公有性特点，造就了一批国家文化公共资源。中国人来到这个世界上，最先面对的就是资源的不公平和人生道路的不平坦，而发达的中国传统民歌却能在某种程度上，给中国人以生存奋斗的精神动力。这使传统民歌被不断地加工和改造，焕发了新的生命力。传统民歌还为中国乐坛提供了丰富的艺术基因。有了这些基础，传统民歌原有文化空间的社会转型是可以完成的。

第二节　通俗歌曲

通俗歌曲是指那些用普通话演唱，并能引导大众参与的、以追求个性化为目标的、十分现代情绪化的流行歌曲。这类歌曲一般既接受外来音乐的影响，又吸收了民族音乐成分，且在创作和传播过程中增加了专业力量、政府倾向和

① 在提倡传统民歌的政府评价机制、建立政府与高校合作教育平台和打造相关央视媒体栏目等方面，友人李松多次在大小会议发言和文章中提到，我受到很多启发。

商业因素。

通俗歌曲的功能，运用一种可视化的语言和激励大众情绪的机制，将民族传统文化与现代社会文化组合在一起，形成新的社会文化，促动社会成员接受现代社会知识，也接受外来知识。它批评全球化和现代化时期的社会病，呼唤人文和人性。它在一定范围内进行文化反思，也在传统文化与现代文化之间进行重构，产生了较大的社会影响。

通俗歌曲与传统民歌相比，有两个十分不同的地方：一是传统民歌具有公有性，没有作者，靠集体传唱；而通俗歌曲具有公众性，有词曲作者，是专业歌曲大家唱。二是传统民歌是民俗的组成部分；而通俗歌曲是超民俗的现代表演，在当代通俗歌曲中，吸收传统民歌还是一种时髦，能让人感到更前卫、更现代，而不是成心恋旧。通俗歌手还能从这种演唱中获得非同小可的现实利益，包括政治利益、社会利益和经济利益，这是传统民歌所不具备的。

本节所讨论的通俗歌曲概念与分期，会与一般学术界和音乐界的看法有所不同，这里将侧重阐释通俗歌曲的民俗内涵、人文传统和文化保护，这个原则也是贯彻全书的。本节基于此原则对通俗歌曲进行分期和分类。本节还将在这个统一标准下，将通俗歌曲与传统民歌做比较研究，指出两者在中国现代社会建设中的作用，再分析全球化和现代化对它们的影响，讨论它们的目前走势。

我国通俗歌曲的发展经历了两个阶段：一是主流化时期，时间为 20 世纪 20 到 70 年代，它的特点是，通俗歌曲与战争歌曲和政治歌曲结合，成为民族独立和新中国建设的文化武库；二是非主流文化时期，时间为 20 世纪 80 年代以后，它的特点是，通俗歌曲与日常生活歌曲和职业歌曲结合，成为反映新一轮社会阶层和社会关系结构的晴雨表。

一、通俗歌曲的人文分类和时代内涵

上节讲到，传统民歌的公有性、工具性和实践性都很强，有些民歌的传承还有一定的被动性。通俗歌曲不同，它们不追求传诸久远，它们是不同时代、不同个人的创作，是一种主动赋形的精神产品。它在社会发展中，还往往得到政府的支持、专业人员的介入和社会力量的开发。因此，对它们的研究工作，有时也能摆脱实践性和工具论的影响，侧重于人们从它们那里获得的精神消费行为和价值取向。

（一）国内政治歌曲

在20世纪的前半期，中国遭受了战争的创伤。这时通俗歌曲被政治传媒和军事传媒加以利用，很快被放到了一个制度化的合法地位上，放在一个能唤起民族觉醒和国家信心的中心舞台上。这种歌曲的本质就是民族政治的象征。新中国成立后，这种歌曲又成为国家的主旋律，把政党、领袖、纲领和社会蓝图都通过歌声灌输到人们的头脑中去，几乎不需要任何解释，就被人民接受了。20世纪70年代前，人们不是从音乐上，而是从感情上，衷心地热爱这些歌曲，热情地加入了它们的演唱行列。

在我国20世纪30年代，曾产生了一首最重要的通俗歌曲，也被称为中国的《马赛曲》，即《义勇军进行曲》。1935年，在我国全面抗战开始之前，聂耳应邀为电影《风云儿女》谱写插曲，他根据当时的严峻形势，创作了这首歌。歌曲一经播出，便风靡祖国大地，千千万万的中国人把积郁心中的对日本帝国主义的仇恨都宣泄到这首歌中，万众一声，弦歌不绝。两年后，日军全面入侵中国，《义勇军进行曲》迅速变成了最通俗的抗日歌曲，到处流传。在学校、在军营、在游行示威的队伍中、在大街小巷，勇敢的中国人一遍一遍地放声歌唱，唱得热血沸腾，斗志昂扬。1949年，在中国共产党取得国家政权后，又很快将这首歌确定为国歌。①《义勇军进行曲》的命运，充分反映了通俗歌曲的社会基础和文化能量，它一旦被开发出来，就有比传统民歌更强大的爆发力，在服务对象的设计上也要宽泛得多。

以下介绍两种通俗歌曲。

1. 领袖歌

它的代表作是《东方红》：

---

① 关于1949年前中国通俗文化（包括通俗歌曲）的研究，参见Chang-tai Hung，*War and Popular Culture*：*Resistance in Modern China*，*1937—1945*. Berkeley：University of California Press，1994. 另见［美］洪长泰：《新文化史与中国政治》，台北：一方出版有限公司，2003，第185—187页。

东方红/太阳升/中国出了个毛泽东
他为人民谋幸福/他是人民大救星

共产党/像太阳/照到哪里哪里亮
哪里有了共产党/哪里人民得解放

这首歌来自西北地区，是一首早期的领袖歌。从这首歌中能看到，早期的领袖歌构建，突出了三种关系：一是领袖与农民的关系，当时歌词中的“人民”，主要指农民；二是领袖与政党的关系，如歌词里提到的“共产党”；三是领袖和天体神话的关系，如在歌中把领袖比作天体三子中的日月星。在它的故乡陕北农村，它原是一首与民间道教有关的敬神歌，主要说领袖是“太阳”和“救星”。延安的革命文艺工作者对这首歌进行了改造，号召中国人跟着革命领袖和政党走，而不是跟着神仙走，这就是一种主动精神的释放。

现代社会的领袖歌只有一首，叫《春天的故事》。

1979年/那是一个春天
有一位老人/在祖国的南海边画了一个圈
神话般地崛起座座城/奇迹般聚起座座金山

这首歌讲了三种新型关系：一是领袖和人民的关系，在歌曲里把政坛领袖说成是走下神坛的“一位老人”，此前少见；二是领袖与城市化的关系，歌里唱到，按他的思想发展，中国“神话般地崛起座座城”，开始了农村城市化的进程，打破了城乡二元化的社会结构，整个社会形态都发生了翻天覆地的变化；三是领袖与市场经济的关系，讲中国实行了经济体制改革，从计划经济转向市场经济，开创了国富民强的新局面，造就了“奇迹般聚起座座金山”的繁荣气象。将两歌对比可以看到，前面的一首歌颂唱的领袖是开国的政治巨人，后面的一首歌颂唱的领袖是现代社会的政坛巨匠。由此可见，通俗歌曲是一种很容易被加以政治开发的歌种。

2. 生产歌曲

通俗歌曲有不少歌颂劳动的内容，但与传统民歌的劳动歌相比，它们都脱离了配合劳动和组织劳动的功能。在早期通俗歌曲中，生产歌曲是与军事歌曲和翻身歌曲混合在一起的，如在《黄河大合唱》中，表扬了两个农民，一个叫张老三，一个叫王老七，他们都不再是耕田种粮的农夫，而是两个流动人口，要一起去当兵。脍炙人口的红区歌曲《南泥湾》，歌唱大生产，这种生产也是一种军事劳动。歌曲对三五九旅部队开荒种地、度过经济困难的壮举做了充分的肯定，反映了共产党在战争中建立的自给自足生产制度是伟大的创造。

当年的南泥湾/到处呀是荒山/没呀人烟
如今的南泥湾/与往年不一般/不呀一般

如呀今的南泥湾/与往年不一般
再不是旧模样/是陕北的好江南①

20 世纪 80 年代后，通俗歌手崔健重新演绎了这首歌，把军事内容拿掉了，突出演唱了陕北生态环境的美好，这更符合现代听众的心理特点。

1949 年以后，我国的社会政治制度发生了根本性的变化，通俗歌曲中的劳动概念也发生了改变。1949 年以前的劳动歌都是饥饿歌，说农民如何吃不饱，走西口。后来的通俗歌曲都是丰收劳动歌，不再唱饥饿问题了，唱的都是鱼满船、粮满仓，麦浪闪金光，走在希望的田野上。通俗歌曲对幸福指标的评价还是以粮食为标准的，但是粮食的生产观念已经社会主义理想化了，是假设社会主义制度能够解决所有粮食问题，是讲在这种社会制度下，面包会有的，粮食是吃不完的。被通俗歌手重新演绎的红色歌曲《洪湖水浪打浪》和《映山红》也是这样，歌手一脸的阳光，能洒进所有现代听众的心田。另一首更典型的红歌《明天比蜜甜》唱到，只要社会主义政治挂帅就能达到幸福指标，粮食也不提了，真有点直线进化论的味道。

① 自这首《南泥湾》起，本节以下讨论或分析的歌词均为节录，并非全文引用，特此说明。

（二）国际关系歌曲

在世界范围内，战争的经历和反战的情绪，都成为一种特殊文化产品。通俗歌曲正是这种产品的一类，因而发展很快。它传达了各国各民族人民反侵略、反殖民、反对践踏生命的强烈心声。中国的通俗歌曲也不例外。在歌曲中，通俗歌手通过描述国家领土观念和民族认同观念，把这种情绪传达出来，传递给全社会，化为呼吁和平、呼吁博爱、呼吁人类美好家园的巨大国际力量。

1．领土认同

第二次世界大战时期通俗歌曲的创作，都有鲜明的主权领土认同观念，对外来侵略者掠夺本国自然资源和文化财产的行为极为不满，呼吁人民奋起抗争，歌词的号召力很大，有时能席卷一个民族特定时期的全部文化。抗战歌曲《我的家在松花江上》就是这种作品：

> 我的家在东北松花江上/那里有森林煤矿/还有那满山遍野的大豆高粱
>
> ……
>
> 九一八/九一八/从那个悲惨的时候
> 脱离了我的家乡/抛弃那无尽的宝藏
> 流浪/流浪/整日价在关内/流浪
> 哪年/哪月/才能够回到我那可爱的故乡
> 哪年/哪月/才能够收回那无尽的宝藏

这是一首北方歌曲，歌中所唱的“森林煤矿”“大豆高粱”和“无尽的宝藏”，都是在讲东北大平原的自然资源，歌中还唱了中国人的出生文化的第一生产基地——“故乡”。自然资源和故乡，都是中国人心中的领土含义所在。拿走资源、侵占故乡，就等于掠夺领土，国人对它们的沦陷和丧失有割股之痛。在南方，同样燃起了罪恶战争的狼烟。根据严歌苓小说改编的电影《金陵十三钗》中有一个插曲，是用通俗唱法演绎的无锡民歌，叫《秦淮景》，歌中描绘了江南的秀美风光和古典园林等宝贵的文化资源和历史遗产，令听者痴醉：

秦淮缓缓流呀/盘古到如今
江南锦绣呀/金陵风雅情呀
瞻园里呀/堂阔宇深深呀
白鹭洲水涟涟/世外桃源呀

日军在南方掠夺风光资源和历史遗产，同样等于掠夺祖国的领土，遭到了中国抗日将士的浴血抵抗，直至收复家园。

一旦失去的领土重新返回祖国，中国又会掀起强烈的爱国热潮。香港、澳门陆续回归后，在祖国 960 万平方公里的土地上，到处回响着来自港澳和内地的通俗歌曲。台湾歌唱家罗大佑演唱的一首《东方之珠》十分感人：

小河弯弯向南流/流到香江去看一看
东方之珠/我的爱人/你的风采是否浪漫依然

月儿弯弯的海港/夜色深深灯火闪亮
东方之珠整夜未眠/守着沧海桑田变幻的诺言

让海风吹拂了五千年/每一滴泪珠仿佛都说出你的尊严
让海潮伴我来保佑你/请别忘记我永远不变黄色的脸

它唱的是香港的历史，但它有理由对每个中国人都产生强调的感染力，因为它用了故乡明“月”、“沧海桑田”、“五千年”等词汇，表示了领土皈依的实质是山河破碎历史的结束，是一国两制创举的开始。它还用了游子“泪”和“黄色的脸”等比喻，诉说了港澳同胞寄人篱下百年的特殊心情。具体的细节，我们可能是体会不到的；但久别的人们把祖国叫作“爱人”，我们是听得懂的。这种通俗歌曲仍然充满了爱国主义的主旋律，但不再使用政治军事模式，而是换用了情歌的模式，在人文含义方面进行了再设计，适合唱给新老两代听众。

在澳门回归时，闻一多的旧作《七子之歌》被重播，一时间广为传诵。这首歌使用了母亲版的民歌套式，用歌声的力量，在现代社会的和平时期，重新评价领土完整的意义：

你可知“MACAU”不是我真名姓/我离开你太久了/母亲
但是他们掳去的是我的肉体/你依然保管我内心的灵魂
三百年来梦寐不忘的生母啊/请叫儿的乳名/叫我一声“澳门”
母亲/母亲/我要回来
母亲/母亲/我要回来

与前一首歌不同的是，在香港、澳门全部回归后，国人借助这种名人创作，对现代化条件下的强国富民之路做了新的想象。

2. 民族认同

中国是世界上侨胞最多的国家，很多通俗歌曲表达了侨胞的观念，即对华夏故土的民族认同。20 世纪 70 年代末中国对外开放后，许多老华侨和他们的后代怀着绿叶对根的情意，回到了祖国，通俗歌曲成为这批人表达感受的积极生产者和传播者。这类歌曲的要点有三个：一是歌唱梦中的故国河山，二是抒发思乡情怀，三是在世界多元文化的背景下，重塑中国的对外形象。给人印象很深的是张明敏演唱的《我的中国心》：

河山只在我梦萦/祖国已多年未亲近
可是不管怎样也改变不了/我的中国心

洋装虽然穿在身/我心依然是中国心

我的祖先早已把我的一切/烙上中国印
长江/长城/黄山/黄河/在我心中重千斤
无论何时/无论何地/心中一样亲

流在心里的血/澎湃着中华的声音
就算生在他乡也改变不了/我的中国心

这种歌曲不再讲吃粮生存，而是通过民族服装讲民族认同，叙述海外游子与祖国文化的血脉关系，真正是“百脉流通炎黄血，未曾相识已相亲”①。再看费翔演唱的代表作《故乡的云》：

天边飘过故乡的云/它不停地向我召唤
当身边的微风轻轻吹起/有个声音在对我呼唤
归来吧/归来哟/浪迹天涯的游子
归来吧/归来哟/别再四处飘泊

踏着沉重的脚步/归乡路是那么的漫长
当身边的微风轻轻吹起/吹来故乡泥土的芳香
归来吧/归来哟/浪迹天涯的游子
归来吧/归来哟/我已厌倦漂泊

这些歌曲里的世界很大，歌手是从世界环境中回望祖国的。当他们唱到“河山只在我梦萦，祖国已多年未亲近”时，我们能感受到，通俗歌曲把海外儿女的声音背景推得很遥远。当他们高唱“黄山，黄河，在我心中重千斤”时，我们又能发现，通俗歌曲是用祖国的地名和文化遗产来建设民族认同的。最后，歌曲用“归来哟，浪迹天涯的游子”，唤起所有华夏子孙的民族认同意识，这与当时国家和祖国亲人欢迎广大海外华人回乡观光、回国投资、协助发

① 金开诚诗，2004年10月20日在北京香山饭店为某会所撰并张贴会场，作为讨论中国传统文化与现代社会文化关系的共享话题，我有幸应金先生之邀参加此会，获益良多。

展文化教育事业和经济建设的意图是合拍的。

通俗歌曲营造了浓浓的祖国之恋，也重新描述了中国和世界的现代关系，对“东方睡狮”的定义做了重新界定。有一个时期，《霸王别姬》《龙的传人》和《中国功夫》等歌曲都很流行，是中国内地的歌手自己唱的，充满了阳刚之气。在全球化的冲击下，他们重新诠释中华民族精神，让世界更加了解中国。

从跨文化比较的视角看，随着我国现代化进程的前行，中国通俗歌曲的创作观也在发生变化。印度诗人泰戈尔说：“世界给我以痛，我报世界以歌。”我们发现，新时期的通俗歌曲转向开发新的社会资源，重新解释民族精神和国家形象。它们不再是《松花江上》那种反抗的怒吼，不再是闻一多的母亲版《七子之歌》，也不是罗大佑的青春版《东方之珠》，而是走在跨文化的路上，用“我看人看我”和“我看人看人”两个视角，面向当今观望中国的全球世界，将我们习惯的传统民歌进行重构，改变其传统视角，增加歌曲的现代流行性。在众多歌手中，费翔演唱的《冬天里的一把火》比较成功，歌声曾感动中国，南北传唱，一时掀起费翔热：

你就像那冬天里的一把火/熊熊火焰温暖了我的心窝
每次当你悄悄走近我身边/火光照亮了我
你的大眼睛/明亮又闪烁
仿佛天上星/最亮的一颗

你就像那一把火/熊熊火焰温暖了我
……
我虽然欢喜/却没对你说
我也知道你/是真心喜欢我

这种通俗歌曲之所以成功，在于它做到了东西结合、古今结合。过去都是母亲版，现在是青春版。过去管祖国叫母亲，现在叫爱人。外国歌手演唱的通俗歌曲，比国内原先流行的民族内部的歌曲，少了一些疆界，可以根据人们对民族传统和现代文化的需要的比重加以重构，结果使人们更愿意欣赏和选择，因而流行性更强。

（三）日常生活歌曲

我国近几十年在跨文化的语境中出现了“七化”，即市场经济化、农村城镇化、传媒工业化、知识产权化、网络信息化、价值多元化和非遗政府化。这些变化都通过不同的形式在通俗歌曲中，特别是表现日常生活的通俗歌曲中得到了反映。

传统民歌也有不少日常生活歌，但都是农民歌。通俗歌曲不同，里面的社会关系和文化层次复杂了，社会职业多了，从农民到工人、军人、警察、教师都有，还增加了城市生活和国际关系的内容。近十几年来，在这类歌曲中，还增加了下岗就业、环境保护和数字化等内容。这些成分是传统民歌所不能承担的。

通俗歌曲反映日常生活都是大白话，讲衣食住行，是每个普通人关心的问题，歌手的演唱虽然很个性化，但到了听众的耳朵里就变成了社会性的集体选择。现在我们要了解的是，在跨文化的语境下，中国人的社会选择有哪些变化？这些变化允许通俗歌曲怎样去描绘和再现？它们创造了哪些中国现代日常生活的象征符号和新文本？通俗歌手所扮演的角色与传统民歌的歌手有何不同？

1. 家庭生活歌

传统民歌唱家庭生活，大都是讲伦理，现在通俗歌曲唱家庭生活，大都是讲心态，讲生活方式。通俗歌曲中的家庭对象，不只是女性，里面还有夕阳人生中的父母亲，退休后的工人干部，就业阶层的蓝白领等，其中的精神，都是放慢脚步、放宽心怀，增加关爱。陈红演唱的《常回家看看》，就是一种上班族与“下岗”家长的心灵对话：

找点空闲/找点时间/领着孩子常回家看看

带上笑容/带上祝愿/陪同爱人常回家看看

妈妈准备了一些唠叨/爸爸张罗了一桌好饭
生活的烦恼跟妈妈说说/工作的事情向爸爸谈谈

常回家看看/回家看看/哪怕帮妈妈刷刷筷子洗洗碗
老人不图儿女为家做多大贡献呀/一辈子不容易就图个团团圆圆

常回家看看/回家看看/哪怕给爸爸捶捶后背揉揉肩
老人不图儿女为家做多大贡献呀/一辈子总操心就奔个平平安安

还有些讲父母亲的歌曲内容，与我国的社会急剧改革和社会结构分层有关，各种变化都反映到家庭中来，使一个家庭中革命的、新潮的、退休的、下岗的、出国的、还乡的，什么情况都有，这就使富有中国文化传统的现代家庭成为各种压力的汇聚地，通俗歌曲成了缓解家庭压力的一种工具。请听 20 世纪 90 年代初期出现的《一封家书》：

亲爱的爸爸妈妈/你们好吗
现在工作很忙吧/身体好吗

我现在广州挺好的/爸爸妈妈不要太牵挂
虽然我很少写信/其实我很想家

爸爸每天都上班吗/管得不严就不要去了
干了一辈子革命工作/也该歇歇了

“管得不严就不要去了”，在从前的国营单位时代和现在的市场竞争时期都不大讲这种调侃的话，但通俗歌曲还是可以公开地唱，这就是一种心态上的缓压之举。“干了一辈子革命工作”，允许大众“心之忧矣，我歌且谣”，这就是社会的变化。

通俗歌曲中的父母角色也有较大的变化。传统民歌唱母亲的多，唱父亲的很少，现在的通俗歌曲也开始歌唱父亲，如一首名为《父亲》的歌唱道：“人间的甘甜有十分，你只尝了三分……央求你呀下辈子，还做我的父亲。”还有一首农民歌手参与创作的《老爸老妈》，是将父母亲一起歌颂的，歌曲表达了涌入中国城镇化大潮的“农二代”的家庭变化。这位男青年曾经有闰土般活泼淘气的乡村童年，他“淘气不听话”，我的老爸爸“可没少把我打”，终于有一天，他要远离农村去打工，这时一向沉默寡言的爸爸“眼角默默闪着泪花”，把对儿子的担忧和鼓励都化作了深切的注目。等到这位农村青年把工资寄回家，他的妈妈又把他的全部汇款存起来，以备他日后之需，父母亲自己却一分钱也舍不得花。这首通俗歌曲里的下一代形象，不再是唱着“在白莲花般的云朵里”，在“高高的土堆上”，“听妈妈讲那过去的故事”的翻身青年，父母亲的社会角色也从家庭生活的细节上被加以新的诠释。

传统民歌唱了很多难以破解的婆媳关系，现在的通俗歌曲唱这种内容少了，而是改唱翁婿关系和母女关系。姜昆的相声《虎口遐想》说，现在的男青年周末都到女友的娘家干活去了，他没有女友，才独自到动物园闲逛。这个段子曾引来现场听众的会心大笑，笑的由头正是从现代日常生活中提取出来的。通俗歌曲在表达这个变化上也是预留了空间的，这类作品如《那就是我》和《妈妈的吻》。当然它是艺术，它唱母女关系也不等于否认婆媳关系，不过通俗歌曲还是积攒了不少“女儿吻”的现代文本，它多少有点西化，或者说有些跨文化，但也赢得了表演市场。

2. 城市化的生活歌

我国现代社会结构改革的最大变迁是农村城镇化。《春天的故事》所讲的地点原来是一个深圳的渔村，不久成为中国经济特区的前哨城市，后来我国还出现了长三角、珠三角等城市群，那里人口和财富集中，现代化设施林立，但城市的钢铁森林和人口密度让人喘不过气来，于是风清月闲、载歌载舞的民族地区的欢乐生活被人们回忆起。根据广西壮族自治区民歌电影《刘三姐》改编的同名通俗歌曲《山歌好比春江水》，近年成为室内舞台表演和广场联欢会的热门节目：

唱山歌来/这边唱来那边和/那边和/山歌好比春江水

这种通俗歌曲的好处是既旧且新，容易获得超常的流行性，它从歌仙刘三姐的广西家乡唱到祖国的南北各地，被人民用来歌唱身边的幸福人群和幸福生活。

到目前为止，通俗歌曲的拿手好戏还是歌唱小城镇，被邓丽君唱红的《小城故事》是这类歌曲的代表作。在我国各地城镇化的快速进程中，它伴随着邓丽君堪称完美的歌声飘到了内地，带给人们温婉深厚的文化回忆。在我国现代社会的东南城市群一带，小城镇保留了稳定文化结构，如余秋雨笔下的江苏同里。在内地城乡中等发达区域，小城镇成为一种历史文化符号，如山西晋商的老宅。在西部欠发达地区，资源匮乏、人口流动，小城镇成为理想田园的代表，如西域风情浓郁的新疆喀什。在这种社会巨变中听《小城故事》，是一种对比，也是一种追寻。

《小城故事》之流行，还在于它的文化叙事方式的变化。传统民歌也唱小城镇，但主要讲人与动植物的关系，《小城故事》着重评价一种有知识、有品位、有情趣、恬淡的小城生活：

小城故事多/充满喜和乐
若是你到小城来/收获特别多

看似一幅画/听像一首歌
人生境界真善美/这里已包括

谈的谈/说的说/小城故事真不错
请你的朋友一起来/小城来做客

这种歌曲有风格，很阳光，又很中国化，境界很高，谈吐含蓄，人们置身其中，就有归属感。不像有些传统民歌叙述的生活过于哀痛或被动，放到现代社会，共鸣者就减少了。但现在国内写城镇化的歌曲还不多，期待有新创作。

（四）社会职业歌曲

现代中国社会变迁的一大特点，就是可选择、可从事的社会职业增多了。传统民歌中的社会主体都是农民。通俗歌曲里有农民、工人、军人和警察等不同职业人员，还出现了很多可以演唱的教师文本、警察文本、行业文本、军人文本和农民工文本。通俗歌曲与新社会职业相结合，提高了自己的表现魅力。

1. 教师文本

我国高校的大学生都应该熟悉一首歌唱教师的通俗歌曲《长大后我就成了你》，它配合教师节的庆典仪式演唱，能产生公共精神，也能向未来传承：

小时候我以为你很美丽/领着一群小鸟飞来飞去
小时候我以为你很神气/说上一句话也惊天动地

长大后我就成了你/才知道那间教室
放飞的是希望/守巢的总是你

长大后我就成了你/才知道那块黑板
写下的是真理/擦去的是功利

小时候我以为你很神秘/让所有的难题成了乐趣
小时候我以为你很有力/总喜欢把我们高高举起

长大后我就成了你/才知道那个讲台
举起的是别人/奉献的是自己

歌唱教师的通俗歌曲数量不多，但很好听。它的出现，与我国1985年设立教师节有关。中国儒家教育活动开始得很早，但从前以私塾教育和书院教育为主，没有产生歌唱教师的歌。《长大后我就成了你》歌唱从事现代教育事业的教师群体，这是由现代教育事业的公共性质所决定的，它说明教师工作是积累高尚精神财富的伟大事业。

2. 警察文本

由雷蕾作曲、刘欢首唱的《少年壮志不言愁》是一首广为传唱的人民警察赞歌：

几度风雨/几度春秋/风霜雪雨搏激流
历尽苦难/痴心不改/少年壮志不言愁

金色盾牌热血铸就/危难之处显身手
为了母亲的微笑/为了大地的丰收/峥嵘岁月何惧风流

中国的警察，包括武警和公安干警，是祖国的第二国防部队。自中国对外开放后，他们出没在边防、山乡、海疆、渔场，乃至蓝天上，缉毒，反贪，打击贩卖人口的蛇头，追捕国际罪犯，成为捍卫国家政治安全、经济安全和人民生命财产安全的正义之师。这首歌告诉我们，有一种财富叫奉献。继雷蕾创作了此歌之后，我国又出现了大量的刑侦破案影视片，插曲也都是通俗歌曲，通俗歌曲让“中国警察”这一名词焕然一新。

3. 行业文本

通俗歌曲在开拓行业歌曲方面是有功劳的，《蛋炒饭》是一首表彰饮食服务行业的厨师的职业歌。

嘿/蛋炒饭/最简单/也最困难/饭要粒粒分开/还要沾着蛋
嘿/蛋炒饭/最简单/也最困难/铁锅翻得不够快/保证砸了

招牌

嘿/蛋炒饭/最简单/也最困难/这题目太刁难/可我手艺并非泛泛

嘿/蛋炒饭/最简单/也最困难/中国五千年火的艺术/就在这一盘

满汉楼里/高手云集/放眼中国/享誉盛名

传至我辈/精益求精/若非庖丁/无人可比

中国的美食世界闻名，这首歌颂扬中国的传统食谱有“中国五千年火的艺术”的历史，又讲到古老的厨艺“传至我辈，精益求精，若非庖丁，无人可比”，这些歌词都有很强的文化渗透性。歌词里还唱了庄子的《庖丁解牛》，里面有一位老厨师丁师傅，传说他的刀工“游刃有余”，比当时的宫廷音乐还要美妙。中国古人已将饮食与审美意识联系在一起，并将这种思维习惯传至后世。

4. 军人文本

在新时期的通俗歌曲中不乏军人歌曲，如《当兵的人》《说句心里话》《小白杨》《为了谁》《真的好想你》和《在那桃花盛开的地方》，等等。但是，它们都不是战争歌曲，而是表现军人情感和军人生活的歌曲。歌里所唱的内容，是军人的爱情、军营的人情和军人的父母情。它们让我们想起苏联电影《这里的黎明静悄悄》。它们与早期的军人文本《南泥湾》和《我们都是神枪手》等大有区别，但与第二次世界大战后的国际反战潮流的发展方向是一致的。以下是几个例子：

《说句心里话》：

说句心里话/我也想家/家中的老妈妈已是满头白发

说句实在话/我也有爱/常思念梦中的她

既然来当兵/就知责任大

你不扛枪/我不杠枪/谁保卫咱妈/谁来保卫她

《真的好想你》：

真的好想你/我在夜里呼唤黎明
追月的彩云哟也知道我的心/默默地为我送温馨

真的好想你/我在夜里呼唤黎明
天上的星星哟也了解我的心/我心中只有你

《小白杨》：

一棵呀小白杨/长在哨所旁/根儿深/干儿壮/守望着北疆
微风吹得绿叶沙沙响/太阳照得绿叶闪银光
小白杨/小白杨/它长我也长/同我一起守边防
小白杨/小白杨/也穿绿军装/同我一起守边防

《在那桃花盛开的地方》：

桃园荡漾着孩子们的笑声/桃花映红了姑娘的脸庞

通俗歌曲中的军人文本抒发的是对战后和平建设生活的渴望，同时教育全民从保卫和平的角度理解国防建设的意义。

5. 农民工文本

农民工文本，是在中国实行经济改革后才出现的一种新社会阶层的职业歌曲。歌中的农民工远离家乡，有强烈的失落感，但也有更新知识、改变社会认同的需要。近年在中央电视台春节文艺联欢晚会上上演的很多农民工歌曲反映了这种现实，例如，旭日阳刚组合演唱的《春天里》：

如果有一天/我老无所依/请把我留在那时光里

如果有一天/我悄然离去/请把我埋在这春天里

这种通俗歌曲不是演唱苦闷移民情绪的传统民歌，如《走西口》；也不是反映社会动乱和个人颠沛心绪的古典诗词，如唐代的“三吏”“三别”和边塞诗，而是与现代中国经济社会改革主流共同涌动的时代大潮的精神产物，听：“如果有一天/我老无所依/请把我留在那时光里”，这是何等昂扬的职业意识！现代中国一度也有其他移民群体，如所谓的“高考移民”，再如留学生移民，但均未见歌曲，这大概与这类群体不具备构成社会职业能力有关。通俗歌曲表达社会职业其实是有规则的，农民工歌曲听上去很时髦，实际上也在遵守现代社会运行的原则。它们诞生于我国现代社会安宁时期的社会结构改革之中，它们是新版的“走西口”，再听：“如果有一天/我悄然离去/请把我埋在这春天里”，这是怎样开放的眼界和进取的决心！有的农民工文本是由专业歌手演唱的，如军旅青年歌手乔军演唱的《农民兄弟》，这类歌曲反映了农民工生活的方方面面，在社会各阶层中普遍地发声，呈现出一种农民工融入城市的新现象。

（五）爱情歌曲

通俗歌曲歌唱爱情是一大宗，但与传统民歌中的情歌相比，它们没有那么实，大都是符号比喻，或是朦胧象征，流露了十分现代化的爱情情绪。早期的通俗歌曲也是擅长创造爱情比喻的，但所使用的象征符号有所不同，20 世纪 30 年代进步电影《马路天使》中的插曲《天涯歌女》就是一个例子。《天涯歌女》原名《知心客》，由江苏太仓艺人张仰求创作。张仰求家境贫寒，浪迹江湖，能编会唱，为了谋生，常到上海为歌女或妓女编曲伴奏，《知心客》就是他改编民歌《十姐梳头》的素材编创的。在《马路天使》决定拍成电影后，田汉和贺绿汀下去搜集“歌女”生活的素材。一次，他们来到“花局”，偶然发现张仰求正为孙丽红伴奏演唱《知心客》，便决定使用张的作品，将之改编成《天涯歌女》插曲。以下是《知心客》和《天涯歌女》的歌词比较：

《知心客》：

天涯巧遇知心客/终身献给两地客/我伲永远不离分
喂呀喂喂呀/郎呀/我伲永远不离分

《天涯歌女》：

天涯呀海角/觅呀觅知音/小妹妹唱歌郎奏琴/郎呀咱们俩是一条心
哎呀哎呀/郎呀咱们俩是一条心

《知心客》以“男客”为象征，歌词有一定的私密性，适合于市井演唱；《天涯歌女》的改编歌词借用了传统民歌中普遍使用的“郎”和“妹”的象征词，但改为以“小妹妹”为中心，更适合在现代公共社会中广为传播。我国改革开放后流行的通俗歌曲所讲的爱情，内容都很朦胧，其象征性不可考，也无须考，作者和歌手追求的是一种感受、一种体验。我们来比较以下三首爱情歌曲：首先是根据古典文学名著《红楼梦》改编的电视连续剧插曲《枉凝眉》，男女主角宝黛两人，本为缘情而生的恋人，有名有姓。其次是民歌《梁祝》，梁山伯和祝英台为爱而死，行为也很具体。在以上两种爱情歌曲中，提起古典情人和情歌，都是爱到疯狂恋到死，情节一步一步地发展下来，衍成千古故事。在莎翁笔下，在汤显祖的剧中，也都如此表现。现代通俗歌曲就不这样了，在很多歌曲中，爱情很朦胧，爱人很抽象，行为很哲学，情节不落实。再次，我们来看乔羽作词、毛阿敏演唱的成名曲《思念》：

你从哪里来/我的朋友/好像一只蝴蝶/飞进我的窗口
不知能做几日停留/……/又把聚会当成一次分手

《梁祝》民歌唱的是“蝴蝶夫人型”故事，世界很多国家都有这种“蝴蝶夫人型”故事。梁祝双双为爱情而死，行为是很具体的。但在《思念》中，蝴蝶夫人却变成了擦肩而过的爱情鸟，看也看不清，摸也摸不着。但这种事也能叫现代人怦然心动，听完了能平静地咀嚼，而且觉得这种爱情不认真，反而会很现实地品味多味人生。我们知道，现代社会的流动机会多，造成了很多邂逅的情感，这种情感可能不会成为社会真实和文化真实，但可能成为艺术真实。通俗歌曲正是挖掘了这种艺术真实，并谱成了歌曲，唱了出来，填补了现代人匆忙的心灵，因此它即便把爱情唱虚了，也能得到真心回报。

庞龙创作并演唱的《两只蝴蝶》也唱“蝴蝶夫人型”的爱情，但更倾向于描绘理想化的爱恋语境，把纯洁的感情、桃花源的世外美景和浪漫的两人世界这三者结合起来歌唱，成为深受现代人喜爱的华语歌曲：

亲爱的/你慢慢飞/小心前面带刺的玫瑰
亲爱的/你张张嘴/风中花香会让你沉醉
亲爱的/你跟我飞/穿过丛林去看小溪水
亲爱的/来跳个舞/爱的春天不会有天黑

我和你缠缠绵绵翩翩飞/飞越这红尘永相随
追逐你一生/爱恋我千回/不辜负我的柔情/你的美

我和你缠缠绵绵翩翩飞/飞越这红尘永相随
等到秋风起/秋叶落成堆/能陪你一起枯萎/也无悔

庞龙的这首《两只蝴蝶》，中外人士、男女老少都爱唱。

但是，真正把梁祝爱情唱成唯美的文化诗学的是李健。他创作并演唱的一首《风吹麦浪》，是他面向母校清华校园的大学公寓外的一片金色麦田，想象相爱的两个人儿，穿越麦浪，在金丝银线洒向大地的灿烂阳光下，蝴蝶般地“飞舞”和“飘荡”，让人陶醉其中，物我两忘：

远处蔚蓝天空下/涌动着金色的麦浪/就在那里曾是你和我
爱过的地方

我们曾在田野里歌唱/在冬季盼望/却没能等到这阳光下秋天的景象

就让失散的誓言飞舞吧/随西风飘荡/就像你柔软的长发曾芬芳我梦乡

爱情不理智，还有许多独特复杂的情绪，不可理喻，现代通俗歌曲《心太软》和《爱上一个不回家的人》都唱了这种情绪。通俗歌曲对爱情的诠释，对爱情质量的检测，是没完没了的，它们很善于揭示爱的各种心路历程，因而总是受到欢迎。

二、传统民歌与通俗歌曲的地位

（一）公众演唱与“星光大道”

唱歌的目的，是要让人快乐起来。传统民歌和通俗歌曲在这方面都显示了优势。它们框子少，话题多，范围广，主动权大，参与性强，好歌大家唱，让人人都感到自己可以主宰命运和前程，所以人气很旺。近年来，中央电视台许多栏目的开办和成名，都得益于这一条，像《激情广场》《星光大道》和《同一首歌》等，它们越办越火，公众参与程度前所未有。《星光大道》的参与者从4岁的儿童到70岁的教师，这说明传统民歌和通俗歌曲在搭建百姓舞台上都有本事。

（二）小人物与社会批评

传统民歌和通俗歌曲所歌唱的都是小人物，在他们中间，有张哥、李姐、小芳、小警察、磨刀老头、居委会马大姐、贫嘴张大民、我的老爸老妈、普普通通的军营战士和进城务工的农民工，等等。这种歌声响起来，能提高普通人的心气，能成为他们批评不合理社会现象的舆论，能成为他们的勇气和目标，能帮助他们从不自信和不安定中获得片刻的解脱，这种歌声的魅力对他们来说是无与伦比的。[①]

（三）商业经济与个性演出

通俗歌曲是高消费经济，演唱者、中间人和经营者都有利可图。许多人利用通俗歌曲获得了可观的经济利益和社会利益。在才能、兴趣和利益的综合驱动下，他们追求个性化的表演。相比之下，传统民歌就不挣钱了，它们原是功能性歌曲和自娱性歌曲，离开了原生态环境、原生产方式和原生态听众，生存能力就大大减弱。

（四）政府导向与专业介入

很多国内外学者认为，通俗歌曲能广泛流行，与政府导向和专业人士的介入有关。《康定情歌》的改编、《天涯歌女》的成名和《篱笆、女人和狗》的走红都能说明这个问题。同时，通俗歌手的演唱也都是在政府许可下进行的。现在，在政府的提倡下，已出现了传统民歌、通俗歌曲、中国的戏曲和曲艺，以及西式美声互相吸收的倾向，如电视连续剧《四世同堂》的主题歌《重整河山待后生》，是京韵大鼓和民歌相结合的创作，由一代大鼓艺术家骆玉笙亲自演唱；电视连续剧《大宅门》的主题歌是京剧、大鼓和民歌相结合的创作，由著名歌唱家胡晓晴演唱；电视连续剧《水浒传》的主题歌《好汉歌》，是传统民歌与通俗音乐相结合的创作，由刘欢演唱，这些歌曲播出之后都深得好评，被广为传唱。

（五）新媒体传播与网络化趋势

通俗歌曲的新媒体传播有四种方式：一是政府工作的代言歌曲；二是作曲家量身定做，再由歌手唱红的歌曲；三是媒体产业包装制作的歌曲；四是主流媒体推出的歌曲。这些歌曲都利用媒体进行大众传播，引起了不少的社会

---

① ［美］洪长泰：《新文化史与中国政治》，台北：一方出版有限公司，2003，第185—187页。

关注。

1. 政府工作代言歌曲

北京人民广播电台每天播出的《1025动生活》节目，由北京市体育局、北京市体育总会、北京市社会体育管理中心和北京市体育广播电台联合制作，为推广全民健身活动，节目采用了一段充满现代通俗音乐气息的说唱（RAP）做片头，由四位北京青年通俗歌手演唱，动感十足，说理深入，效果很好：

你很累/应酬很忙/时代在发展/你却没有了方向

多赚点钱啊/再赚点钱儿/日子越来越好/你可别忘了身体健康

爱吃炸鸡腿/比萨饼加薯条/炸腰子/炸排骨/再来二斤切糕

熬夜/加班/电脑/喝了咖啡不少/睡睡不了/醒醒不了/客户十分烦恼

听1025体育广播节目/长学问/爱生活/还能提高觉悟

每天上午九点十分/准时和你互动/四个年轻人/给你十足健康梦

这是一档面向北京听众的普及体育健身知识的栏目，它以通俗歌曲叫板开场，形式新颖又不失传统京味，歌词平易又深藏社会人生哲理，这种通俗歌曲就成了一块声音牌匾。它为政府的民心工程助力，为在北京国际大都市激烈竞争中“熬夜/加班/电脑”的英才时俊的健康把脉，对“日子越来越好”的北京市民温馨提醒“你可别忘了身体健康”。它能辅助促进城市群众体育运动，又能为提高全民现代体育文化素质服务。

2. 专业人士量身定做

这方面的例子如通俗歌手凤凰传奇组合演唱的《月亮之上》：

我在仰望/月亮之上/有多少梦想在自由地飞翔

昨天遗忘/风干了忧伤/我要和你重逢在那苍茫的路上

在皇城根下，在街心公园，《月亮之上》以专业水准的创作与表演，传达了通俗歌曲浅白、热辣、韵律强的优势。它打开大众心扉，展现民族风情，激发社会集体感，带动社区人群，成为流行广场舞的必选曲目。

3. 媒体产业的包装制作

刘欢等通俗歌曲名家于 2014 年和 2015 年在中央电视台第 3 频道推出了唱作节目《中国好歌曲》。组织者原有极高的人气，又借助媒体的影响，提倡歌手原创，一时在通俗乐坛刮起了阵阵春风。在这档节目中，霍尊唱作的《卷珠帘》被刘欢看中，纳入个人唱片包装，初出道的霍尊因此一夜成名。

镌刻好/每道眉间心上/画间透过思量
沾染了/墨色淌/千家文/都泛黄/夜静谧/窗纱微微亮

拂袖起舞于梦中徘徊/相思蔓上心扉
她眷恋/梨花泪/静画红妆等谁归/空留伊人徐徐憔悴

啊/胭脂香味/卷珠帘/是为谁
啊/不见高轩/夜月明/此时难为情

细雨落入初春的清晨/悄悄唤醒枝芽
听微风/耳畔响/叹流水兮落花伤/谁在烟云处琴声长

《卷珠帘》的歌词为系列集句，创意来自古典诗词，尽是婉约意境，内中有李白式的静夜独语，如“夜静谧/窗纱微微亮”；有李清照式的月下清婉独吟，如“她眷恋/梨花泪/静画红妆等谁归”；有李后主式的小楼登临和华丽反思，如“不见高轩/夜月明/此时难为情”。霍尊再用娴熟的音乐技巧将它们编织入曲，将一种诗情画意的复杂情绪平滑地连接，再简单地演唱出来，给人以余音绕梁、三日不绝的感觉，这种通俗歌曲让人眼前一亮。

4. 主流媒体推出的中国特色节目

我国是一个多民族团结共进的社会主义大家庭，新疆维吾尔自治区是祖国大家庭不可分割的部分，是世界级非物质文化遗产木卡姆的故乡。20 世纪以来，著名作曲家王洛宾、雷振邦和施光南先后创作了新疆民歌风格的专业歌曲，弘扬了新疆兄弟民族的优秀历史文化遗产，促进了我国多民族的大团结，提高了新疆民歌的中外知名度。中央电视台是我国主流媒体的代表，2015 年央视第 3 频道《回声嘹亮》春季栏目播出的新疆歌曲联唱节目令人很受鼓舞。在节目中，总政歌舞团的新疆维吾尔族著名歌唱家克里木演唱了王洛宾改编的新疆民歌《达坂城的姑娘》；锡伯族女中音歌唱家关牧村演唱了施光南创作的新疆民歌《吐鲁番的葡萄熟了》；克里木和关牧村合唱了著名作曲家雷振邦为电影《冰山上的来客》创作的插曲《花儿为什么这样红》。在关牧村演唱《吐鲁番的葡萄熟了》的时候，老一代维吾尔族艺术家克里木和维吾尔族文艺青年阿尔法联袂，手持献花，载歌载舞，为关牧村伴舞。在这档节目的后半部，插入了东方歌舞团汉族青年演员郭蓉用通俗唱法演绎的关牧村首唱名曲《打起手鼓唱起歌》。整台节目展现了我国各民族大团结的美好场面，呈现出我国现代音乐舞台上多民族民歌与通俗歌曲百花齐放、共同发展的繁荣局面，令人赏心悦目。

前文提到的刘欢和李健等，推出了具有中国元素的通俗歌曲，他们本人也在这一过程中成了新一代音乐人中的传奇。请听李健创作并演唱的《传奇》：

只是因为在人群中多看了你一眼/再也没能忘掉你容颜
想你时/你在天边/想你时/你在眼前
想你时/你在脑海/想你时/你在心田
宁愿相信我们前世有约/今生的爱情故事不会再改变
宁愿用这一生等你发现/我一直在你身旁从未走远

我国改革开放后成长起来的这批精英艺术家，以很高的文化修养、坚定的理想信念、少有的音乐天才和驾驭中外歌曲的能力，充分地吸收我国深厚的民族音乐营养，坚持走创新发展通俗歌曲的道路，取得了社会公认的成就。

现在已迈入 21 世纪，回首此前中国社会的百年巨变，传统民歌和通俗歌曲已成为难得的口头见证。为其引吭高歌的大批艺术家和优秀民间歌手都已成为中国现代社会变迁的人格化体现，受到了亿万听众的热爱和尊重。

第二章

民间曲艺与民间戏曲

中国的传统民歌和通俗歌曲都有很强的生存能力，除了自身的原因，还有一个深厚的基础，就是民间曲艺和民间戏曲的滋养。很多歌唱家或歌手之所以歌唱得好，正是因为有民间曲艺或戏曲的功底，这使他们一曲唱红，功夫未了，还有大戏可唱。外国人对此颇有兴趣，在中国步入现代化和全球化后，有些早年被他们记录的曲艺或戏曲，再度成了国际关注的对象，有时也因为这些资料的交流，促进了国际学术交流和文化交流。还有更多的曲艺和戏曲原来一直藏于民间，现在又足够长命，走上了现代舞台，具有了自己的变迁模式。总之，它们都是跨文化的活跃分子。本章将从它们中间选取个案，阐释这方面的民俗。同时管中窥豹，从跨文化交流的视角分析民间曲艺和民间戏曲的传承要素。

第一节　民 间 曲 艺

改革开放后，中国流传千年的相声艺术依然活跃，还有不少外国人来中国学相声，出现了一批像加拿大的许大山、法国的李秀媛等“洋明星”。但相声只是中国曲艺的一种，还有其他传统种类。在传统社会，它们虽然也曾进入城市和宫廷，然而与京剧不同的是，它们大多还都活跃在农村，深为农民群众所喜爱。它们是中国的本土艺术，是表演民俗中比较深层的种类。

一、 曲艺的源流和种类

曲艺，在我国民俗学的教科书中，也称为“民间曲艺”，指叙述故事或说或唱，或者有说有唱，并与表演相结合的一种艺术形式，如相声、评书、大鼓、快板和弹词等。

1949 年全国第一次文代会召开期间，成立了“中国曲艺改进协会筹备委员会”，正式启用了“曲艺”的说法。在 1949 年以前，它叫“什样杂耍”，包括说、唱、变、练。改革开放后，中央电视台开设了“曲苑杂坛”栏目，恢复了它的原意。本节侧重介绍曲艺的说唱部分，暂不涉及杂技和魔术。

（一）曲艺的发展源流

曲艺有悠久的历史。它最早起源于什么时候，现已无法考证，但 1987 年陕西临潼出土的秦说书俑说明，至少在秦代，已有说书表演了。1959 年，在四川成都天回镇汉墓中出土了说书俑，又说明到了汉代，说书艺术已发展得相当成熟。这个四川籍的说书俑，手里挥舞着鼓槌，腋下夹着一个鼓，好像坐着，一条腿高高跷起。从动作表情看，不像是伴奏，而是在说讲。据介绍，从前上海浦东说书就是用这种表演方法。这件文物将说书人的手势、身段和面部表情都表现得活灵活现，从它身上可以看出，当时的“说书”不是简单地讲故事，而是一种有声有色的舞台演出。这反映了汉代说书艺术的成熟程度。①

由汉至唐，随着城市经济的繁荣，曲艺进一步发展。中唐诗人元稹在《酬翰林白学士代书一百韵》中说：“翰墨题名尽，光阴听话移。”诗中的“话”，就是“说话”，也就是“说书”。他还在这句诗下面加了一个注，说在新昌宅听《一枝花话》。《一枝花话》讲李娃的故事，李娃是唐代名妓，故事

---

① 钟敬文主编：《民间文学概论》（第二版），第十章“民间歌谣”，北京：高等教育出版社，2010，第 248—250 页。

讲她和荥阳公子的爱情故事，唐人白居易的弟弟白行简为此作过《李娃传》。元稹讲，这个故事从寅时讲到巳时，还没讲完，而且是从凌晨人们最困的时候讲起，到了中午大脑工作效率降低的时候还在往下讲，听书人已连续听了6个小时，还没听够，可见这场说书是多么吸引人，要是不精彩，听众早就睡着了。

韵文类的曲艺以变文代表。变文有说有唱，原来是为宣传佛教服务的。变，指宣讲佛经的图画；变文，指这些图画的解说词。当时佛教盛行，僧人采用了非佛经的故事说唱来讲经，增加了佛经故事的传播能量。美国学者梅维恒（Victor H. Mair）写了一本《绘画与表演——中国绘画叙事及其起源研究》，书中使用了大量照片，说明在欧洲的意大利、亚洲的印度和巴基斯坦等很多国家，都出现过这种说唱体裁。[①] 王邦维还写了一篇文章，题目叫《譬喻师与佛典中譬喻的运用》。文章指出，有一种说唱佛经故事的僧人叫“譬喻师”。在唐代以前的汉代，他们就是用“佛教宣说故事”的职业僧人。

如果把这些问题与整个佛教文献发展和传承的历史联系起来，我们可以发现一个现象，那就是，所谓的譬喻师和佛教的譬喻，在佛教传播的过程中，曾经起过多么重要的作用。佛教文献中最具有文学色彩的经典，佛教宣说故事的传统，很多与他们有关。不仅如此，这个时候相当于中国后汉到南北朝时期，正是中国方面大规模接受佛教的阶段。由这些譬喻师编撰或在他们的影响下出现的佛教经典，在此期间大量地传到汉地并被翻译出来，对中国佛教和一般世俗文学的发展产生了很大的影响。[②]

从这篇文章中可以知道，以往看韵文类变文的重要性，仅仅看它的文本还是不够的，还要看它的演唱人。演唱人的作用不亚于文本。唐代演唱僧人的历史，可能追溯到汉代，还可能从汉代的中国追溯到当时的印度，这是很有深意的题目，显然我们注意不够。在唐代，一部分变文形式走出寺院，深入民间，

---

① ［美］梅维恒：《绘画与表演——中国绘画叙事及其起源研究》，王邦维、荣新江、钱文忠译，季羡林审定，上海：中西书局，2011。参见该书封内插图95幅。

② 王邦维：《譬喻师与佛典中譬喻的运用》，《文史》（京），2012年第3辑，第221—230页。

被民间作者采用其说唱形式，演唱历史故事和社会生活。韦縠《才调集》卷八载吉师老的一首诗，题目叫《看蜀女转昭君变》，原诗有八句，引文如下：

妖姬未著石榴裙，自道家连锦水濆。
檀口解知千载事，清词堪叹九秋文。
翠眉颦处楚边月，画卷开时塞外云。
说尽绮罗当日恨，昭君传意向文君。

在这首诗中，“昭君变”，指有关王昭君故事的变文。“转”是“啭”的假借字，就是唱的意思。不说“唱”，而说“啭”，说像鸟儿一样婉转地唱，可见变文是相当动听的。“蜀女”就是唱《昭君变》的女艺人。还有一个“看”字也值得注意。“看”有两层意思：一层是看图片，因为变文的表演者是对着图片说唱的，类似于后世的拉洋片；一层是看说唱艺人的表演，因为他的说唱不像拉洋片那样仅仅停留在对图片的解释上，他还带有表情动作，还有简单的化妆，所以很好看。这也说明民间变文的演唱人的作用也是极其重要的。变文既好听，又好看，代表了唐代曲艺的艺术成就。

宋代的城市经济进一步发展，市民阶层扩大，城市文化娱乐也因此趋向多样性，但民间说唱始终是文娱活动中最重要的形式，“勾栏”“瓦肆”就是固定的演出场所。这时的曲艺有三大类：一是散文类，以说为主，叫“说话”，里面又有小说、讲史、讲经三种。小说，又叫“银字儿”，专讲爱情和公案故事，是有说有唱的。讲史，是讲长篇历史。讲经，是讲佛经故事。二是唱诵类，以唱为主，有鼓子词、覆赚、诸宫调三种形式。鼓子词，是用同一宫调、同一曲牌的许多曲子演唱一个故事，我们用民歌《茉莉花》来解释。《茉莉花》的套式相当于宫调，中国各地的《茉莉花》相当于曲牌。鼓子词，就是用同一个《茉莉花》套式、同是江苏的茉莉花演唱一个故事。这方面的知识，也可以用京剧比较。好比现在京剧有西皮、二黄等调，这就相当于宫调，西皮、二黄中又有慢板、原板、摇板、散板，这就相当于曲牌，鼓子词用同一宫调、同一曲牌来唱，就相当于用许多段西皮原板来唱一个故事。覆赚，比鼓子词复杂多了，是用同一宫调的不同曲牌来唱。用民歌《茉莉花》说，好比用同一个茉莉花的套式，用江苏、浙江、河北等不同地方的茉莉花来合唱一个故事。这也好像用同属于西皮调的原板、慢板、快板和散板构成一套曲子来唱一个故事。诸宫调比覆赚还复杂，是用不同宫调、不同曲牌的几套曲子来唱。这相当于用茉莉花构成一套歌曲，再用信天游构成一套歌曲，两套歌曲合起来讲一个故事，现在也叫“串烧”。这也相当于京剧中先用西皮调构成一套曲子，又用二黄调构成一套曲子，合起来表演一个故事。《水浒传》里说女艺人白秀英“说唱诸般品调，……赚得人山人海价看”，说明这种说唱艺人在宋代的流行。第三类是板腔体，包括涯词和陶真。板腔，是以七子句为主的韵文，以鼓板掌握节奏，发展到今天，就是快板和快书。宋代的涯词和陶真，也是用乐器伴奏演唱的，但唱腔变化小，节奏比较固定。它们不像刚才说到唱诵类作品有许多俗曲小调，因此唱腔和节奏变化丰富，更具有音乐性。涯词和陶真都反映以社会生活为主的题材。南宋《西湖老人繁盛录》说：“（临安瓦肆）唱涯词只引子弟，听陶真尽是村人。”从话里的意思看，涯词大概偏重于言情，表现也比较细腻。“子弟”指城市小青年，小说也称“浮荡子弟”，就是现在的小哥们，他们对涯词颇感兴趣。陶真可能更为粗犷通俗，所以受到农民的喜爱。

到了清朝，陶真还在南京、杭州一带流行。李调元《童山诗集》写：“曾向钱塘听琵琶，陶真一曲日初斜。白头瞽女临安住，犹解逢人唱赵家。”这是个例子。

宋代的情况是特别值得注意的。宋代曲艺种类繁多，表演形式也基本定型。后世曲艺虽有发展，但总离不开在宋代已经成熟的那些基本类型和形式。元明清以后，民间曲艺更加成熟，品种也不断翻新，评话、弹词、大鼓、相声、快书等重要曲艺形式都在这个时期产生并得到重要发展。它们大都离我们较近，现在还能看到。

（二）曲艺的主要种类

据统计，在现代化和全球化之前，我国的流行曲艺约有 300 种，以华北（河北、河南、山东）、长江下游（江浙）和四川为三个重点流传区。但在对它们的学术分类上，还缺乏统一标准。以民俗学界为例，说到曲艺，一会儿按形式分，一会儿按内容分，所以存在一些问题。[①] 如在“说故事”类中，先列“说”的种类，有“南方的评话”。[②] 后面又谈到“辅以演唱”的种类，又提到“南方的评弹”。其实“评弹”是“评话”和“弹词”的合称，而不是两个类别，于是应该把“南方的评弹”改为“南方的弹词”。但是改了也不妥，因为弹词的唱，并不是附属于说的，它的作用也不只是“说到激动时辅以演唱”，而是在不激动时也用唱来写景抒情和表现对话的，弹词是一种说唱并重的艺术。现在弹词的音乐成分日益增多，所以，将之拆开来分类，便有失允当。另外，把快板和快书等板腔韵诵形式归入“唱故事”类也不合适，因为韵诵不等于唱，正像朗诵诗与唱歌究竟不是一回事一样。根据这种情况，近年有人干脆把曲艺分为“说”和“唱”两类，把凡以说为主的，都归入说类；凡以器乐伴奏进行演唱的，都归入唱类。当然，这种看法存在分歧的情况，也反映了我国本土艺术的不同生态特点及其丰富性，在这种情况下，过于强调统一标准的分类，可能还不如相对分散的、给予一定长度的细描，然后再从研究目标出发予以概括。

现在依然活跃的曲艺形式有以下几种。

1. 鼓词和曲词

鼓词，以大鼓和鼓板伴奏为标志，流行于我国北方地区，内分京韵大鼓、乐亭大鼓、西河大鼓等，已有几百年的历史，著名京韵大鼓艺术家刘宝全是明代永乐年间四门[③]之一——“梅”派的传人，继起者骆玉笙，是清末民初“三弦圣手”韩永禄的传人。曲词，原系传统民歌的联唱体，后来发展为有曲牌和故事情节的唱诵体艺术。[④] 京韵大鼓《伯牙摔琴》开首的选段就很动人：

古代列国多奇闻，

---

① 钟敬文主编：《民间文学概论》（第二版），北京：高等教育出版社，2010，第 248 页。

② 钟敬文主编：《民间文学概论》（第二版），北京：高等教育出版社，2010，第 250 页。

③ 明代永乐年间出现艺人行会，称四门，分别是胡、梅、青、赵，活跃在河间府一带。参见钟敬文主编：《民间文学作品选》（第二版），北京：高等教育出版社，2010，第 251 页。

④ 钟敬文主编：《民间文学概论》（第二版），北京：高等教育出版社，2010，第 251 页。

俞伯牙汉阳抚琴遇知音，
巧逢钟子期对答把琴问，
意气相投又把香焚。

演唱者骆玉笙，艺名小彩舞，初学京剧，后改唱京韵大鼓。20 岁时拜“三弦圣手”韩永禄为师，22 岁一举成名，成为继刘宝全、白云鹏和张筱轩之后最负盛名的京韵大鼓名家。这段《伯牙摔琴》是“骆派”的代表作，在艺术上达到了很高的成就。进入全球化阶段后，年逾古稀的骆玉笙继续活跃在舞台上，在根据老舍剧作改编的电视连续剧《四世同堂》中担纲首唱，演唱了主题歌《重整河山待后生》，受到老中青各年龄组听众的普遍欢迎。老一代艺术家的现代作品展示了大鼓艺术的发展潜力。

2. 快板和快书

快板和快书无乐器伴奏，但合辙押韵，有音乐节奏，轻便灵活，也很受大众欢迎。快书，以山东快书为代表；快板，以北京快板为代表，都有上百年的历史。[①] 山东快书表演艺术家高元均表演的《武松打虎》是脍炙人口的佳作：

酒家！
好汉爷！
几碗不过冈？
三碗不过冈！
我喝了多少？
你喝了前三碗，后三碗，左三碗，右三碗，
归拢包堆，一共是十八碗！
我的上身不摇。
你是海量！
下身不晃，
你真能饮哪！

① 钟敬文主编：《民间文学概论》（第二版），北京：高等教育出版社，2010，第 257—258 页。

你那“三碗不过冈”的牌子哪？

再也不敢挂了！

武松说：取笑了，牌子照挂。我是能饮哪。

算账！

高元均14岁学艺，少年成名，青年时代曾多次与骆玉笙等搭伙演出，红遍大江南北，是一代快书名匠。改革开放后，他演唱的山东快书传到了海外，受到了外国友人的喜爱。美国达慕思大学副教授白素贞（Susan Blader）从他那里学徒回国后，每周一次，组织学生收听中国的曲艺表演录音，把自己的真心痴迷也传给了美国学生。[①] 山东快书已成为最吸引国际友人的曲艺种类之一。

3. 相声和滑稽[②]

相声以幽默见长，其历史可上溯至秦汉，是我国最长命的曲艺种类之一。滑稽，又称“独角戏”，也有上百年的历史，流行于上海、杭州一带，能学说方言、市声、唱腔、绕口令和表演故事，代表作有《金陵塔》。现在这两种艺术都魅力不衰，依然活跃在现代舞台上。2005年3月，中央电视台的《星光大道》栏目推出了一位上海群众演员，表演了滑稽戏《金陵塔》中的绕口令《天上一颗星》，[③] 博得场下一片喝彩。相声就不必说了，历经世事变迁，总能上台演出，现在不仅中国观众喜爱，还吸引了许多洋学生。在传统相声中，直接说民俗风情的段子，以侯宝林和郭启儒的作品为代表。在他们合说的相声《卖布头》中，侯宝林把布行百俗与北京市声混合在一起说学逗唱，描摹市井小贩的酸甜苦辣，再现市井贸易的乐趣，妙趣横生，让人百听不厌。改革开放后，他的相声还被比作西方的“脱口秀”，大受青睐。20世纪80年代初，侯宝林访美，一位美国人问他：“中国人中午睡午觉，是不是很懒？”侯宝林知道对方是不了解中国，就顺着他的话用相声语言回答：“他要是不懒，他不就是好样的了？他要是好样的，他不就不上你们美国来了？”对方一听，明白是

---

① 汪景寿：《高元均和他的山东快书》，哈尔滨：北方文艺出版社，1985，第3—5页。

② 钟敬文主编：《民间文学概论》（第二版），北京：高等教育出版社，2010，第260—267页。

③ 中央电视台：《星光大道》节目，2005年3月17日播出。

自己想偏了，但又不尴尬，暗地里佩服侯宝林的艺术水平和民族情感。侯宝林生前运用中国式的幽默开展了很多文化交流活动，加深了中外人士对相声传统和现代发展活力的理解。

4. 评书和评话①

前面提到，秦汉时期就有说书俑，说书的历史几乎等于相声。明代大说书家柳敬亭的故事曾被收录进中学课本，让广大青少年对这种中国传统艺术的境界也有印象。北方的评书、南方的评话，都有自己不散的听众。现代说书艺术家袁阔成出身评书世家，其伯父袁杰亭、袁杰英和父亲袁杰武合称“袁氏三杰”。其中，伯父袁杰亭号称“说书的梅兰芳”，早年享誉曲艺界。袁阔成本人是第九代评书表演艺术家，以表演新书为主，另开一宗。他讲的评书《三国演义》《水浒传》和《林海雪原》等，在传统书段的基础上加入现代讲评，能做到天衣无缝。他的评书语言精雕细琢，又能深入浅出；表演风格回肠荡气，又能平易近人，达到如同“看一场电影、一场话剧”的效果，征服了亿万听众。评书界有“无派不宗袁”之说，② 其他如刘兰芳、单田方、田连元和评话艺术家王少堂及其门人等也很叫座。说书称得上是一种“不老松”艺术。

二、 名家名段的说唱

要了解曲艺长期流传的原因，首先要了解一个问题，即它的听众。曲艺是从农村产生的，却是在唐宋以后都民文化氛围中成长和繁荣起来的。所谓都民文化氛围，是指各种生活和流动在传统都市中听众的价值取向和艺术欣赏倾向。在他们中间，有市民、小商贩和手工业者，也有富商大贾、文人官僚和有闲子弟。这种混合的听众需求，必然造成曲艺艺术表演的分化：一部分艺人趋向于上层或识字阶层的表演，一部分艺人趋向于不识字阶层的传统民间文艺表演。这里举两个艺人的例子做分析。

---

① 钟敬文主编：《民间文学概论》（第二版），北京：高等教育出版社，2010，第 268 页。

② 寿鹏寰、钱业：《评书泰斗袁阔成今晨去世》，《法制晚报》2015 年 3 月 2 日，第 A17 版《文娱》。

一个是马如飞。他是清代同治、光绪年间的著名评弹艺人，在苏州评弹史上曾起过重要的作用。马如飞出身于评弹世家，曾在苏州府的衙门里当小吏，后来才改行说书。他受到的教育程度比较高，上层文化意识也比较浓厚。在他开始成名的时候，当时的苏州巡抚丁日昌正推行正统思想统治，实行“禁淫书”活动。一次，丁日昌化了妆，到苏州观前街的玄妙观听讲“乡约”，正好这天马如飞也在听讲，因为要赶到书场去开书，所以中途退场，很多听众便都跟着他跑了，上书场去听他说书。丁日昌好生奇怪，也随着去书场听书。恰巧书场里的堂倌认出了这位抚台大人，就在上台给马如飞冲茶时，悄悄地告诉他要特别小心，于是马如飞便在这一天的书中大讲忠孝节义，又说又唱，慷慨激昂。丁日昌高兴得不得了，认为此人不但演技高超，而且遵儒守礼，是个不可多得的人才，从此对他十分赞赏，经常请他到抚台衙门里去做堂会。其他官僚乡绅见状，也都纷纷请他到家里做堂会，马如飞也就毕生书场得意，通过曲艺表演，满足上层人士的欣赏需求。这反映了曲艺艺人与上层听众的联系。

另一个是无锡艺人华彦钧，即瞎子阿炳。他本来是个小道士，后来沦落为贫困的街头演唱者，他那落魄的样子，也进不了上层大户的朱门。他的听众对象是广大不识字的下层市民。他所演唱的曲目，在抗日战争时期，有讽刺日军侵略者的内容；在国民党统治时期，有揭露国民党贪污腐化的内容。他的表演生涯代表了曲艺与下层社会的联系。

从表演上说，曲艺是集文学、音乐和表演于一体的综合艺术，对它的认识，还不能仅仅停留在文本上，艺人的表演其实起着很大的作用。曲艺行当有句行话，叫“活保人，人保活”，意思是说，好的底本固然是成功的前提，但卓越的现场表演也会使底本大为生色。所以，同一种曲艺节目，由不同的艺人来表演，其效果可能是大相径庭的。当然，曲艺表演与戏曲演出还是有差别的。曲艺艺人只要稍加化妆便可登台，不像戏曲演员那样，要穿上全部行头，程式更为复杂。曲艺艺人的表演讲究一人多角，由艺人临时充当书中的各种角色进行表演和说话。他可以随时“跳进跳出”，一会儿以角色的身份说话，一会儿以曲艺艺人的身份说话，一个人担当全部戏曲内容，做到叙事、模拟、抒情和评论巧妙穿插，取得艺术效果。这也叫代言体和叙述体相结合，代言，就是临时充当书中的角色进行表演和说话；叙述，就是艺人以自己的身份客观地叙述故事情节。这样灵活的表演在其他舞台艺术中是没有的。

从对曲艺艺人的调查看，他们内部很强调上半身的戏，即演员讲究脸部的表情变化要到位，然后加上适当的肢体动作和道具配合，就能把死书唱活，如有的艺人所说，“装文扮武我自己，好似一台大戏”，“生旦净末丑，老虎狮子狗”，“装龙像龙，装虎像虎”，这都是他们的看家功夫。现代人看流传至今的宋元话本，可能会产生疑问：这样平凡的故事，怎么会吸引那么多听众？要知道，艺人的表演绝不是照着话本念一遍就完事的，而是在现场有种种加工和创造，所以他们的表演不但能吸引人，而且能叫人听了一遍又一遍仍有兴趣。

从对民间剧场的研究看，曲艺艺人的现场表演能否成功，还要取决于两个因素：第一，要有欣赏曲艺的听众；第二，艺人上台后，要迅速建立起与听众的感情交流，并做到整场交流不断，否则，艺人别扭，听众也别扭。明末大说书家柳敬亭的老师莫后光，在柳敬亭说书艺术臻于成熟时，曾夸奖他说：“言未发，而哀乐具乎其前，此说之全矣。”在一种曲艺表演刚开场时，艺人刚往台上一站，还没等开口，听众就感觉到一种特殊的气氛了，就在等着艺人调遣自己了，这是一种敏捷而有力的交流。今天的演员有没有可能做到这一点呢？有可能。侯宝林、马季说相声，一出场，场内的气氛就活跃开了，观众就已经在那里等着笑了。这是因为他们都是观众熟悉和热爱的演员，至于观众不熟悉的新演员上场，就要全靠他的表演来征服听众了，能否做到这一点，就要考验新演员的整体艺术修养和掌握火候的本领了。此外，由于曲艺演员基本不化妆，以缺少戏剧色彩的普通人样子出现在台上，所以迅速地建立起与听众的交流关系尤为重要。

曲艺艺人与听众建立情感交流的一个要素是舞台风度，他必须给听众一种亲切、朴实、贴心的感受，让听众感到艺人好像在同自己的朋友聊天、谈心和拉家常，而不应该像正统戏剧那样，演员与观众之间保持一定的距离。

另一个交流的要素在于艺人表演的动作和语气声口。在这点上，曲艺表演又好比书法，是写意的，点到为止。在中国的传统曲艺中，南北各有一位大师，在这方面达到了炉火纯青的程度。南方的大师是上海著名评弹演员蒋云仙，北方的大师是相声演员侯宝林。侯宝林跟骆玉笙一样，年轻的时候学过京戏，后来他的不少保留节目中都有京戏唱段。他表演的《关公战秦琼》都带有大动作，嘴里念着锣鼓经，在台上迈着京剧的台步，又像京剧，又很滑稽，大受观众的欢迎。侯宝林的功夫也在小动作上，举一个例子，他说的相声《普通话与方言》，在结尾时甩了一个包袱，说两个上海姑娘在路上见面，其中的一个请另一个到家里吃饭，另一个就握着两手，放在胸前，把眼一斜，摇头说“唔要吃”，这个动作非常传神，很能体现一些上海女孩的性格。他的另一个相声《学越剧》也有异曲同工之妙，都是抓住了生活中和曲艺表演中某些动作的特征，再经过加工和模仿，便取得了巨大的艺术效果。侯宝林的艺术影响是深远的，几乎每个普通的中国人都知道他的名字，我下乡调查时，拜乡村艺人为师，他教我表演年轻人恋爱的动作，与侯宝林的《学越剧》几乎一模一样，侯宝林真正是曲艺界的国宝。

曲艺名家的成名作品有四类。

（一）说唱武侠戏

一些名家拿手的传统曲目是专唱绿林好汉的故事，民间称“武侠戏”。常见的题材是《水浒传》。水浒的故事在进入小说前，早已在民间流传，宋代形成话本《大宋宣和遗事》，元末明初成为长篇章回小说《水浒传》。《水浒传》成书后，对曲艺的发展又是一个推动，从明清到现代，各种曲艺类作品都有水浒故事。山东快书开首就唱“闲言碎语都不讲，表一表好汉武二郎”，民间又称快书艺人是“唱武老二”的。在扬州评话中，王少堂一家四代说《水浒传》，有武十回、宋十回、石（秀）十回、卢（俊义）十回，共 40 回书，记录稿达 500 多万字。这种情形反映了中国人对豪侠仗义的绿林英雄的喜爱。

（二）说唱袍带戏

袍带戏，指表演宫廷政治、军事方面的历史逸事的曲目，这也是名家的看家节目，并且很早就是曲艺的重要题材。唐代已有关于伍子胥、王陵、季布、王昭君的曲艺。到了宋代，又把袍带戏叫“讲史”。说史的曲艺长期流传，表现了中国人有很强的历史意识。在这方面，传讲最多的是爱国将领和清官的故事，像杨家将、岳家军、包公、海瑞和刘墉的题材，几乎在任何曲艺节目中都能找到，民间又称它们是“杨家戏”“岳家戏”“包公戏”“海公戏”和“刘公戏”。“包公戏“和“刘公戏”在现代化和全球化后仍很火爆，被用来当作谈论和批评现代社会病的一种象征。

（三）说唱言情戏

言情戏，说唱恋爱婚姻故事。中国曲艺有大量的言情内容，主要有两类题材：一类是私订终身。在世界上，像中国这样具有父母包办儿女婚姻长期历史的是少见的，它不符合广大男女青年的恋爱观和婚姻理想，容易产生激烈的冲突，因此也容易成为曲艺表演的内容。人们把这种曲目的叙述模式概括为“千金小姐出家园，私订终身后花园，落难公子中状元，奉旨完婚大团圆”，简洁形象。《白蛇传》系列作品是它们的代表，历尽沧桑，仍让人百看不厌，现代人还在改编它和欣赏它。一类是奉旨完婚。许多曲艺节目都表达了这样一个意思，即在特定历史条件下，许多中下层知识分子希望通过科举考试的成功，经过“皇帝口封”，改变父母包办婚姻的事实，与爱人结合，评弹《女驸马》和《再生缘》都是这类作品。对那些嫌贫爱富、毁约赖婚的家长，曲艺也给予了尖锐的批评。评弹《珍珠塔》就刻画了一位势利姑妈的形象，她爱富欺贫，眼见内侄方卿家道中落，变脸冷落，六亲不认。后来方卿中举回乡，前去看望她，指责了她的行为，她愧悔不已，现在南方人还称这种人为“势利姑妈”①。现代社会的人际关系发生了很多变化，人们还是通过观看这种曲目，找到历史的镜子，寻求正确解决现实问题的办法。

（四）说唱化身戏

化身戏，是一种民间称谓，指在民间许愿和还愿仪式中表演的曲目。在化身戏中，曲艺艺人所表演的都是“神仙戏”，如大都唱《韩湘子上寿》，表演八仙段子，这时神仙不出现，由艺人自己代替神仙下凡，开口降旨，因此艺人

① 南方读音为“姑娘”，南方人称“姑妈”为“姑娘”。

也被叫作“下八仙”。[①] 每年阴历正月十五和二月十四，在河南宝丰县香山寺一带，说书艺人应主家之邀，都要为一些家庭和地方人士唱化身戏，以满足他们的各种需求，如求子、祛病、免灾和发财等。老艺人王树德不但自己能演化身戏，还培养了很多弟子。现在也有不少女艺人是说唱化身戏的能手。

三、曲艺的表演社区

在现代化和全球化到来后，很多曲艺种类逐渐失去了往昔的传承模式。年轻一代大都不愿意通过祖先的渠道学习口头遗产，相反老艺人和学者在坚持继承和保护曲艺。在广播、电视、报刊、网络和手机短信息这“五大媒体”竞争发展的现代环境中，在口头叙事上，个人记忆的文化权威失去了旧日的光彩，其安全性和可靠性已大打折扣。与此同时，曲艺传承的价值也被重新认识，它的口传形式也不再受师徒和家族的限制，有时还要靠保持文化空间，拥有方言氛围，建立民俗认同的新结构，进行新的社会生存竞争，以保存和发展自己。在某些具有民俗圣地意义的、被人口众多的方言听众和多民族群体所包围的社区中，曲艺传承的格局正在向多元化的方向转变，不少艺人和听众已经意识到，对曲艺来说，仅仅保护艺人和曲目，不等于牢牢保护了它的文化和艺术的全部内容，还必须采取与相关社会文化相互渗透、相互沟通的方式，提供自己正确的口头文化信息和地方艺术特征，以引起别人的兴趣。也有的曲艺在地方社会集体传承的基础上，还要经过局外代言人的选择，建立一种可在现代社会里遵循的行为和叙述模式以及一种强大的口头遗产安全保护网。

社区正可以提供这种示范网或保护网的基本单元，保存相对好的曲艺表演也都发生在这种社区中。它是一个文化生态分布系统，有跨行政和跨民族的特点，有共同信仰、口头文本和局内民俗，有一套培养口头传承人才的历史机制，有“真理化”的文化空间。保护曲艺，正是保护这种社区的传统。

根据 20 世纪 70 年代后期文化部开展的十大文艺集成志书调查资料，同时结合田野调查来看，我国南北各地都还有这类基层单位，那里聚集着成百上千

① 董晓萍：《华北说唱经卷研究》，《北京师范大学学报》（人文社会科学版）2000 年第 6 期，第 33—41 页。

或成千累万的传承人，保留了曲艺的口头遗产，他们既有历史传统，也有现代适应性。保护这种基层单位的重要性，不亚于保护个人。个人衰亡的生理规律不可避免，而曲艺艺术所承载的文化精髓却延续在基层社会群体中。曲艺艺术也需要在这种原有的整体文化中获得其品类、真味和意义。

曲艺的基层表演有三个特征。

（一）用讲史创造现实关系

曲艺中的讲史是最富戏剧化的表演，能创造三种关系：一是历史人物与现实人群的地方同构关系，二是原生态居民与外来艺人的同质文化关系，三是文化诉求与政治批评的安全游戏关系。因此，曲艺节目大唱历史，却能得到很多现实的东西。但曲艺光靠说历史也不行，它还要把历史变成故事，才能抓住人心。这个道理适用于多种文艺形式，不过曲艺作品起源于讲故事、唱故事，所以在这方面格外下功夫。作为口耳相传的民间艺术，它在特定的场合面对听众表演，说过就算，不能像书面文学那样，可以让人照着书本反复阅读玩味，也不能像正统戏曲那样，通过各种戏剧程式、戏剧化的动作重复和舞台美术的布景，加深观众印象，它是只能靠曲艺本身争取听众的，所以，在曲艺中，用故事叙述历史，吸引听众，是第一要义。这就好像说书艺人所说的“段子想打响，要把故事讲”，这一条从古到今皆如此。中国古典小说就因为是从说话发展而来的，才在这一点上别具特色。

讲史的首要因素，是在特定的地方社会空间中，设定一个情节，让历史人物在这个特定空间中，根据这个情节，采取行动，表现他的特殊使命和个性。社会空间的变化，又会影响到历史事件的变化，并赋予人物个性以特殊的意义。例如，山东快书《水浒传》，以北宋末年农民起义事件为背景，叙述了一个农民英雄群体的诞生和经历。其中有个叫武松的人，他就生活在一个特定的地方空间中。这个地方位于山东省与河南省的交界处，叫阳谷县，他的成名地点是在阳谷县的一处山冈上，在整个故事的开展过程中，这里都是一个人兽相遇的危险地带。在半山腰上，阳谷县衙贴了禁止登山的告示，用今天的话说，这个告示就是隔开生活区和无人区的法令，当地农民都不敢到无人区去。但武松有英雄的素质，偏要登山，之后才有了打虎情节。关于这种人和兽的故事，从前在民间流传很多，大都是讲人兽婚或人兽亲的。不过，想想看，如果现实生活中也是那种格局，就不能形成人类社会的历史了，就只能回到神话世界中去了。但这个故事告诉人们，武松战胜了老虎，结束了一纸告示隔开生活区与无人区的历史，扩大了阳谷县的社会空间范围。在这个例子中，曲艺艺人主要通过设定打破禁忌的情节，让历史叙事创造了现实关系。

（二）用符号语制造悬念

曲艺艺人在舞台上没有多大的活动余地，他要依靠一些符号用语，如手中的道具，包括醒木、折扇或毛巾等，把书场变成一个虚拟剧场，给听众设定另一个想象空间，并引导听众通过悬念进入这个空间，对曲艺的叙事产生兴趣和联想。老艺人和听众都是熟悉这套符号用语的，其中，醒木用来表示留扣子，折扇用来表示中国传统的毛笔、古代兵器和骏马，毛巾用来表示信函和圣旨等。好的艺人根据故事情节的发展，灵活地运用这些符号语，就能随心所欲，制造悬念，引出朝中春秋、金戈铁马，变化万端，争取回头客。

“留扣子”，是北方评书的说法，南方评话叫“卖关子”。据说，从前北京有个评书演员说《三侠五义》，在广播电台里说书，说到北侠欧阳春、南侠展雄飞和双侠丁兆兰、丁兆蕙在茶馆喝茶，这时电台的红灯亮了，暗示时间到了，可是他还没留扣子，他急中生智，就说：“只见这时楼梯上通、通、通、通，跑上一个人来，四位大侠大吃一惊，连忙站起身来观看。”然后说：“欲知上来的是什么人？请听下回分解。”听众这一下能不纳闷吗？因为《三侠五义》中本事最大的人都已经在楼上了，还能上来什么人叫这四个人大吃一惊呢？所以大家都不能不急着等到第二天快快打开收音机再听。结果第二天才知道，原来上楼者只是一个堂倌，他是上来冲茶水的。类似的这种悬念，原话本也没有描写，无助于叙事本身的发展，但对曲艺表演起到组织书场的作用，因此也有它的独立意义。

更多的符号语是在曲艺的叙事和表演上起衔接和结构的作用，这就要求艺人要有真功夫，能制造当场效果，吸引听众明日再来。侯宝林的相声在这方面都是很精彩的。他的一个作品《醉酒》说，一个人喝醉了，还逞能，打开手电筒，要顺着电光爬上去，然后他把醉酒人的心态和神态活灵活现地描摹了一番，让听众听了捧腹大乐，又能有所觉悟，知道应该饮酒有度。这段相声的叙事并不复杂，人物、地点都很简单，但由于悬念穿插适当，现场效果强烈，所以大受听众欢迎，让人这次听了，下次还想听。

（三）用故事母题取得认同

曲艺叙事中有许多民间故事母题，这是一份民族共同的文化财富，言情，就是其中的一个。但母题要进入曲艺，还要设置伏笔，而且要做到牵一发而动全身，一旦母题被点明，曲艺表演的效果也就非常强烈。苏州著名评弹艺人张鉴庭的中篇弹词《钱秀才错占凤凰俦》，就是一个有名的例子。这是根据冯梦龙《醒世恒言》中的一篇作品改编的曲目，张鉴庭讲到，又丑陋又没才学的财主颜俊，想娶高赞的女儿为妻，就托人去说媒。媒人向他提出，高赞的门槛很高，求婚者必须献上一篇文章，证明自己的文才，才能达到入门条件。颜俊就说："这有何难，我当场写给你就是了。"于是拔出毛笔，挥写文章。听众想不到，他其实是个很少动笔墨的人，所有的毛笔头都干掉了。颜俊气得把毛笔一支又一支地扔进抽屉里，让媒人过一会儿再来拿文章。等媒人一走，他就赶紧跑进里屋，请表弟钱秀才代劳。写完后，再拿回自己的书房里，取出笔来，装出一本正经修改文稿的模样。这时媒人来了，颜俊说，自己的文章已经写好了，现在还要改几个字。媒人就问："这篇文章是你写的吗?"颜俊一听，火了，说："怎么不是？明明刚写完，现在不正在修改吗?"媒人听了大笑道："既然如此，你手里的毛笔怎么没有笔头啊?"这一情节在原作品里是没有的，是张鉴庭的表演加工，他的秘诀就是设伏笔。当前面的颜俊拔出一管又一管的毛笔都是掉头的，本来已经很可笑。他气得把毛笔丢进抽屉里，是很自然的动作，谁也不会多介意。等钱秀才代他写完文章，他急于冒名顶替，又操起毛笔装模作样，这个情节也很自然，谁也不会多想。直到媒人戳穿他手里的毛笔没有头，在前面暗伏的机关才突然暴露，让故事的母题凸现出来，这时颜俊又愚又诈的性格也恰到好处地得到了痛快淋漓的揭示。这种伏笔的安排细如发丝，却对整个故事的母题介入和展开都具有千钧的推动力量，听众感到让钱秀才本人入围东床才是合理的，这就是真正的艺术创造。同样使用这个母题，陕北盲艺人韩起祥编创了另一个现代文本《刘巧团圆》，里面也有个财主要娶比自己年轻得多的刘巧未果，但相比之下，韩起祥不是让财主写文章，而是让财主自白，问他："与刘巧的年龄相差那么大，为什么一定想要这么做？"财主回答说："想得可厉害啦！"再问他："你比刘巧的未婚夫好在哪里？"财主说："我的腰里有劲劲。"按当地方言，腰里有劲，就是腰包有钱。他以为有钱就能买到刘巧的心，这让听众感到他为人的失色，也感到他的说法愚蠢可笑。如果说张鉴庭的本事是用动作打埋伏，韩起祥的本事就是用口语打埋伏，动作和口语是母题介入曲艺表演的两张底牌。

全球化到来后，香港、台湾地区的影视剧蜂拥而入，言情母题旧版翻新，一时国人争看争说。这些现代艺术吸收了故事母题的精华，又结合了商业运作加以改编，加强了动作性和口语化，增加了吸引观众的手腕。剧中皇帝的潇洒、蛇仙的人情、田园的妩媚、小人物的命运，都是吸引力的源泉，再加上没完没了的打打斗斗、悬悬念念、恩恩怨怨、依依恋恋，就像书场留扣子那样，环环相连，事事紧扣，把曲艺的好处发挥得淋漓尽致，具有很强的可听性和可看性，许多古老母题因此被翻牌走红，大获成功。

（四）用方言组织社区

曲艺是方言艺术，曲艺艺人运用方言口语发挥各种技巧，包括比喻、夸张、借代、双关、谐音、谚语、俗语、绕口令和歇后语等，使民间艺术的口头表现力特别丰富。更重要的一点是，在基层社会，曲艺是用方言表演的，方言是当地最朴实、最细腻、最贴近地方传统的口语，能一下子抓住人心。方言能组织起一个表演的社区。老艺人说的"好曲走不远"，是说方言的规定性。曲艺艺人以能在自己的方言区内出名为真出名。在中央电视台的一次春晚节目中，演员魏积安的一句乡音"伙计"，曾让久别的归客认亲动情，就是使用了方言的效果。赵本山的走红，也与使用东北方言有关。不同的方言，区分了不同曲艺种类所依赖的社区，也体现了曲艺艺术的地方性。

从方言的角度说，曲艺天生就是一种文化多样性的演绎艺术。各种行当的曲艺艺人要让听众感同身受，都要带着强烈的感情色彩和丰富的地方社会经验去调动方言，而不是为技巧而进行方言堆砌。有些现代人为了取乐，故意把民谣写成一连串难懂的错别字，这在曲艺艺人那里是不可能的，方言对他们来说，是社区的行为规则和文化传统，必须遵守，否则就会失去听众。

曲艺方言运用得好，就能产生两种效果。一是机智风趣、妙语连珠、创造融洽的文化氛围。在曲艺行当中，相声和滑稽戏是专门逗笑的，侯宝林还能运用方言本身的幽默去制造噱头，二是包袱铺垫得稳当，便能摔出来响亮，产生极强的艺术效果，达到曲艺艺术的最高境界。

相声艺人常说一句话："噱是书中宝。"噱有两种，一种是肉里噱，即刚才说的方言与笑料结合，成为曲艺表演的结构成分。侯宝林的相声《夜行记》，描写一辆自行车零件不全，违章上路，"除了铃不响，哪儿都响"，这种惊人的妙语是神来之思，把方言和叙事捏成了一层皮。后来这句话变成了社会流行语，被广为使用。改革开放之初，亚都加湿器的广告说自己"除了价格，全部一流"，就是利用了这个"除了……不"的句式，宣传自己的产品物美价廉，这比厂家直接喊"价格优惠"聪明多了。另一种噱头是插科，或"外插花"，是外挂的叙事语，能表演事情的原委，调剂听众的精神，增进叙事效果。前面说的山东快书《武松打虎》，讲到老虎在"无人区"里看见了武松，心想"这个个子不小啊，这个个子我两顿也吃不光啊"，这时艺人高元钧加了一句"外插花"说："它两顿吃不光，这人受得了嘛！"这就刻画了老虎的心理活动，又烘托了武松豪迈乐观的性格，还把现场的紧张气氛在不知不觉中搞得一触即发，这种话就不是可有可无的。

好的幽默要经得起玩味。有的幽默听了，当时微微一笑，过后想起来还觉得可乐，在吃饭的时候想起它，能把饭一口喷出来。有的人独自走路，忽然发笑，自己对自己乐，旁人还以为他出了毛病，其实是他突然想起了一件特别值得玩味的笑料。这些幽默的产生，不完全是方言问题，还要来自艺人对生活深入的观察和敏锐的感受，看得透，才能说得妙。如此产生的幽默，便达到了常言而有味的程度，这是一种很高的艺术水平，不是人人都能做到的。方言都是常言，但经艺人说出来就很有味。侯宝林说相声，并不是一句一个笑料，大部分听上去是大实话或大白话，但这种话从普通人口中说出来平淡无奇，到了侯宝林的嘴里，就让人觉得特别有味，特别爱听。这在日常生活中也是一样，有的人讲话如过眼烟云，一听就忘；有的人讲话就有滋有味，过耳不忘，这里面是有差别的。曲艺是中国幽默艺术的万宝库。

四、 曲艺的跨文化走势

（一）回归社区表演

与国粹京剧相比，曲艺与基层社会的联系更多，曲艺艺人与原生态社区居民的关系更为密切。它的保存和发展，受到地方方言、地方民俗、地方欣赏传统和地方艺人班社等多方面的制约，也能更充分地体现地方文化空间的特点。如果把曲艺一律改成标准普通话表演，大量的地方幽默就看不出了，传统的曲艺社区也就消失了。改革开放后，中国涌现了不止一个曲艺之乡，却没有一个京剧之乡，就是这个道理。曲艺艺术的各个种类、各个行当都有方言之根，无论怎样出名的曲艺艺术家都要回到曲艺之乡争取认同，才能扩大发展的余地。河南宝丰县马街书会于 1984 年被文化部命名为“曲艺之乡”后，我国曲艺各界的名家，如鼓书界的骆玉笙、相声界的姜昆、评书界的刘兰芳等，都曾前去献演。

在全球化中，出现了学汉语的热潮。很多外国人为了强化汉语学习，找到了曲艺艺术，特别是通过学相声锤炼汉语的功夫。近年来，相声演员丁广泉带了不少留学生弟子，给人们带来了欢乐，扩大了曲艺艺术的对外影响。现在曲艺传承经过多方人士的参与，更加被外界了解，增加了保护发展的概率。

（二）进入市场较量

在众多的曲艺节目里，侯宝林的相声《文昭关》值得一提。这个相声不长，讲吴越春秋伍子胥的故事，却能把曲艺的历史渊源和现场表演特点发挥得淋漓尽致，堪称一绝。在相声中，侯宝林介绍了曲艺表演的叙事与代言特点，梳理了从唐代伍子胥到宋代《杨家将》和《岳家军》等袍带戏的发展线索，讲述了艺人班社的表演规矩和底层生活，一边说，一边做动作，一边使用底本，一边即兴创作，一边用肉里噱，一边用外插花，各种手段穿插，调配灵活自如，现场表演始终与观众热烈交流，把相声的艺术魅力演绎得炉火纯青。这种节目，让观众自己产生了带泪的微笑，同时为中国传统文化的博大精深而自豪。现在，继侯宝林之后，中国相声已在更广泛的意义上成为中国语言和文化的载体并在跨文化交流中传播。

在全球化中，现代文艺被市场化，很多曲艺艺人成为经济市场上的文化民工。这对曲艺的传承来说是双刃剑，有利有弊。现代人要发扬其有利的方面，还需要依靠政府积极的社会公共政策。北京师范大学和中国新闻社合作拍了一个《马街书会》的纪录片，是1998年拍的，当时这个书会能保留下来，有一个原因就是艺人到马街说书能挣钱，比一般农民工收入多。过了7年，到了2005年，说书艺人的数量已经大为减少了，因为靠说书挣钱不行了，很多人就进城打工去了。现在当地政府出台了保护马街书会方案，创造条件扶持说书艺人，正在扭转这个局面。

第二节　民间戏曲

世界上有三种古老的戏剧文化，一种是希腊的悲剧和喜剧，一种是印度的梵剧，再一种就是中国的戏曲。提起中国的戏曲，人们自然会想起那些辉映史册的宋元南戏、元明杂剧、明清传奇、近代京剧，以及越剧、评剧、豫剧、楚剧等，但占中国戏曲的剧种和剧目80%以上的，却是中国的民间戏曲。它们遍布于中国的南北城乡，与中国的文化传统和社会变迁息息相关，也为中国戏曲艺术的发展做出了重要的贡献。

一、民间戏曲小史

民间戏曲，也称“民间小戏”，是在农业社会产生的，主要在农村长期传承和演唱的、有特定地方化戏曲程式的小型歌舞剧。它是民间表演艺术中的一种将语言、歌唱和表演动作相结合的综合艺术形式。

（一）乡村戏曲出身

所谓“乡村戏曲出身”，有两个含义。一是指民间戏曲虽具备现代戏剧的雏形，但与正统戏剧和地方大戏相比，它还保留了许多农村原生态戏曲表演的特点。它处在业余的或非职业化的、季节性的表演阶段。在其流传过程中，很少有专业戏曲家的介入，缺少职业化表演艺术家的精心创造。它是长期在广大农村流传的，由地方艺人直接传承，草台搭班，闲中表演的民间小戏。二是指民间戏曲有自己的农民文化圈，有特定的地方传统，这点与曲艺是相同的。比如，演秧歌戏，就应该用当地方言和秧歌调去唱，适应当地农民的欣赏口味；演采茶戏，就应该用当地方言和采茶调去唱，戏曲动作也与茶农的采茶舞有关。民间戏曲通过这种表演传达特定的内容。

（二）小歌舞戏的特点

与正统戏剧和专业大戏相比，民间戏曲是一种小歌舞戏，主要有以下特征：

在体制上，正统戏剧和专业大戏有专业剧团，有专职的编导、演员和乐队，现在又增加了导演、策划、美工、烟火、服装设计和数字化布景等，越来越复杂了。民间戏曲是民间艺人和民众的创作，从作品到演员都具有鲜明的草根性，要点是小型歌舞戏，业余自编自演。

在内容上，民间戏曲以反映基层社会的生活为主，表现农村和农民的传统生活、风土人情和艺术趣味。正统戏剧和专业大戏主要反映上层社会，诸如帝王将相、朝野逸闻、都市生活、才子佳人。

在形式上，民间戏曲使用方言秧腔，角色以小旦或小丑的二小戏，或者小旦、小生、小丑的三小戏为主，演出时载歌载舞，轻灵活泼。正统戏剧和专业大戏采用文言韵白、诸宫联曲、成套板腔，生旦净末丑行当齐备，各有专业戏，剧中人物繁多、故事情节复杂。演出时除正剧外，还有悲剧、喜剧和悲喜剧等，各有严格界限。两者的发展有不同的文化范围，也有不同的观众圈。

在演出上，民间戏曲主要演出折子戏，单场独幕，表现小型生活片段，戏曲的含义和艺人的表演要体现地方传统和民间看戏的风俗习惯。它的演出是否成功，也体现在现场互动的效果上，这种演出的传承是开放的。正统戏剧和专业大戏叙述故事的全过程，表演时成本大套，突出编剧和名角的个人成就，讲究个人风格。到了现代社会，提倡保护版权，一些剧目在首演时，为了防止盗版，还要禁止场内拍照和录音，否则被视为违法传播，这点是与民间戏曲不同的。

在风格上，民间戏曲感情率真、风格泼辣、语言诙谐，有不少插科打诨的“荤段子”和一些称灵道异的“神段子”，即民间仪式剧。正统戏剧和专业大戏风格典雅、含蓄凝重、思想正统，仪式剧的数量很少。在为数寥寥的仪式剧中，观众如不了解仪式的内容，仅把这种剧本当普通的正统戏剧去看，这种剧就会显得冗长拖沓、粗制滥造，几无欣赏性可言，就更难流传下去了。在现代社会，离开了民间戏曲的补充和参照，正统仪式剧的历史价值可能会完全被否认。

（三）现代戏的宝库

从历史发展看，一方面，民间戏曲经常是正统戏剧和专业大戏的雏形，而正统戏剧和专业大戏定型后，民间戏曲也还能成为它们的基因库和灵感来源。另一方面，正统戏剧和专业大戏也向民间戏曲渗透，也能塑造民间艺人的观念和技艺，两者是有联系的。前文提及侯宝林的相声《学越剧》，越剧便是江浙一带的地方大戏，它出身于民间戏曲“的笃戏”，也叫“小歌戏”，20 世纪初才过渡到越剧。楚剧也源自湖北花鼓戏，是在 20 世纪初第一次国内革命战争时，由武汉政府定名为现在的名字的。在越剧和楚剧产生后，原来的民间戏曲照样流传，不过分成两个支脉而已。① 这是南方的情况。在华北，在 20 世纪

① 关于江浙一带草根戏剧的传承情况，参见蔡丰明：《江南民间社戏》，上海：百家出版社，1995。另见傅谨：《草根的力量——台州戏班的田野调查与研究》，南宁：广西人民出版社，2001。

二三十年代，也是各种民间戏曲的成熟期，特别是在河北、河南和山西等省，都涌现了不少有名的班社、艺人和代表剧目，个别草根戏还引起了当时的学者的注意，他们经过艺人的口述，把戏剧底本一字一句地记录下来，编书出版，产生了重要的社会影响，如河北定县的秧歌戏。总之，无论在南方还是北方，20 世纪初的民间戏曲史都是值得研究的。

二、 传承途径与表演系统

（一）传承途径

我国民间戏曲的传承，有两条途径，一条是民间歌舞，一条是民间曲艺。

民间歌舞传承。现在仍很出名的黄梅戏就是从民间歌舞发展而来的。很多民间戏曲的动作都有类似舞蹈的表演。在演出中，艺人在戏台的四个角上来回走，行话叫“走四方”，其动作就类似秧歌舞的舞步，被吸收进戏曲后，艺人通过使用这个舞步，在戏台上的不同方向走唱，能照顾到戏台下的各个方向的观众，也能同时从各个角度展示自己的舞蹈身段，这些都增强了民间戏曲的魅力。中国正统戏剧和专业大戏的旧戏院的戏台，都是三面敞开的，只有后台的幕布是挡死的，我们能从这种戏台形制中找到当年歌舞戏班的影子。现在北京的湖广会馆、天津的戏曲博物馆和苏州的昆曲博物馆里还保留了这种旧戏台，其构思之巧妙，令参观者叹为观止。西方的剧场舞台只有正面是向观众敞开的，其他三面都是封闭的，所以在那里看不见中国老戏台的样子。

民间曲艺传承。东北二人转就是从曲艺莲花落发展而来的，现在民间戏曲的训练和表演还都十分注重曲艺基础。曲艺给民间戏曲提供了两个基因，一是在戏曲结构中，叙事体与代言体结合，艺人在戏剧进行中，一会儿充当戏中人，一会儿充当戏外的讲解人或帮腔人。而当艺人跳到戏外讲解时，有点像现在的主持人，但又不是一回事，现代主持人是与台上的表演行为无关的，民间戏曲的艺人却是表演者之一。河北的梆子戏、安徽的贵池傩戏、湖南的花鼓戏都还保留着这些古朴的痕迹。二是在民间戏曲的文本中，含有不少民间歌谣、谜语、谚语、笑话和绕口令等民间文学成分，这给民间戏曲平添了大批观众。观众可能不会唱戏，但会讲这些民间文学。这时民间文学变成了结实的连接部件，把地方社会的传统钉在了民间戏曲上。

民间歌舞与民间曲艺相结合。越剧的发展就经历了这样两者结合的过程。它开始时以曲艺的形式表演，艺人手拿简板，敲出节奏，说彩头话，吸引听众。以后，发展到民歌舞蹈的形式。再以后，变成更复杂的、带有戏曲情节的短篇书目，又称“落地唱书”。最后，脱胎为民间戏曲，表演者为一旦一生，是二小戏；或再加一丑，成为三小戏。

（二）表演系统

文化部发动的中国民族民间文艺十大集成工程，自20世纪70年代末开始动工，搜集到了中国现代化之前所保留的大量民间戏曲作品。不久，中国全面现代化进程开始，全球化接踵而至，民间戏曲遭到了不可抗拒的“海啸”袭击。后来，国内民间戏曲的生存状况和保存数量就无法同20世纪70年代末相比了，所以集成工程的戏曲资料就成了“国宝”。下面将使用这些宝贵的资料，谈谈中国民间戏曲的表演系统。

1. 采茶戏系统

采茶戏，又称“采茶灯”，或“采篮灯”，是一种歌舞性很强的民间戏曲，原描写采茶人的采茶劳动，表演时载歌载舞，欢快好看，富有抒情意味，后来演变成表演民间日常生活的小戏。越剧原型“的笃戏”属于采茶戏系统，现在民间还有流传。其他比较有名的采茶戏，还有江苏采茶戏、赣南采茶戏和福建采茶戏等。截至20世纪90年代，全国共有采茶戏代表剧目135种，县级流传地137个。其中，浙江共有采茶戏代表剧目2种，县级流传地2个；江西共有采茶戏代表剧目89种，县级流传地75个；福建共有采茶戏代表剧目2种，县级流传地3个。

从统计看，进入现代化时期后，全国采茶戏的分布状况虽然还能从几个著名的遗产地中看到，但它们在保存数量上已发生了变化。在江西省，现代化程度相对偏低，茶农依然在从事传统茶叶生产，采茶戏的保存和流传比例也比较高。相比之下，在乡镇工业快速发展、外来企业较多和城市化进度快的浙江省和福建省，近年茶农改行务工的多，采茶戏也在悄然衰落。到20世纪90年代末，各仅存两种剧目和二三个流传地，可谓硕果仅存。但在国家实施民族民间文化保护工程①后，浙江省对民间戏曲的保护措施又迅速跟了上来，体现了一个文化大省的底气和敏锐，保护的成效也比较明显。采茶戏的一个有名剧种黄梅戏，是另一种转型民俗的成功范例。黄梅戏由民歌《正月里来倒采茶》《送郎送到菱角塘》和民间舞蹈演变而来，后来涌现出不少著名演员，也有一批成熟剧目，一直很活跃，应变能力较强，并不受社会转型的太大干扰。在进入全球化时期后，它又以唱词具有浓厚的传统民歌意味和剧目的轻松纯净而愈发走俏，继续为现代舞台输送了一批戏、歌两栖演员。黄梅戏的代表作《打猪草》就是这种风格，至今流传。下面抄录一段由严凤英、王少舫演唱的《打猪草》片段《对花》：

郎对花，姐对花，一对对到田埂下。
丢下一粒籽，发了一棵芽，
绿杆子绿叶，开的是什么花？
结的是什么籽？磨的是什么粉？
做的是什么粑？此花叫作什么花？

郎对花，姐对花，一对对到田埂下。
丢下一粒籽，发了一棵芽，
绿杆子绿叶，开的是白花，
结的是黑籽，磨的是白粉，
做的是黑粑，此花叫作荞麦花。

郎对花，姐对花，一对对到塘埂下。

① 文化部、财政部、人事部、国家税务总局《关于鼓励发展民营文艺表演团体的意见》，文市发〔2005〕31号，2005年11月4日。这份文件概括总结了全球化和现代化背景下国内农村民间文艺的生存状况和政府工作概况，提出了帮助民间文艺由自然传承进入市场竞争的政策性措施，如“支持民营文艺表演团体演出非物质文化遗产保护成果中的民间音乐、歌舞、戏曲、说唱等项目”。这些措施含有总结经验教训的成分，措辞切实，有利于遗产地对照落实。

长子打把伞，矮子戴朵花。
此花叫作什么花？

郎对花，姐对花，一对对到塘埂下。
长子打把伞，矮子戴朵花。
此花叫作莲蓬花。

八十岁的公公喜爱什么花？
八十岁的公公喜爱万字花。
八十岁的婆婆喜爱什么花？
八十岁的婆婆喜爱纺棉花。

年轻的小伙子喜爱什么花？
年轻的小伙子喜爱大红花。
十八岁的大姐喜爱什么花？
十八岁的大姐喜爱一身花。

脸朝东是什么花？
脸朝东是葵花。
头朝下是什么花？
头朝下是茄子花。
节节高是什么花？
节节高是芝麻花。
一口钟什么花？
一口钟石榴花。

1993年，我国长江中下游地区经历和战胜了一场特大洪水灾害，当年8月，安徽省黄梅剧团赴京演出，时称“小严凤英”的马兰出场，演唱了这段小戏，出色地演绎了严凤英的艺术成就，答谢了首都人民对安徽灾区的赈济之情，受到了演唱现场和电视机前的亿万观众的热烈欢迎。此外，江西采茶戏的传统绝活“矮子步”和“扇子花”，现在也进入影视节目，并被多种传统剧目加以移植开发，这些都是采茶戏系统保护工作中的喜人之笔。

2. 花鼓戏系统

湖北楚剧的原型是花鼓戏，花鼓戏在长江中下游大多数省份流传，比较重要的还有湖南花鼓戏和皖南花鼓戏等。截至20世纪90年代，全国共有花鼓戏代表剧目148种，县级流传地118个。其中，湖南共有花鼓戏代表剧目48种，县级流传地53个；湖北共有花鼓戏代表剧目56种，县级流传地34个；安徽共有花鼓戏代表剧目11种，县级流传地10个。

在农业生产中，采茶类的民间文艺类似劳动歌，与茶农的生产方式和采茶过程关系密切，也与茶农传统作业方式的转变命运相连。在这点上，花鼓戏有所不同，它更侧重于表现农民的神话传说和精神感受，也因湖北花鼓戏在辛亥革命中一举成名而巩固了自己的社会地位，因而在对现代社会转型的承受上，也显得更有弹性。从统计看，在全国的花鼓戏流传大户中，湖北、湖南和安徽至今稳居前三位，湖南紧随湖北之后，在现代流传地的分布上，还略有胜出。湖南和安徽还因分别拥有《刘海砍樵》和《凤阳花鼓》等保留剧目而名声不老。

湖南花鼓戏《刘海砍樵》是花鼓戏系统的代表剧目，在全球化多样文化形式的竞争中，它依然活跃在舞台上，成为民间戏曲中的常青树，下面的一段唱词是国人耳熟能详的片段：

（女）我这里将海哥好有一比。
（男）胡大姐，我的妻呀，你把我比作什么人哪？
（女）我把你比牛郎，不差毫分，
（男）那我就比不上啰，
（女）你比他还要多啊。
（男）胡大姐，你是我的妻啰，

（女）海哥哥，你是我的夫啊，
（男）我这里将大姐好有一比，
（女）你把我比作什么人哪？
（男）我把你比织女，不差毫分，
（女）那我就比不上啰，
（男）你比她还要多啊。
（女）海哥哥，你是我的夫啊，
（男）胡大姐，你是我的妻啰，
（女）海哥哥，你带路往前行啊，
（男）胡大姐，你随着我来走啰，
（女）走啊，行哪，
（男）走啊，行哪，
（合）得儿来，得儿来，
得儿来哎哎哎哟。

《刘海砍樵》的这段名曲，使用了中国四大传说中的“牛郎织女”母题，获得了不朽的生命力，在我国的民族传统建筑和民族传统手工艺制品中，乃至在现代工业化时期的中餐饮食、中式服饰和地铁壁画中，还能看到刘海形象或牛织图案，这种广泛的和多种方式的传播，反过来也一再诠释了花鼓戏《刘海砍樵》。从另一方面说，《刘海砍樵》还保留了锣鼓伴奏、人声帮腔的戏剧风格，在各种传播方式中仍有独特色彩，这也使它能给湖南花鼓戏扬名。

另一首是皖南花鼓戏《凤阳花鼓》，也很传奇：

说凤阳、道凤阳，
凤阳本是好地方；
自从出了朱皇帝，
十年倒有九年荒。
咚咚咚咚锵！咚咚咚咚锵！

咚咚咚咚锵咚锵咚锵咚锵！

大户人家卖骡马，
小户人家卖儿郎；
奴家没有儿郎卖，
背起花鼓走四方。
咚咚咚咚锵！咚咚咚咚锵！
咚咚咚咚锵咚锵咚锵咚锵！

满天风雪白茫茫，
母女相依受凄凉；
唱尽人间辛酸事，
饥寒交迫泪汪汪。
咚咚咚咚锵！咚咚咚咚锵！
咚咚咚咚锵咚锵咚锵咚锵！

打起花鼓响，
过路的君子听我唱：
千山万水有时尽，
何年何月回故乡？
咚咚咚咚锵！咚咚咚咚锵！
咚咚咚咚锵咚锵咚锵咚锵！

《凤阳花鼓》不是以神话母题成名，而是以使用帝王还家的母题①一枝独秀。在其他曲艺和历史剧目中，与朱元璋有关的符号的引用率也是很高的，但都比不上“凤阳”。凤阳既是花鼓戏的流传地，也是帝王故里，这使《凤阳花鼓》的地位十分特殊。从统计数字中能看到，虽然安徽花鼓戏的现存剧目和

① 关于帝王还家母题，参见董晓萍、［美］欧达伟：《乡村戏曲表演与中国现代民众》，北京：北京师范大学出版社，2000。

流传地点都不多，但它们的号召力历代不减，这正是拥有民俗圣地的特点。1978 年，凤阳县小岗村的 18 个农民签字画押，联产承包，改变了传统农业经营方式，率先走上了现代化时期的农业发展道路，掀起了中国农村现代经济改革的大潮，① 这使凤阳再度出名。现在当地工业企业在制作现代广告时，仍使用了凤阳花鼓的唱词为权威证言，② 强调圣地文化的品牌特殊性，这也使《凤阳花鼓》再度耀眼。

3. 花灯戏系统

花灯戏是我国西南地区的重要民间戏曲遗产，主要流传在云、贵、川一带，有云南花灯、贵州花灯和四川花灯等。截至 20 世纪 90 年代，全国共有花灯戏代表剧目 102 种，县级流传地 79 个。其中，云南共有花灯戏代表剧目 17 种，县级流传地 19 个；贵州共有花灯戏代表剧目 24 种，县级流传地 17 个；四川共有花灯戏代表剧目 7 种，县级流传地 7 个。

花灯戏富有原生态民歌特色和舞蹈特色，演出时以唱为主，伴以传统舞蹈，说白很少，内容多取自神话传说，并能结合日常生活，代表作如《刘三妹挑水》，长期受到当地人的欢迎。云南花灯最为有名，但由于花灯艺人的表演需要歌舞天赋，不是完全靠自然传承就能自动成名的，而地方保护工作一度不力，使云南花灯面临濒危的境地，这是从上面的统计数字中能看出的。在云、贵、川的比较数字中，云南花灯的藏量已落在贵州花灯的后面，这对保护工作亮起了黄灯③。

上述三种戏曲在历史流传的过程中，也有相互融合的现象。在三种戏曲的县级流传地，也还有丰富的变体表演，这些都不是完全能用数字表达的，对它们的统计和保护也需要注意。详见采茶戏、花鼓戏和花灯戏的县域变体剧种对照表（见表 2-1、表 2-2、表 2-3）④。

---

① 据北京电视台 1996 年 12 月 29 日《今日话题》节目播出。另见韩明谟编著：《农村社会学》，北京：北京大学出版社，2001，第 117 页。

② 白光主编：《中外理性广告语经典与点评》，北京：中国经济出版社，2004，第 249 页。

③ 北京师范大学文学院云南籍本科生洪学佳 2003 年利用寒假回乡期间，调查并录制了云南花灯《看妹子》，记录了当地花灯的流传情况。此盘由北京师范大学数字民俗学校级重点实验室收存。

④ 此三表据文化部民族民间文艺发展中心与北京师范大学数字民俗学重点实验室合作项目“《中国戏曲志》数字地图空间演示模型”的数据库制作，北京师范大学文学院赖彦斌承担了制表的工作。

表 2-1　采茶戏的县域变体剧种对照表

序号	省名	采茶戏类剧种名称
1	浙江	睦剧、湖剧
2	江西	赣西采茶戏、赣南采茶戏、赣中采茶戏、赣东采茶戏、南昌采茶戏、景德镇采茶戏、萍乡采茶戏、九江采茶戏、武宁采茶戏、宁都采茶戏、高安采茶戏、袁河采茶戏、瑞河采茶戏、吉安采茶戏、抚州采茶戏、黄梅戏、湖调
3	福建	黄梅戏、三角戏

表 2-2　花鼓戏的县域变体剧种对照表

序号	省名	花鼓戏类剧种名称
1	湖南	衡州花鼓戏、零陵花鼓戏、邵阳花鼓戏、长沙花鼓戏、岳阳花鼓戏、常德花鼓戏、花鼓戏
2	湖北	楚剧、郧阳花鼓戏、远安花鼓戏、随县花鼓戏、襄阳花鼓戏、荆州花鼓戏、东路花鼓戏
3	安徽	推剧、凤阳花鼓戏、淮北花鼓戏、皖南花鼓戏

表 2-3　花灯戏的县域变体剧种对照表

序号	省名	花灯戏类剧种名称	灯戏类剧种名称
1	云南	云南花灯	
2	贵州	花灯剧（黔东花灯、黔南花灯、黔西花灯、黔北花灯）	
3	四川		四川灯戏
4	湖南	湖南花灯戏	

通过上述表格可以看到，中国的民间戏曲在地方社会传承中创造了丰富的实际样式，也因此拥有顽强的生命力。

4. 秧歌戏系统

秧歌戏的形成与秧歌舞有关，具有秧歌舞平地演出、生产舞蹈、大扭大作的特点，与地方小戏结合后，戏曲意味更浓，故事情节更强，在戏台上进行化妆表演。秧歌戏的剧目内容广泛，从帝王将相到乡村家庭都有所涉及，在南北各地都有流传。截至 20 世纪 90 年代，全国共有秧歌戏代表剧目 614 种，县级流传地 81 个。其中，河北共有秧歌戏代表剧目 153 种，县级流传地 30 个。华北是秧歌戏的高密集区，河北、山西、山东和陕西的秧歌戏更为集中。由于延安文艺政策的推行，陕北秧歌戏与其他同类戏曲相比，还获得了较高的政治地位，成为革命文艺和军事文艺的代表。20 世纪 40 年代，陕北延安的革命文艺工作者曾改编秧歌戏，新编秧歌剧《兄妹开荒》等，用来鼓励军民大生产运动，起到了鼓舞士气、团结军民的作用。随着革命战争的胜利，《兄妹开荒》与民歌《南泥湾》一样，都成了名作。北京和平解放前夕，北京大学和北京师范大学的学生剧团都排演过《兄妹开荒》，热情欢迎人民解放军进城，展现了“五四”以来一以贯之的爱国传统。在现代社会，《兄妹开荒》还保持了军中名戏的身份，2004 年热播的电视连续剧《激情燃烧的岁月》又使用了这个剧目，生动地表现了老一代军人对战场生活的回忆。

在国际学术界，河北定县秧歌戏因被一批留学博士和大学教师记录而海外扬名。此外，在秧歌戏家族中，东北的二人转和内蒙古的二人台，也都是有名的二小戏或三小戏。

5. 道情戏系统

道情戏是在道情曲艺的基础上发展起来的民间戏曲，流传于我国的山西、江西、湖南、湖北和甘肃一带。表演者怀抱渔鼓，手持简板，击节演唱，另有五六人以竹笛、另板胡伴奏和伴唱。唱词由同一宫调的不同曲牌连缀而成，大体相当于宋代的覆赚，内容有神话故事、风俗人物和地方史事等。截至 20 世纪 90 年代，全国共有道情戏代表剧目 146 种，县级流传地 54 个。其中，山西共有道情戏代表剧目 76 种，县级流传地 7 个；甘肃共有道情戏代表剧目 4 种，县级流传地 4 个；陕西共有道情戏代表剧目 10 种，县级流传地 19 个。

道情戏内容受较强的历史因素和信仰因素的影响，艺人的传承也有相对固定的行业规矩，有些道情戏还带有民间道教仪式的功能，这使道情戏在我国的民间戏曲中显得比较特殊。它的主要流传地在山西，其次是陕甘地区的农村，上述统计数字反映了这种情况。我国其他省区也有道情戏流传，不过不是文化特色。现代依然流传的道情戏开始突破传统的行业限制，有机会为外界所认识。2005 年中央电视台《星光大道》的一期节目来了一位江西群众演员，手持渔鼓，使用采茶戏的调子唱了一段传统道情戏，获得喝彩[①]。当然，从调查看，在山西农村的传统流传地，道情戏的演唱更为普遍。

6. 道具戏系统

除了艺人扮演的表演外，还有一种使用面具、木偶和皮影表演故事的戏曲，称“道具戏”。在道具戏之中，又分面具戏，如傩戏；木偶戏，如布袋木偶、杖头木偶和提线木偶；以及皮影戏。全国共有傩戏代表剧目 51 种，县级流传地 27 个。其中，湖北共有傩戏代表剧目 4 种，县级流传地 7 个；湖南共有傩戏代表剧目 6 种，县级流传地 7 个；江西共有傩戏代表剧目 12 种，县级流传地 1 个。

道具戏的上演和传承与民间宗教有关，都是民间仪式剧，也有一部分剧目被用于日常娱乐，但在民间举行仪式的时候，还会按照历史规矩恢复它们的宗教功能，被老百姓伴着诵经、还愿、唱变文和念宝卷的活动一道演出，这是不可或缺的修行功课。1996 年，我们在河北青龙县调查皮影戏的传承，对艺人在村民家举行的还愿仪式全过程进行了观察和记录，[②] 这次还与中国新闻社合作，拍摄了河北传统皮影戏现代传承情况的纪录片。[③] 从上述统计数字看，在湖北、湖南和江西等几个主要的傩戏流传地，剧目和流传地点都不多，但传承时间悠久，在基层社会扎根深厚，并往往有神职人员参与执事，这些都能证明它的宗教神圣性质。

---

① 此节目在中央电视台《星光大道》2005 年 4 月 2 日第 13 期中播出。

② 庞建春：《河北东郊皮影戏影卷研究——影卷〈五峰会〉的现代民间传承与表演》，硕士学位论文，1999。

③ 皮影戏纪录片《滦州皮影》，中国新闻社制作出品，民俗顾问：钟敬文，民俗指导：董晓萍，导演：郭无忌，1999 年制作发行。

下面来看我国民间戏曲流传的总体情况（见表2-4）：

表 2-4　中国民间戏曲表演系统资源分布数据统计表①

序号	戏曲种类	数字地图名称	现存代表剧目	现存流布地（县）
1	采茶戏	全国采茶戏分布数字地图	135	137
2		浙江采茶戏分布数字地图	2	2
3		江西采茶戏分布数字地图	89	75
4		福建采茶戏分布数字地图	2	3
5	花鼓戏	全国花鼓戏分布数字地图	148	118
6		湖南花鼓戏分布数字地图	48	53
7		湖北花鼓戏分布数字地图	56	34
8		安徽花鼓戏分布数字地图	11	10
9	花灯戏	全国花灯戏分布数字地图	102	79
10		云南花灯戏分布数字地图	17	19
11		贵州花灯戏分布数字地图	24	17
12		四川花灯戏分布数字地图	7	7
13	秧歌戏	全国秧歌戏分布数字地图	614	81
14		陕西秧歌戏分布数字地图	63	15
15		河北秧歌戏分布数字地图	153	30
16	道情戏	全国道情戏分布数字地图	146	54
17		山西道情戏分布数字地图	76	7
18		陕西道情戏分布数字地图	10	19
19		甘肃道情戏分布数字地图	4	4
20	道具戏	全国傩戏分布数字地图	51	27
21		贵州傩戏分布数字地图	12	5
22		湖北傩戏分布数字地图	4	7
23		湖南傩戏分布数字地图	6	7
24		江西傩戏分布数字地图	12	1

① 本表原始数据均由文化部民族民间文艺发展中心提供，其中，“现存代表剧目”一栏的数据来源为文化部民族民间文艺发展中心“《中国民族民间文化遗产资源总目戏曲卷》编制说明”，“现存流布地（县）”一栏的数据来源为文化部民族民间文艺发展中心与北京师范大学数字民俗学重点实验室合作项目“《中国戏曲志》剧种分布空间演示数据模型（2004）”。由于原始数据的限制，本表中全国统计数据暂不含台湾省。数据库编制与操作：北京师范大学文学院赖彦斌。

总之，我国的民间戏曲剧种丰富，堪称戏曲大国。还有许多其他小戏，如罗罗腔、二夹弦、吕剧、柳琴戏和五音戏等，不胜枚举。而更重要的保护问题，下文将继续讨论。

三、 跨文化视角下的两种保护

与民间曲艺一样，在20世纪，民间戏曲受到了冲击。但与民间曲艺不同的是，由于生产需求、生活功能、宗教信仰和娱乐消遣等原因，民间戏曲保留了民间艺人、家族和班社传承的传统，这使它们的许多传统剧目也得到了部分保存，河北定县秧歌戏是一个例子。

（一）国家民族现代化进程中的保护

20世纪以来，在五四运动、平民教育运动、延安整风运动和新中国社会主义文化建设等各时期，都提出过“民族形式”问题，并使民间戏曲不同程度地得到了记录和保存。也有的民间戏曲后来被改造为“新的民族形式”，成为政治宣传品。但不管怎样变化，比起曲艺，民间戏曲一直处于民族形式讨论诸问题的中心，因而被关注。如河北定县秧歌，始于清代中叶，长在北京脚下，处于国剧京剧的“灯下”，1929年在留美博士晏阳初发动的中华平民教育运动中被发现和记录，[①] 也经过戏曲家熊佛西等的改造，历经百年，却始终没有变成地方大戏或正统戏剧，而一直活跃在民间，这对我们认识民间戏曲是一个理想的个案。[②] 以下简要介绍这个例子，一并说明保护民间戏曲表演民俗的要点。

1. 戏曲类型与传统内容

民间戏曲，在农业社会产生和流传，富有传统农民生活的特点，并将之冲

① 李景汉、张世文编：《定县秧歌选》，中华平民教育促进会，1933。

② 以下所谈定县秧歌研究内容，详见董晓萍、［美］欧达伟：《乡村戏曲表演与中国现代民众》，北京：北京师范大学出版社，2000。

突化和戏曲化，描绘了封建集权文化与人性自由空间的矛盾。从前一些西方学者认为，这种矛盾只有知识分子才有，但从民间戏曲看，其实农民也有。也有的学者认为，在正统与非正统文化相互渗透的地方，都是正统文化对非正统文化产生支配性，但从民间戏曲看，其实在人性问题上，人类的有些选择是共通的，未必都能用阶级分化或文化分层来解释。当然，这类基本问题往往都是爱情婚姻问题，它们容易成为跨时空和超现实的戏曲主题。

在定县秧歌中，爱情婚姻戏的流传，是以持有封建权力的家长和要求自由的儿女双方冲突的模式展开的，主要有以下四个套式：

家长戏和儿女戏。家长戏，也称“休妻戏”，都是传统的离婚戏，代表剧目有《蒋士幢休妻》等。与之配套的是儿女戏，也称“私情戏”，都是男女青年自己冲破家长阻力结合，争取到自由空间。《杨二舍化缘》讲儿女不要“定亲宝”照样结合，《描金柜》讲男女青年私奔成功，在与家长的较量中获胜。

性别戏和年龄戏。性别戏，指男女结合的夫妻婚，主张男大当婚、女大当嫁，男女都是要结婚的，不结婚就违背了道德伦理和社会责任，代表剧目有《刘玉兰上庙》。与之配套的是年龄戏，指男女双方要符合男大女小的年龄模式，否则也被认为是不自由和不幸福的婚姻，代表剧目有《兰桥会》和《耳环记》。

公案戏和神仙戏。公案戏，指在家族和个人发生冲突时，通过向官府告状的方式寻求解决问题，代表剧目有《王定保借当》。与之配套的是神仙戏，指由神仙降旨或下凡等方式，在人间社会以外的某地再造一个生活空间，实现自由理想，代表剧目如《白蛇传》。

日常戏和禳灾戏。日常戏，主要表演农民的日常现实生活、农民家庭的人情来往和喜怒哀乐，代表剧目有《金牛寺》。与之配套的是禳灾戏，指大灾之年的救灾生活，代表剧目有《老少换》和《郭巨埋儿》等，当然结局都是皆大欢喜、老少满意。

2. 表演功能和共享范围

定县秧歌的表演具有经济、信仰和娱乐等功能，形成了三个共享文化圈。

秧歌戏曲圈。定县秧歌的流传有方言和戏曲文化传承系统，主要在河北和山西。在这个圈内，秧歌的戏祖是唐明皇。

宗教信仰圈。定县是明代混元教主韩飘高的家乡，周围十县农民大都信奉韩祖，形成宗教信仰圈。秧歌戏是祭韩祖的仪式剧，戏曲唱词也与宗教科仪本的经文颇有相似之处。它的戏祖是韩飘高，地域覆盖北京和河南。

京都文化圈。明代定县就与北京有联系，曾在北京朝廷刻印明混元教宝卷。20 世纪 20 年代以后，定县秧歌名声大震，被国家唱片社灌制过唱片，也与京津上层社会的宣传有关。在这个文化圈中，戏祖是苏东坡。

这三个圈是有交叉关系的，它们使定县秧歌扎根很深。

3. 定县秧歌与现代社会进程的关系

定县在华北现代社会史上是一个不平凡的地名，曾是无数英雄豪杰驰骋的热土，很多红色战争小说的原型人物出自定县。在这种环境中，定县秧歌戏的保存和变迁是值得考察的。20 世纪初，辛亥革命推翻了中国的末代皇帝，定县的很多神庙也被拆除，这时上演的秧歌戏是与女性有关的戏曲，最受欢迎的是刘洛福的《老少换妻》。

1928 年，晏阳初及其同人来到定县从事平民教育，洋博士熊佛西执笔改编《醉鬼》剧目当教材，对当地村民的酗酒风俗进行了改革。20 世纪 40 年代全面抗战时期，日军进驻定县，并由日本学者对秧歌做调查，但秧歌艺人进行了反抗，他们上演《杨家将》等剧目表示爱国，还有的农民艺人加入了抗日游击队。1947 年，中共中央工作委员会和中国人民解放军总部开进西柏坡，宣传延安文艺新传统，放映苏联电影，给农民传播社会主义新思想。20 世纪 50 年代，破除迷信，目连戏停演。20 世纪 60 年代，著名秧歌艺人宋文川被错划为“右派”，他后来借唱秧歌戏为自己告状，又被一位喜爱秧歌的县委书记主持平反，重返戏台。后来的现代化工程也未与民族形式发生冲突。总之，在不同时期，秧歌戏虽有改变，但一直被看成“民族形式”，大多数传统剧目还一直能唱，秧歌就这样保存下来。在市场经济改变农村社会结构之前，它一直是在流传的。

（二）跨文化的民俗遗产保护

全球化和现代化对民间戏曲的传承有负面影响，但自从非遗保护开始后，民间戏曲被抬升为民俗文化遗产，形成了四种表演剧场，推动了民间戏曲在不同层面上的保存和延续，因此也不能说都是坏事。

一是精英剧场。近年民间戏曲已升格为国际交流的热点节目，吸引了很多中外精英来参与保护和呼吁传承。有些剧目经过专家学者的挑选，进入精英剧场，获得了优越的保存条件。香港影视歌三栖明星刘德华远赴四川学习川戏的“变脸”之举，就是一种外人介入式的保护。

二是电视剧场。近年中央台和地方台都开办了电视戏曲频道，利用媒体途径，播放民间戏曲节目，构建了民族文艺传播的现代模式。不同的是，在电视中出镜的戏曲演员，追求名角、年轻和漂亮，这与实际生活中的民间戏曲表演是有差距的。但我们往媒体剧场播出民间戏曲的好处看，它促进了民间戏曲的广泛传播。2005 年播出的电视连续剧《激情燃烧的岁月（之二）》，描绘了“文化大革命”期间一批生龙活虎的青年部队文艺战士的生活。在写他们下海岛慰问演出那一段时，就用了道情戏的镜头。在画面中，汪洋的蓝海环抱着一个寂寞的小岛，绿色军营中的一大片兵哥哥围坐在狭窄的空地上，观看五个兵妹妹怀抱着渔鼓弹唱。它将淡淡的历史感放入那个文化饥荒的岁月，虽然简单，但很有视觉冲击力，让一种戏剧性自天而降，让人看到了民间戏曲的叙事力量。试想，如换成大唱“文化大革命”的样板戏，就索然无味了。

三是空中剧场。利用无线广播，播放听众喜爱的民间戏曲，建立空中热线，在现代日常生活中也大受欢迎。现代人确实忙，与大戏院的慢节奏演出不合拍。但在出租车上，在小胡同里，在家庭中，人们却能利用机动时间随时收听民间戏曲，这离开空中剧场是办不到的。在全球化的氛围中，它给人一种挽留的心境，一种深沉的自信。

四是草根剧场。在全球化中，中国人的经济概念和社会分层都发生了很大变化，但处于穷富两极的人都找戏班子。通过看戏，穷者驱穷，富者保富，这也促成了“草根热”。

四、 民间戏曲的现实选择

在现代社会的日常生活中，人们所选择的民间戏曲主要有四种。

（一）凡人小事和慢节奏

现代人倾向于表演凡人生活，偏好活泼欢快的轻型剧目，黄梅戏《打猪草》等正适合了这种要求，近年频频上镜。它由已故著名黄梅戏演员严凤英整理和演出，说的是女青年陶金花和男青年金小毛，两人互不相识，碰巧有一天一同劳动，陶金花打猪草，不小心碰坏了金小毛家的两根竹笋，金小毛一气之下踩坏了陶金花的竹篮子，两人便争执起来，一个要求赔偿竹笋，一个要求赔偿竹篮子。后来，金小毛看陶金花急得哭了起来，就心软了，决定用舅妈给他买盐的钱为陶金花买一只竹篮子。陶金花得知金小毛也是穷苦青年，看出了他的朴实善良，就执意不让他去买，两人终于消除了误解。金小毛把断笋送给陶金花，陶金花热情地邀请金小毛一道回家去见自己的母亲，帮她说明竹篮损坏的原因，两人在欢歌笑语中往回走，一路高唱《对花》。现代社会生活节奏紧张，工作压力大，看这种戏，简洁明朗、轻松不累，能缓解压力、带来愉悦。

（二）和合关系和平常心

中央电视台重播的五音戏《王小赶脚》很受欢迎。戏中一个叫二姑娘的女子回娘家养病，雇了一个脚夫，是斤斤计较的王小。两个人一路上叽叽歪歪，斗嘴赶路，等王小把二姑娘送到娘家，两人反而结下了友谊，体现了一种对和谐人性的追求。这是一个传统小戏，中央电视台的再度播出，使之在诸多现代文艺竞争中脱颖而出。这类小戏剪取社会冲突的片段，构成戏剧冲突，呼吁人文沟通，保持平常心，因而市场看好。

（三）青春戏和后青春戏

传统爱情戏也称“弄”字戏，有的是“砍柴弄”，如《刘海砍樵》；有的是“搭渡弄”，如《白蛇传》中的《游西湖》一场，戏词是“千年修得同船渡”，十分优美动听。定县秧歌戏中的《描金柜》是另一种“搭渡弄”，讲强夺人妻的水霸故事，最后恶人被惩罚。还有一种戏叫“番婆弄”，是讽刺媒婆坑害青年人的，如定县秧歌戏中的“媒人说亲型”。这些戏都是讲青年人的恋爱婚姻生活的。

现代人也选择爱情题目，如《梁祝》，但也表现了对后青春戏的关注，出现了自由离婚版和再婚版的剧目。在离婚戏方面，川剧荒诞戏《潘金莲》一度名声大噪，该戏重新评价旧式青春婚恋与个人自由空间之间的矛盾，故事很传统，观念却很现代。在再婚戏方面，赵本山的热门与此有关，他对后青春时代的中老年人生活的表演贴近现实，把他们复杂的内心活动和社会关系处理得坦诚而幽默，适应了现代老龄社会的需求，获得了很高的评价。后青春戏的流行也是与现代婚姻观的变化分不开的。

（四）神仙戏和宗教经济

在民间戏曲六大系统发达的地区，如浙江、河南、安徽、湖南、福建、贵州、云南等，在进入现代化和全球化后，部分传统小戏因为能演仪式剧而十分兴盛，神仙戏的表演得到了恢复，同时活跃了宗教经济，宗教经济的收入又养护了这些民间戏曲。

第三章

网络民俗与手机民俗

在现代网络信息社会，一批民俗进了网络，如互联网民俗和手机民俗。它们有传统民俗的血肉，但穿上了信息化的时装；它们是传统民俗的千载情人，但搭上了新媒体和网络的快车。严歌苓说自己写小说就是讲故事，莫言说自己是一个会讲故事的人，故事也是民俗。不是人人都能写小说的，但人人都能发微信、打手机、说故事。微信和手机的发展历史不长，但离大学生群体很近，这使民俗成为网络的活跃文化分子，本章对此做简要介绍。

第一节　网 络 民 俗

网络民俗，指在现代社会中，传统故事被现代信息材料加工、合成，又在互联网上传播的民俗事象。它们适应现代人的文化需求，增加了描述现代知识、现代社会问题和现代日常生活的内容，成为现代社会文化的组成部分。

一、 网络民俗的管理与思维

网络信息的出现是一块里程碑，将人类社会分成两部分。在此之前，人类社会的文化分为口头传统与文字文化两种，它们对立也好，融合也好，竞争也好，总是有两股势力，各有各的功能。以往民俗学的研究，以传统民俗为主要对象。在此之后，传统民俗发生很大的变化。信息社会将人类早已摆脱的群居生活又送到了人类社会面前。在全球信息一体化的时代，人们共居网络信息的社会关系中，又在新的网络层面上结成了群居生活，网络语言叫“群发”。这种现代网络信息传承有“蝴蝶群”的性格。民俗文化具有类型化的固有性格，民俗的类型化与“群居”“群发”和“蝴蝶群”都有相似性，所以一拍即合。

（一）网络民俗的管理

传统民俗归民间管理，网络民俗在民间传播，归民间管理，但同时也由国家政府管理。还有一些网络民俗进入商品市场，便成为现代社会管理的对象。

（二）网络民俗的思维

传统民俗的思维有同质性，同质性的文化有仪式性和表演性，这种文化特征渗透到民众思维中，再由神话、传说和故事传达出来。《羲和浴日》中的“羲和”，是帝尧的妻子，也是从黄帝到夏代掌管气象的官衔的名称。这个官职到了清代，称“钦天监”，这个官员负责观测天象和祈神祭天的各种仪式，康熙的洋老师汤若望就担任过这个职务，北京东城区南池子大街保留了钦天监的旧址。仪式是同质文化表演的学校。

网络民俗的思维具有异质性，异质性的文化具有情境性和移动性。网络关系在变，各个图景的关系就在变，网络的关注点就在移动。民俗文化与其他各种传统文化、现代文化和外来文化都在网络上编织各种情境。借助网络，这些民俗能跨文化，也能在一定程度上发挥社会管理的作用。

二、网络民俗的分类与问题

网络民俗，根据网络板块专题的结构，形成很多专题信息，它们大都以讲故事的方式呈现，吸引社会关注。

（一）网络民俗的故事分类

1. 复仇母题转为尊重多元文化价值的和平母题

传统社会的《蛇郎》故事讲小妹遭迫害复仇的母题，现代社会也有这种故事流传，如印度 1981 年搜集到的蛇郎型故事。在网络故事中，也讲这个母题，但变成了多元价值社会拥护和平、化解争端的故事。

2. 动物母题转为宠物母题

印度《五卷书》中的动物故事在中国、中亚和欧洲广为流传，故事母题与当地文化结合，形成了各国各民族自己的精神文化遗产。现代社会呼吁动物保护，批评人类不能善待动物的残酷行为，网络民俗中的动物母题故事也发生了变化。很多国家动物故事的网络传播找到了辅助社会良性治理的渠道，积累了历史智慧，获得了新的政治经验。这方面的有些思想遗产被保留下来，转化成现代人能够接受的、能传播现代生活知识的故事。例如，在中国人的老故事中，厌猫爱狗，养猫防鼠，习以为常。传统故事《老鼠嫁女》讲，动物与自然界和人类的关系秩序不可改变。但是，现代社会已经开展跨文化交流，西方人的爱猫文化和米老鼠形象也来到了中国，中国人受到影响，现在对各种小动物都能接受。在网络民俗故事中，动物进入人类资源分类的序列，成为喻示现代社会管理问题的文化符号。现代社会最宝贵的东西是资源，资源决定社会秩序和社会分配，网络动物故事《小猪吃饼干》与资源挂上钩，被加工为时尚故事，产生了新的生命力。

3. 灰姑娘母题转为社会分层母题

世界各国都有灰姑娘的故事，故事讲前妻的女儿被虐待的母题，现代网络流传的灰姑娘母题是讲打工妹经过奋斗都可以得到水晶鞋，实现梦想，完成向上的社会流动，创造新的人生价值。

（二）网络民俗的现代问题

现代社会管理的要点之一是改变政府不善于社会管理的问题，包括单纯追求经济社会发展，造成环境的破坏、资源的流失、文化的失衡，形成隐性的灾害风险，最后在灾害来临时，政府付出了高昂的救灾代价，几乎与经济建设成就相抵消。

还有很多政府管理问题，包括交通、教育和食品安全等，成为网络民俗交流的热点。例如交通问题，中国的春运大潮、印度的货车运输，都成为网络热议的对象。

现代网络信息整合传统民俗制作新故事，在整合过程中，将传统民俗资源和文字文化资源整合为信息资源，实现了“无纸化”的传播。在这种趋势中，带有人类祖先文明记忆符号的民俗的身份也在发生变化，它不是断裂式的核变，而是让传统民俗变成时尚的遗产文化。在这一过程中，民俗文化由封闭社会的内向的自我教育工具，变为对外开放的社会信息通道。

第二节　手机民俗

近二十年间，我国出现了手机短信，在短信交流中常见民俗。这种民俗已不是传统农业社会的通信样式，而是信息民俗。信息民俗是现代化、城市化、工业化和科技产业化的产物，我们从前没见过。但是，它的生产方式和消费方式还是民俗方式的，它的信息文本也都是民俗文本，两者还是有密切的联系。信息民俗不是一般地使用民俗资源，而是使用转型民俗。与传统通信民俗相比，这种转型民俗增加了跨文化内容和科技含量，制造了可视化的精神民俗。与传统表演民俗相比，这种转型民俗增加了收视和收听的目标人群、文本的公有性和制造的产量，还创造了以手机用户为社区的组织民俗。信息民俗的出现，使我们更需要思考传统通信民俗的基因和特点，将传统通信民俗与信息民俗做比较，分析人类通信活动的本质，观察现代通信的发展趋势，这对我们保护这方面的民俗是有帮助的。

现在的手机升级换代很快，又是现代化又是跨文化，在世界各国发展得都十分迅猛。在我国，近年来，手机用户数量一路攀升，手机已从高科技产品迅速变成了大众生活的日用品。不少学者称手机为“科技温馨”，认为它完美地把耳朵和心整合在一起，如此人类才能倾听地球和共享地球。但中国人也有不同意见，冯小刚导演的电影《手机》，把手机放到熟人社会的对立面上讨论，说朋友和陌生人的手机常常骚扰人，影响人与人的关系，产生疯狂的话语泡沫。[①] 美国传媒理论家保罗·莱文森（Paul Levinson）则从理论上分析了手机的特点，提出“手机有两面性：既赋予我们了不起的力量，又使我们相当脆弱”,[②] 当然他把美国手机用户与中国手机用户相比较的观点还需要讨论。

任何通信方式变化的终极影响都是产生一个理念，这种理念整合了无数具体的文化传统，又生发出现代人千样百种的通信行为，现代学者的研究都在试图靠近这个终极理念，本节也尝试接近这个理念，但重点是对中国的手机用户及其信息民俗做分析。

一、 手机理念与信息民俗

（一）听力系统与交通系统的结合

人类有三种基本的通信方式，说话、书写和走路。但在人类通信民俗的发展中，说话、书写和走路都是分开的。直到人类进入电脑通信的时代，人还是被牢牢地钉在椅子上或房间里，其他媒介充当了两地沟通的工具。手机通信的理念，在于把说话和走路结合在一起，从此人类可以从固定的椅子上或封闭的室内解放出来，走到任何地点去通信，这是人类通信史上的一场伟大革命。随着高科技研发的深入，手机通话还可以附加写字的功能，如短信，不过这是口

---

① ［美］保罗·莱文森：《手机》，译者序，何道宽译，北京：中国人民大学出版社，2004，第5页。

② ［美］保罗·莱文森：《手机》，作者中文版序，何道宽译，北京：中国人民大学出版社，2004，第2页。

语的变体，不是书面文献的新样式。[1]

（二）信息民俗与管理系统的相遇

用跨文化民俗学的理论分析，手机是数字时代的口头传统，而数字化也使以往的口头传统与现代社会的政治、经济、技术、文化和法律要素相结合，成了新的口头传统，即信息民俗。与美国用户相比，在中国，手机用户主要是信息民俗的用户，手机信息也由三个系统组成，即电信系统、科技系统、用户系统，这使信息民俗产生了新的传承样式，融入了现代媒体的工业化。

手机通信有三个管理规则，一是电信话费规则，它是由时长（字段）和地区距离组成的。在开发和推广手机业务的过程中，政府和用户紧密合作，还创造了一系列评价管理手机经济效益的指标，其中有一些涉及经济民俗事象，这对观察信息民俗的变化是颇有参考价值的。二是技术企业运作规则，主要是对手机原材料、内外部设计和节目功能进行不断更新。在中国人习惯已久的通信民俗社会中，以手机为代表的信息民俗能后来居上、一马占先，依靠的是中国人对现代多功能通信工具的选择趋势，当然也承受了信息民俗对通信民俗的巨大冲击，有的还触及技术与法律、民俗的矛盾等。三是社区文化规则。手机不仅跟熟人通信，也跟陌生人通信，被用来建立新的行为可能性、新的关系网络、新的社区民俗，构成了开放型的信息社区，而通信民俗是封闭的，这是两者的区别。今天的中国手机之所以能“俗”，就表现在它具有广泛构成新的、临时性和场所性的政府信息、技术信息和社区信息的能力，这使它对各社会阶

---

① 在手机把说话和走路结合起来的观点上，本书受到保罗·莱文森的启发。但他原来的基本观点是：“人类有两种基本的交流方式：说话和走路，可惜，自人类诞生之日起，这两个功能就开始分割，直到手机横空出世。”本书主要讨论中国的手机用户，至少从中国的通信文化模式看，还应该加上“书写”交流方式，还应注意到在手机通信中，书写和发送“短信”对扩大手机用户和手机市场的关键作用。当然，保罗·莱文森把说话和书写分开的做法，有美国传媒理论界的一贯传统，也有柏拉图观念的深远影响。传媒理论家麦克卢汉（M. Mcluhan）和哈夫洛克（Eric Havelock，*Preface to Plato*，1963）都是主张口语社会和书写社会的对立的。不过这一观点对说明中国的情况不合适。在这个意义上，本书也将进一步讨论中国的手机用户的自身特点。参见［美］保罗·莱文森：《手机》，译者序，何道宽译，北京：中国人民大学出版社，2004，第5—6页。

层和各种具体文化模式的用户，都提供了民间参与和民间诉求的自由渠道，影响面也就更加广泛。经过十几年的发展，现在手机已“俗”得跟自行车一样，家居必备、出行必带。它所拥有的智能，造成了现代科技对现代社会的全面渗透。

二、 手机通信的民俗容量

在我国，手机信息与以上三个系统的结合，有三个过程：一是手机市场化，二是手机全民化，三是手机管理法制化。在这些过程中，政府、企业和用户互动，形成新的手机经济文化。

（一）政府对手机经济的评估指标

手机是俗称，在现代通信术语中，它叫“移动电话（mobile phone）”或“蜂窝式便携无线电话（cell-phone）”。我国政府曾公布了一系列通信发展行业公报，里面包括对手机经济效益的评估。分析这些资料可见，政府关注国内生产总值增长、通信普及率和通信业务量等多项指标，并对此进行评估。

手机的发展之于其他市场主体，不是挤兑，而是联合。你存活，我也存活。在政府导向下，手机借助现代社会的财运和人气，与其他热点媒体组合在一起，形成了联网，① 也养成了自己的大气象。自2002年起，中国卫星通信集团公司开拓信息市场业务，② 给手机提供了一个嵌入广播电视的绝好机会。广播电视为了提高收听或收视率，也争相开通了手机热线，发展了嵌入式新闻采访。一两年下来，手机能共享其他传播工具的功能，其他传播工具却不能替代它的作用。手机生也逢时，将人文平台再度扩大，悄悄吞吃或链接其他载体的客户市场，其吸收的能量超出了我们的想象，把一种个体通信变成了公共资源。

---

① 参见中华人民共和国信息产业部综合规划司《2001年邮电业务发展情况》。

② 参见中华人民共和国信息产业部综合规划司《2002年通信发展统计公报》。

手机经济与中央媒体的组合，造就了自己最大的商机。2004 年希腊雅典举办奥运会，中央电视台每天 24 小时热播，黄金档栏目《雅典精彩早知道》《中国骄傲》《雅典猜想》等都设立了手机热线，鼓励观众边看电视边打手机。《雅典精彩早知道》的打手机动员词是“为中国健儿加油，移动用户发至 8006，中国联通发至 9868，赢 5 000 元健身基金”，用语火力十足，情分十足。《雅典猜想》的主持人与观众现场交流，渠道就是手机短信。据称，8 月 22 日发去的手机短信很精彩，当天，乒乓球女单运动员张怡宁赢得了夏季奥运会中国军团的第 100 枚金牌，女子网球双打运动员孙甜甜和李婷打破了欧洲人统治网坛的神话，获得了中国人也是亚洲人的第一枚网球金牌。男子 50 米步枪三姿赛选手贾占波在战绩落后的情况下，因美国选手末射的意外脱靶获得金牌。中国观众惊喜若狂，当夜给《雅典猜想》栏目发短信达 1 600 条之多，该栏目便在荧屏上专设了“场外观众精彩短信”字幕，随时刊发短信，让观众又看电视，又看来信，综合享受，激情荡漾。一条写给张怡宁的短信说“她轻易不笑，一笑就笑出个百金纪录”，当场夸奖这位北京冷娃。另一条表扬孙甜甜和李婷，说 8 月 22 日是阴历七月初七，是“中国的情人节”，说两人此举使“中国情人节=神话+神奇+完美”，比拟两位是女超人，配合高妙，不可思议。中国射击队贾占波夺取金牌，一条短信说他的曲折有“希区柯克的悬念和卓别林的幽默”①，欢呼喜从天降。在这种互动中，手机、电视、电影、报刊都组合起来，几乎把新闻传媒的各种本事全包了。手机显示了与政府喉舌媒体相互支持的实力，它就像是螺丝钉，拧动了通信全球化的车轮。

根据相关政策，手机的话费业务可由银行代管，一些银行就不失时机地把手机作为推广金融业务的诱饵，以钱滚钱。2004 年，中国民生银行与中国联通北京分公司、联银资讯北京有限公司三家联合，推出“有存款、送手机”的活动②，正是一种政企合作的新形式。

该活动的广告词是：

---

① 2004 年 8 月奥运会期间中央电视台的栏目和 8 月 22 日部分短信的内容，是作者看电视时随场记录的。

② 联银公司“有存款、送手机”广告，《京华时报》2004 年 10 月 18 日，第 A14 版。

1. 国内居民、户籍不限制（年满 18 岁即可）；

2. 外籍人士、港澳台同胞皆可办理；

3. 不用审核、不用提供其他任何资信证明。

这种新开办的业务利用了手机用户年轻化和分布广泛的特点，提出了“年满 18 岁即可”，“国内居民”和“外籍人士、港澳台同胞”都欢迎加入的口号，也突破了国内银行办理储蓄开户的条例规定，允许“不用审核、不用提供其他任何资信证明”，这是在市场经济背景下才可能出现的双向调整。

政府在发展手机经济的过程中，也曾面临手机经营与经济法规和文化安全的冲突，对此，政府各有关部门出台了相应的新政策，加大了制约和制裁的力度。政府重点对政治意识形态方面的手机活动加强了管理。在这方面，一个典型的例子是严禁电视新闻与手机互动。2004 年 9 月某日，中央电视台《今日关注》栏目首次爆发手机短信政治事件。当日发生俄罗斯人质遇难事件，节目制作人马上当作新闻热点，要求观众发送手机短信竞猜“俄人质遇难人数”，受到社会舆论的强烈谴责，制片人作为事故责任人被严厉处罚。不久，国家广电总局下发了《关于切实加强手机参与和有奖竞猜类广播电视节目管理的紧急通知》，要求各播出机构在节目中开设手机短信参与和有奖竞猜环节时，须经当地广播电视行政主管部门批准同意；新闻和新闻类节目（含访谈类节目）不准开设手机短信参与的竞猜环节，已经开设的要立即停止；其他手机短信参与的节目和有奖竞猜类节目，一律不得参与政治性、敏感性话题。[①] 这是我国首例禁止手机危害社会安全的行政规定。

政府司法部门颁布了对黄色短信实行刑事管制的法令，内容包括“发黄邮件不牟利也可判 2 年”“传播淫秽语音百次可判 3 年”“强制用户访问、下载淫秽电子信息的将从重处罚”等。[②]

政府重视维护文化安全，并不惜付出经济损失的代价。对其他商业性的手

① 张建群：《广电总局下达新通知　电视新闻禁止短信竞猜》，《法制文萃报》2004 年 10 月 4 日，第 8 版，转引自《哈尔滨日报》2004 年 9 月 25 日。

② 新华社：《发 200 条黄色短信可判 3 年刑》，《京华时报》2004 年 9 月 6 日，第 A04 版。

机经济违规行为，政府也予以禁止。有的媒体将网站欺骗手机用户的讹诈行为予以曝光，[①] 大受手机用户欢迎。这让人们看到了政府经济法规的严正性，认识到维护手机消费者权益的必要性，有利于促进手机经济在良性循环的轨道上发展。

（二）企业对手机功能的技术开发

观察中国手机用户变化的另一类资料，是对手机由市场进入家户方式的记录。这方面的统计工作是不遗余力的，能细化到每个邮电局、每平方千米、每人、每年、每次。从这方面的数据统计看，与传统优势大宗通信项目相比，如写信、订报、打电话等，手机的普及率增长迅速，[②] 逐步战胜了写信、看报和打电话的老习惯。人们写信、看报、打电话少了，用手机多了，这不仅仅是行为的变化，而且是理念的变化。现在也有人怀旧，批评手机，说写信好，写信有面谈感，还有跑邮局投信的人情和个性。也有人说打电话好，公用电话“传呼费3分钱”[③]，充满了人情味，换了手机就全凉了。

有一篇文章叫《有信》，说远方的人来信了，信里写到小提琴拉了几遍，院子里的绿草长了多高，猫咪在草上叫，读信的人读得热泪盈眶。他把信放进兜里，有空就拿出来看，看到字迹模糊了，信封被揉皱了，但每看一遍都能读出一些新的信息。这篇文章表扬了书信传播信息的功能。杜甫不是也说过“烽火连三月，家书抵万金”吗？他认为写信的价值能与万金相比。开个玩笑说，虽然“万金”也是一种“数字化”，但它不是技术问题，而是人心和人情的问题，这正是中国人最看重的人格问题。

进入21世纪，人们激情燃烧般用过的书信、电报和电话降温了，现在大家都认同手机了。与其他高增值相埒。连怀旧的人也打手机了，手机全民化的趋势已经形成。

手机的全民普及与科技企业对手机功能的综合开发有关。现在的新式

① 陈喆：《联众有奖短信游戏遭质疑》，《京华时报》2004年10月26日，第A16版。

② 中华人民共和国信息产业部综合规划司《2001年邮电通信服务水平情况》。

③ 张大放：《楼上楼下，电灯电话》，《作家文摘》2004年12月3日，第13版，转引自《中国商报》2004年11月4日。

手机能把电话、广播、网络、照相、写信和游戏等各种功能压缩到一起，通过一个手机实现，这种手机是不能不被用户喜爱的。中国联通的一个广告标题是“手机看电视，走到哪，看到哪”，十分调动用户的眼球。广告词说：

看实时电视——画面清晰、实时流畅、连接稳定
上互联网——与电脑一样上 WWW 网站
听各地广播——本地外地、国内国外、实时收听
玩联众游戏——在线玩游戏，不光有联众
看实时路况——堵不堵车，一看就知道
基于技术领先、高速宽带的 CDMA（ⅠX）作为无线传输通道，同时，又采用了图像采集/压缩编码/流媒体/WINDOWS 协议等一系列其他先进技术，联通开发的“视讯新干线”业务，将电话/电视/上网“三合一”，使得现代精英人士只需一机在手，即可实现移动收看电视/办公商务/娱乐生活……分分秒秒、工作高效、生活精彩！领先的技术，全新的享受。[①]

广告最后通知用户说，这种手机有 20 多项功能，呼吁大家赶紧把个人手机“换成/手机/电视/电脑/三合一的/CDMA（ⅠX）手机”。这里面确实有高科技与低科技的能力差距，但也有高科技寻找高人文的运行动力。

手机技术开发的最大成就是发明了手机短信。我们在北京高校学生中做过调查，发现大学生用户发短信多于通话。但近年移动通信市场的人均消费却逐年下降。中国并不富裕，不富裕的人使用手机，采用了穷人的用法，用短信代替通话，造成了“手机就是短信”的倾向。[②] 中国移动通信公司还推出了“动感地带”项目，针对年轻人喜爱合群和交友的特点，建立定时群发短信的时空网络，压低价格，争取最庞大的用户群体。北京地铁是青年客流量

① 中国联通：《换成“三合一”的 CDMA（ⅠX）手机》，《京华时报》2004 年 7 月 23 日，第 A32 版。
② 魏雷：《手机民俗的调查》，北京邮电大学 2002 级本科生作业。

的高峰点，中国移动通信公司的广告也就跟在青年男女的身后，贴到了地铁的车厢内，一条广告词这样写道：“0.12/分钟/二人世界，就在动感专线/M-ZONE，动感地带/我的地盘，听我的。”广告的每个字都变成了有个性的手指头，贴着年轻人的心敲打，让他们个人省钱，公司赚钱。与之相邻的另一个电信电话广告这样写：“打长途用 96488+长途号码=更省钱、更省心/国内资费 0.3 元/分钟。”① 把两个广告对比，可以算出，座机电话尽管使用了 IP 技术压价，也还比手机短信费用贵 1 倍多，公司要赚电话用户的钱并不容易。手机短信，与电信电话业务顽强竞争，造就了手机经济平台的独立和社会规模。

手机领域的高科技竞争也引发了新的社会问题。首先是手机霸权。近年乌拉圭对英国占有该国的手机原料进行了反抗。在我国，中国联通等大企业对手机用户实行双向收费，也引起了关于国有企业垄断的讨论。此外，还出现了滥用手机技术犯罪的问题，如一些地下工厂的手机造假问题和校园内出现用手机考试舞弊等问题。② 还有手机侵权问题，如在公共场合打手机扰民等。

少数手机经销商和手机用户把现代社会病带进高科技成果，有的反映了旧民俗的利用模式，如适应用户的廉价消费需求和人情关系需求等，高科技被用来填补这些需求，就必然引起与法律的冲突。应该说，在现代社会，在技术与民俗的关系上，用法律来衡量和调整是一种趋势。利用手机技术开展法律援助的事例也有，如在广东发生的“一条短信救出俩大学生”的个案，③ 就是这种例子。

（三）用户对手机社区的群体支撑

逐月统计国内主要通信载体的发展数据，综合起来使用很有价值，能进一步分析手机用户的话语倾向。本书使用了 1999—2004 年国家信息产业部月报

① 此两条信息为作者在 2004 年 8 月于北京内环线地铁车厢内抄录。

② 张灵：《“手机探测狗”进成考考场》，《京华时报》2004 年 10 月 18 日，第 A08 版。

③ 刘慎良：《一条短信救出俩大学生》，《北京青年报》2004 年 5 月 27 日，第 A9 版。

的数据，[①] 从中可见，有三个量化指标，即节日通话、异地亲友通话和灾情通话，容易产生用户之间的虚拟社区关系。这种虚拟社会的结构是与民俗相关的，是利用岁时民俗、社会组织民俗和精神民俗等要素搭建的。

1. 节日通话

在1年12个月中，我国传统的春节和元宵节一般在公历的1、2月，中秋节和重阳节（现称“老人节”）一般在公历的9、10月，都是拨打手机的高峰点。改革开放后兴起的新节日，如中国的教师节，镶嵌在民族传统节日庆典的时段内，拨打率更高。社会节日劳动节和国庆节全民放长假，人们有空打休闲电话，丰富了人情沟通。西方传入的节日，如万圣节和圣诞节，在公历的11月和12月，手机通话率高，与现代中国社会节日的西化因素有关，也与西方来华工作、生活人员的需求有关。改革开放后，常驻我国的外企数量和外方人员数量逐年递增，万圣节和圣诞节是他们的传统节日，届时他们需要打手机问候，跟中国人是一样的。不过对西方人来说，这种节日就不是西化，而是人家的民族化了。

2003年以来，国家信息产业部的统计月报还设立了时长指标，能帮助我们多角度地观察手机通话与民俗事件的关系。我们发现了另一个事实，就是在节日期间，用户的通话频次减少了，但通话时长增加了，比平时工作日多说了不少话，同样徒增手机话费，这里就有民俗了。中国人都能想到，这时把电话打给远方的未见面的亲友，要报告一年的故事，自然多话；已团圆的家人还要轮流跟他乡的故人一一问候，也免不了拖延时长。

在节日通话时长方面也有特例。4月份的手机通话量较高，其中有两个节日——清明节和愚人节在起作用。其中，4月1日是愚人节，按理说，青年用户消费者最多，但从调查看，青年用户因欠费被电信或企业部门关闭业务的也最多。但总的说，4月份的高峰值主要是靠愚人节赢得的。详见表3-1。

---

① 中华人民共和国信息产业部综合规划司《1999年1—12月邮电发展情况（二）》《2000年1—12月邮电发展情况（二）》《2001年1—12月邮电发展情况（二）》《2002年1—12月邮电发展情况（二）》《2003年1—12月邮电发展情况（二）》《2004年1月邮电发展情况（二）》。为使列表数字表达比较简明，作者在归纳此表时，对小数点后面的数字四舍五入后录入，特此说明。

表 3-1　清明节和愚人节收发手机短信比较表[1]　　单位：条

节日名称	收信		发信		回信		共计	
	共计	人均	共计	人均	共计	人均	短信总数	人均总数
愚人节	1 306	9.819	660	4.962	854	6.421	2 820	21.203
清明节	809	6.083	465	3.496	548	4.120	1 822	8.684
清明节落差数	497	3.736	195	1.466	306	2.301	998	12.519

愚人节是个虚拟社区机会，适合发短信搞语言狂欢。愚人节当天，凡同事、亲友、同学，都可以开个玩笑，没人介意。通过手机编恶作剧，还能免去许多见面的尴尬，送出一份越级的淘气和幽默，博取熟人和陌生人两方的惊喜和回馈，于是大受青睐。

清明节的通话量很少，与这个节日的祭祀性质有关，不适合与陌生人结交。中国清明节是个家族祭扫的日子，按民族民俗，这一仪式大都在家长同辈或晚辈子女中进行，原来就是不对外张罗的。现在有了手机，人们也照样遵循老规矩，就地祭扫，不去声张。一般被调查人都认为，在发手机短信上，“清明节被关注的程度远低于愚人节”[2]。另一些被调查人说他们都在异地上大学，父母去扫墓也不告诉他们，清明节似乎与他们并不相关。[3] 有些年轻人甚至坦率地说：“我们对清明节都没什么感觉。”[4] 这又反映了民俗对话语范围的约束。在各种虚拟的话语社区中，清明节的范围最小。

① 2004 年 3 月至 5 月，作者在北京师范大学教“全球化与民俗化”校际选修课，听课生来自北京师范大学、北京邮电大学、北京林业大学、北京语言大学、北京体育大学、北京信息工程学院、中国农业大学、中国矿业大学和北京联合大学等十几个院校，此班同学和在校学友共 133 人参加了这次调查，在此特向这些同学致谢。

② 例如，北京师范大学的本科生说：“很多人（指大学生——作者注）甚至不知道清明节的日期。”蔡兴森：《大学生手机短信调查》，2004 年 5 月 6 日。

③ 调查人：王悦，北京信息工程学院 03512 班学生，调查时间：2004 年 4 月 21 日。

④ 调查人：黄帅，北京师范大学物理系 2003 级学生，调查时间：2004 年 4 月 10 日。

2. 异地亲友通话

手机通话的地区指向基本是“本地”和“国内”熟人和亲友，双方都知道彼此的文化、习惯和价值观，通话时语少情多，这点与通信民俗的原则是一致的。一个常打国内电话的用户说他使用“只有在内部圈子了解的语言，传播一些社会观点、政治调侃、私人自乐的内容，有符号意义，别人享用不了”。打手机的“都是旧日同学、朋友和远方亲戚，彼此说祝福的语言和笑话段子，能让人保持一种持续的温情。如‘七种快乐的方法：一、放下仇恨；二、少担心；三、简单生活；四、期望少；五、多付出；六、经常笑；七、交我这么可爱的朋友，并常常想我，哈哈’”①，它“用最简洁的语言去编织最丰富的内容，就像过去发电报一样。正因为操作手机具有快乐的享受，所以我对手机总是乐此不疲”②。

用手机打国际长途的极少，这里有一个付费过高的问题，也有超出“内部小圈子的语言”不适合打手机的问题，这就是组成话语社区的边界。座机电话与之相反，在表中通话率增长 20.9%，超过手机 40 多个百分点，这与用座机电话打国际长途收费相对合算有关系，也由于它历来是办公和自用的传统两用工具。在社会公共政策领域内，电话也被鼓励使用。两相比较，中国人赋予手机以更多的隐私性和随意性。过去中国人在私人领域中发生了许多脍炙人口的故事，都是使用通信民俗工具，还流传了很多历史掌故，如鸿雁捎信、苏武牧羊、柳毅传书等，都很动人，也很悲情。但使用通信民俗的速度太慢，消磨感情，当一封滚烫或一诺千金的书信传到对方手上时，不是红颜已老，就是抱憾终天，传统社会的通信民俗是极深情的，也是不发达的。手机给中国人的私人通信领域带来新的革命，它既深情又发达，还能让通信民俗转型为现代文化。

3. 灾情通话

灾害是节日的反面，但也最能反映集体文化的规则和人情。2003 年上半

① 调查人：北京师范大学文学院 2003 级学生张文杰，调查时间：2004 年 4 月。

② 调查人：北京联合大学应用文理学院广告策划与制作（2）班学生王瑶，调查时间：2004 年 4 月。

年"非典"爆发，引起了全国和全球的恐慌，中国经济的发展遭到了重创。但也有极少数行业不意获利，包括手机。当时手机继续向高端销售发展，当年1月至4月全国手机产量3 484万个，销售3 256万个，[①] 全国手机用户达到2.34亿户，比上年同期增长了32%。直至2003年6月"非典"防疫结束，手机通信的收入占全国通信总收入的48.8%，比上年增加2.6%，其他电话通信和固定本地网通信都分别下降了2.7%和1.2%。

在灾害时期，其他通信工具的功能都有所减退，唯独手机成了人们的近身依赖。在一片恐慌中，它帮助熟悉和不熟悉的人们相互安慰、彼此鼓励，结成新的临时社区，释放和缓解了精神压力，功不可没。

从以上三种手机用户的话语范围看，节日的范围最广，其次是灾情时刻，再次是异地通话。虚拟社区的关系主要有五种：节日问候、亲友联络、社会表态、灾害自救和群体娱乐。这些都是中国现代社会最大的人情。现代化以来，中国人工作忙了，节奏快了，变化多了，人情少了，手机在这时被选择充当空中红娘，不仅仅是市场需求，也是一种精神补偿。打手机是要花钱的，但中国人在以上几个峰值点上一齐花钱的群发性和高消费性说明，有时钱不是主要的，主要的是巩固人情。从本质上说，中国社会是一个人情社会，它的礼俗传统被群体记忆的事实，在人们打手机的瞬间得到了一种体现。手机能把中国人的人情观和消费观整合在一起，成为一种新的现代通信观，这是它的功劳。我们经常能看到这样一种令人深思的镜头：两个人打手机，互问对方"你在哪儿""你好吗"。观众看了一笑，都明白，这时钱就不值钱了，值钱的全是真情。这种零距离的通信，违反了人类通信的基本原则，却表现了人类精神沟通的基本动力，有些动力还是传统美德。

手机通信的三个系统，催生了现代工业化社会的经济民俗、技术民俗和社区民俗，也催生了高科技与通信市场和民俗的新关系，还催生了科技与法律和民俗的对立统一关系。将所有这些要素有机地组合在一起，就成为手机时代的信息民俗。

---

① 参见中华人民共和国信息产业部综合规划司：《四月份电子信息百强企业经济运行简析》。

三、手机短信的民俗内涵

“手机”这种称呼在国际上和港台地区很流行。其中的英文单词“cell”，也被翻译成“细胞”，指手机用户无论走到哪里，都可以根据自己掌握的熟人号码，畅情地发送信息，组成一个临时的说话单元，① 这时大家共享一个信息、一张图片、一种社会观点，或一段历史认同，欣悦无比，这种感觉是不为其他通信工具所具备的。电话通信就没有这个本领，没有两个人端着固定电话面对面打的，但两个人能面对面、背对背、在远方或近距离地打手机。

手机改变了现代人的生活。很多人视手机为掌中之宝，日不能藏，夜不能离。在一些富于民俗的领域内，如节日、家族、亲友、灾害等，选择手机还有公众性，用来告知消息、关心人生、询问态度、协商行动、确定角色和创造新机会，这时发消息的手机本身也变成了一个中心，一群人围着它，建立群组，形成网络，发起行动，把个体的喜爱、厌恶情绪转化为社会舆论，产生了约定俗成的口承效果。需要对比的是，在农业社会，通信民俗都有自己古老的渠道，都是农业文明的造物，都有一方水土的传播对象。手机是现代化工业文明中的数字化高科技产品，它是按照工业产品的制造规律，打造新的民俗用户，形成新的内涵和目标的，而且是速成，既能携带地方化，又能超越地方化，实现全球化，它对民俗的传播力有时更大。没有高科技，这些事，过去是做不到的。

（一）手机制造的民俗用户

手机制造民俗用户很快，只要用户使用它的特定信息源工作就行。在这方面，手机对两个信息源进行加工制作，一个是民俗载体，一个是现代变体。民俗载体，指从农业社会流传下来的，长期为全民族成员所共享的民俗文本。现代变体，指在民俗载体的基础上，加入现代社会的政治、经济和技术要素，制

① ［美］保罗·莱文森：《手机》，译者序，何道宽译，北京：中国人民大学出版社，2004，第4页。

作手机用户共享的新文本。在过程上，民俗载体被输入手机后，经过拨打、消费、市场营销和政府、技术部门的网络化管理，就成了一种新的现代工业产品。手机的现代变体可以赢利，也可以批量再生产，或者制造新的民俗用户。这是一种民俗载体和现代变体混合的形式，依托数字化高科技完成组合。

手机短信的收发，将个体集合为群组，对民俗载体进行加工和传播，发动社区网络的力量，形成约定俗成的行动和舆论，扩大了对现代日常生活的影响力，建构了新的社区关系。

有关愚人节，一些网友说："老同学们已商定好愚人节那天去网上'聚会'，所以收发的短信多与此有关。有手机后大多如此，我们都是用手机联系，网上聊天"。[①] 这批人和这类现象固定发生，就形成了节日期间的民俗用户人群。在节日民俗用户的通信中，被拇指选中和发送的，很多都是原生态的民俗叙事文本，包括节日吉利话、笑话、民谣和神秘数字符号等，它们都是手机利用民俗载体的对象。手机的民俗用户如何将民俗载体带进现代通信中？如何使一部分民俗载体变为现代变体？本节分析 4 种方式。

1. 利用节日祝福语料进行生产

在通信民俗中，节日祝福是专为节日使用的。在手机的民俗用户中，却利用节日祝福的话语，制成各种场合适用的吉利话语料，用来讨巧、问候和广泛联络。这种语料的特点是可以被反复再生产，并不受节日的限制。

第一组，适合青年组的民俗用户语料。

装一袋阳光两把海风/自制了几斤祝福/托人到美国买了些快乐/从法国买了两瓶浪漫/从心灵的深处切下几许关怀/作为礼物送给你/祝五一快乐！[②]

想你，是件很快乐的事/见你，是件很开心的事/把你放在心上，

① 调查人：朱志强，北京师范大学化学系 2003 级学生，调查时间：2004 年 4 月 16 日。

② 调查人：北京体育大学 2003 级学生崔玉麟，调查时间：2004 年 4 月。

是我一直在做的事/不过/骗你，是刚刚发生的事/节日快乐。[①]

第二组，适合中老年组的民俗用户语料。

老爸/这是我发的短信/吃饭时要少喝酒/广告词：要干还是要肝/顺祝劳动节快乐。[②]

慈母泪/有化学分析不了的高贵而深厚的爱/存在其中。[③]

第三组，适合社会上的各种民俗用户的语料。

劳动节劳动/是无视国家法令。[④]

像这些语料，在民俗学者看来，情结是民俗的，产品是现代口传物，但谁也不能保证它们他日不是民俗。每每祭庙的人，不也常用现代口头语料么？本来民俗载体的内容就是变化的，与现实日常生活密切相关的民俗是变化最快的。在庙里发生的民俗，有变化最慢的，也有变化最快的，越联系现实的，就变化越快。使用手机作为民俗载体，绝大多数都是坐快车的，看上去新颖时髦，但是一旦与变化最慢的信仰层面相结合，就像庙里的信徒对神倾诉一样，就转成民俗内容了。下面一条利用清明节语料制造的话，就是这种例子：

取柳枝著户上/百鬼不入家/快快在门口别上一条柳枝吧。[⑤]

这种手机信息，内容是民俗载体，方式也是民俗的。在清明节这种祖灵信仰的节日里，它们几乎被原样利用。

---

① 调查人：北京体育大学 2003 级学生贾雪，调查时间：2004 年 4 月 25 日。
② 调查人：北京体育大学 2003 级学生崔玉麟，调查时间：2004 年 4 月。
③ 调查人：北京体育大学 2003 级学生贾雪，调查时间：2004 年 4 月 25 日。
④ 调查人：北京体育大学 2003 级学生崔玉麟，调查时间：2004 年 4 月。
⑤ 调查人：北京体育大学 2003 级学生贾雪，调查时间：2004 年 4 月 25 日。

2. 利用笑话进行生产

手机翻用民俗载体的大宗产品是制成现代社会人见人笑的笑料。有一首传统情歌说“想你想你真想你/请个画匠来画你/把你画在眼珠上/看在哪里都有你。”手机用户把它改造成新语料，成为5种现代变体：

（1）寄给铁杆球迷：想你想你真想你/请个画匠来画你/把你画在足球上/一脚一脚都踢你。

（2）寄给广告人：想你想你真想你/找个画家画下你/把你贴在杯子上/每天喝水都亲你。

（3）寄给同龄人：想你想你真想你/就像老鼠爱大米/想你想你真想你/就像牛郎爱织女。

（4）寄给同事：想你想你真想你/找个相机拍下你/把它挂上圣诞树/你是花儿我是叶。

说笑话的主体是手机的青年用户，被他们利用的笑话，富有年轻人的说话和感情特点。下面是一条利用“聚宝盆”故事套式编制的新变体：

上帝送了我一个聚宝盆/想啥它就变啥/我不小心想了你一次/它就变出一个你/我止不住想/它就不住地变/最后满屋都是你。①

一个手机，把变形故事和传统情歌扣起来说话，方法聪明，效果也有力量。

也有的把传统情歌与现代白话放在一起，创造杂语意境：“蓝蓝的天上飘着雪花/漂亮的皮鞋露着脚丫/你我相识是个神话/请你温柔地给个回话。”②

也有人讲反话，讲重男轻女的旧观念，说话很过分，如：“女人读书不宜

① 调查人：北京林业大学环境2000级学生胡珺，调查时间：2004年4月。
② 调查人：北京体育大学2003级学生贾雪，调查时间：2004年4月25日。

多/因为在男人心目中/大专生是小龙女/本科生是赵敏/研究生是黄蓉/博士生是李莫愁/博士后是灭绝师太/硕博连读最可怕/是东方不败。”这种手机短信，男女用户读了都会笑，它反映了一部分社会流行心理，但不全面，也不现代，用户看了，笑的比信的多。

下面一组笑话，是利用了民俗文艺常用的双关语，又套在广告的模式中去制作，生产出新的现代文本。它讽刺刚从高中考入大学的新生的逃课心理，很有针对性，也有幽默感。

（脑白金保健品）原广告：“今年过节不收礼/收礼只收脑白金。”

改为：“今天开学不上课/上课只有体育课。”

（高露洁牙膏）原广告：“我们的目标是/没有蛀牙。”

改为：“我们的目标是/没人上课。”

（好迪洗发水）原广告：“大家好/才是真好。”

改为：“大家逃/才是真正的逃。”①

原广告都是知名品牌广告，在电视里广泛流行，现经小改，收信人一看即知原来的广告，又能读一份新文本，等于一下子收了两个广告，本身就生趣，加上能呼应高考后疲累的学生的一种无奈的情绪，颇能揭示这时的学生下意识地在“好”与“逃”之间彷徨、取舍的心理。这种笑料能以小改取大胜，获得流传。

完全利用谐音制作文本的手机短信也不乏其例，这是因为以往有口头传统，所以用户一读就懂。

黑（嘿）/泥号妈（你好吗）/泥栽坐神莫（你在做什么）/油煤油相窝（有没有想我）/窝相泥（我想你）/泥砍窝蚊话油近布妈（你看我文化有进步吗）/窝鞋了横酒（我写了很久）/泥步药贱乖

① 调查人：北京师范大学艺术与传媒学院艺术设计专业学生胡月，调查时间：2004年4月。

（你不要见怪）/猪泥添田块了（祝你天天快乐）/弯四路易（万事如意）/工西法菜（恭喜发财）/读懂算你厉害①

不考虑口头传统的读者对照括号内外的话去读，会以为是电视片《还珠格格》里面的“小燕子”写的糊涂作业，但恐怕没有人会把这种手机文本当成没文化的东西，而能看出里面用另一种思维方式在说话。手机就是能表达这些独特的东西的工具，让它们不当口头传统很荒谬，当了却很真实。这种宜读不宜写的东西，过去都是民俗。

3. 利用传统民谣进行生产

在这方面，被利用的传统民谣大致有两种。一种是被用来讽刺不良社会现象的，例如：“毒死你吧，假药太多/电死你吧，电费太贵/淹死你吧，你还不会游泳/算了，还是用最后一招：想死你吧。”② 另一种是被用来制造新的荒诞幽默的：“我真绝望了/花果山被国家开发成旅游区了/师傅前几天也和白骨精结婚了/昨天没钱吃饭把我金箍棒也卖了/真怀念我们一起取经的日子/师弟你还好吗？”③ 很多手机文本历数的，很多都是在现代化进程中党和国家大力整治的社会问题。

手机民谣是在熟人中传的，不是说给外人听的。曾有人说，在“非典”时期，哪怕是一条短信，也很温暖。手机能大胆、迅速地把民俗载体变为现代变体，主要是内部传播的原因，这也是民俗。

4. 利用神秘数字符号进行生产

中国手机用户讲究手机号码，带有数字6、8、9、444的手机卡号，都会被与运气联系在一起，变得很抢手，这是一种精神民俗，在世界各地都有。还有另一种是用数字来写手机内容的，也很容易被生产和流行，但也是新形式、老民俗。

---

① 调查人：北京体育大学2003级学生崔玉麟，调查时间：2004年4月。

② 调查人：北京师范大学艺术与传媒学院艺术设计专业学生胡月，调查时间：2004年4月。

③ 调查人：北京师范大学艺术与传媒学院艺术设计专业学生胡月，调查时间：2004年4月。

有的利用民间的数数歌，再放上打手机的技术，编成新民谣，描绘数字化科技通信的奇妙效力："一'键'钟情中青年/两天三天邀约玩/四更也曾梦里醒/五笔输入编六言/七上八下心难静/九九短信月光前/十七八九小燕飞/百日无期说情缘。"①

有的反过来利用科技术语，编制现代高层用户的使用文本。有一则短信说起理工科大学生的心态：

> **大一：电脑+网络=高数重修**
>
> **大二：拳皇+星级=4级不过**
>
> **大三：FIFA+CS=学位不保**
>
> **大四：一+二+三=失业②**

它流传在北京的高校中，暗示了大学期间分科的阶段、冲顶的方法和学习的教训。还有的只用数字拼成符号传达信息，如用 8013 表示"伴你一生"，用 39 表示"Thank you"等。它们都用口语作秀，又掺和了现代白话或英语，活泼乖巧，逗人一笑。

利用民俗载体，变化现代文本，已在手机用户中大行其道。从分析上面的资料可见，有了民俗载体的原型，他们就容易接受；有了民俗口语的语料，他们就容易张扬个性；有了对口头语、数字、文字和科技术语等不同媒介形式进行转换的劳动，就能满足用户的文化兴趣和技术好奇心，所以他们对手机格外钟爱，上手很快。特别是大学生和打工移民群体，往往狂发猛收这类信息，用来解决人生青年时代的特殊问题，包括成长的烦恼和与家人分离的危机等，这恐怕是数字化口头传统盛行的部分原因。以下是一个大学生用户写的自白：

> **刚报到的日子，大家从五湖四海来到北京，可是心中却一样空虚。记得刚来的晚上，大家一句话都不说，就在自己的床上发短信，**

---

① 调查人：北京体育大学 2003 级学生崔玉麟，调查时间：2004 年 4 月。

② 调查人：北京体育大学 2003 级学生崔玉麟，调查时间：2004 年 4 月。

仿佛小小的屏幕可以穿越空间的距离，而那些熟悉的人就在对面。

那是一段放肆的日子，初来大学不适应，面对新生活的压力，和新的人接触的失落，全向我们压来。我们的世界没有因此扩大，反而更小了。我们只活在由手机搭建的小小世界里，酿造自己龙须面一样的小幸福。

那些空虚的日子大约持续了两个月，每天唯一的期盼就是发信息。之后觉得自己把自己丢了，仿佛手机不应当是生活的全部意义，而应当是一个联络工具，是为了方便而不是将自己关在一个小圈圈里出不去。

于是我决定戒手机了。我将自己的决定告诉好友，他们都以为我受刺激了，纷纷问我最近是否发生了很不好的事情。我真的很珍惜朋友们能够这样问我，可是真的没有原因，只是我觉得自己被束缚住了。我就这样很清静地度过了一天。第二天，我的新闻部长找到我说，我逃避公务，并且命令我赶快充值。没有办法，我只好就范，可以很不甘心。自己平静的生活被打乱了，竟是因为这小小的手机！所以我开始讨厌它了。

于是之后的日子不再依赖它了。只有偶尔很不爽的时候，和好朋友说几句知心话。于是手机的一个优点便体现出来了，那就是很多平时羞于出口的话，用那些很当下的感受，便可以肆无忌惮地表达。记得国庆节没有回家，当几个好朋友在火车上一起给我发信息时，当最疼我的老师说着温柔而贴心的话时，当我听着最爱的歌曲被感动得一塌糊涂时，我哭了，在陌生城市的陌生人旁边，他们看不到我的眼泪，所以我可以这样无所畏惧。真好。

有手机的日子就像是握着一个定时炸弹，随时都有可能爆炸，让人都觉得累！可是没有办法。这是我们的时代的特征。记得一次和一个美国人一起去北京动物园，他看着我的手机，说真好，在美国，这是很富有的人的专利品。至于在中国各大高校的“短信文化”，我想他听了都很害怕。于是当我告诉他，在中国，几乎每个大学生都有自己的一部手机时，我想他脸上的惊异表情是误以为中国的大学生都是富人了吧。

手机把我们和现实生活捆在一起，逃避是没有用的。①

我们曾在大学生中做过调查，发现打手机成了他们的日常生活内容。一个学生用户在调查中说："我本来要成为中国最后几个用手机的人，但父亲说不要手机就不要上大学。"② 这种情况是个别的，不过家长爱子心切可知。但学生脱离了家长的羽翼进入大学后，他们的孤独和寂寞也是异常突出的，这时手机成了他们的贴心伴侣。相关调查数据见表 3-2、表 3-3、表 3-4、表 3-5 所示：

表 3-2　大学生第一次使用手机时间调查表

比率	小学	中学	大学	研究生
%	3%	63%	31%	3%

表 3-3　大学生获得手机原因调查表

比率	父母送	亲戚送	自已买	同学转让
%	68%	17%	1%	14%

表 3-4　上大学后开始使用手机时间调查表

比率	大一	大二	大三	大四	研究生
%	89%	6%	1．2%	2．6%	1．2%

表 3-5　大学生需要手机原因调查表

比率	为父母	为朋友	为打工	为求职	为考研	为娱乐
%	40%	45．6%	8．1%	2．7%	0．6%	3%

在上述表格中，40%的被调查人选择了打手机是为联系父母，但在对话方式上，还主要是座机通话。据大学生反映，多数家长仍不习惯于发短信，只用手机呼叫子女，等子女回答后，便打座机电话通话。从对大学生的调查看，在

① 崔凯：《我的手机时代》，北京语言文化大学 2003 级本科生，2004 年 5 月。

② 调查人：北京师范大学文学院 2003 级学生林孝杰，调查时间：2004 年 4 月。

他们的心目中，给父母打手机最重要，但并不是使用频率最高的，他们打手机的主要对象还是同龄人，占45.6%，还有10.8%的人选择了打工和求职需求，这时手机商家向他们推销各类手机都有利可图。[①]

特别嗜好手机的年轻人，通过打手机，树立了话语社区的主动形象，将个人感情转化为社会信任，这与通信民俗相比，也是新事物。下面是两个大学生在调查中的叙述：

> 我们通过打手机，可以随时随地和家人、朋友以及想要联系的人取得联系，打破了固有的时空体系，缩短了与外界社会的距离，人与人之间并没有完全陷入吉登斯所谓的“信任危机”，这正是全球化给我们的生活带来的改变。[②]
>
> 随着手机功能越来越多、越来越先进、越来越人性化，手机融化了人们日益麻木冷却的心灵，让沟通更方便、更快捷。[③]

其他大多数手机用户的通信风格也都诗意凸显，数字化让他们生活得很精彩。

通信方式是界定传统社会与现代社会的一把尺子，这是手机给我们提的醒儿。传统农业社会使用通信民俗，那些慢信就成为回应当时社会慢悠悠节奏的一把尺子。工业社会使用电话通信，计时电话就成为回应机械价值的一把尺子。全球化时代使用卫星高速定位通信，民俗化便成为回应快节奏社会和多样化文化的一把尺子。

（二）手机侵权与民俗规范

手机用户采用民俗载体推销自己，在通信中就不能不遵守该民俗文化规范。但手机通信又是在用户不见面的情况下进行的，这样通信的双方不用再

① 从调查看，其他使用目标是联系事情和获取新闻、天气、商业信息，占12.4%。调查时间：2004年4月—5月，调查人：董晓萍。

② 朱倩倩：《生活类口头用语》，北京师范大学文学院2002级本科生，2004年4月。

③ 于晨：《手机短信调查的收获》，北京信息工程学院本科生，2004年4月26日。

遵守“面谈”的规矩，而是相互都在一道屏幕后面运作，这又使有些手机文本的编制者和发送者可以随心所欲，恣意而为，制造似是而非的口传文本，酿造恶作剧，乃至犯罪。这类文本在口头传统的情景中发生，又在广大社会集体成员中传播，很难查实和清理，于是又成了数字化口头传统的一个弊端。

从近年我国司法部门处理的一些手机用户纠纷案件看，因手机致祸的，主要是在教育法、经济法和婚姻法的范围内。前面提到的使用手机考场作弊的，就是对教育法的危害；还有用手机诈骗获利者，是对经济法的危害；至于随便寄送笑话和爱情民谣的人，造成了他人的婚姻危机，则是对婚姻法的危害。北京多家法院受理了“夫妻之间查看手机短信”引起的婚姻诉讼，[①] 这就是后果之一。

此外，在会场、课堂、公交车等公共场合旁若无人地打手机，高谈阔论，影响他人工作、学习或休息的行为，也被列为不受欢迎之举。

四、 手机民俗的发展趋势

在现代手机发展中，手机短信与通信民俗结合，出现了三个变化。

（一）农业产品与工业产品的差别

在手机短信中，农业文化产品的神圣性消失了，公益性取消了，工业产品的赢利性出现了。由于赢利的原因，在手机短信中，还出现了经济、技术、民俗与法律的矛盾，需要加以解决。

（二）口头传统与短信表达的差别

手机短信把人的思维切割成最多 70 字的一个文本，这被看成是坏事。口头传统的文本许多都是一两个月也唱不完的，因此手机能制造信息民俗，却不

① 李奎等：《夫妻互查短信七大悬疑》，《法制晚报》2004 年 5 月 24 日，第 A15 版。

能代替口头传统。

（三）民俗传承与手机传播的差别

通过全球化下的反思，人们已经认识到口头传统的民俗原型是不可再生资源，只有加倍珍惜它和保护它，才能保持手机传媒的生命力。

现在人们对手机的看法不一：欣赏者认为它是廉价资源，超值享受；否定者认为它是浮躁根源，一个读手机的民族终究拼不过读书的民族；[①] 推销者认为它是至上之选，成功快人一步；流动者认为它是查找向导，管理便捷；暴发户认为它是身份名片，彰显尊贵；还有很多人认为它是感情快餐，说说而已。受到经济条件、通信观念和其他方面的限制，在西部地区，手机消费仍然滞后。整个中国目前的人均现代化通信能力还处于发展中国家水平，因此，现在占通信主战场的，仍然是通信民俗。通信民俗依赖生态环境，节省资源，以沟通为目的，讲究公共利益，好听好看，具有许多天然优势。即便现在手机通信占了上风，也不能泯灭传统通信民俗的许多好处。手机通信要继续发展，也还要依赖通信民俗。

五、手机民俗与民俗规则的联系

手机通信作为通信材料科学，它的变化遵循着自然科学的规律，但作为人类沟通文化的工具，它的变化又遵循着民俗规则，中外皆如此。

（一）保留面谈感

中国的手机民俗以农业文化为基础，重视当面性和面谈感，前文谈到的手机民俗种类都追求这种“面谈”效果。现在虽然不断更新数字移动通信技术，却无法覆盖手机民俗所能展示的巨大社会信息空间。这一点是与全球化通信的

① 林鸣：《全民“读”手机》《作家文摘》，2004 年 12 月 28 日，第 8 版，转引自《扬子晚报》2004 年 12 月 5 日。

统一复制特点有反差的。许多中国手机用户打开一部手机，如同见了亲人的面，说个没完。在全球化中，可通过大力发展音视频技术，保留这种面谈感，使信息民俗后来居上。

（二）生产民族性

手机民俗在全球化中的张力究竟有多大还很难说，但它至少能生产民族性，表现了三个特点：首先，在全球化中，现代通信技术的加入，增加了手机民俗信息的发散量；其次，在全球化的开放通信中，手机民俗成为一种对立的生存形态——既生产民族性，也生产文化批评；最后，在全球化的推动下，手机民俗与手机短信相结合，实现了双赢局面。

第四章

经济民俗与现代广告

民俗与经济是分不开的。在人类社会中，有一种经济活动，它不仅受到地理、历史、政治、法律和经济效益的制约，而且也受地方和民族民俗的制约，它就是经济民俗。[①]

经济民俗与现代社会经济转型结合的产物之一是出现了一批使用经济民俗内涵的现代广告。一般现代广告是市场经济的产物，主要换取顾客对市场商品的认可，包括日用工业商品、科技商品和外来商品。但是，现代广告成功与否，还要取决于地方和民族人群所长期生存的环境，所受的教育，所处的背景，所遵循的心理标准、道德信仰和生活习惯等，违背了这些因素，任何销售都将一无所获。在这个意义上说，现代广告的发展与经济民俗又有不解之缘。

在多元经济文化的激烈竞争中，经济民俗表现了极高的应用价值。但到目前为止，在中国，主动利用经济民俗的还大多是国际知名企业和跨国公司，国内商家一般往往忽视自己的经济民俗财富，追求西方经营模式。2005 年北京王府井大街的一则服装广告，几乎没有一个中国字，上面都是英文，这肯定不是国内企业的主打广告。王府井大街作为国内人气极旺的商业文化街，是以推出大量民族工

---

① 关于经济民俗概念首先提出和讨论，参见［法］劳格文主编：《客家传统社会》（上编：民俗与经济），序一，北京：中华书局，2005，第 2 页。

业创意广告和世界著名品牌广告为主的，因此成为中国广告工业的窗口。本节将从经济民俗的视角切入，对现代广告做分析，反思经济民俗广告的特点，讨论国内市场经营模式的走势，阐释经济民俗与现代广告结合的市场潜力和双赢点，在实例讨论上，也会再回到王府井的广告上。

第一节　经济民俗

在了解现代广告对民俗的应用之前，需要了解什么是经济民俗。

经济民俗是农业社会商品贸易的产物。它从内部群体认同和内部文化认知切入，发布广告，以达到让顾客接受商品的目的。它运用一个地区或一个民族约定俗成的经商方式和沟通载体，确定营销方式，缩短买卖双方的距离，消除顾客对商品推销的抗拒感，使经济销售带有对人的亲和力，整个经营模式充满了人间温情。它有时还能成为一种社会关系构架的机制。

一、经济民俗的传统分类与经销方式

（一）传统分类

从历史文献记载和民俗学的研究看，在我国，经济民俗的范畴可分为四类，即集市经济、行业经济、庙会经济和宗教经济。其中，集市经济，是在农业社会分工初步发展的基础上，根据岁时节律，在地方社会的某些固定地点形成的商贸活动形态，它出现于殷商，延续到今天。行业经济，指专业化生产进一步发展，逐渐与农业生产相分离所出现的较独立的产品加工和销售形式。它以天然原料的自身差别和使用价值为标准，对农产品、副业产品和手工制品按行业进行加工和销售，满足人们日常生活的需求，我国先秦时期已有对行业经济的记录。庙会经济，是在寺庙的传统庙会期间，在寺庙内或寺庙附近举行的贸易活动，分庙产经济、宗族经济和社区经济等几种形式。从文献看，它大约形成于唐代。宗教经济，是宗教信仰的附属物，是在宗教仪式的祭祀场所、祭祀仪式过程和祭祀用品的流通上所发生的消费活动。

经济民俗的经营时间可切割成四块，即岁时时间、日常时间、节庆时间和神圣时间。它们是按照不同社会、不同地区的人们的生活节奏和民俗习惯进行的（见表 4-1）。

表 4-1　经济民俗分类与经营时间对照表

行为顺序	集市经济	行业经济	庙会经济	宗教经济
岁时时间	√	△	△	△
日常时间	×	√	×	△
节庆时间	△	△	√	△
神圣时间	△	△	△	√

表中的“√”，表示在该时间内发生的主要经济贸易活动；“△”，表示在该时间内发生的其他经济活动。从表中可见，在经济类型与经营时间的分布上，有相对独立性，也有混合性。但有三个时间段的混合性较为突出：一个是岁时时间，一个是节庆时间，一个是神圣时间。这能体现出在中国长期的农业社会中，在经济民俗的商品销售与消费时间上，都有“节约”的特点。此外，农业社会主体人群的消费特点也有一致性，即都要求商品经济实惠、结实耐用和能在内部人群中循环使用，这也使经济民俗具有节约倾向。中国人因此能克服消费活动多而资源少的障碍，通过文化合作扩大贸易功能，让民俗经济一直发展下来。在这三个时间中，集市经济、庙会经济和宗教经济都很活跃，庙会经济又能将集市和宗教两者结合在一起，所以至今被传承。相对而言，日常时间的经济活动较少，这与农业社会的主流生产方式是农耕有关，经济民俗活动是附属，大多数农民忙时种田、闲时经商。

在我国历史上的各类经营活动中，围绕上述农业社会受众的生产生活需求，出现了相应的广告形式，并一直伴随着经济民俗的发展。

（二）经销方式

经济民俗的广告经销，分行商广告和坐商广告两种。

行商的广告，是卖方找买方的广告，有的是摊贩吆喝，有的是经商者上门宣传。至今还能看到的沿街卖冰糖葫芦的商贩，就是一种行商。现在在北京的过街天桥上、胡同过道中、铁路车皮的货厢运输中，还能看到此类行商及其小广告群体。

坐商的广告，是买方寻找卖方的广告，这种方式现在也有。过去的坐地店铺、现在的百货商店、近年涌现的超市连锁店和仓储式大卖场等都是现代坐商，都有自己的广告。位于北京东城东华门大街的中华老字号“馄饨侯”牌匾广告，描绘了饭店的历史和腊八煮馄饨的旧京风俗，引人驻足。

经济民俗的要领，是体现内部社会的供需生意和近距离贸易的特点。在做广告上，讲究通神地点的选择，看重“眼见为实”的人气，并力求保持经久不变的质量品质。从前商家奉行“诚信”原则，是靠人脉和人气来打商战的。在电视连续剧《大宅门》中有一个情节，说百草堂药店的山东分厂一度没有使用指定的古井水熬胶，被大掌柜白七爷发现，便下令销毁已做好的成药，要求重新使用古井水熬胶，以免丧失药力，失去顾客的信任。剧中所说的古井，就是一个通神地点。据传说，井水常年清澈不腐，入药奇灵。商家严格坚持原地取水和原地采料的原则，是从前所说的“诚信”做法之一。还有其他诚信的表现，如原料在运输途中要原封不动，押运者宁可付出生命的代价，也要保证做到此点，这就是做人比挣钱还重要了。另一种是开业诚信，如一些商家在店门打开后，要把各种货品堆满柜台，表示店好货全，后库饱满，让顾客眼见为实，乐于购买。从前的商家还用经营活动争取名誉、表现社会地位和处事感情，而不是只顾赢利，这也能获得口碑。在民俗社会内，这些经营之举，都是一种文化至上的表现，是用文化带动经商，这方面的广告则是对经济民俗的经营传统的体现。

二、 经济民俗的广告模式

中国人使用的“广告”一词来自英文，19 世纪末为我国商界所启用，原意是“吸引人的注意”。在世界各国，广告的发展都与风俗文化的发展密不可分。直到现代社会，广告的创意和设计也不得与当地国家、民族的风俗习惯和宗教信仰相冲突，否则会引起反感或排斥的情绪，无法达到认知和接受广告的目的。试想把中国产品命名为“乌鸦”牌，恐怕在中国推销就难了。所以，广告在人类社会中使用和发展的一个重要原则，就是观察和顺应它的经济民俗。

我国的“广告”一词虽然比西方国家出现得要晚，但就其“广而告之”的意思和实际形式看，早在殷商时期就有了，这里姑且称之为“传统广告”。在后世社会的发展中，传统广告一直是中国经济民俗的组成部分，还有自己的广告定势，其核心就是诚信。在此基础上，它还形成了自己的语码模式和证言模式。在现代广告似乎压倒一切的今天，这些历史遗产是值得我们去清理和反思的。

（一）广告定势

1. 实物广告的实证定势

商幌是实物广告，又称“悬物广告”和“悬帜广告”，是商家表示诚信的第一招式。它通过直接陈列商品，或者对商品实物直接绘图展示，让顾客亲眼看商品，即“眼见为实”，然后进行买卖活动。《诗经・卫风・氓》说，有个小伙子“抱布贸丝”，从经济民俗的角度看，这小伙子的经营空间正是个集市。《诗经》对他的相貌描写是“氓之蚩蚩”，是说他是一个憨厚的人，买主可以信赖。《史记》记载了才女卓文君爱慕司马相如，嫁给他“当垆”卖酒的故事，这些也都是利用实证思维定式做广告的。“当垆”者，指在卖酒的店铺门口砌一个土台，其上安放一个酒瓮，卖酒人坐在垆边候客售酒。这算是小本经商，但能随时向来客提供商品样品，任对方随时检验和选择，并做各种问答交流，所以也是一种富有人情味的经商习俗。现代人看这种主人的诚信的底气，应该是很羡慕的。更明显的酒幌旗帘，在酒店门前高悬，让顾客老远就能看到，趋前购买。要不就是商贩直接向顾客售货，在走路搭腔中疏通人情，建立买卖诚信形象，现在也把这叫经营活动“外卖”，在西方来华的快餐店里常用，其实中国早有。

实物广告灵活机动，在上述四种经济民俗和四种经营时间中都能使用，是流传最久远的一种传统广告。

2. 声音广告的发布定势

声音广告，即市声，由商贩走路时叫喊或发出音响，周知众里，发布商品消息，招徕顾客，民间又叫“吆喝”。就经营活动本身而言，使用声音广告，也是打造生产者、经营者和广告人三合一的形象，因此更要讲诚信，否则就可能成了一锤子买卖，伤了回头客，砸了生意。这种广告除了在宗教经济或神圣时间外，在其他经济类型和经营时间内都可以使用。电视连续剧《神医喜来乐》中有一个镜头，表演了某饭馆的老板娘外销好菜“狮子头”的叫卖。

在我国先秦的文献中，已有对声音广告的记载。《诗经·周颂·有瞽》云：“箫管齐备。”据汉唐时期经学家的说法，这就是卖糖的商贩所使用的一种特殊叫卖声音。

> 〔汉〕郑玄注：
>
> 箫，编小竹管，如今卖饧者所吹也。
>
> 〔唐〕孔颖达注疏：
>
> 其时卖饧之人，吹箫以自表也。

以上资料告诉我们，我国的声音广告始于西周，已有三千多年的历史，现在各地城乡的街面上，还能看到一些理发匠和磨刀人会使用这种声音广告，不过现在他们的响器不是箫，而是音叉或串铁，但性质是一样的。串铁也称“铁滑链”，用四块刀形铁片串成，原料与古代大体相同，使用手法也都是“摇、打、划、吹”，这些都是对西周以来铁器利用的二度开发。它还形成了自己的行业服务文化，留下了宝贵的声音文化遗产，算是一门祖传产业。至于徒口吆喝，侯宝林的仿真表演可谓活灵活现，喊花像花开，喊水像鱼游。需要说明的是，由曲艺演员模仿吆喝，在宋代已有记录，本身也是一种传统。宋人吴自牧在《梦粱录》中说：“今街市与宅院，往往效京师叫声，以市井诸色歌叫卖物之声，采合宫商以成其辞也。”[①]。该文指出在南宋时期，杭州人模仿北宋开封街头的吆喝声，配上乐曲和歌词，唱诵流传，已是十分时兴的事。

3. 牌匾广告的安全定势

牌匾字号是坐商的品牌，讲究信誉比天大。现在还把那些质量过硬、信誉好的老店铺叫“老字号”，就是肯定和称赞它们带给顾客的信任安全。牌匾是坐商打广告的一种文化象征，在唐宋时期已得到充分发展。到了明清社会，牌匾的写挂已达到十分成熟的程度，还留下许多文化掌故。北京的“六必居”酱菜园，始创于明嘉靖九年（1530年），距今已有近500年的历史，是北京首屈一指的老字号，其招牌“六必居”三字，传说为宰相严嵩所题，本身就是精美的艺术，给原已兴隆的店铺更添十分气派。中国的店铺都很看重牌匾字号的价值，视为传世之宝，世世代代倾力保护，实质就是保护经营者和顾客双方的经济安全。

坐商经营适用于行业经济，在日常时间内使用。对其他三种经济形式，包括集市经济、庙会经济和宗教经济，坐商也提供服务，但都是在特定的岁时时间、节庆时间和神圣时间内进行临时的和局部的货物流动，平时它们都还是地点固定的经营。因此，在历史上，我国使用这种广告的店铺，大都处于政府地点、集市地点和民俗圣地地点的附近，以补充坐商经营的收入。北京前门大栅栏是老字号的集中区，它的地理位置就体现了首都行业经济的特点，它也同时对其他经济民俗起到辐射作用。

自宋代起，上述三种广告就都发展到了成熟的地步。北宋画家张择端的绢本风俗画《清明上河图》，描绘了当时都城开封的清明风俗。仅广告一项，据有人统计，在画面上，在开封东门外十字路口处，就有商家匾牌30多种，如“孙羊店”“刘家上色沉檀楝香”“神农遗术”“赵太丞家”“杨家应症”等。从城门口到市内，还有“脚店”“新酒”“解字”等店铺，有推车、挑担、顶篮、叫客、卖花、卖药、卖剪刀等各种买卖人群，不一而足，相信这些都是当时最有信誉的店铺。

---

① 〔宋〕吴自牧：《梦粱录》，卷十三《夜市》，学津讨原本重印本，北京：中国商业出版社，1982，第109页。

清明节是我国唯一的岁时节令与传统节日相重合的节日，因此对它的活动描绘牵涉了广泛的社会生活。在这幅名画中，我们能看到，从广告形式上说，画面上实物广告、声音广告和牌匾广告无所不有。从经济分类上看，也无所不包。其中，“脚店”和“肉铺”既是日常经济，也是行业经济，“肉铺”还是庙会经济的一个种类；“药店”是日常经济；“香店”是宗教经济，可以说，它们把各种经济民俗都占全了。在经营时间上，作者突出了清明节的特点，即集中了岁时时间、节庆时间和神圣祭祖时间的销售特点。画面中的卖花人、挑担叫卖者等，都是日常市井小贩。这幅画很好地说明了经济民俗广告是极富文化内涵的。经济民俗广告也是要创新的，但广告的创新意图只能从大多数人的日常生活中去追寻，人间万象、人生百态、风土人情是经济民俗广告取之不尽的源泉。经济民俗广告必须在有最多受众的基础上创新创意，才能达到经销目的。

还有一种经济民俗广告的形式叫“庙贴”，堪称上述三种广告形式的变体。庙贴是手写小广告，过去贴在临街的房屋建筑上、院墙上、廊柱上或门楼牌坊上，用来宣传经营内容，招徕顾客。20 世纪初，北京大学的顾颉刚教授曾带领同道上妙峰山搜集了不少庙贴，[①] 这类广告在庙会期间或寺庙圣地散发，广告人本身就十分看重诚信，不敢胡来。

1853 年，英国传教士在香港创办了《遐迩贯珍》中文杂志，首次纳入广告业务。下面是他刊登的一则租船广告，里面就提到了传统庙贴：

> 若行商租船者，得借此书以表白事款，较之遍贴街衢，传闻更远，则获益至多。今于本月起，遐迩贯珍各号，将有数帙附之卷尾，以载报贴。[②]

中国的传统广告与西方广告模式的交汇，出现于近代鸦片战争之后，文中“报贴”的提法，是借用了中国传统的“庙贴”，然后它说“报贴”比庙贴“传闻更远”“获益至多”，在不违背中国经济民俗的前提下做自我推销。十年

① 顾颉刚编著：《妙峰山》，中山大学语言历史研究所，1928，上海：上海文艺出版社影印本，1988。

② 此则广告刊于 1854 年 11 月 13 日的《遐迩贯珍》杂志，转引自陈培爱：《中外广告史》（第二版），第二章“鸦片战争到建国前的广告”，北京：中国物价出版社，2002，第 37 页。

后，英美传教士在上海创办了新的报刊《万国公报》，开始刊登英商企业的广告，如汇丰银行、华英大药房和大英火轮公司的广告等，为中外客商通报商情。最有名的是《申报》，由英国人梅杰（F. Majer）于1872年4月30日创办，这是外国人主持的一份历时最长、广告业务量也最大的中文报刊，主要刊登中国的戏曲广告、马戏广告、药品广告、民族工商业产品广告和外商的工业产品广告，[①] 里面也有民俗，增加了报刊的销量。马戏广告很有意思，介绍了上演的马戏节目中的"著名角色"，还有"骏马数匹"助阵，能饱人眼福。这幅广告还针对不同社会阶层观众的不同身份，设置了"各价包厢"，落款是"班主苏某"。这种说法和做法都是符合清代演习民俗的。另一幅民族工商业产品——缝纫机的广告，画面上是一个缝纫机头，活脱一个工业机械制图的原件，文化魅力差了一些。别忘了当时是晚清，中国人，不论是乡下人，还是大上海的城里人，看到一幅从工业社会来的专业广告还是相当陌生的。再看下一幅广告，思路又转回来了。这幅广告发表于民国初年，是宣传民族工商业飞轮制线厂的广告，[②] 设计人很重视突出画稿设计的主题，使用了中国农业社会牛郎织女的耕织思维模式，在广告上画了一个女子抽线缝纫的形象，两轴飞轮线团放在她的石榴裙下，随时等待她的俯身取用，画面上方是广告词：

请用国货上品
飞轮牌木纱团

不脱线之要诀
线分匀净
拉力坚固

可以想象，中国受众在阅读这种广告时，既觉得广告之物有灵性，也对其有兴趣。广告还把农业文化与爱国情结联系在一起，引导顾客从"女织"想到线团"国货"，这就把持有传统观念和现代观念的两种顾客都笼络在内了。商家

① 陈培爱：《中外广告史》（第二版），北京：中国物价出版社，2002，第38、40页。
② 陈培爱：《中外广告史》（第二版），北京：中国物价出版社，2002，第57页。

至少能从一群人中收到反馈，如此设计线团广告，商家也比较保险，不像《申报》的英式缝纫机广告，虽已向中国投放，却因为文化不通，而让中国人心里没底。

（二）语码模式

广告的表达，是按照一定的语码模式组织起来的。在经济民俗中，它既是一种内码模式，也是一种人们习惯的思维定式。这种广告词的体裁，大都是传说故事，让人们爱看易懂。这种语码模式主要有以下三种。

1.“缺乏—解决”模式

这种模式在集市经济、行业经济、庙会经济和宗教经济中都用，是一种广泛适用于中国农业社会的传统广告叙事框架。它要求“缺乏”情景和“解决”情景的信息量匀称，给人以稳定感。过去商家所讲究的“诚信”二字，以及用名人题字制作的招牌，是能够带来这种效果的。北京前门名店“都一处”的广告就用了一个缺粮模式。传说讲，有一个除夕夜，乾隆皇帝逛前门，饿了，想吃饭，忽然看见一家小店亮灯，就走了进去。这是一家穷人开的包子铺，连个牌匾字号也没有，只供应包子和小米粥。乾隆吃罢大悦，一个月后，派人送来一块木匾，上写“都一处”，夸奖这一带只有此店除夕开业，独占商机。店主大喜，高悬此匾，从此“都一处”天下扬名。

在中国民俗广告中，反映“缺乏”现象的，大都是缺粮问题；此外，还有疾病问题或婚姻问题。广告提出解决问题的场所，也大都是饭馆、药店或村野乡间，这是很有农业文化特点的广告模式。

2.“禁忌—解决”模式

对特殊消费群体，如文人才子、文臣武将或英雄人物等，在传统广告的语码组织上，经常采用“禁忌—解决”模式，表现他们冲破世俗规范的超常勇气和能力，也表示农民社会对这种广告模式的认同。

有两个大家都熟悉的传统广告。一个是杜康酒的广告，说杜康酒坊贴了一副对联广告，上联是“猛虎一杯山中醉”，下联是“蛟龙两盏海底眠”，横批是“不醉三年不要钱”。在这个广告中，“不”字句就是禁忌语，神话传说常用。传说竹林七贤之一刘伶看了不服，进酒坊要来三碗，连喝下去，随即倒地而死，刘妻将之掩埋。三年后，杜康来到刘宅，说三年已到，可以开棺放人，刘妻打开棺椁一看，果然刘伶酒醒，大乐如初，杜康酒的美名也就从此传开了。①《洛阳伽蓝记》里也有类似的广告，酒坊主人不叫杜康，而是叫刘白堕，也是河南人，其酒“饮之香美，醉而经月不醒”，自命为“鹤觞酒”，也叫“骑驴酒”。一次，南青州刺史毛鸿宾外出遇劫，强盗饮了他身上带的鹤觞酒，竟醉倒路旁，反被束手就擒。鹤觞酒也因此出名，被老百姓誉为“擒奸酒”。

另一个是景阳冈酒的广告，在前面的“曲艺”一节里讲过。景阳冈的店主有“三碗不过冈”的禁忌，但武松是英雄，打破了禁忌，一连喝下十八碗，最后还为民除害，把酒力用到了好处。

在这类模式中，被叙述为“禁忌”对象的，都是生死两界的危险地带，常人不能逾越，但广告说，特殊消费群体却把它给化解了，他们成功地战胜了它，因此大家现在可以尽情地共享它。应该说，相信这种广告的人，是把特殊人物与商品本身同时认同的。

3.“诀术—解决”模式

在“原生态民歌”中讲过的“诀术歌”，也是一种治疗夜啼症的传统广告。在庙会上，还有这种广告人，信众给他们付费，他们给信众治疗。这种买卖也是一种宗教经济，世界各民族民间都有，这种广告都使用“诀术—解决”模式。

（三）证言模式

传统广告还有证明性的话段，通过神灵权威、名人权威和家长权威对商品的使用、鉴定和评价做见证，告诉顾客商品可靠，值得信赖，增强广告的说服力。

1. 诚信式

已有300多年历史的北京同仁堂药店名闻海内外，它的牌匾“同仁堂”

---

① 钟敬文主编：《民间文学作品选》（第二版），北京：高等教育出版社，2010，第52—53页。

三字，取意“童叟无欺，一视同仁”，本身就是好广告，长年为该店强调商业道德和诚信声誉的职业品质做宣传。另一家名店“全聚德”，原是一家干鲜果品店，原名叫“德聚全”，1862 年，被一个叫杨全仁的人接手，转营烤鸭生意。杨全仁信奉以义取利的道理，把原来招牌上的三个字倒过来，改为“全聚德”，表示“全仁聚德，财源茂盛”，从此，新招牌的含义也就成了上市的广告文本，并成为对该店烤鸭品味的实时鞭策。[①] 北京的另一家老牌帽店“盛锡福”与鞋店“内联升”名声相连，老北京人说“头顶盛锡福，脚踩内联升”，形容两家旗鼓相当。盛锡福的广告证言也是一种诚信式证言。

以北京盛锡福帽店为例，该店的传统广告证言有三种形式：一是官方奖状。从 1924 年至 1934 年，该店共获民国政府奖励 15 种，广告中出示了其中的一个“实业部奖状”，以示政府评价。二是名人题字。该店征得了很多社会名流的题字，广告中出示了 1936 年北平商会邹泉荪题“冠冕吾华”匾牌，这也是盛锡福帽店北京分店的第一块匾牌，[②] 以壮声威。三是世传店训，上写“生意要勤紧，切勿懒惰，懒惰则百事废。账目要稽查，切勿懈怠，懈怠则资本滞。接纳要谦和，切勿暴躁，暴躁则交易少。工作要精细，切勿粗草，粗草则出品劣”。该店将此全文题写于画板之上，悬挂于店门牌匾的正上方，广而告之，这对顾客是很有吸引力的。

2. 神话式

在传统广告中，经常使用“嫦娥奔月”和“不死药”的神话当广告，证明某种食品或饮品疗补的灵验，在后世社会中，它还为不同物品的神效含义做证言，成了千年广告。

3. 权威式

传统广告中的权威大都是著名文人和官宦。在上述杜康酒的广告中，提及

---

① 陈培爱：《中外广告史》（第二版），北京：中国物价出版社，2002，第 29 页。

② 北京盛锡福帽业有限责任公司《盛锡福》折页画册，内部流通资料，搜集地点：北京东城区王府井大街 196 号“盛锡福帽店”内。搜集时间：2005 年 3 月 3 日。搜集人：董晓萍。

了两个名人，一是竹林七贤刘伶，一是南青州刺史毛鸿宾。广告用他们梦醉仙乡的神奇经历，证明好酒有超凡脱俗的品质，争取广大顾客的青睐。

4. 情景式

杜康酒广告做自我推销，使用了饮者仙睡三年、享受人生的情景说法，把质量证明得生动逼真，这种手法也叫情景式。

5. 亲情式

传统广告的王牌是做亲情证言，它符合中国人的传统伦理观念和思维定式，成功率很高。亲情证言的瞄准对象是老人和儿童，讲男女爱情的不多。现在老字号的荣华月饼还使用这种方式，出产了“二老月饼”，以拢住消费者的思亲情感，让他们关注和购买自己的商品。

6. 升迁式

还有一些传统广告的证言针对中国人求好运的习惯，目标是证明听取了他们的广告便能时来运转、平步升迁、当官发财等。上文提到的北京老字号鞋店“内联升”即如此。这是一家清朝鞋店，创办于咸丰三年（1853 年），其牌匾“内联升”三字，就是取“连升三级”之意。在这份证言中，单独一个“内”字，又暗地证明它是专门给清朝宫廷的官员和家属做鞋的店铺，地位非比寻常。到这家鞋店购物的顾客，受到这种广告的引导，也容易产生一种希望，认为穿了内联升的鞋，自己能一展宏图。位于王府井大街北口的“同升和”是一家类似的老字号，橱窗里和店前都摆放了一双特大号皮鞋模型，夸张地暗寓顾客能走好运。当然，“同升和”的广告还反映了现代社会的特点，在广告背景上增加了“同心结”的民俗饰物，表示在运气上人人平等，这也给人以好感。

在传统广告中，经济活动与书法绘画艺术有机地结合，赋予了广告更深的意义。它所带来的经济效益不可忽视，它所引发的文化行为，包括诚信传承和人文关爱等，也不可忽视。在全球化的语境下，进一步挖掘传统广告的含义，可以使它们在现代经济转型期老树开新花。

三、 经济民俗的文化机制

在全球化下反思传统广告，有些经济民俗的基本特征是不可逆的，主要是它的传统文化认知过程与经济功能紧密联结的部分。

（一）文化控制

就经济民俗而言，经济活动首先是一种社会构架机制，是社会风俗，而不是单纯的获利经营。在这类活动中，虽然也用钱来做交易，但钱必须服从于传统民俗文化权威的控制和运作，它把诚信原则放在经济利益之上，首先建立人际关系，然后赢得经营效益。

（二）钱的民俗

经济民俗是一种钱的民俗，它有以下四个特征：

第一，钱是通神的灵物。这是宗教经济存在和发达的原因。

第二，钱是内部社会与外部社会关系的象征物，并能由此产生非物质文化，如在缺水农村对修渠经费的群体捐助等，这时主要体现合作管理，钱不是第一位的。

第三，钱是缓解外部压力的工具。中国自然资源乏匮，有钱人不多，在对待稀缺资源上，民间往往进行象征性管理。这时民间权威人物回避钱，自我树立代表神权的崇高形象。象征管理的重点是进行“风水”管理，包括对水口风水、土地风水和人居风水的管理等，民间认为，保住了风水，才能管理民俗社会，保证财源。

第四，钱是促进公正和公平分配的手段。山西四社五村水利组织每年严格查一次账，事后把账本烧掉，重新分水和分配管理利益，就是追求一种公正和公平的社会原则。

这种经济活动所解决的，主要是人类的精神稳定、社会秩序稳定和文化稳定，它大于物质活动本身的含义。它展示内部社会制度的最优性质，告知违背它的最大害处，而不是告诉人们知道这件事就行了。因此，它看重神话权威、诚信原则、人格力量，并将之放在金钱利益之上，任何力量都不能撼动它。这是它与现代广告的本质差别。现代广告的目标是告诉人们有这种产品，至于质量究竟如何，是不与广告直接挂钩的，其对文化的利用也是服务于产品包装的。所以，经济民俗中的这些与传统社会文化机制血肉相连的成分，是不能进入现代广告系统的，它们只能在原有的社会结构中生存，并在原有的社会结构中充分发挥功能。它们实际上不是按经济规律运作的，而是按民俗社会的机制运作的。只有那些可以游离于民俗社会的特定机制之外，又是经济民俗优秀载体的文化成分，才能在不同社会、不同时代都产生增值，乃至进入现代文化，如神话象征文本和诚信原则等。

经济民俗的各种优点还不能被直接挪用到现代广告中，这是因为社会结构和市场机制都变了。现代社会的经商方式已发生了重大变化，不仅规模宏大，还出现了跨地域、跨国界的经营，这时再用诚信的“打算盘”的方法感动顾客，就无法奏效了。现代商店也不再讲究眼见为实，最有实力的店铺里面反而可能空空荡荡，只有优雅的四壁和几把椅子，专等顾客前来咨询或订货，这就是把商品信息也变成了预售商品，这是过去没有的事。在一些中外合资商场中，还采用了全封闭的仓储式经营，只能见到铺天盖地的广告，但顾客照样蜂拥而至，川流不息，这就要讨论现代管理的概念了。

但是，在现代社会中如何继承和发扬经济民俗的优点，还是要下一番反思和研究的工夫的。

第二节　现代广告

现代广告的含义有上百个，大都是指使用付费的形式，通过一定的媒介，推销商品和劳务，影响舆论导向，争取政治支持，推进某种事业。[①] 与经济民俗的经营套式相比，这是一种新概念，其中的付费推销形式和媒体介入的因

① 胡天佑编著：《药品广告策划·创意·文案》，北京：中国广播电视出版社，2001，第1—3页。

素，都是过去没有的。本节将侧重观察现代广告与经济民俗的差别，指出在现代广告流行的潮流中所体现的经济民俗成分，也对经济民俗被利用和被保护的方式和产业品牌类型做大体分析。

一、现代广告对经济民俗的插入方式

1980年以后，中国的现代广告得到了快速发展。进入21世纪，中国加入了世界贸易组织，全球化的浪潮更加汹涌，中国现代广告业的推进也达到了全球的最高速度。中国现代广告业也吸收了其他发达国家的运行策略，赢得了新的地盘。同时，一些企业部分地使用了经济民俗，用以调动受众的眼球和胃口，让他们在习而不察中接受现代商品知识和市场潮流，反复购物，乐此不疲。

近年国内出现的“假日经济”活动，进一步营造了高消费的氛围，加快了媒体与商家的联合，这在现代广告中得到了充分体现（见表4–2）。

表4–2　国内现代节日广告经营趋势略表

<table>
<tr><th>传统节日</th><th>现代节日</th><th>外国节日</th><th>现代广告主打词</th></tr>
<tr><td>春节</td><td>元旦</td><td>二月情人节</td><td rowspan="6">打折让利
季节让利
限货让利
折扣返券</td></tr>
<tr><td rowspan="2">端午节</td><td>五一劳动节</td><td>三月母亲节</td></tr>
<tr><td>六一儿童节</td><td>六月父亲节</td></tr>
<tr><td rowspan="2">中秋节</td><td rowspan="2">十一国庆节</td><td>十一月感恩节</td></tr>
<tr><td>十二月圣诞节</td></tr>
</table>

在中国传统的经济民俗形态中，大多数受众的经济活动目标只是“够用而已”，所维持的是低消费生活水平。传统经济活动同时要求满足精神信仰和社会组织等其他多方面的需求，以体现经济活动的价值，后者也是非营利性的，这些都与现代商业驱动高消费和以营利为主的目标不同。据调查，现代顾客大多仍然是怀着经济民俗的初衷参与购物的，但最后往往以被现代工业商品俘虏告终，个中机缘的发掘，是现代广告采用经济民俗套式经营的结果。

在中国现代广告中，能以最少的话打动人心的，就是经济民俗的套式。在经济民俗套式中，能达到认知效果的“让利”二字，是社会动员的核心。现代广告通过电子印刷品、电子邮件和电视媒体，大力鼓吹“让利”信息，带来了两种导入：一是导入中国人讲究经济实惠的思维习惯，营造值得消费的感觉；二是导入中国人为人情购物的欲望，让他们在低消费与高消费的心理冲突中，给自己一个馈赠的理由，结果把非节约商品也列入消费对象，给现代经营蒙上了一层脉脉温情，终使现代广告成为赢家，还让自己产生了一种慷慨解囊的成就感。

现代广告是现代化工业社会的产物，它要与国内传统商品经营建立联系，同时还要引入现代高技术产品和外来商品，引导受众从科技万能和好奇时尚的新思维角度去选择购物，这也导致受众在消费过程中产生预定购求和非预定购求合并的趋势，造成了消费额的抬高，加快了高消费潮流的产生。

在上述复杂的情况下，归纳现代广告对经济民俗的插入方式，大体有三种。

（一）品牌厂家的插入

在与国内传统经济商品建立联系上，现代广告仍然注意使用商家牌匾字号，但插入了一个新空间，即现代国际、国内品牌企业的推销理念。近年全聚德烤鸭店的广告就已翻新，注意突出自己中餐代表作的名声，全聚德总店还把历史建筑本身当广告，使用现代人保护历史古建的概念，宣传所在王府旧址的文化价值，跟着也给自己的饮食品牌增加历史内涵。有的餐厅分店以历届奥林匹克运动会举办城市命名，有意争取政治支持，扩大各种社会力量的关注，这些做法都吸收了现代广告的因素，用心地塑造品牌形象。

同仁堂的现代广告很有一流国药的品相和气势。广告的底色使用了中国红，这是让所有中国人和海外华侨不必思考就能接受的颜色。广告的上方是二龙戏珠的图案，双龙飞腾在上，示意此药店继承了中医草药的民族传统，又能在现代工业化时期再度起飞。在两龙张口对视的下方，是一颗硕大的透明红色宝珠，暗寓旧式牌匾的现代化。上书“同仁堂”三字，表示一个著名老字号医药店在现代社会中依然保持了国之精品的位置。广告的下方是北京的天安门广场和天安门城楼，象征着现代国家民族的政治经济实力。整个广告气象雄浑，很有全球化下把握优势的自信心。

波司登羽绒服是中国现代新兴企业的新型科技工业产品，不是老字号，但它的广告抓了三点："世界品牌""民族骄傲"和"纳米"技术。这就把现代品牌企业的内外视角和科技争先的理念都陈述得十分清楚。

这些品牌厂家的现代广告的出现，扩大了中国人的商业视野，也增加了中国人对企业本身和企业理念的想象力。

（二）科学声音的插入

现代广告注意使用经济民俗中的声音广告，但也插入科学家的声音，将两者混合，用来加强推销商品的力度。

立邦漆广告是一个很好的例子。电视屏幕上出现了一幅本土文化的画面，是1997年该公司到内蒙古草原拍摄的美丽风景。然后是天外飘来优美的原生态民歌，把中国表演民俗的优势给用上了，让民歌变成了声音广告。接着是一个个动感画面，里面有阳光、收获、家庭、邻里和游戏，也有鲜艳、无味的油漆，这就是科学的声音。整个广告到处都是田园的欢乐，到处都是中国人喜爱的诗意画卷，此时再插入无公害的油漆产品，便没人反感。企业最后才打出广告词"立邦漆，处处放光彩"，让受众眼前一亮，在心里自动建立了一个企业品牌的形象。

在牙膏广告中，近年出现的科学家声音最频繁。国际品牌高露洁牙膏就很善于变换科学的解释，广告中的男性牙医形象出现了一个又一个。仅1999年前5个月，该公司就投资广告费262万元，迅速打进中国的牙膏市场，一年后，国内的知名企业中华牙膏厂体制改革，才开始投资广告，广告费比上年同期增长了6倍，并增加了科学护牙的解释，总算占领了一席之地。①

（三）专属形象的插入

现代广告也经常使用民俗艺术形象，有木刻、剪纸、年画等，能给人以熟悉感和亲和力。在2005年五一节"今麦郎杯CCTV第五届小品大赛"颁奖晚

① 蔡洁萍等编著：《钟表 & 日用品广告》，广州：广东经济出版社，2002，第48—49页。

会上，有一个节目是锣鼓戏《老鼠嫁女》，里面就用了一个“老鼠娶亲”的剪纸广告。

现代广告的变化之一是增加了品牌专属形象代言人，他们大都是知名公众人物，由他们为企业产品代言，比使用民俗艺术图像有更直接的吸引力。影视明星濮存昕是摩托罗拉手机的形象代言人，服装名模瞿颖是纤丝鸟和暖倍儿针织内衣的形象代言人，足球明星罗纳尔多是广西两面针牙膏的形象代言人，乒乓球明星孔令辉是安踏运动鞋的形象代言人，体操明星刘璇是湖南浏阳酒的形象代言人，跳水明星郭晶晶是清水果冻糖的形象代言人，篮球明星“小巨人”姚明是中国联通的形象代言人，香港影视歌三栖明星刘德华是班尼路休闲服的形象代言人，等等。现代广告把自己的宣传渗透到现代人喜爱的体育运动中，又把体育明星效应转移到现代广告中来，这就制造了最大的流行文化，比从前使用经济民俗广告影响要大得多。

二、现代广告对经济民俗的语码代换

（一）问题模式

过去经济民俗广告的语码模式主要谈“缺乏”主题，主要是缺乏粮食等生存资源。现代社会解决了缺乏问题，又出现了过度消费和滥用资源等社会病。于是现代广告关心所有的现代社会病问题，包括女人肥胖症、儿童近视症、中年忧郁症、老年孤独症、食品污染症、产品造假症等，现代广告也转换成问题语码，推出解决现代社会问题的新药方。请看一则电池广告：画面上有一个“金霸王”电池，还有一只华美的鹦鹉，两者之间是一句话“两者有何共同”。广告的提示词，一个是“查理，年届 29 岁，为世界上最长寿的小鹦鹉”；一个是“同为世界纪录保持者，金霸王耐力持久，为最长寿的电芯。想一手掌握世界纪录，请用全新改良的金霸王”。①

来自美国的金霸王电池是本专业田野作业的首选品，它的销售成功在于语码设置上抓住了电力持久耐用的卖点。但如果将这种卖点与同行企业的广告做

---

① 蔡洁萍等编著：《钟表 & 日用品广告》，广州：广东经济出版社，2002，第 183 页。

比较，就很容易产生争议，这时金霸王公司转而将之与中国消费者喜爱的形象——鹦鹉作比较，算支了一个奇招。在中国古典文学中，鹦鹉是绝顶聪明的鸟类，它能开口说话，能参与人的文化活动，因而民间传说中一时盛传人与八哥交往的故事。《聊斋志异》里就有专篇写鹦鹉，美国人喜欢的文艺批评家格雷马斯还对《聊斋志异》里的这篇鹦鹉故事做过经典的结构分析。① 金霸王公司巧妙地抓住了这个中国人喜爱的动物故事，用来比喻自家电池的效力，说明两者一样地灵光，质量一样地安全可靠。这不但让人们看后过目不忘，还达到了自我宣传的最佳效果。

（二）欲望模式

近年中国人最想办好的大事之一是成功承办奥运会，请看几个利用民俗形象设计的2008年北京奥运会广告。

从北京胡同的冰糖葫芦到京剧头饰，从石狮子鬃毛到女孩的发髻，从青花细瓷碗到节日的汤圆，都是民俗史粹，每种图案都有5个相同的吉祥物，暗含“五子登科”的吉祥话，它们组成了新的图案，被赋予“奥运五环”的新含义，颇具匠心。它充分展现了一种解决欲望的语码模式，被用来象征中国人民期盼奥运、办好奥运的民族心理和国家想象，这个语码的设计不能说不精巧。②

再看外国人的奥运广告：阿迪达斯运动鞋，大家一看就知道，缺乏文化深度。再拿这个现代运动广告与使用经济民俗的奥运广告比一比，就能发现，民俗用得好，就更深刻，就有久远的征服力。

（三）目标模式

中国人历来有读书求进的心理，有花好月圆的期盼，还把金榜题名和洞房

① 关于格雷马斯评论《聊斋志异》中的鹦鹉传奇的个案，参见［美］弗·杰姆逊：《后现代主义与文化理论——杰姆逊教授讲演录》，第四章“文化研究——叙事分析”，唐小兵译，西安：陕西师范大学出版社，1986，第106—113页。

② 李缅晔等编著：《文化广告》，广州：广东经济出版社，2002，160—161页。

花烛视为人生三大美事之二。现代广告的语码，针对这种目标人群进行设计，抢占了不少先机。例如，针对考学的青年人、求偶的青春男女做宣传、设计语码和抢占卖点等，都获得了很大的市场份额。请看两则广告。

《韦伯斯特大辞典》的广告：

好像让你全家都上了大学。①

北京鹊桥婚姻介绍所的广告：

欣当月老牵赤线，乐作红娘搭鹊桥。②

第一条广告的目标用户是家庭，它有一个暗含的语码：这样好的大辞典是适合各种年龄、各种性别用户的百科全书，家庭必备，求知必备。第二条广告的目标用户是适婚男女，广告语码的设计使用了牛郎织女相恋和西厢定情的古老传说，温文尔雅地表达了公司的搭桥服务功能，给求偶者以信任感和亲和力。

（四）回忆模式

在各国现代广告中，忆旧是一个永恒的语码，它被用来解决社会认同、民族认同和历史认同。在中国这样一个文化深厚、历史悠久的国家，回忆更是一种带有整合意义的自我管理和社会管理方式。在现代社会中，它也被用作语码，给商品市场增添了号召力。下面的两则广告反映了这种情况。

安徽凤阳龙兴御液酒广告：

说凤阳，道凤阳，龙兴御液醉难忘。③

前文讲过凤阳花鼓戏，那是一个唱朱皇帝没给农民解决贫困，反而让农民

---

① 白光主编：《中外理性广告语经典与点评》，北京：中国经济出版社，2004，第 17 页。
② 白光主编：《中外理性广告语经典与点评》，北京：中国经济出版社，2004，第 340 页。
③ 白光主编：《中外悟性广告语经典与点评》，北京：中国经济出版社，2004，第 249 页。

逃荒的故事。随后讲到 1978 年，凤阳农民承包土地，实行经济改革，走上集体致富的道路的故事。这则广告就是讲凤阳农民过上了好日子，连朱皇帝都来凤阳喝过龙兴酒，所以称“御液”。广告词从新的角度、在新的时代条件下，促进受众对地方文化特色的认同。这种反用语码的创意，西方国家也有，如格林威特饮料的广告：

1822 年，国王乔治四世曾驾临此间，他只喝格林威特。[①]

再看嫦娥牌豆沙月饼的广告：

饼射太空惊月殿，嫦娥争看豆沙红。[②]

在经济民俗中，“嫦娥奔月”只是一种神话证言，但在现代广告中，要直接用虚无的嫦娥证明产品的效力是不起作用的，它不符合现代人的思维理性，不容易为现代人接受。但它可以被重新做成回忆语码，被用来唤起受众的文化传统归属感和民族历史自豪感，接着去理解厂家的嫦娥宣传，把注意力转移到月饼的典故和功能上来，这样就不再计较嫦娥神话本身的合理性。其他一些广告的语码设计也有这种特点，北京东单乐器店的一则广告是这样写的：“高山流水，俟诸知己；金声玉振，集其天成。”[③] 里面讲的子期伯牙传说，在“曲艺”一节中也提到过，这种回忆语码的设计，在文化资源的选取上精良对路，也能给人以深隽内韵的印象。

三、现代广告对经济民俗的证言利用

（一）神话证言

南非是世界上最大的钻石生产国，钻石产量占全世界总份额的 80% 左

① 白光主编：《中外悟性广告语经典与点评》，北京：中国经济出版社，2004，第 277 页。
② 白光主编：《中外悟性广告语经典与点评》，北京：中国经济出版社，2004，第 252 页。
③ 白光主编：《中外悟性广告语经典与点评》，北京：中国经济出版社，2004，第 263 页。

右，无可匹敌。南非著名钻石公司戴比尔斯（De Beers）的广告，以神话般的证言，宣讲这个神话般的奇迹，突出了这个绝对优势。其神话证言如下：

盘古初开之时，

人类已懂得如何用两颗石头取火。①

在别国看来，南非的钻石产量本身就是个天文数字，不可企及。再看其神话证言，就不觉得遥远。反而是自己因遥远而叹服、而梦想，倒是产生了获取的价值感和奋斗的理想信念。

（二）现身证言

经济民俗使用刘伶醉酒等情景证言，借助特殊人群的名声效应推销地方特产。现代广告也使用情景证言，但把目标受众由特殊人群扩大到学者、干部、妇女、老人、儿童等各种对象，并把他们都一一放到情景画面中，让每个人现身说法，证明某种产品的好处，即转换为现身证言，这样就产生了更大的购求爆发力。“黄金搭档”保健品的广告就是一个例子。

（三）亲情证言

广义的亲情证言，指在广告中对民族情、家庭情、祖国情的利用。现代广告和经济民俗广告一样，都注意亲情和民族情感对于受众的作用，但不同的是，经济民俗把亲情当作一元证言，现代广告把亲情当作双重证言，并把经济民俗的证言模式当作资源进行开发，既用来证实重人情、讲节约的传统价值观，也证实讲时尚、高消费的现代价值观，从而扩大了受众的目标人群。这种现代广告形式，从电视广告到广播广告，从路牌广告到平面广告，从互联网广

① 蔡洁萍等编著：《钟表 & 日用品广告》，广州：广东经济出版社，2002，第 29 页。

告到 POP①，从灯箱广告到邮寄广告比比皆是。下面分析几种开发经济民俗资源较突出的现代广告。

1. 政治支持广告对民族情资源的开发

20 世纪 90 年代后期中国的大事是港澳回归，在这一事件中，通信产业获得了政治支持，发展了手机行业，再就是现代广告。现代广告争取政治支持的形象符号是中国结，中国结的民族民俗底蕴也成就了这一政治支持广告。

中国结，原名“络子”，是传统民族服装的装饰。清代已有“一炷香”“朝天登”“象牙块”“方胜”“连环”“梅花”“攒心梅花”和“柳叶”等多种花样，象征百事好结，被古人用来祈福求运，在民间广为流行。无论是布衣之家，还是王谢豪宅，都勤于编结和佩戴，视之为吉祥物，但这些原来都不是商品，顶多是经济民俗中的人情物。在英、葡向中国归还港澳之际，络子突然被利用，成了经济民俗中的亮点，是带有偶然性的。但它不久风行如潮，是与现代广告的作用有关的。现代广告大量使用中国结，开发它所蕴含的连接之意，用来强调国土整合的暗喻，使之“国家”化，这就将它变成了民族情感资源。然后广告再对民族情感资源进行开发，将之投放到民族传统产品、现代化工业产品和外来科技产品等所有商品的推销中，用以增进广大受众的认同感，再进一步发展出亲和受众、连心结意等一些新的象征语义，这就使中国结的活动空间扩大了，获得了可观的经济效益，这是会打络子的传统小儿女做梦也想不到的。

在现代广告中，对中国结的利用可以说立意巧妙，通俗易懂，适销对路。在王府井百货大楼的电梯扶手旁，曾摆放了一个硕大的中国结，在一些服装柜台的试衣间里也挂着中国结，表达一个国营知名老店的全体员工在企业改革后更用心地加强与顾客的亲密联系。

中国联通用中国结来表示开办现代通信业务的目标。该企业将中国结作为自己的企业商标，取用中国结的连通编织之意，又将中国联通公司的企业名称“联通”二字嵌入其中，变成现代广告词“联通心意”，用中国结对企业的定位加以演绎，这不仅容易被国人接受，在国际广告中也别具特色。

---

① POP，是 point of purchase 的缩写，指导买点广告。

现在，连中国结本身都变成了一种独立商品，国内各大商场有售，这与它在经济民俗中的小圈子人情物的地位是判然有别的。这也说明，民族情是现代广告动用经济民俗的一根“软肋”，中国人往往因为把民族情当作最大的“人情”而向现代广告注目。①

2. 节日商品广告对家庭情资源的开发

在中国现代广告中，节日商品广告是大宗产品。这种广告注重开发家庭情感资源，将中国家庭偏好男孩的倾向和多子多福的观念移入现代节日广告，在使用亲情证言上也火力集中，主要将经济民俗中的百子图加以开发利用，推销各种商品。

百子图是中国农业社会的产品民俗，是一种带有灵魂意义的符号，表示人丁兴旺、五谷丰登，过去在丝绸布料、针织绣品和古代绘画中常用，现代广告用来开发家庭亲情资源，聚焦儿童，也照顾老人，扩大自己的受众面。北京大三元食品的广告，以象征吉祥的团花图样做底图，上有除夕、初一、十五的日历，在日历上大写着“福”“禄”“寿”三字，旁边是两个雀跃的童子形象，把中国人过年全家团圆，庆十五、吃元宵的节日民俗表达得淋漓尽致。

再看万家乐热水器反映家庭情的两则广告。第一则选取百子图的部分画面，在视觉上排除众多广告信息的干扰，吸引受众的目光，表现童叟无欺，宾至如归，以赢得受众的信任。第二则取用了民间年画中的“童子抱鱼”图案，又把儿童形象换成了“富”“贵”“有”三个字，但仍让这三个字与鱼图构成环抱之势，引导受众读出“富贵有余”的吉利话，对厂商给以关注。接着，厂商不失时机地推出自己，在广告的左下角说“万家乐、贺团圆、大拜年”。看现代企业广告，受众看的是亲情，企业赢的是招数，谁也不会对谁反感，还会在经济民俗的基础上，感受厂商对家庭的情感投入和节日优惠，产生趋近心理。②

3. 食品广告对思乡情和祖国情资源的开发

中国人的思乡情感十分强烈，现代企业把这一点应用在现代广告上，用以

① 关于中国结的报道，参见《北京晚报》1999年12月24日，第7版。

② 关于百子图的报道，参见《北京晚报》2000年1月5日，第11版。另见《北京青年报》1999年12月6日，第22版。

推销进口高消费产品，能激起很强的祖国情结和认知欲。这种广告的特点是经常使用中国两代人或者三代人异地重逢，打开见面礼后悲喜交加的画面，唤起中国人的“礼轻人意重”的传统意识，让他们打消犹豫和顾虑，提高对高消费的自信心，在家国情深的想象中，出资破费一场。前几年电视里经常播出的吉百利巧克力就使用了这种广告。广告用游子归心的画面，强调故人相见那一刻的欢悦和幸福，广告词是“倾注心意一刻”，给人很多深沉的思考。其实这则广告背后的话是把“一刻”变为“一颗”，让受众在举家欢庆的甜蜜时刻品尝巧克力甜品。[①] 没有家庭背景的烘托，这种广告就没有那么大的号召力。

4. 高消费广告对母亲情资源的开发

现代广告终究是广告，也有的广告完全以民俗为借口，行推销之术。近年所见最多的，是以给母亲购物为借口，鼓励高消费。下面是两则以妈妈的名义做的亲情证言广告。

小王子牌儿童鞋广告：

> 像母亲手一样柔软的儿童鞋。

美加净护手霜广告：

> 美加净护手霜，像妈妈的手，温柔依旧。[②]

这种广告用“妈妈”证言的形式，鼓励受众接受创意，但目标是除了妈妈以外的其他消费群体，如受宠的儿童和爱美的青年，“妈妈”的话成了借口。与讲究低消费的经济民俗相比，现代广告的亲情证言总是高消费的，这是两者的区别。

---

① 关于吉百利的报道，参见《精品购物指南》2000 年 1 月 26 日，第 46 版。

② 白光主编：《中外悟性广告语经典与点评》，北京：中国经济出版社，2004，第 11、12 页。

（四）双语证言

现代广告与经济民俗广告的重要区别是经营产品性质的改变。经济民俗广告主要推销农业社会的生产生活日用品，现代广告要推销现代工业商品、新科技商品和外来商品。现代广告为了争取受众对这些新商品的认可，便采用双语证言法，既要证实受众千年习惯的选择方式可靠，又要证实新商品更加可靠、更加领先和更加深入人心，这种证言都有“旧瓶装新酒”或“一箭双雕”的特点。

1. 中国的民族企业使用的双关语

国内企业广告的证言模式大都有一个共同倾向，就是扩大国内受众对民族企业改革成果的认识，证实民族企业在现代经济改革中获得了新的市场定位，值得信赖。具体从五个角度切入。

（1）证实老企业经过改革，观念更新和再创佳绩

刘李氏酒家广告：

> 刘伶借问谁家好，李白还言此处佳。①

山东景阳冈酒店广告：

> 三碗不过冈。②

沈阳红梅味精厂广告：

> 红梅味精，领“鲜”一步。③

---

① 白光主编：《中外悟性广告语经典与点评》，北京：中国经济出版社，2004，第245页。
② 白光主编：《中外悟性广告语经典与点评》，北京：中国经济出版社，2004，第247页。
③ 白光主编：《中外悟性广告语经典与点评》，北京：中国经济出版社，2004，第284页。

（2）证实使用现代科学技术的安全性

北京红星二锅头酒广告：

> 绿色食品，纯正北京酒。①

（3）证实现代高消费观的价值

京都宫廷烤鸡广告：

> 昔日宫中膳，今天百姓尝。②

2. 国际企业使用的双语词

与国内厂家相比，国际企业对民族民俗更敏感。著名跨国食品公司卡斯夫的饼干广告说“这些饼干多像是您老祖母手中烘烤出来的呀”③，就是在更努力地使广告证言与本土文化传统相结合，并用这层理念帮助外来商品打进中国市场。让我们深思的是，国际企业使用双关证言，更能引起消费者的注意，有一种被他人化用、促自我清醒的特殊效果，这正是现代民俗的一个逆向传承的特征。

在全球化中，许多国际企业广告都瞄准了一个权威性的证言创意，那就是中国“龙”。它们在广告中制作大尺幅的“龙”的图像，拉近外来企业与中国受众的距离，积极地凸显龙的形象在中国人心目中的至高无上的历史地位和社会认同，让外来产品与中国受众在精神世界上建立亲密的联系，以达到推销目的。韩国 LG 空调在广告中突出一个“龙”字，④ 用中国传统繁体字特写，以表示对中国传统文化的强调和认同。广告的证言是“LG 空调，龙行天下”，是将 LG 公司的产品当作中国传统文化的附属品。韩国企业自知龙的形象在中国文化中的位置，所以使用龙的载体扩大产品的可信度。但在使用“龙”图上，肯德基的动静最大。⑤ 这则广告是在 2000 年年初推出的，当年正好是龙

① 白光主编：《中外悟性广告语经典与点评》，北京：中国经济出版社，2004，第 291 页。

② 白光主编：《中外悟性广告语经典与点评》，北京：中国经济出版社，2004，第 317 页。

③ 白光主编：《中外悟性广告语经典与点评》，北京：中国经济出版社，2004，第 69 页。

④ LG 空调的广告，参见《北京晚报》1999 年 12 月 1 日，第 6 版。

⑤ 肯德基的广告，参见《北京晚报》2000 年 1 月 20 日，第 12 版。

年。画面上是一条长龙，整个龙身的鳞片和一个大写的“送”字，共由12个过年红包组成，表示把龙年的12个月的优惠都包了。龙首之处，是正式广告：“新年新禧添惊喜，肯德基欢乐送给你！2000年2月5日起，只要在肯德基消费，就可获取一份全年享用的小厚红包。数量有限，送完为止。”肯德基的形象标志，那位蓄着将军胡的美国上校，正在龙尾的下面蔼然微笑，等候着中国的龙的传人的光临。在龙身的上方，是一句含义双关的广告证言“龙年红包送情意，肯德基真心回报一整年”。整个广告都突出了美国肯德基的品牌，同时又抓住了中国龙年的契机，借中国岁时节日和崇龙欢庆的机会，套用中国人过年送红包的习惯，从不同角度，把中国民俗用了四回，一个来华国际公司对中国经济民俗的研究不能说不用心。

还有一个欧式的双语广告也值得一提，即意大利费列罗巧克力在中国的汉语广告。[①] 意大利原装进口的费列罗，无论是外包装还是内含量，都保持了上层贵族的品位。广告的左上角和右下角，合起来读是一张“版权页”。它的每则中国地区广告都这样严正地声明：“没有在国内合资或授权生产。”强调产品坚持原装进口，显示了欧洲名牌的优越感。但是，在广告的内容上，费列罗却撂下了欧洲身份的架子，全部采用了中国舞龙民俗的画面，让一个系白羊肚手巾的中国汉子高举龙头，张口戏“珠”，明珠就是一块费列罗巧克力糖。费列罗宁可把自己比作祭龙的中国物品，如此的俯就，如何不教龙的子孙笑纳呢？然而，就在龙口接近巧克力的动感瞬间，在这个中国受众乐于接受的场面里，商家不失时机地推出了一段中英文证言：

> **意大利费列罗创制，**
> **独特的金朵雅口味，**
> **浓醇的软巧克力，**
> **新鲜的原粒榛果——**
> **这才是正宗的FERRERO ROCHER。**

把此话用来“合龙”，可谓完美地把意大利品牌与中国经济民俗的情景扣

① 费列罗巧克力的广告，参见《精品购物指南》2000年1月30日，第4版。

在一起，用心良苦。

3. 中国的国际化企业使用的双喻语

进入21世纪以来，一些中国通信企业对中国民俗的运用也体现了双语证言的特点，不过要用双方都懂的比喻，以争取中外用户。仍然以龙为例，最吸引人和最成功的例子，就是外国人用龙，中国人也用龙，双方竞相舞龙，让受众感受到里面的文化玄机和操作乐趣。

再看一遍同仁堂广告。广告上方有两条火龙飞舞，可以理解为同仁堂是国家传统医药业的龙头品牌，也可以理解为同仁堂中药是龙的子孙的伟大发明，寓意可谓丰富巧妙。

第二幅是王府井南口的一家筷子店广告，店名叫泓韵，表示这里是一处龙潭，蓄一泓清水，卧虎藏龙。店牌上方悬挂着一个红色的灯箱广告，广告上是一条苍劲的盘龙，龙口处，插入两根醒目的长筷，表示龙的子孙以饮食“龙行天下”，筷子就是中国饮食的符号，把筷子插入龙口表示吃龙餐，用筷子就是吃中国餐。这则广告引导受众了解此店所售筷子非同一般，它是龙的民族饮食文化的象征。本来筷子是中国人再熟悉不过的日用餐具，但用在这幅广告的创意中，就明显带有国际社会认识中国饮食文化的想象，店家要让筷子变成外国人认同中国文化的符号的意图也很突出。

第三幅是真正意义上的“龙行天下”广告，即e龙公司的电子订票磁卡广告，在图画和文字上都下了一番功夫。

e龙旅行网磁卡正面：

e龙 Travel 旅行网

签名

Signature

e龙旅行网磁卡背面：

本卡为e龙旅行网会员卡，持卡人可享受酒店预订、机票预订、度假产品以及租车服务等优惠价格。

使用e龙服务时请提前与预订中心联系，并报出本卡卡号，在线预订请登录http：//www. elong. com，直接持卡在酒店前台使用无效。

这则广告和很多外企广告一样，用了繁体大写的“龙”字。不同的是，在整个广告中，没有直接出现龙的形象，而是用一个放大了的“龙的传人”做代替，但是受众还能从远处认出龙的原形，不过原来的龙身已经变成了一张鳞片状的拉网野营床，床上还有一个使用电脑网站的“e龙”人。这就巧妙地把龙的古老民俗和现代高科技带来的变迁组合在一起，耐人寻味。广告的文字中英文混用，既适合中国受众，也适合英文互联网的特点，在全球化的时代，这是双向适应的取向，看上去又能藏拙，这种广告是成功的。

值得一提的还有跨文化色彩很浓的北京天元利生体育用品大厦的广告，广告风格一静一动，合并宣传，在欧美国家常见，十分新颖。它的静态广告是一个球员巨人塑像，高挂在大厦的楼顶，远远望去，栩栩如生。它的动态广告是一个与大厦等高的大型火箭蹦极游戏机，安装在大厦门前，随时邀请过路行人参与，向这个现代体育玩具挑战。一年四季都有很多游客在这里围观，也有不少青年人申请参加游戏机的表演，他们无形中都成了体育大厦的义务广告人，这个遍布全球的体育广告在中国很火。

（五）宗教证言

在农业社会的经济民俗中，有宗教经济成分，其特点是在政治中心和经济中心附近发生，所以唐宋时期的宗教经济都是在长安（西安）、汴京（开封）或临安（杭州）发展起来的，记载它们的经济活动的书籍，如《东京梦华录》《西湖老人繁胜录》和《武林旧事》等[①]，后来都成了著名的风土笔记文献。宗教经济的经营者本身就是宗教信仰的消费者。即便有了行业的分工，经营者与消费者也是同质人群。

---

① 参见〔宋〕孟元老《东京梦华录》，静嘉堂文库影印元刊本；〔宋〕耐得翁《都城纪胜》，武林掌故丛编本。此两本所记皆为北宋都城开封旧事，含宗教经济描写。另见〔宋〕西湖老人《西湖老人繁胜录》，涵芬楼秘笈本；〔宋〕吴自牧《梦粱录》，学津讨原本；〔宋〕周密（泗水潜夫）《武林旧事》，清内府藏本。此三本皆记南宋都城杭州旧事，含宗教经济描写。

在现代工业社会的经济类型中同样有宗教经济，但它的经营者并不一定是宗教信仰者，不过是通过研究和利用宗教信仰发财。宗教经济成了一种信仰工业，它的经营者与消费者是两个性质十分不同的异质群体，现代广告在这方面也有所体现。

在中国的国情下，与宗教有关的现代广告分两种形式：一是宗教艺术广告，一是宗教魔术广告。

1. 宗教艺术广告

现代广告利用宗教艺术的例子，比如首都国际机场和北京使馆区附近的建国门地铁站的飞天广告、金刚经广告，这种宗教艺术都是在国内外有较高知名度的。北京长途电话局的一则广告是利用皮影人的形象设计的，① 这是一个双窗口广告，左窗口是一组深受中外人士喜爱的皮影人。皮影戏起源于宗教变文的演唱，中国民间也叫“影卷戏”“灯经戏”等。影人的造型直鼻宽口，与印度的佛像造型酷似，民间有崇拜和祭祀它们的传统。皮影艺术后来也被广泛地移植到其他本土或外来艺术门类中，如绘画、剪纸和木刻等，表现了很强的再生能力。在现代广告中，凡是使用宗教艺术的，艺术造型与广告内容都是脱节的。这四个影人线条清晰，刀法细腻，富含传统，意蕴深厚，但与长途电话的内容毫无呼应。所以，对这种宗教艺术形象的运用，主要是对其认同和再生能力的开发，广告人相信用它能吸引更多受众的注意力，于是从一个与商业无关的角度切入，输出广告信息，进行业务推销。现代通信企业的目标受众正是所覆盖区域的所有用户，而要达此目的，就必须寻找一个所有背景用户都能接受且都愿意欣赏的载体，这一载体非民俗艺术莫属。而在民俗艺术中，宗教民俗艺术长期受到跨文化的多元文化的滋养，又传播较远，因此被采纳是自然的。宗教民俗对现代经济的推动是间接的，但它给现代经济带来了文化成分。

2. 宗教魔术广告

宗教魔术广告是现代宗教经济的大宗项目，外国也有。在我国的经济发达

① 北京长途电话局使用的皮影形象的广告，参见《精品购物指南》2000 年 1 月 22 日，第 17 版。

地区，如东南沿海一带的浙江、福建、广东和海南等地，以及港澳台地区等，宗教经济的发展势头很猛，内容有风水宗教经济、节日（清明）宗教经济、饮食宗教经济、美容宗教经济等，其宗教类型有佛教和道教。在东南亚国家，佛教经济的香火很盛。

这种现代广告的特点，是把宗教信仰传统和现代人的精神追求结合起来，用宗教教义指导经济运作，创造宗教连续稳定地提高生活和生命质量的魔术假说，承诺对现代社会经济运作的漏洞和弊病的修复与保护效益。广告的风格导向热情、寄托、神秘、圣行和捐献。在中国的现实条件下，宗教魔术广告的传播大多是口口相传的民俗形式，此外，也有造像和文字抄本等形式，受众对它们大多是半信仰半消费、半感性半理智的。

最后，谈谈现代广告的问题和经济民俗的保护方向。

第一，现代广告过分注重广告与商品关系，忽略了受众的利益，受众在广告价值实现过程中的积极作用没有得到充分发挥。

第二，现代广告人还没有大量地、自觉地选择优秀的经济民俗要素，没有认真地按照受众的民族民俗文化模式和价值意识来塑造产品形象，以求赢得广大受众的文化认同与接受。现在国内很多企业还受西方影响，追求西化，捧着金饭碗讨饭。而中国广告要跻身世界广告之列，也不能不重视经济民俗和相关的非物质文化遗产。

第三，民俗从业人士也应该善于把经济民俗和非物质文化遗产的精品要素纳入现代广告，提高现代广告文化的共享性。

第三节　经济民俗的社会化资源与企业化倾向

中国经济民俗的观念与行为注重社会成本，中小企业活跃，具有自己的特色，这与中国的社会结构、文化传统和自然资源都有密切关系。1949 年以前，中国虽然经历了战争和内部社会动荡，但仍有一批中小企业在不稳定的社会局势中获得了较大的发展。中国改革开放以后，进入现代化和全球化时期，经济快速发展，中小企业十分活跃，传统老字号焕发生命力，企业系统充分利用传统资源和经济民俗，吸收现代经营理念，取得了巨大成就。本节围绕这个主题进行介绍。

一、社会化资源

经济民俗的社会化资源是中小企业社会成本的一部分，它指经济活动中的人际关系的结构、功能和作用。在中国的社会文化模式中，强调社会化资源指这种经济活动不仅是生产、消费和商贸交易，它同时强调经济活动中的人与人的关系、人与自然的关系和人与社会的关系的和谐。社会化资源由家族关系、文化模式和地方社会网络要素构成。

（一）家族关系

中国民间社会化资源的类别首先是家族。中国以家族为基本社会单元，整个社会规范在家族血缘关系没有充分解体的情况下演进，因此，家族关系一直在经济活动中发挥重要作用。20 世纪以后，经过了战争和许多社会变迁，家族关系仍在经济活动中承担重要角色。改革开放以后，中国许多老字号、民营企业、中小企业和少数民族的商业组织等，仍然保持了家族经营传统与现代化之间的平衡关系，维系了集体主义和民族主义企业精神，富有爱国热情，取得了经济建设的成就。

（二）文化模式

中国民间社会化资源的基础，是中央和地方的多样化文化模式。中国是一个以儒家文化为支配文化的国家，同时有儒、释、道不同文化流派，还有多民族、多地区的文化多样性，其中包括控制和利用资源的不同社会文化观念，它们共同构成民间社会化资源的知识系统。

宗教信仰是经济民俗文化模式的重要方面，主要是崇拜农业神和手工业神，它形成自然资源和社会文化资源的管理权威，限制人们滥用资源的行为。

第一类是农业神，大体有四种，它们都有相应的象征性管理功能。

土地神。它也叫“后土”或“社”，还有的叫“土地爷”或“土地公”，是专管土地利用和人口资源的象征性权威。中国从前各村都有土地庙，一般根据人均占地的最小密度建土地庙，现在大多数村落家庭还有土地神龛。土地神的传统功能是管理挖土建房和人口登记。现在中国一些地区在耕地、道路建设、房屋建筑和能源使用等方面都讲究风水，也与土地神崇拜有关。

水神。它也叫“龙王”，被中国人认为是掌握水资源的象征性权威。中国的世界遗产地北京颐和园内的铜牛和四川都江堰的李冰庙都保留了水神的祭祀遗址。水神的信仰范围由流域范围或降雨范围决定。中国是缺水国家，水利管理比土地管理更重要，水神信仰在社会经济生活中有特殊作用，有时还对“水权”和“水价”分配产生很大影响。

天神。它也叫“黄帝”，或者叫“玉皇大帝”和“玉帝”。它是掌握传统能源的最高神话权威，包括气象、交通、木材、盐、铁等资源和农耕技术。它的祭祀范围最大，遍布中国各地。此外，有些地区和行业也有自己的最高神灵权威，如我国东部沿海地区，在福建泉州和天津，都有自己的天神，叫“天后”或“妈祖”，建有妈祖庙，负责管理海上资源和航海业安全。

灶神。它也叫“家神”，是掌管家族人口和粮食的神祇。中国人每年年末对灶神举行祭祀活动，叫过小年，共7天，在此期间，家家户户祭灶王、吃灶糖、贴年画、买洗涤用品，拉动了消费经济的发展。

第二类是财神，就是保佑发财的神，分文、武财神。文财神叫赵公明，他的形象是黑面浓须、身跨黑虎、手持铁鞭。武财神叫关公，与中国古典小说《三国演义》中的关公有关。现在中国还有迎拜财神的商业习俗，祈求避免金融风险、保佑经济发达。

第三类是行业神。中国人的民族工业是传统手工业，各业都有崇拜的祖神，有固定的寺庙和仪式活动，负责管理手工业的商业组织、技术知识传承、产销方式和市场价格。

第一种：传统能源加工业的行业神。

(1) 土木建筑业。木石业崇拜鲁班。

(2) 农用器具业。铁器五金业崇拜老君李耳。

（3）服饰加工业。针业崇拜刘海。

（4）颜料织染业。颜料业崇拜葛洪。

第二种：文化消费业的行业神。

（1）书画文具业。文具业崇拜魁星，书画业崇拜吴道子。

（2）文艺表演业。戏剧行崇拜唐明皇，曲艺行崇拜马丹阳。

（3）中餐饮食业。酒业崇拜杜康，茶业崇拜陆羽。

行业神的功能有三方面：（1）利用历史传统控制自然资源，实行集体共享，如水土资源和相关的水渠、水坝、土地管理等；（2）利用神权的权威控制在资源加工中产生的利益，惩罚贪婪、滥用和独占的欲望，做到公平共享；（3）利用传统技术传承、地方知识、行规和地方社会关系控制批发和零售，形成加工业的经济合作网络。

经济民俗文化模式与传统节日有特殊联系。传统节日是一个民间社会公共消费体系，充分展现了经济民俗的文化条件和社会内涵。它的消费活动不是商家和消费者的随意选择，而是由消费者的民俗文化和社会认同所引导的商家选择；它不是个别孤立的消费事件，而是经济民俗的文化脉络；它不是消费者性格的单纯展现，而是国家社会现代变迁的结果；它不是保守不变的封闭市场，而是充满人情味和社会竞赛性的狂欢消费。总之，它集中了一个国家社会传统文化和社会关系的经济规则。

从传统节日消费看，经济民俗的社会公共消费体系由七个模块组成，它们是：社会构成、口头传统、家族民俗、地方知识、手工技能、庆典仪式和人生仪礼。它们是节日经济的有形文化和无形文化的组合。

需要说明的是，节日经济文化的各模块的边界不是十分清晰的，对各模块的划分也有会交叉现象，这是由经济民俗与节日文化传统和现实日常生活复杂联系的特征决定的。

（三）地方社会网络

中国地域广大、文化空间多样，地理环境、人口结构和管理体系的差异，形成了民间社会化资源利用的差异。

1. 地理环境

根据胡焕庸线的划分，在中国东部地区平原多，人文景观密集，文化遗产丰富。西部地区山区多，地理资源丰富，人文景观分散，但自然遗产多。这种差别呈现了经济民俗的丰富性和社会化资源类型的多样性，在地方经济发展上，也凸显了复杂的环境制约因素。

2. 人口结构

中国的人口结构由城市人口、农业人口和游牧人口构成。以游牧人口为例，他们位于中国北方，在养马、骑马和使用马拉车的技术上有许多领先之处。

中国的民居是中国人口构成的景观载体，承载了丰富的社会经济资源信息。在各地各民族中，多样化的民居形成多样化的村镇和社区，标志着多样化的生产模式和生活消费聚居区，决定了多样化的商贸经济交易网络。

传统民居景观的代表性地点是人口、民居和经济活动高度统一的历史空间，主要有两个层面。第一，它有多个地理历史定位地点，包括家族祖居地、宗教圣地、民俗圣地、民间信仰活动区域、特殊历史建筑地点、传统手工业传承地、物质（药材）集散地、移民和商贸流通地、地方贸易保护地点等，它们构成了各地村镇和社区的生产和生活消费模式。第二，在中国各地各民族中，根据水、煤、木材、铁、盐等传统资源的存量与产销状况，形成了多样化的生态资源走廊，包括地质景观多样性、生物景观多样性、历史文物多样性、地理物产多样性、人文景观多样性和社会资源多样性，它们构成了经济活动的营销文化模式，它们之间的关系有时是平衡的，有时是非平衡的，它们展现了在中国长期社会发展中所形成的经济环境。

3. 地方社会网络

中国各地经济活动的管理网络有两种，一种是国家省区行政网络，一种是地方社会的历史传承网络，两者交叉互动，主要发挥地方社会的历史传承网络的作用，激发地方经济、中小商业组织和民营经济的活力。

二、 企业化倾向

经济民俗的企业化倾向，指中国商人和企业家在利用社会化资源和经济民俗的基础上，吸收现代先进知识，建立现代企业的核心概念，把握市场经营要素，实现业务结构全面发展的企业化追求。

（一）老字号中小企业

北京成文厚账簿文具店，是中国著名的中小企业老字号。成文厚位于北京传统商业区西单大街西四缸瓦市139号，该家族企业在山东省招远市孟格庄村建立，从1821年到1952年，这个家族的成员创建了规模很大的商业网络，主要经营文具纸张和书籍，在国内16个省市都有商号。

北京成文厚的创始人叫刘国梁，是这个家族的第三代商人，1909年在家乡山东出生，1925年到东北学徒，1935年到北京创业，不久将成文厚带入鼎盛期，成为中国北方最大的账簿企业。1980年，成文厚被中国商业部命名为第一批“中华老字号”。它的成功经验有以下几条：

第一，家族思想开放，将儒家文化观念与基督教信仰和经济民俗观念相结合，创业人热情地响应现代化，家族思想更接近于当时的现代科学文化的新观念。

第二，家族传统行业与城市现代行业结合，形成新的商业经营结构。它在家族经营纸张文具的基础上，发展图书印制业，再发展账簿业，并为各种有特殊需要的账簿顾客提供专门服务，最后利用社会关系资源，掌握北京现代账簿市场，并控制了国内多地的原料市场。

第三，进行现代化的商业改革，发明了五色账的行业技术，使用了中西结合的中式借贷法，建立核心业务。

第四，根据新的技术转向，改造企业人员结构，不再面向家乡家族人员招工，而是从其他地区招工。

第五，开展职工培训，要求所有公司人员掌握以往农村家族企业所没有的新会计技术，在商业管理与现代化之间建立了联系。

成文厚由此成为一个“现代性（modernity）”的企业，企业经理不仅是一个资本家和懂技术的经理，还是一个笃信基督教和具有儒家教养的家长，他长期代替自己父亲的角色，带领成文厚在北京城市社会的环境中和现代商业竞争中拼搏，同时还要承担管理家庭股份、照顾其他兄弟的家庭经济和培养家族子女的责任，这是一种复杂的社会文化角色，而不仅仅是商业管理者的角色。在讨论企业经济时，是不能不讨论这种“文化人”的，他的行为之道，接近熊彼得（Joseph A. Schumpeter）所说的有关企业家经济角色的定义，即把业主和管理区分开来，这样才能把企业看成是一个理性组织。

（二）国字号手工企业

手工行业是中国民族工业的基础。北京清宫造办处精品手工业是中国城市经济的重要文化遗产，它们曾经是上层阶级享用的宫廷用品，与普通人的日常生活存在着较大距离，无法对全社会产生影响。但它们又在集权制度下形成了绝世精品，集中了中国手工业文化的要素，包括手工行业的资源分布、工匠生产的地方知识系统、强调产品的传统和产地的经营模式，以及重视行业文化模式等。它们的产品不多，但质量极好，盈利很高，社会声望极大，历史认同度高，它们是现代企业文化遗产的重点保护对象。

它们的成名原因主要有三点。

1. 国字号特种企业的地位

1949 年后，北京手工业作坊中的代表性企业被作为老字号保留，转型为国家出口行业企业。近年中国政府积极开展非物质文化遗产保护工作，保护这批高端精品的手工技艺和历史文化模式，现在它们不仅是老字号，而且还是国字号，它们的特种文化得到保护。

2. 经济效益对民俗文化的依赖性

木作、大器作、玉作的制作，与风水民俗信仰有关。小器作、杂活作、灯作、成衣作、花儿作、盔头作、眼镜作的制作，大都用于岁时节日活动。漆作、刀儿作、珐琅作、鋄作、玉作的制作，用于礼俗馈赠。小器作、铜作和佛作的制作，是行业祖师崇拜、工匠技艺仪式的重要内容。裱作、匣作、地毯和花作的制作，符合自然环境中摆放手工制品的气候、花草、动物和人的要求，积累了丰富的工匠智慧。纸行、皮作的制作，坚持环境资源的低限度共享与资源不废弃技术，是我国传统手工业的优秀民俗，至今仍值得创新继承。

3. 手工技术文化对就业资源和社会化资源的限定利用原则

手工行业对社会就业率是有限制的，这出于多种因素，大致有：（1）手工技术讲究慢工出细活，作坊规模以二三十人的中小范围为宜，不能随意扩大就业人员；（2）手工打制产品要高度符合使用需求，因此“修”的工程远大于“造”的工程，而修理制品比新造制品更难，对技术要求更高，这种工匠不是短时间就能培养出来的，这也限制了就业资源的循环速度；（3）手工行业的知识传承实行师徒制，这是一种模拟小规模公平共享社会的传承模式，它要求小规模的社会限定就业和资源利用。在诸种因素中，技术因素起了特殊作用，它使手工行业结构与社会结构分离，手工行业结构具有一定的社会运行独立性，对社会化资源的利用产生限制，对自然资源的采伐放慢速度，这些都能避免扩大使用乃至滥用人文和自然资源。

从跨文化观察的角度看，中国传统中小企业遵循这一原则发展，获得了企业的活力。在当代世界经济体系中，分析中国经济民俗的社会化资源与企业化倾向也有特殊的社会价值和现实意义。它的传统文化遗产和许多符合中国实际的经济活动模式经过继承与弘扬，经过文化交流和改造吸收，可以促进人类经济和社会建设的可持续发展。

第五章

中餐市场与现代厨房

中餐享誉世界的历史源远流长，但现在中餐也在变化。从国内市场看，在受到全球化冲击后，人们的饮食结构发生了改变，很多中国人既吃中餐，也吃外餐，反过来更加讲究中餐的特色、卫生、品位、价位、营养和文化氛围，与原来农业社会的饮食要求出现了差别，增长了现代社会的饮食消费倾向。中餐的生产观念也发生了变化，出现了现代家庭厨房观念，代替了原来的母亲厨房观念，时尚饮食正在挤走田园锄禾的古老情思。中餐的制作模式也在改变，涌进了一批快餐厨房、超市厨房、厂店厨房、主题厨房和农民厨房等，它们所经营的中餐贴上了劳资关系和商品关系的标签；它们所保持的餐饮品质成为一种竞争力的象征，而不单纯是饮食活动。在另一方面，来华的进口外餐也不得不吸收中餐的要义，以获取中国人的认同。从国际市场看，中餐既受欢迎，也受排斥，因为凡要保护自己文化传统的国家也都要保护自己的民族饮食，中餐首次面临与外餐市场的全面竞争，首次需要在多样化的饮食选择和多元价值观中重新定位，再度确立中餐的特色和优势。凡此种种，都成为中餐的发展与保护要思考的问题。

本章将观察中餐在现代化和全球化下的处境与奥妙，然后反思中餐的优势和不足，最后对中餐的市场前景略加分析。

第一节　中 餐 市 场

这里提出“中餐市场”的概念，是针对饮食市场的文化多样性而言的，是限定在本民族饮食的市场化发展的前提下，对民族饮食的群体观念和目标做讨论。当然，中国人谈论饮食的时间很早，可以追溯到先秦和孔子，但限于本节的问题范围，这里就不再多说。在本节中，我们仅对现代化后的中餐传承和企业运行方式做一些讨论。这里所涉及的现象，有西餐的冲击、日餐和韩餐的进入等，我们将从不同饮食文化既共享又较量的层面分析中餐被保护的理由。

一、中西餐的文化差异

这里有一个悖论，就是讨论中外餐共享和较量的切入点是文化，但文化没有优劣，只有差异，所以我们是从文化差异点上讨论中外饮食的。在中外饮食的比较中，中西餐的差距最大，中餐和日韩餐的差距较小，所以西餐的很多竞争更让中餐尴尬或较劲。以下重点讨论中西餐的文化差异，从市场运作的角度看，还要讨论中西餐制的差异。

（一）餐具用法的差异

餐具是反映饮食观念体系的重要载体。餐具是物质的，但对它的用法和讲究却是一套文化。使用某种文化支配物质的生产和消费，就是饮食的物质文化。在本民族成员中，餐具的用法是关于餐具的文化行为，是用餐者的一种文化学习的方式，是与用餐者的文化意识高度相关的。它还能训练用餐者的身体文化，并赋予用餐者一种社会属性。

中餐的餐具是筷子，西餐的餐具是刀叉，两者在使用程序、手劲和姿势上都是很不同的，背后都是历史和民俗。有人说中国是饮食大国，是说这种中餐的餐具文化与中国的整体文化联系在一起。有人说西餐历史悠久，是指西餐的餐具文化与西方的社会文化全面融入。中国对外开放后，中国人接触西餐多了，在刀叉的使用人数上，特别是在青年人中间日见上浮。相反，西方人也在欣赏中餐，在筷子的使用人数上也在增加。双方都通过使用对方的餐具获得文化惊奇，也体验对方的文化，形成共享和交流。全球化以来，中国面临了前所未有的反思中餐的普遍局面，它的程度深浅无所谓，它的文化触动是主要的。

比起西餐的刀叉，中餐的筷子是传承中国农业文明的道具。以筷子为餐具，反映了中国农业社会饮食的基本对象，也反映了中国人驾驭农产品的自主发明。筷子能把中国人的中指和食指部分训练得十分灵活，帮助饮食者夹起最小的谷物和块茎物，如大米和小豆，这时用刀叉就会漏掉。在中国漫长的农业社会中，中国人还通过训练使用筷子，来训练个体成员的社会化技能，使筷子文化渗透到其他礼俗文化中。例如，中国人在家庭用筷、待客用筷、婚丧仪式用筷和信仰仪式用筷上都有不同的讲究和规矩，违反者就会承受软硬不同的社会压力，所以人们一般都是小心翼翼地遵守的。它们被用来区别内外部文化成员，建立人际关系。学用筷子的西方人大可不必在乎这套讲究，但一旦遵守，又会被看成是深度体验中国文化。从这里看到，筷子是能划界的，好比王母娘娘划银河的簪子，是区分中西文化某种差异的工具。刀叉又何尝不是如此呢？

在现代市场条件下，比较筷子和刀叉的异同，还需要跳出筷子的自身特点，从文化多样性的角度与刀叉做比较，这时我们能看到，筷子更讲究小动作，更讲精细内涵。从前的老筷子上刻了四个字“人生一乐”，便描绘了中餐看重细节的人文境界。

筷子的不足是不加区别，被用来吃了主食吃副食，对入口食物一律做格式化处理。刀叉文化就不是这样。简言之，筷子能促使用餐者做人文对象的分类，但不大促使用餐者做自然对象的分类。

从形制上比，筷子细长，刀叉粗犷。有人曾比喻说，筷子是女人，刀叉是男人。西餐的刀叉宽壮结实，能对付中、大型肉类和根茎物，如牛排、猪排和土豆，能大刀阔斧地将大堆食物处理得一干二净。相比之下，用筷子戳大肉，好比是女子斗牛，不胜牛力。西餐的刀叉更讲究整体方法，注重自然分类，使用刀叉的西式用餐规则反映了西方人的餐桌礼俗。总之，刀叉是操作西餐的适应性工具。

（二）厨房功能的差异

餐制文化的加工业要依靠厨房。过去我国民俗学者较少讨论厨房，这就忽略了餐制的运行方式和各环节之间的联系。现在，再从厨房的功能看餐制，就不仅能看到中西餐的其他差异，还能看到中西厨房的不同功能。

中餐的筷子是小棍子，不能切、抹、卷，这些活都要在厨房里解决，于是中餐的厨房要代替用餐者完成这些工作，厨房的主宰者权力就扩大了。在传统农业社会环境中，厨房的日常主宰角色便是母亲。我们经常听见母亲从厨房里走出来说："要不是我，你们都得饿着。"母亲借此释放自己的辛苦，表达成就感，也能证明母亲对厨房的垄断，其经营权与控制力是合一的。在西餐中，刀叉能切能扎，分担了一些厨房功能，于是厨房的这部分权力也就分散给了用餐者，这时母亲更多地是饮食的前期加工者、餐桌的布置者和用餐人员的组织者，而不是替代者。

中餐厨房的权力指向，是把用餐者与厨房相分离。在中餐加工制作的时候，厨房门是紧闭的，用餐者被隔在外面等候。除非由于客气的原因，厨房主人出来打声招呼，一般都两不打扰，更不会互相掺和。按河北磁县的风俗，在腊月做迎春面食的时候，不仅母亲动手，男主人也要下厨，这时绝对禁止他人进入，要保留厨房经营权力者的传统，保持他们与神交流的纯净度。西餐不同，西餐是把用餐者与厨房功能部分地结合的，甚至厨房还要向外面的田园伸展，向用餐者开放，让他们穿过厨房，径直步入露天野外去动手烘烤、搅拌和配餐，自己动手参与饮食制作。在这些方面，都能看到中西厨房的差别。

（三）礼俗象征的差异

中西餐最深刻的差异莫过于礼俗。从民俗的角度看中西餐具，会发现两者都被赋予了象征的含义。中餐讲究人文分类，相应的规矩也多。使用中国筷子的象征性是十分丰富的，中国人传承这些象征性的目的是进行中国礼俗教育。

使用筷子的礼俗是一套十分讲究的生态文化。根据中国的旧俗，每年旧历过年的前夕，女主人都要把筷子笼装得满满的，表示多子多福。从材质上讲，筷子以木质或竹质为主，使用期短，隔年更换，好比人寿，新老交替。在餐桌上用餐，要讲究长辈为先，晚辈次之，在长辈没动筷子之前晚辈先动筷子，被认为不懂礼俗，要受到严厉的批评。夫妻双方中的一人筷子掉了，另一人不能代替去换一支筷子，因为这种换筷子暗喻换配偶中的一人，要换筷子就要换全双，预示夫妻久长、婚姻安全。船夫不能说“筷子”二字，要说“箸”，避免意外招来“快”（与“筷”谐音）翻船的厄运。无论是全家福的正式聚餐，还是款待客人的友情聚餐，都要准备一双长筷，用作公筷，给家庭中的其他人或客人夹菜，此举既表示礼貌，又表示卫生。筷子也被用在祈祷生命的仪式上，如在陕西关中一带，以水碗竖筷子，扶乩祛病，指示生命的久暂。木筷还像中国的房屋建筑，易于毁损，因此筷子也常常成为建筑仪式中的宗教道具，被用来比喻居住安全。

在西方，餐具的使用体现着社会阶层地位的礼俗文化。2015 年初春，英国威廉王子来访，带来了一套英国皇室贵族奉行的“德陪礼”，这是一个系列礼仪，含用餐礼仪。在这套礼仪中，包括贵族头衔的称呼、宴会服饰的设计、宴会餐桌的礼仪、宴会菜品的呈现和餐具、餐巾的使用方式，环环相扣，世代相传 250 年，[①] 是英国皇家文化的一部分。在一定程度上说，它也是欧洲上层社会礼制规范的缩影，用以象征皇权的威严。它缺少家庭温情和个人自由，而中餐重视日常人情和社会关系，这是两种不同的饮食礼俗。

二、中餐的民族传统

中华曾以美食行天下，这是与它的民族传统分不开的。要进一步了解中餐市场的活力与惰性的基础，还要了解中餐的民族传统。

---

① 李志豪：《王子驾到——英威廉王子开启访华行程　上午参观故宫》，《法制晚报》2015 年 3 月 2 日，第 A16 版。

（一）农业厨房

1. 厨房是农耕产品的深加工空间

中国人一般不挑食，农林牧渔产品都吃。但从自然环境中的物产，到人生理上的吃，又到文化上的吃，是要经过深加工这一关的。我们的祖先进入文明史后，饮食的深加工地点就是厨房。厨房要解决两大问题：一是加工即食熟食，就是以烧、烤、蒸、煮等技法，把在自然状态下不能食用或不好吃的原料加工成美味可口的饭菜；二是加工便携食品和贮藏食品，通过烧、烤、风干等工序，制成点心或肉干等，便于人们流动食用或冬藏。

2. 厨房是中餐手艺的传承学校

中餐厨房的手艺是全套的，饭菜做好后，端出厨房，饮食者便可以直接享用，一般不用再做处理。西餐不同，西餐的肉类和沙拉等上桌后，还需要饮食者自己动手切分或搅拌才能入口。中餐手艺的传统学校是厨房，主厨者的本领在于使用火、水和刀的技术。掌握火的技术叫火候；掌握水和面的糅合技术者叫"面案"；掌握用刀的技术者叫"刀工"，它的变形方式是剪刀功。我国中原和西北地区的面食花样翻新，很多都是用剪刀剪出来的。此外，冷盘和大宴最讲刀工，烧、烤、煨、煮最讲火候。在这方面，中餐都有一套说法、典故和绝活，需要下厨房才能学到。

3. 厨房作业的社会性别差异

在饮食文化中，有社会性别差异。一般说，在社会化的饮食加工中，以男性为主，或者男女合作。在家庭日常的饮食加工中，以女性为主。这里有民俗，它与饮食人口的规模、地方的文化传统和对待洁净的圣俗观念有关。举个例子，在祭祀性饮食中，会出现民间禁忌。河北磁县准备年饭的时候，不许生人进厨房，就是回避不洁。这里也有儒家文化制度的影响，如中国从前讲君子远庖厨，君子动口不动手，做饭是女人的事，重男轻女。从前韩国受中国儒家思想的影响，还保留了这种性别分工，有些地方男子不下厨房。儒家的礼教制度也造成了性别差异，主要是对女性的束缚，鲁迅的小说《祝福》就写了这种情况，鲁家在准备年夜饭的时候，对遭受劫难的祥林嫂就十分回避，嫌她不干净，不让她端祭祖食品。现在我们都知道，这不是批评她的个人卫生不好，祥林嫂的干净利索，鲁家是明明知道的，否则也不会把她雇进门做工。祥林嫂见鲁家嫌弃她也不服，说她已经捐过门槛了，意思是她已经向神做了虔诚的赎罪和捐献，是干净的人了。我们能明白，她认为自己干净，是灵魂意义上的干净。但鲁家知道了这件事，还是斥责她，就不仅仅是从民俗上挑她的理，而是从封建礼教上找她的刺了。他们站在封建礼教的立场上，居高临下地蔑视一个下层女性被迫再嫁的不幸，这就是在数落她在文化上的不干净。在一个儒家统治思想像铁屋子一样禁锢人民的社会里，在一个乡村女性只能依靠给人做饭谋生的场合，鲁家却如此剥夺她唯一的权利，这无异于宣判她的死刑，从此祥林嫂彻底失去了做人的自信，在一个凄苦的雪夜踏上了不归途。

4. 厨房是筷子和瓷器的宝库

中国的筷子，根据南北产地原料的不同和使用者阶层的不同有不同的分类。例如，东北森林多，盛产木筷；南方多茂竹，盛产竹筷。此外，还有银筷等昂贵的筷子。瓷器很早就成为中国的典型食具，给中国带来了东方瓷都的美誉。西方国家的一些博物馆展陈了中国瓷器，是宋元以后被外国商船运走的，途中沉船湮没，历时几个世纪，又被打捞上来。世人看了这些展览，能看到中国古代瓷器的精美，为中国古人的发明创造而自豪。其实，每个中国家庭的厨房也是筷子和瓷器的库房，这也是中国厨房的特征之一。

（二）八系食谱

中餐很早就有记录文本，把制作的原料、工艺、食品种类和健康功能详详细细地写下来，形成食谱。中餐有八个菜系，就是有八种食谱，分别是鲁菜、沪菜、粤菜、川菜、湘菜、闽菜、京菜和江浙菜。

中餐食谱是多民族、多地区的食谱，它们都是在我国不同民族和不同地区长期形成的，没有一个统一的中餐食谱。食谱的类别如下有两项：

一是主打食品，构成了八系食谱不同地区的风格。俗语说“南米北面”“南甜、北咸、东辣、西酸”，都是民间人士对这些地区差异的扼要概括。历代食谱也反映了多民族风格的差异与融合。北京建都八百余年，形成了京菜食谱。它是由汉族的鲁菜和江浙菜、满族的猪肉菜系与蒙古族的羊肉菜系综合而成，是一种很特别的多家菜。在京菜中，有名的主打食品是羊肉，北京从元代蒙古族统治者建都到现在，羊肉菜系经久不衰，与蒙古族饮食被北京市民喜爱有关。元代有一个宫廷知识分子叫忽思慧，写了一本书叫《饮膳正要》，里面提到的食谱85%以上是羊肉，包括至今畅销的“涮羊肉”，可见这种民族饮食的魅力。

二是配料。八系食谱的另一区别是配料的差异。鲁菜善用清汤制菜，菜品清鲜、脆嫩。闽菜素有“一汤十变”的美称，擅长以海鲜入菜。川菜号称“一菜一格、百菜百格”，据传烧出来有“七味八滋”。七味，指酸、甜、麻、辣、苦、咸、香；八滋，指干烧、酸、辣、五香、煸、怪味、麻辣、红油。川菜在中餐中的地位居高不下，奥妙在于使用配料的高超技艺。西餐也有丰富的配料，不过有些配料的口味中国人不大习惯，像奶酪。

（三）主副结构

中餐有主、副食结构的区别，而西餐不分主、副食，这是差异。不过西餐的面包与中国的馒头类似，西餐的蔬菜和酒水也与中国的副食类似。从跨文化交流的角度说，中西餐的顾客还是可以从各自文化的角度去品尝对方餐饮的，并非绝对由于文化差异而影响出入彼此。

三、中餐的民俗内涵

中西餐的民俗是两者区别最大的方面。中餐民俗大体可分三类，即神人分食、粮食伦理和社会馈赠。[①]

---

① 本节的论述，参见董晓萍：《说话的文化》，北京：中华书局，2002，第134—149页。

（一）神人分食

中国传统饮食的重要部分是祭祀饮食，这是自古以来不可缺少的一项。古人准备祭祀饮食大致有四种情况：一是祭祀天地，如《尚书·酒诰》：“越庶国，饮惟祀。”二是用于军事、政治、外交和其他社会组织行为的祭祀仪式，如《左传·桓公二年》讲古时盟伐归来，合饮于宗庙，“凡公行，告于宗庙。反行，饮至，舍爵，策勋焉”。三是岁时节令祭祀，如《荆楚岁时记》讲，从腊八之后到春节，民间有以饮食祭神的系列活动，包括“以豚酒祭灶神”，“家家具肴蔌，谓宿岁之储，以迎新年。相聚酣饮，请为送岁。留宿岁饭，至新年十二日，则弃之街衢，以为去故纳新，除贫取富也。又留此饭，须发蛰雷鸣，掷之屋扉，令雷声远去”①。四是以酒饭祭祖，行祖先崇拜之礼。

中国不是宗教国家，祭祀饮食还是包含人的饮食。与西方宗教国家相比，中国祭祀饮食的特点是神人分食，表现在三方面：一是祭品以农产品为主，是人的饮食的一部分，现在西方祭品以蜡烛为主。二是祭祀与人的现实生活或跟随行动紧密相关，是以食品为媒介，进行神人利益交换，特别是在对抗家庭疾病或自然灾害的祈神仪式中，那些进献食品、许愿和还愿的过程，更是一种定额分享。三是在祭品处理上，也讲究神人分享，最后由祭祀个人和祭祀群体遵守风俗习惯，将祭品吃掉。按民俗观点，这叫“分福”；按经济观点，这叫“不提倡浪费”。

（二）粮食伦理

中国是农业国家，既生产粮食，也发展了一种与儒家伦理文化相适应的粮食伦理文化。中国人利用饮食培养人品，把饮食观与人才观联系起来，在这方面已形成共识。例如，在汉语中，把享受先人的荫庇叫“食德”，把玩物丧志叫“饭坑酒囊”，把庸碌无能叫“饭囊酒瓮”，把不劳而获、饱食终日叫“脑满肠肥”等。人要成才，就不能贪吃，必要时，还应经受饥饿的锻炼，叫

① 〔梁〕宗懔：《荆楚岁时记》，姜彦稚辑校，长沙：岳麓书社，1985，第 54、57—58 页。

“饿其体肤”，而且要“衣带渐宽终不悔”，坚持到底。能达到一般人才水平的人，是君子，他“食无求饱，居无求安”（《论语·学而》），一心向有道德的人请教，好学正派。能达到贤德通达的人才水平的人，是儒家推崇的楷模人物，他“一箪食，一瓢饮”（《论语·雍也》），自甘清苦，不改其志，在品格修养上达到了超越常人的境界。但这种日子，连孔子也说，“人不堪其忧”，普通人很难做得到。所以，儒家主张重在回避各种享乐的诱惑，通过节衣缩食树立克己利他的人生观。

西方人的家庭教育也是从餐桌上开始的。西方的家长教育子女学会正确用餐姿势和礼仪规范，为他们长大进入社交文化做准备。中餐的传统家庭教育更重视修己进业，通过约束自己建立社会关系。

粮食伦理文化的另一内涵是节约，节约粮食是中国人的传统美德。古诗说“谁知盘中餐，粒粒皆辛苦”，就是一首节约粮食的劝善歌。节约的目标是保存粮食资源，也是建立尊重农民、尊重农业和尊重粮食生产的意识形态。中国人还有一些开发粮食意义的做法，比如把粮食看成一种身体文化，这也促成了人们对粮食的珍重和爱惜。中国人，特别是道家，一向认为身体是一个空间，不同的食物与这个空间有一个对应关系，掌握这种关系，就能治疗身体不同部位的病。据中医的说法，喝粥就能全面保健。南宋陆游还专门作过《食粥》诗：“世人个个学长年，不知长年在目前。我得宛丘平易法，只将食粥致神仙。”孙思邈在《千金方》中也提到了食粥疗法。食疗的思想，是强调在饮食和身体需求之间保持对应平衡，做什么事情都不要过分，人对自然的需求应该有所节制，这种思想实在是中华民族精神的一种写照。

在中国传统文化中，粮食消费也是一种权力，受到政治和经济地位的制约。在古代汉语里，把上层阶级尊称为“肉食者”，把底层庶民鄙喻为“食菜者”，都反映了饮食权力的差异。没有权力的、被统治者支配的社会基层群众同样受到消费粮食的压制。明代四大奇书之一《水浒传》，讲“菜园子”张青和孙二娘结合，在十字坡开了一家夫妻店，专门做人肉包子，杀富劫豪，享用粮食，这是被当作农民革命的壮举来讲的。《水浒传》评价农民理想社会的一个硬指标就是“吃肉”，即享用带有上层权力象征性的粮食。小说《金瓶梅》受《水浒传》的启发而写，里面对饮食的描写也十分丰富，共写了点心四五十种，其中像“黄米面枣糕”和“艾窝窝”等，如今在北京还极为常见。小说中还写了来旺媳妇的拿手菜“烧猪头肉”，应伯爵做的“红糟香拌鲥鱼块”等。这些都是通过消费粮食的水平来为社会阶层定性的。

（三）社会馈赠

中国人有时消费粮食不是为了饱腹，而是一种社会馈赠，它从先秦起源，到现在还有。在我国，在会友宴客、华诞祝寿、节日喜庆等场合，都还少不了赠送食品。河东与河西的误解、张家与李家的矛盾，有时能通过送一个食盒、吃一顿饭一笔勾销。这是以粮食为有形物质搭建的社会运行网络。

节日馈赠是中国人传承最久、规模最大和意义最丰富的社会馈赠，由家庭和社会两个网络分别举行，有时也交叉联合举行，其关键环节是向神灵馈赠、向祖先馈赠、向家长馈赠、向尊者馈赠、向儿童馈赠和向朋友馈赠等。中国人的春节吃饺子、正月十五吃元宵、中秋吃月饼、腊月喝八宝粥，都有这种馈赠行为，能产生很强的社会认同作用。

另一种是仪式馈赠，往往在人生成长和社会安全出现危机的重大时刻进行，如在成年礼和婚礼上的大批馈赠和回赠等。这种馈赠都有固定的仪式，馈赠物有数量、种类、质量和时间的指定要求。馈赠者在馈赠物品的过程中，有时还要同时馈赠体力和具有风险性的精神经历，以表示馈赠者的虔诚信念。有时要通过种种考验，才能完成馈赠仪式。

还有社会工作馈赠饮食。这种活动在职业关系圈中进行，被用来沟通关系、增进感情、强化人际关系。但这种馈赠过多，也会成为负担、造成腐败、恶化社会风气，需要抵制。

综上所述，中餐民俗有五个特点：一是富有筷子文化细节，二是对食物进行人文分类，三是厨房内的节约经营与神人交流，四是讲究身体空间与自然、文化保持平衡，五是由饮食分配产生权力。与西餐文化相比，中餐的这些特点都是日久天长、根深蒂固的，在中餐的跨文化交流时不能不考虑这些要素。

第二节 现代厨房

中餐正在发生巨变，正在从农业时代的家庭厨房转变为现代化工业时期的现代厨房，它是由现代工业概念与现代人的生活理念结合而成的实体。从市场运作看，现代厨房的流行有三个新动力：一是在现代社会中，农业生产生活用品被转化为现代工业产品，可以增值销售，产生了新的经济动力；二是现代化提倡高消费，产生了新的消费动力；三是在世界范围内兴起多元文化保护思潮，人们开始关注厨房的民俗价值和饮食安全，厨房被看成文化回归的场所，带来了新的人文动力。[①] 中国的农业饮食传统历时悠久，不会轻松地告别农业厨房或母亲厨房；但中国人现在也接受了现代厨房，中国市场力图将两者融汇在一起，互动发展。本节要讨论这些变迁的形式和内容。

一、工业化时代的厨房形式

现代厨房是现代化工业时代的产物。从我国近些年的情况看，中餐厨房已形成分化，出现了各种不同的厨房，包括家居厨房、快餐厨房、超市厨房、厂店厨房、主题厨房和农民厨房等。比起农业社会的家庭厨房和母亲厨房，如此多样的现代厨房分类是前所未有的。随之而来的，是厨房的权力属性的转移，它不再由日常生活的“女神”母亲专擅，而是被现代化工业时代的企业家、商家和经营绿色土地项目者拿走。站在现代人的立场观察这些厨房分类的变化，可以发现从前厨房的好处和尴尬，可以看到中餐的坚持和守望，也能让我们反思中餐在现代化和全球化冲击下，在适应现代人群选择的潮流中所发生的适应性的改变。

（一）现代家居厨房

中国农业社会的厨房是家庭厨房，但不是家居厨房。从前家庭厨房的建筑

① 关于现代化工业时代的农业特征和饮食理念，参见董晓萍：《粮食民俗与粮食主权》，《浙江大学学报》（人文社会科学版）2006 年第 1 期，第 41—49 页。

形式有两个要素：一是厨具空间，一些厨具还不曾与农具完全分离，没有被家具化，家具的空间是正房和寝室，厨具和家具各有各的位置。二是祭祀空间，主要祭灶神，也祭火神和水神。在神灵的保护下，厨房与家庭获得饮食的民俗权利和安全感。厨房的性质是对内保护和对外封闭的。

家居厨房是现代建筑的一个从属空间。它的格局是按照现代化工业观念和现代住户理念进行设计的，有以下几个基本要求①：第一，用橱柜遮蔽管道，将厨具装饰起来，改变其农具形象，并给刀叉、酒盏等西式餐具预留空间。总之，使厨具家具化。第二，厨房开放设计，改变其神秘性和封闭性，将家庭温情表层化，营造平等浪漫的氛围。第三，美化厨房，引进现代科技灶具，突出艺术性、观赏性和快捷卫生的工业标准，降低了慢火细作的传统中餐的地位，排挤了“不卫生”民俗食品的空间。第四，引进绿色食品，营造返璞归真的情调。第五，安装专门的装饰品，如冰箱挂件和留言条等，让人感到亲情依旧，唤人思归。第六，厨房与家具一体，创造家居新理念。现代厨房已被视为现代社会人居建筑的一部分。

从实用角度看，现代家居厨房与农业家庭厨房的区别是：去掉了厨房的农业气息和神居性，代之以人居的理念；模糊了厨房与寝室的界限，将一部分寝室家具挪入厨房，将厨房当作现代消费生活的对外展厅，不再是一处封闭的天地。现代住户在新的物质生活水平上，在对中餐需求的不同程度上，保持了旧的生活传统。这种家居厨房从不刻意地中断传统，但也有明显的西化倾向，喜欢模仿外来食潮，满足现代人了解全球家居商品的新鲜感。住户是在寻求一种自我感受、一种精神分享、一种变迁的快感，而不是故意放弃原有的饮食原则。正是这个层面上，在这种融汇中，他们不知不觉地改变了历史上传承下来的家庭群体饮食观念，又不知不觉地保存了一部分家庭饮食习惯。

打入中国市场的瑞典“宜家”国际企业以推销欧式家具为主，之后又率先推出了早餐项目，打造了家具产品与厨房产品一体化销售的新亮点。从外方来讲，没有一番市场调研的功夫，这是做不到的。从中国消费者来看，觉得这

① 在家居厨房的格局上，本节的讨论受到胡立丽一文的启发，不过胡旨在提供现代家庭厨房设计的新策略，本节主要是讨论现代工业社会时期中餐厨房变迁的切入点和趋势，故在此将胡文的描述做基础，进一步讨论现代人对厨房装修的思维方式和提出“家居厨房”的概念。参见胡立丽：《五个办法提升厨房温情》，《法制文萃报》2005 年 1 月 10 日，第 14 版。

很自然，不别扭，就应该想到中国的现代家居厨房正在发生变化。

我国自改革开放以来城乡新居拔地而起，新居中的厨房也成为现代建筑工程的一个要件、一个市场销售的条件。从购房户来讲，家居厨房的理念切入点是装修，装修的新潮内容是欧式厨房，然后再把中餐的需求砌在墙上，放在橱柜中和留在厨具上，这就创造了新的物质形式，它对中餐的走势有一定的模塑作用。我们观察家居厨房的变化，是观察隐藏在装修背后的多元饮食文化融入与中餐的变迁。

（二）快餐企业厨房

全球化带给中餐的一大对手是西式快餐。起初，中国人惊叹它们争夺目标人群的能力，尤其对麦当劳、肯德基、比萨饼、汉堡包争取青少年客户的速度充满了警惕。后来又发现，造成更大冲击力的，还不在这些西式快餐品种本身，而在其现代企业经营理念、科学管理制度和厨房卫生标准。随着西式快餐在中国落脚日久，远不止青少年，更多的是中国家长、企业界和其他社会各界进行的反思。一个关键问题是：中餐所失去的，如何变成中餐所得到的。没有更多的中国人羡慕西式快餐，但有越来越多的中国人承认西式快餐厨房的经营理念和管理水平，这正表现了中国人在多元文化介入中的反省传统能力和学习能力。

1. 统一标准化的原材料、生产流水线、工卫水准和市场价格

快餐企业对中餐冲击很大的是它的厨房新概念。这种厨房是按照现代工业理念制造食物产品的实体，采用统一标准的原材料、统一标准的生产流水线、统一标准的工业卫生指标和统一标准的市场价格进行严格管理。由于研究目标的限制，本书暂不涉及其中的经济学问题，拟重点讨论它与中国传统家庭厨房的关系。以麦当劳为例，叶稚珊写过一篇散文《麦当劳小伙计》，很客观地写了中国家长对麦当劳的反应：

提起女儿去年在麦当劳一个月的打工生涯，也许她已经淡忘了，

而我却记得牢牢的。

红头发红鼻子的“麦当劳叔叔”开的第12 747家分店位于北京的寸土寸金之地王府井，这是麦当劳最大的分店，也是中国大陆第一家合资的麦当劳店。它的意义不光是把汉堡包推上了中国人的餐桌，还引进了营养快餐、规范服务的理念，是经济开放、文化思想交流的象征。

麦当劳食品的最大特色是标准化。无论在世界上的哪一家分店，汉堡、薯条的风味、质量都不会两样。这得益于严格科学、规范的质量管理，他们花很多精力调查、分析每天的每个时段顾客流量，据此决定厨房间的操作速度，以最大限度地避免浪费和损失。也许你不会相信，麦当劳规定汉堡包出炉后10分钟卖不出去就要扔掉，薯条、苹果派等也有相应的时间要求。扔掉的东西要登记时间、数量。我在一天的下午被允许参观工作间，亲眼见到了垃圾筒里鲜亮的汉堡……

女儿负责收银工作，这里的行话叫“打桌”，即我们常说的“站柜台”。……苦读了12年的“小眼镜”很快适应了“小伙计”的角色，在这种近乎苛刻的条件下毫无怨言地认真工作。她不喜欢麦当劳的口味，每日免费供应的一餐对她来说并不是享受。而同样不喜欢这种口味的我，却要在她下班之后饱享这种气味。……麦当劳的厨房紧挨着柜台，可保证食物加工后经过最短的旅途到达顾客手中。经营者的精明无处不在。

他们并不把“顾客是上帝”作为口号挂在嘴上，而是要求员工记住：“第一，顾客永远是对的。第二，如果顾客错了，请看第一条。”①

① 叶稚珊：《麦当劳小伙计》，《下午茶》，济南：山东画报出版社，1999，第330—333页。

此文也可当作一篇“调查报告”来读。它很特别，没有用数据说话，但它具有调查报告所需要的个案和具体细节。作者所强调的大人孩子都“不喜欢麦当劳的口味”，但能“适应”它的管理约束和分析它的“标准化”食品成功的初衷，使此文带有比较普遍化的中国人的视角。北京师范大学也接待过来自麦当劳的故乡的美国博士生，对方也做过麦当劳对中国市场影响的人类学调查，还使用了数据统计的方法，对北京、上海、广州等地的麦当劳做过比较①，结果对中国顾客的看法与此文不谋而合。从各方面资料看，快餐企业厨房与从前家庭厨房的不同，在于其使用的整体统一标准和可被工业机械分解操作的具体标准，连它们的收款机、报时钟表和经理员工都是这套标准的从属对象，除此之外，没有“第二”，只有唯一。在对待不同文化、不同口味、不同地方传统的用餐者需求上，麦当劳能“包打天下”，就得益于这套标准，它还呈现了人类饮食趋同选择的一个底线，即达标质量。与之相比，家庭厨房的位置何在呢？有两点：一是在统一快餐企业厨房发展起来的现代世界中，它被用“地方特色”“多样性”和“个性”的概念重新界定，使其拥有不可替代性，进而被现代价值化；二是在现代工业管理体系的对照下，它凸显出亲近自然和顺应现代人回归需求的品质，因而不可缺少。从目前的市场趋势看，快餐企业厨房要从落脚变成落户，就要吸收家庭厨房的这些特点；而家庭厨房要从民俗变成代表作，也要在保持特色的前提下，建立可评估的质量标准。

2. 展现企业文化理念

快餐企业厨房是现代饮食工业经济的品种，它向饮食经济以外的不同文化延伸，建立跨行业、跨品种的广泛企业文化形象，这是过去农业社会经营所没有的事。现在人们上王府井大街，能看见过去头顶烈日的交警如今站在张亭如盖的“麦当劳”企业文化伞之下，而且已不觉得奇怪，是因为习惯了这种企业文化新现象，那张伞上的中译文“麦当劳”三字和金黄色的英文符号“M”对中国人认识它的企业理念也是一种潜移默化的提示。

---

① 1996年至1998年、2004年、2005年，美国哈佛大学人类学系博士生 Bernadine Chee 多次来北京师范大学民俗学专业访学，调查研究西方快餐对中国饮食的影响，并使用这批资料撰写了博士学位论文，由于教学工作的关系，笔者部分地参与了这次工作。

近年中国企业也开始以这种理念发展，以名牌饮食冠名的乒乓球赛事、足球俱乐部、文艺创作、影视节目和慈善基金等相继涌现，不少国企都在借助文化理念做大做强。

3. 西餐在线：目标人群分类与刀叉、分餐、奶酪

麦当劳在中国的经营战略之一，是把目标人群锁定为青少年，从文化上下力，争取青少年的社会认同。它的常设节目是给青少年举办主题生日宴会，宴会上甜点丰盛、烛光灼灼，由商家准备好的录音歌曲《祝你生日快乐》在花季小客人和他们的亲友包围圈中缓缓飘起，四周围绕的化装面具和特制玩具五彩缤纷，映射着小主人春风荡漾的笑脸，全家人都沉浸在幸福温馨的气氛中。对年龄稍大的中学生和大学生来说，到麦当劳举行同学聚会，新鲜时尚、异国情调，为大多数人所心驰神往。现代中国的青少年在这种场合里，学会了使用刀和叉，接受了一人一份的分餐制，习惯了与中餐口味相去较远的奶酪等系列食品，而这些都是西餐的核心部分，习惯即接受。

麦当劳从不举办婚庆大典，因为成年人也不选择它，它不选择成年人。在年龄组上，它做小不做大，其实用心很大。

（三）超市商业厨房

相对于流行统一食品的美国，欧洲企业是另一种模式，大多推行本国特色食品，法国的家乐福是一个代表。法国和中国一样，都有悠久的农业文明，法国大菜也与中餐一样赫赫有名。在食品经营上，家乐福推出了超市商业厨房，提出了与麦当劳不同的另一种思路，简言之，它要标准，但不要统一；它要赢利，但不要一元化。具体有以下特点。

首先，针对中西餐在“卫生”观念上的争论，将西方工业卫生标准分成不同商品区、按不同购物兴趣执行，促使本国雇员和本国顾客做自我选择。家乐福把厨房经营分区，是与它的百货超市的性质和条件分不开的。麦当劳毕竟只是一个餐饮饭店，相当于家乐福的一个熟食部。在熟食部里，家乐福的雇员全部戴白口罩，以表示纳入工业卫生标准，麦当劳的员工却是不戴口罩要露出

笑脸的，于是人们要看麦当劳的标准化，便要看它的薯条的尺寸和巨无霸的规格，并为其整体划一而感叹。家乐福在熟食出售上，却是要任凭顾客挑选大小多少的，没有必要做统一规定，但除了强调口罩卫生，它还要补充选料地点、保鲜时间和质检等级等条件，纳入中国人看重的食疗健康理念，以赢得不同背景、不同年龄段的顾客的社会认同和购物冲动。它的米面禽蛋购物区与熟食部相配，贯彻相同的卫生观念，同时根据食品原料的不同，又细分为健康食品区、保健食品区和绿色食品区，现代中国话题中流行的这三种饮食观念，特别是决定家庭餐桌潮流的不同阶层主妇的兴趣点，都能在该区找到归宿。例如，在健康食品柜台，能看到"高钙粉""燕麦片""红枣莲子羹""黑芝麻核桃糊"等各种食品。在保健食品柜台，能看见指定生产基地的"放心鸭蛋""生态鸡蛋"和"中国最后一块黑土地"的北大荒大米。在绿色食品柜台，能看见无农药、无公害、无转基因蔬菜专柜和"家乐福合作农场"的承诺"请告诉我们的顾客，每天早晨，我们把我们最新鲜的产品送到各个家乐福门店来，您的满意是我们每天的挑战"。它们皆为养生专家所提倡、电视报纸所宣传、中医传统所暗含，中老年和学生咸宜，这让中国人感到离自己的文化不远，又有现代意识，增强了趋同性。

家乐福还有更厉害的一招，麦当劳没有，比宜家还专业，就是设有厨具区，纳入企业厨具，推进餐具、厨具和食品配套购销的商家理念。商家在这里布置了一个餐具厨房，灵活地设在宽敞的厨具走廊和人流穿梭交叉点的一角，没有墙壁，没有监管员工，对任何人开放，一个支架简捷的电子灶台，一堆煎炒炖煮不同用途、造型新颖的厨具，一盘切成柔长细丝的胡萝卜或碧绿短块的芹菜，微微的蓝火苗跳着，或发热的电炉丝开着，千百年来熟视无睹的厨房用品被家乐福这么一折腾，都成了好看的艺术品，随顾客尝试，不试者可自动熄火节约用电，让你买了还审美，不买也欣赏。其实这种不要钱的承诺是最贵的，它把厨房做成艺术科技市场，扩展了饮食的精神空间，对提高了物质生活水平的中国人来说，对厨房精神空间的投资一旦变成渴望，就是深不见底的商机。

其次，采用全球化下多元一体共存的战略，采购多元风味食品，提供多元文化选择，避免顾客对外来主食厨房的拒绝。家乐福在法国和中国的经营有很大不同，它在中国是异地经营，注意适应中国人的饮食风俗。中国的传统厨房是家庭厨房或母亲厨房，家乐福的熟食部柜台后面也站了多个女售货员，现场制作、笑迎顾客，相当于系列“变形母亲”。在法国就不用这样，法国商场的售货员数量很少，各种电子仪器、工业机械代替了人的很多劳动。中国的家乐福还照顾中国人喜欢加热饮食的习惯，出售本土热食，他们把蒸锅或电饭煲摆在柜台上，里面装满热气腾腾的粽子或玉米，摞得冒尖，香味扑鼻，吊人胃口。中国是多民族、多地区国家，这里也出售中国东西南北的饮食品种，体现不同的饮食传统。此外，作为一家国际化企业，在全球化的形势下，家乐福还将不同国家的名牌食品进货上市，在它的货架上常年能看到日本的苹果、朝鲜的咸菜、以色列的黄瓜、新西兰的橘子、美国的咖啡、英国的麦片、法国的果酱和俄罗斯的面包，等等，来自不同文化背景的人都能在这里找到本土食品，产生在家入厨的感觉，体会到商家的理念和细心。

两次世界大战以来，了解国家概念和世界概念的人，除了政治家，还有资本家。现在的全球化时代是一个政治与消费并行的时代。

（四）老字号厂店厨房

国内餐饮服务企业中的老字号，在保持中餐稳固地位的竞争中，砥柱中流，担纲主角。面对中外市场的激烈竞争，它们在原有前店后厂的基础上，利用自产自销的优势，建立了厂店厨房，重建了家庭厨房或母亲厨房的传统，创造了转型民俗。兹以北京的几家“中华老字号”为例进行说明。

首先是稻香村，原名“稻香村南货店”，始建于晚清光绪二十一年（1895年），位于前门观音寺，南店北开，为北京旧城经销南味食品的著名店铺，传统食品为南味糕点、熟肉制品、酱菜和干菜。明清以来，北京一直是江浙才子的科考寓居之地，延至晚清，因此稻香村吸引了不少文化名流。民国以后，浙江籍的鲁迅先生在北京大学和北京师范大学教书，还常来此店光顾，并写入日记。1994 年，北京组建了稻香村食品集团，含 1 个 5.5 万平方米的中心工厂、1 个 4 万平方米的原料加工基地、1 个食品配送中心、19 个直接营销店和 12 个加盟店，提出了“发展传统的民族工业”“承中华智慧、融现代精神、弘扬中国食品文化”的企业文化理念，并按市场规律改造企业管理系统，采纳了 ISO 9001 质量标准、ISO 14001 环境标准和 HACCP 食品标准经营，再度跻身国内先进企业行列，获“中国商业企业名牌”“中国商业服务名牌”“全国集体商业优秀企业”“全国食品工业优秀企业”“全国食品质量效益型先进企业”、“全国保护消费者杯最高奖”和“北京市优秀食品老字号”等多项荣誉奖励。

厂店厨房是稻香村的窗口之一，有以下特点。

特色化。特色化是老字号把饮食民俗和现代市场构架在一起重建传统的工具。稻香村进门右首的第一排柜台上，摆着黄米面凉糕、驴打滚、艾窝窝、豌豆黄，都是明清糕点，已有三四百年的历史，现在还在生产。明人小说《金瓶梅》就写过它们，据说慈禧太后爱吃豌豆黄，艾窝窝还被写入英文小说，老北京人大都知道它们的传说。点心不大，巴掌大小，每份 1 元上下，好吃不贵，上面写着当日的生产日期，早晨上货，傍晚售空，不留陈底，遵守现代企业标准。稻香村根据现代人的生活趋势，还扩大了月饼、粽子和元宵等传统节日食品的生产量，新增了绿茶、南瓜、苦荞麦等健康饮食糕饼，开设了无糖食品专柜，补充了现代家庭厨房流行的速冻食品和年轻人喜欢的休闲小食品，另增加了热食直销和微波炉加热食品等免费服务，让顾客处处感到如进自家厨房，舒服方便。现稻香村产品达十余个系列 400 多个品种，年销售额逾亿元，做到了南北风味结合，又能保持传统。

低价位。中外企业厨房竞争的一个卖点是价位。比起麦当劳和家乐福，国企老字号占有地主优势，并能清醒地加以利用，均以低价位出手，争取到了自己的市场位置。稻香村几经面粉、食油等原材料涨价的冲击，都能始终做到传统食品价格不变，厂店厨房的售价几乎等于家庭自制，被顾客传为口碑，终日顾客盈门、生意兴隆。

社区性。目标网络定位也是中外企业厨房的竞争之处。麦当劳在商家密集的大街市面选址，吸引购物人流。家乐福在车辆进出方便的十字路口选址，吸引大宗购买力。稻香村的定位是社区，在公交车站、学校、工厂、国营商店附近选址，把广大市民、工薪阶层、在校师生和内部职工等确定为自己的服务对象，吸引占人口绝大多数的本民族内部消费者。店内厨房附带小食堂，每天中午和晚上都有中小学生和职工前来就餐，跟在家里的厨房和客厅里外屋一样，厨房里做好包子、馒头、煎饼、面条，来客在外屋随到随吃，宾至如归、人气很旺。

引进现代知识。北京吴裕泰茶庄是茶叶行的老字号，清代老店，延续至今。它的一个特点是在传统商品销售上，引入现代知识评价观念，其古香古色的店门口悬出十分现代的大招牌，对比强烈，格外抢眼，上写“中国农业科学院茶叶研究所、有机茶研究与发展中心认证”“吴裕泰茶庄、新有机茶、茉莉小白毫、60 元/500 克”。行色匆匆的现代人被此吸引，驻足观看，先是出于对“有机茶”现代概念的兴趣，然后再了解传统和接受传统，或者买茶，或者进店品茶，店内也有厨房客厅类的设置，让顾客倍感亲近。现代国内茶叶市场的竞争对手不是西方外企，而是民族工商业本身。西方人爱喝咖啡，但西方企业进口咖啡抵抗不了中国茶叶的魅力。而中国好茶名牌众多，犹以南方擅胜，北方并不占优势，北方茶庄主要是推销和经营。吴裕泰茶庄的做法符合北京政治文化中心的特点，便属经营有方。

与本国食制相结合。前面提到瑞典的宜家企业办早餐厨房，国内老字号稻香村办中餐和晚餐厨房，反映了各自的食制差异。在现代快节奏的社会里，西方国家的上班族早晨冲一杯咖啡，加一片面包，简单快速，醒脑提神，就能开始工作。这种早餐早一点赶到公司也能解决。中国的厂店厨房提供中餐和晚餐，符合中国的机关、学校和企事业单位的作息制度，因而也能开门有益。

展现食谱魅力。在北京餐饮行业的老字号中，馄饨侯也是一家历史悠久的老店，至今生意兴隆。店中的“酸汤馄饨”“红油馄饨”都是老牌子，皮薄如纸，馅饱料足，汤汁鲜美，小菜地道，食谱自成一家，深受中外人士青睐。厨房开放，在厨房和餐厅的连接处设一工作间，用玻璃柜隔开，一位厨师坐在里面，一手拿皮，一手包馅，速度飞快，只见瞬间一个个馄饨如串珠般从指缝间落下，眨眼间包好的馄饨堆成小山。工作间的玻璃罩朝向顾客，可供顾客随意参观，靠墙的一侧与厨房门相连，可供里面来人随时取走馄饨下锅沸煮，这种能现场制作、现场表演技艺的都是看家功夫，没有特殊训练是做不到的，它体现了传统中餐在现代社会传承的两个看点，即食谱和手艺。老字号之所以名声不倒，还在于把两者都能做成艺术，令人赏心悦目，让快餐望尘莫及。在一个解决了温饱问题的社会，吃能吃多少呢？于是人们开始追求饮食的艺术。而艺术是精神层面的东西，它一旦被关注，又能促使现代人去想最平常不过的饮食竟能成为最令人称奇的艺术，该需要多久的积累和多长的传统。

厂店厨房是国内饮食行业自主创新的成果，富有中国风格。

（五）主题厨房

国内还有一些新兴的主题厨房，与老字号的概念完全不同，体现了改革开放后在某些领域里中餐观念的彻底变化。主题厨房大致有四类。

纳入现代健身概念。开办足疗茶馆，或称“茶艺足疗”，从现代人喜欢谈论的“健身”一词切入，将饮食的概念改造成休闲和恢复的概念，使喝茶变为一种新潮活动。

雅化社交饮食空间。举个“思茗斋”的例子，店外一个偌大的广告牌上写着“休闲、聊天、商洽、聚会”，店内环境雅致，空间布局个性化。现在国内这种店很多，半受西方快餐店的影响，半受国内中产阶级化的影响，饮食活动被改造成寻找社交空间的途径，饮食是引子而已，需要这个空间本身才是目的。

提高饮食环境档次。北京有家“孔乙己”饭店，按鲁迅小说《孔乙己》布置，呈江南水乡风格。前院遍植修竹，后院小桥流水，板屋黑白相间，桌布一律用蓝底白花的浙江蜡染，墙壁上书写了春秋二十五史历代浙江名人，从范蠡、西施、伍子胥、越王勾践，到秋瑾、夏衍、茅盾等无不在册，书法遒劲。整个饭店强调文化环境，突出书斋格调，装修诗情画意，也很诱人。它体现了现代人关注文化氛围，要求饮食与氛围相和谐，以体现品位的倾向。

提供汽车文化服务。改革开放后，国内的汽车工业和高速公路发展很快，高速公路旁边的汽车商店、汽车饭店和汽车旅馆应运而生。在城市里，还出现了专门为出租车司机开办的出租汽车餐馆。中餐是为这种新兴行业服务的，从前没有这个行业，就没有这种主题的中餐。

主题厨房的意义有两点：一是让厨房摆脱了农业社会家庭厨房的窠臼，成为现代社会生活的一部分；二是使厨房摆脱了母亲厨房和单位食堂的模式，成为新的社会公共空间。

（六）农民厨房

全球化带来了环境污染问题，也带来了回归原生态环境饮食的潮流，召唤了农民厨房的诞生。它指在农家小院中，使用农民自种的、无农药化肥的、无转基因的、无污染土地和河水的农产品，包括粮食、蔬菜和水果等，按农村的日常生活习惯，由农家大嫂或用餐者自己制作食品，自己付费和自己消费。在西北农村的交通要道旁，在京郊的果园瓜田里，在民族风情旅游区，已到处可以看到这种农民厨房。一些在当地常见的农家菜，经过农民厨房的途径，由用餐者口耳相传，进入了城市，在饭店里走俏，成为地方特色饮食，如新疆的大盘鸡和陕西的臊子面。

在现代社会多元文化的交流中，在现代人对饮食求精细、求品位、求氛围、求艺术的趋向中，农民厨房的出现，是与这种趋势相悖的。但它同时又是相辅的，因为它说明人们开始反思饮食的根本性质，主要有：(1) 纳入现代社会粮食安全的主题。(2) 纳入原生态农业评估的主题，包括在原产地的采摘加工，肯定原产地在农业生产中的传统地位；向往岁时性的鲜货供应，厌倦冷冻食品；回忆母亲版的家庭制作，抵制工业流水线的快餐垃圾。(3) 纳入现代人关注饮食传承差异和地方饮食特色的好奇感和增加了解的求知欲望。这些都是被过热经济消费所忽略的基本文化问题。从这个角度看，农民厨房的出现又是必然的。

综上所述，可见现代厨房权力归属的一般特征。

第一，传统厨房的家庭权力被瓜分，分为跨国企业权力、跨国商业权力、民族工商业权力和家庭厨房权力。由于外来饮食空间的侵入，厨房的空间意义产生了变化，家庭饮食的传统观念内涵被分解，渗入了经济社交、休闲社交、技术社交和利益社交等现代饮食文化因素，并产生了新的饮食空间含义。

第二，传统厨房的母亲权威被分解，现代厨房通过主动展示食谱的原料、制作过程、科学厨房的现场和科学评价标准，取得与母亲权威相等的信任。同时，又在解放母亲的口号下，缩短顾客对饮食的心理距离，让顾客产生食欲。

第三，传统厨房的食制权威被打破，出现随缘食制。现代厨房提供随时供应，为现代人在现代社会条件下不同时间、不同地点、不同餐数的饮食需求带来了方便，引导人们产生对随缘食制的情绪化的选择。

第四，传统厨房的传承品种被突破，出现新的饮食品种，如牛。过去国内饭店的餐桌上是很少有牛肉的，牛是农耕生产的主要畜力，从不会轻易成为饮食的对象。现在受西方饮食的影响，中国市场上也有了专供食用的肉牛，食谱上也出现了与涮羊肉齐名的涮牛肉，这在以前是少见的。

第五，传统厨房的厨具的象征意义被突出，同时推行整体厨房的理念。以往厨房的厨具都是祖传的，或者是婚姻陪嫁品，拥有自己的独立意义。从材料、形制、功能到存放位置都是固定的。现在随着中外超市和更换家具新潮的出现，厨具也成了可以流动的消费品，并产生了三个变化。首先是灶台，原来是祭灶的传统地方，现已由科技发明的电子灶台和微波炉代替。其次是锅碗，原来也是祭祀品，现已由不同艺术造型的钢铁制品或塑料制品代替。再次是筷子，原来是人口的象征，现已被开发为美术筷子、旅游筷子和礼品筷子，乃至还有破坏森林资源的一次性筷子，原来的庄重含义被淡忘。

现代厨房的最大变化是由固定厨房变为流动厨房，将规定饮食变成情绪饮食，但单元饮食变为多元饮食，出现了多元文化厨房结合的趋势。这些变化主要是在城市发生的，特别是在上述列举的国际化大都市中变化更快，而我国各地区、各民族发展不平衡，按 20 年前的说法，农村地区的变化就会慢一些。但全球化来了就很难讲，全球化是带着消费主义到处跑的，是在我国开放的土地上无孔不入地运作的。何况农村也在城市化的进程中，农民也在向城市消费生活靠拢。现在在欧洲大巴上看见一个中国农民，与在中国农村看见一部欧洲产手机一样，都毫不奇怪，厨房厨具又奈若何。

二、现代厨房的资源与权力

从现代厨房的类型看饮食业资源分配的变化，观察现代商家对饮食业的生态资源和生产工业的重新分配，可发现饮食业资源的划分及其分配权力的变化。

（一）工商企业的资源划分

在现代社会，工商企业把传统食品和流行食品都纳入目标食品，并针对民族成员的消费趋势生产目标食品。在经营方式上，将农业节律变为工业节奏，从应时顺节的规矩向快节奏的生产方向转变，尽量延长目标食品的供应时间和供销力度，提高利润水平。在这一过程中，商家从两方面进行资源划分。

食物产品的资源划分。通过制造冷冻食品、延长目标食品的食用时间，减少了目标食品的家庭劳动量，将之转化为社会化劳动，再转入企业成本。另外，保留岁时时鲜品牌，保持民族和地区的饮食习惯。各种现代厨房的冷藏柜、冷冻箱和冷冻食品柜台都摆满了本企业的品牌产品，也摆放了各地的传统名牌食品。企业还赋予目标食品以时间价格，给时间做机械的分类，按照应时、限时和过时三种情况，划定了“保鲜期”“保质期”和“保存期限”等不同的时间界限，并明确标出不同的市场价格，按时获利。商家还注意打造长线特色品牌，建立目标食品的稳定市场。稻香村出售的明清糕点和元宵、粽子、月饼等传统节日食品皆如此，每年元宵节、端午节和中秋节来临，稻香村和其他中华老字号食品店一样，门前都会排起长长的等候队伍，人流与货流一齐涨到高峰，成为商家稳定赢利的黄金期。

厨房产品的资源划分。工商企业把厨房产品当作资源开发，构架整体厨房模式，建立新的分类概念，将餐具、厨具、灶具分不同企业分工制造，再由商家设计整体组合并出售，吸引顾客。另一个方法是构架整体家居模式，推行厨房与家具匹配的风格理念，还把男人、女人和儿童审美需求的不同差异加以综合考虑，进行混合设计，让男女房主都往商店跑。瑞典宜家家居的中国市场在这方面是领风占先的，商场内有男式西服衣橱，有女士化妆品伸缩架，还配有为儿童定做的童话般的家具，经常能看见全家人一起商量如何组合购买的场面。厨具部的产品琳琅满目，五味瓶、浇花壶和劳作后洗澡的欧式椭圆镜与洗浴支架摆放在相隔不远的地方，无异于一本引导顾客将家具和厨具一体化思考的教科书。国有企业开发厨房资源的习惯招数是构架行为饮食模式，拓展饮食产品销售的新空间，新建了广场饮食、火车饮食、飞机饮食、轮船饮食、一条街饮食、中外一条龙饮食的新概念。历史悠久的北京东华门小吃一条街成为各种新空间中的龙头老大，深受中外游客的喜爱。

（二）农副基地的权力划分

工商企业也对农副产品的原产基地进行了权力划分，大体分为五种基地：原粮基地、蔬菜基地、佐料基地、饮料基地和渔业基地。现代分配权力者的类型也在增加，划分的食品范围按市场规律进行了调整。

在原粮基地黑龙江农垦区、盘锦和天津郊区，形成了黑土地大米、盘锦大米和天津小站大米等一条龙产销线。山东的蔬菜基地，四川的辣椒佐料基地，浙江的农夫果汁饮料基地，沿海的大连、青岛、福建渔产品基地等，都有专线品牌。

我国刚从农业社会转型不久，母亲版的农业厨房及其农产品基地现在还有，但增加了工业化和市场化的竞争者，又形成了新的权力格局。

三、中餐观念的变化

中餐观念的变化不仅仅是与西式快餐较量的变化，那只是表层的变化，上述种种农业资源权力的变化也影响到中餐观念的变化。综合认识这些变化，才能对中餐走势有比较全面、深刻的理解。

（一）传统饮食的认同化

全球化以来，中国仍然保持了饮食大国的优势。在国民饮食中，不管怎样，传统饮食还占了主要份额。它现在的主要传承方式是亲情，在人生仪礼饮食中，还有母亲版饮食的权威。其次是熟人，由人际关系圈构成了饮食圈，在这个圈子中，饮食是谈资，或被用来确认关系。

此外，中国饮食也吸收了外来饮食的特点，分两个系列，一是西方饮食，受美式快餐的影响很大，受众基本是青少年；一是东方饮食，受日韩饮食的影响较大。应该说，与西式快餐打青少年的主意相比，去日韩餐馆的更多的是中国家庭。日韩饮食的佐料、口味和主副食的分配方式与中餐相近，能减少中国顾客的疑虑，中国家庭的男女老少都容易接受。日韩食品在加工上可以取用时鲜蔬菜或生鲜鱼、肉为原料，能克服中餐加热烹饪损失营养的弊病，也能引起中国人的兴趣。不过日韩饮食还是被中国人当成快餐或休闲餐对待，无法与中国人对自己传统饮食的认同相比。

别国多元饮食的引进，增强了中国人对传统饮食的亲和力，引起了新一轮的文化认同。与政治变革时期和战争时期所发生的认同不同，全球化下的民族饮食认同主要是文化认同。这种文化认同有集体性，也提倡个性；有价值观导向，也有情绪化倾向，是有层次差别的。

一层是民族认同。如王府井百货大楼一层大厅的传统饮食柜台，除了上货“茯苓八宝”“北京果脯”等食品特产，还附带了中国红的包装和中国结的装饰，使用在中国长期社会历史中形成的文化符号，通过传统饮食表达中华民族对自身饮食文化的群体认同。

一层是情感认同。在全球化下发生的社会巨变中，吃传统饮食，忆昔念旧，成为现代人生活中的一种自发行为。北京师范大学附近有一家砂锅居，匾额上写着：“烤焖煨煮本家菜/东西南北大砂锅/海锅海量酬宾客/古色古香颐人情。”这就是打怀旧牌。近年商家的这种提法不少。我们不去单纯讨论商家的赢利动机，因为商家没有顾客就谈不上赢利。我们感兴趣的是商家和顾客这两种不同社会力量的交叉点是一种现代情绪，是它让怀旧心情成为一种保持传统的精神武器。

一层是身份认同。现在不少饭店推出菜谱，分野味、精品和宫廷等不同档次。用餐者通过选菜的档次，表示个人旨趣。如果是请客，则表示主人对客人的重视程度。旧时俗语说“看人下菜碟”，讲等级待遇，现在倒过来了，时兴“菜碟由人选”，给个人自由，讲身份认同。

一层是资源认同。中国古有食疗观念，在全球化下，它被分解成三种观念：保健饮食、健康饮食和绿色饮食。虽然这类说法存在着争议，但它扩大了中国人对自身自然资源的认识，对一些从前被浪费、被丢弃、被锄荒的资源重新建立了认同，因此也有正面意义。那些在汉语中被冠以“野”字的系列植物，如野菜、野草、野山菌等，曾常年寂寞地生长在田间地头、山坡河滩，现在却成了“府膳”，可以节约和利用资源，这就是好事。

（二）快餐饮食的内涵化

流行快餐进入中国后，在深厚的文化土壤上被中国文化影响，被按照中国标准加以分类，被贴上了中国人需要的意义。

起初，麦当劳是快餐的代名词。后来，中国的快餐也跟了上来。在这些快餐品种中，有的原来是副食，如牛肉干；有的是由慢餐进化而来的，如河南的大红灯笼面条、陕西的羊肉泡馍速食面、山东的周村煎饼和地瓜干、北京的半亩园小吃。在中国市场上，它们跟西式快餐混在一起发售，已说不上谁快谁慢。它们还比外来快餐价格便宜，又比传统饮食提高了质量，发展成品牌，提升了自己在市场上的存活能力。它们在主流食品所服务的正餐之外，在现代大众文体娱乐的领域里发展，适应现代社会生活变化的需求，填补了主流食品的空白。只要拿出一点时间，看一看中国现在的广告，就能知道，到目前为止，除室内快餐方便面之外，在其他快餐上，“吃”的内涵都被拓宽了，变成了“含”“嚼”“咬”和“嗑”，用法丰富，能在旅游、休闲、娱乐等各种场合消受。如口香糖，据说含义是能“运动你的脸”，让人不能不感叹其意义制造者的能力。换个角度想，如果中国人不使用“快餐”的概念，不给“快餐”这么多意义，那些在传统生产方式和地方文化中生长的地瓜干和玉米面煎饼等，也不会在经历了五千年农业文明之后才一夜成名，乃至由极普通的家常物变成赶时髦的现代人之所爱。

其实快餐在别国也遭遇了这种待遇，麦当劳在不同的国家要有不同的口味。快餐还要在非主流空间、大众空间中找到自己的意义，如此才能介入现代生活，融入当地文化。

（三）食疗饮食的科学化

中餐有食疗的传统，现代中餐对此续有继承。现在市场上中西饮食丰富，还出现了保健饮食、绿色饮食和医疗饮食等不同开发品种。其实问题还不在于食疗饮食本身，而在于通过这一角度，可观察现代中餐如何在世界多样化饮食中重新定位，在文化回归与兼容科学性中并行。从回归的角度说，它的八大菜系都在强化地方性，并推出各自的菜系精品。从兼容科学性的角度说，它与外来餐饮平等竞争，强调卫生、快速、营养等，在跨文化交流中，学会让中餐自身的文化特征更加凸显，比如把农业营养和工业卫生、方便筷子和资源环保、劳力市场和社会就业等因素综合起来思考，加以协调发展等。以上谈到的筷子符号、茶叶情思、小吃寻根和怀旧寄托等，都是在这种跨文化比较的竞争中才能提炼出的民族饮食符号，才能发现的中餐情感倾向。

（四）馈赠饮食的精品化

现代社会与传统社会相比，公共生活得到了发展，中餐因此也承担了新的概念和新的空间职能。它在社区、社交和公共领域的社会网络中，都建立了自己的新地盘。但这也需要新的生存策略，即研究、总结传统中餐的优势和不足，在此基础上创造新的精品，近年很多中高档中餐饭店的产生与此有关。在这一过程中，我们看到了精品理念的多元发展，它对精品菜肴的制作更加考究，但也不局限于此，还讲究特色中餐、遗产中餐、氛围中餐、环境中餐和卫生达标中餐。更重要的是，它以文化遗产的组成方式，以社会认同过程，以特色化的工具意义，重建了中国饮食传统的可持续战略。

第六章

民居古建与现代住房

现代化以来中国社会最深刻的变迁，莫过于社会结构的变迁；[①]社会结构变迁最深刻的体现，莫过于住房的变化。一方面，现代化迅猛发展，城乡建筑日新月异；另一方面，民居古建也越来越引起人们的注意，曾几何时，三家巷、四合院、芙蓉镇、上海滩、城南旧事、苏北人家、桨声灯影里的秦淮河、胡同密布的老北京，都成了昨天的故事，住在高楼大厦里的人们越来越怀念历史的陈迹。中国人的建筑文化遗产观念也在增强，从北京旧城的拆迁到后海咖啡屋的讨论，从住宅装修的新潮到徽州民居的大力保护，从乡村房舍的楼台化到城市住房的田园化，到处都可以看到这种错综复杂的反映。中国在世界城市森林和农业文明古国的十字路口徘徊，人人都在面临着高消费建筑与温馨局促的老房子之间的价值选择。对于这些变化，社会学者在研究建筑社会学，建筑学者在研究城市规划伦理学，民俗学者在研究民居的遗产学，包括民居古建和现代住宅中的民俗知识、现代住宅变迁的民俗依据，及其在全球化下变化的民俗模式。这些研究都看到了一个基本事实，即中国人在经历了初期的物质现代化后会转向精神构建，对自我住宅的人文环境、怀旧空间和历史陈迹会提出保留的要求，使之成为现代人完善人格、拥有历史丰富性和合理想象

① 李斌：《住房利益分化与社会分层机制变迁》，序，长沙：中南大学出版社，2004，第1页。

未来的基础，[1] 而多学科研究正是辅助这一基础正确建立的条件。

第一节 民居古建

民居古建与现代住房有哪些联系？在现代社会中还能看到的哪些建筑属于民居遗产？现代人在经历了全球旅游、中外比较后，对自己国家、人生中的居住环境和历史遗迹有哪些重新认识？现代高楼大厦的消费生活引起了人们的哪些怀旧情绪？什么是中国人应该继承和发展的民居建筑思想？这些都不是建筑本身的问题，其实里面有长期的民俗传统。全球化给人们冲击最大的还有中西建筑时空格局的差异，实际是由人文情境概念的差异所导致的社会规划的差异，正是由于这种差异，在中西世界都用“文明”一词概括对方时，才能在双方中间都引起文化惊奇。当中国人用“西方文明”形容西方建筑时，往往指古老的城堡式教堂、红顶白墙的壁炉民居、风光旖旎的河畔绿地、洋溢着西方风土人情的大街小巷，及其对西方文明进展的延续。当西方人用“东方文明”形容中国建筑时，往往指红墙碧瓦的寺庙，人情亲密的胡同四合院，雄伟壮丽的高山大川，融合了集贸、婚姻、信仰和戏曲文艺的各种民俗创造空间，以及所有能让人感受到浓厚的中国文化气息的地方。原来这些文化惊奇都是外部感受，全球化又把它们变成内部反思。而当人类把文化惊奇和内部反思统一思考的时候，便有回归与欣赏的自觉性，对不同建筑民俗的认识也更为明晰。

中国民居的民俗传统主要体现在两方面：建房和住房。

一、建房规划与仪式

中国民居的建房规划是与中国人对人文情境的理解和理想分不开的。在中国文化传统中，民居的人文情境有两个含义，一是家庭情境，一是家居与自然

① 王世仁：《保护历史文化街区的价值取向原则——兼议南池子保护试点工程》，《北京规划建设》2004 年第 2 期，第 105—106 页。

环境融合一体的创造空间。在广大乡村，民居模式融合了家居环境与农耕环境，形成了“田园风光”，世界文化遗产徽州民居是它的代表作。在都市，民居模式融合了家居环境和山水环境，形成了“园林风格”，世界文化遗产苏州名宅是它的代表作。[①] 在中国历史上，它们都曾让平民百姓、达官显贵、诗人墨客和高人隐者为之梦想，为之奋斗，最终则因经济、政治、阶级、人生、怀抱等的不同，形成高下文野的区别。还有一个共同点是建房仪式，它不是来自外力制度，而是来自中国人的人文情境理念，从过去到今天，人们都要通过这些仪式，在物质和精神两方面满足对住宅人文环境的需求，能产生差异的，只是仪式的繁简糜朴而已。

（一）建房规划与空间观念

中国是长期的农业社会，在建房规划上，从西周起，已形成家居与自然环境兼容的格局，从民居讲，也叫“前庭后室”或“前院后屋”。《易经》已对这种建筑规划有描写，称“户庭”。《易・系辞上》说“不出户庭，无咎”，指家居室内的安全感。

对田野理想的公开提法出现于魏晋时期。先秦诸子已在美化原初古朴的生活，奠定了农政思想的基础。到了魏晋，时人吸收了佛教思想，并把佛经中描述南亚热带风光的情境融入中国人的生活理想，使先秦时期人的情境观念得到了发展，形成了“田园风光”的概念，它的提出者是陶渊明。陶氏在这方面有很多诗歌名作，脍炙人口，现在青少年还在朗读。例如，他在一首《归田园居》中写道“户庭无尘杂，虚室有余闲”，说自己的家正是这样一套有“庭”有“室”的住宅。他还在另一首《饮酒・其五》中说，自己对住宅环境的满意处，正在于它能让自己感受到农桑之乐和自然风光之美，这句诗是“采菊东篱下，悠然见南山”，我们看，诗里的他是把自己投放到这个人文情境中去做精神畅游的。到了唐代，田园文化的气息更为浓厚，进一步融入现实

① 在联合国教科文组织批准的中国世界文化遗产名录中，徽州民居，称“皖南古村落——西递和宏村”，2000 年加入；苏州名宅，称“苏州古典园林”，1997 年、2000 年加入。中华人民共和国联合国教科文组织全国委员会编：《世界遗产与我们》，北京：北京师范大学出版社，2004，第 2 页。

日常生活。杜甫在一首《落日》诗中写道“卓雀争枝坠，飞虫满院游”，这是写了庭院的环境带给他的生机信念。白居易在五言诗《宴散》中说“笙歌归院落，灯火下楼台”，也写了充满人文气息的家居环境带给他的欢乐。

民居古建的建筑结构对人文情境的体现是物质化的，主要由墙、门和庭院空间三个部分作为符号，承担人文信息。

墙。这是家居环境的边界，住户十分重视，建筑格外用心。西方古代城堡式建筑有墙，那是城邦的象征，或是教堂的神圣领地；普通民居有的有墙，有的没墙，并不整齐划一。中国的民居却都是有墙的，一堵墙的存在，表示一个家庭的存在。墙的建筑材料是土、石或砖的，分别称“土墙”“石墙”或“砖墙”。此外，还有用木桩、竹子、芦苇搭建的墙，又称“篱笆墙”。古代南方也有以树为墙的，先秦楚国的屈原就在《离骚》中写过这个墙，说“余既滋兰之九畹兮，又树蕙之百亩”，现在中南和西南地区的一些兄弟民族还有以树为宅界的建筑风俗。

门。这是民居的入口，标志着家庭认同，也是家庭连接社会的通道。在这个人文情境中发生的所有社会往来和仪式行为都是中国人的正常生活。不然，翻墙越脊而入，或从他处穿堂入室，不走正门，住户必大不悦。院门也被视为神灵的把口，中国人有在院门上贴门神的习俗，让门神保护家庭安全。院门还是御敌的关隘，门上设有门眼，用来监测危险的来客。福建闽西的土楼建筑围墙上，至今保留了很多瞭望哨口，从前供院内人以弓箭、土枪和土炮打击来犯者之用。

庭院。这是院墙和居室之间的空地，也是中国民居的人文情境信息最集中的部分。庭院空间被再规划，按照《周礼·曲礼》的规定“君子将营宫室，宗庙为先，厩库为次，居室为后”，将其三切分，一份是祭祖空间，用作迎神祭祖，人神相处；一份是动物生活区，用作人与自然（动物、植物、阳光、空气、水）相处；一份是人居空间，用作家庭成员居住。三者缺一不可。到了现代社会，广大农村还保留了这种传统，庭院里有神龛，有牲口棚、猪圈、鸡笼、果树、菜畦、水井、农具储藏处，也有住宅。这是一家人生活中最为人欢马叫、生机盎然的地方。陶渊明在《和郭主簿》中说，他家里“园蔬有余滋，旧谷犹储今”，就写了这种庭院风格，到现在也有上千年了。

庭院中还有一个空间非同寻常，就是院落与居室连接处的一系列附属建筑，包括门楼、门墩、影壁、花坊、房檐、屋脊、烟囱和门窗等。一般认为，天地万物的灵力蕴藏在这里，所以要格外小心地加以装饰。从前徽商和晋商的住宅对这里的建造都是十分讲究的，从门楼到门厅、从影壁到花坊、从房脊到窗棂，每个细节都不曾含糊，镂雕绘画、精工彩制，石刻、木雕、砖雕、泥塑无所不有，表达了住户一生一世的愿望。这些建筑的雌毛脊都很有名，表示家道向上；也有哺鸡脊，表示吉祥如意。在门楼檐窗的图案上，还有其他刻绘保留完好，至今可以观赏，如用五只蝙蝠围绕一个团寿字，表示“五福捧寿”；猫扑蝴蝶和牡丹花开，表示耄耋富贵；童子坐麒麟，表示“麒麟送子”；花瓶插月季，表示“四季平安”；菊花团簇，表示“福寿绵长”，等等。六朝时期的宗懔在《荆楚岁时记》中记载菊花：“九月九，佩茱萸，食蓬耳，饮菊花酒，令人长寿。”这个记录出自6世纪，现在已是21世纪，可见其符号意义之绵长。江南名宅拙政园已有400余年的历史，园内纳各地山水美景、奇石异峰为蓝本，修成秫香楼、桃花渡、芙蓉榭、兰雪亭、荷花池和竹香廊等31景，明才子文徵明依园中景物绘画31幅，并在每幅画上题诗一首，把中国庭院的人文意蕴推向极致。[1]

中国民居古建的庭院建筑有两个基本特征：一是户外性，二是象征性。同时，历代住户还通过对庭院空间的不停装饰，融合了新旧文化空间，创造了新的人文情境，它使家庭充满温馨。

（二）建房仪式与秩序观念

中国民居的人文情境概念是从建筑仪式中开始构建的。在房屋建筑的各个关键环节，如选择、上梁、安门和竣工等，都要举行仪式。仪式是把人文情境概念落实到建筑组成部分中的过程，仪式也是建筑构图和建筑使用安全的社会知识传承给住户的文化传统表演。

选址仪式。它被用来确定民居与自然环境和社会环境的秩序关系，是住户最看重的地方，一般包括阴阳相宅、祭祀土地、牺牲奠基和择日动工等步骤。

① 徐文涛主编：《拙政园》，苏州：苏州大学出版社，1998，第3—5页。

在民俗词汇中，也称其为“看风水”。所谓风水，按民间解释，是指对宅基地和周围山水形貌关系的解释和利用。从现代人的解释看，是古人对民居与周围自然环境和社会关系的审美想象和协调处理。在这种观念中，宅基与环境能构成狮子、猛虎、苍龙、雄鸡、丹凤、笔架、棋盘、仙人、莲花、牛、船等形貌者，被认为是理想的选址，这种小块土地的尺寸往往被看得比建筑本身更重要。这种仪式要告诉人们的是，尽量避免民居建造与自然环境的失序，避免民居位置对社会秩序的越轨，要求保证建筑与周围世界关系的连续性。如在社会秩序上，要求选址看方向，不取正南方的“子午向”，认为“子午向”是金銮殿（帝王之居）、寺庙（菩萨之居）和官衙专擅，是权力的象征，普通人不能僭越。因而民居的朝向都偏东南向或西南向，这两个方向都是非权力者的位置，既朝阳，又能恪守秩序。

上梁仪式。它被用来表演住房安全知识，包括神佑安全、人身安全和未来安全的知识。在房子盖起来，要上“正梁”时，住户要举行上梁仪式。在浙江海宁，仪式开始后，先放鞭炮，再由泥、木匠师傅从两旁一步步踏上高梯，边上边唱《上梁诗》：

脚踏云梯步步高，
新造高厅接云霄，
上梯一步高一步，
下梯步步后来高；
小姐要上绣花楼，
官人要上读书厅，
读得书来识得字，
三鼎格里中头名。

唱诗是欢快的文艺形式，娱神娱人。唱罢，由泥木师傅给正梁中间挂一方红布或红纸，叫“掼梁红”，上书“日月拱照”“紫微拱照”。待正梁落榫时，泥木师傅又把房主事先准备好的一个盛满米、麦、银角子、铜板的米斗倒下来，房主夫妇扯起被面，在下面兜住，这叫“接财宝”。接了“财宝”后，要四处抛洒，给前来助兴的村民们捐献，孩子们抢得更欢，叫“掼元宝”。以后，还要吃“上梁酒”，亲友助兴，这些都是带有社会交往性质的答谢馈赠。现代化以后，上梁仪式简化了，但还放鞭炮、吃上梁酒。[①] 在北方，《上梁诗》等口彩歌留到贺新房时唱，叫唱“喜歌”。“正梁”是房子的心脏，也好比人的腰，腰挺直了，人才能站得直。上梁仪式体现了过去建筑师传递房屋要害部位知识的传统方式，也证明了在住户观念中，人神关系和社会关系比建筑本身还重要。

镇宅驱邪仪式。这是在门楼或房脊上，或者院门旁边安装避邪物的仪式，被用来处理新建筑和老建筑之间的关系，充满了浓厚的信仰味道。在门楼上安装避邪物，指安装石狮等镇宅神兽，邀吉避害，从前票号、会馆等安装此物的尤多。在房脊上安装避邪物，指在正房的屋脊上再建一个两三层高的缩微小门楼，表示新房比前面的老房高出两三层，就能把前面的不吉之物给“压”下去了，获得福气。这类缩微景观现在还能看到。被立在院门口旁的避邪物，叫“石敢当”，指新房被老房挡住了门前的通道，使用了避邪物，新房便可以趋吉避凶，解除压力。这种仪式既有过去意识，也有未来意识，寄托了民居的宇宙观和秩序思想。

二、住房格局与理念

家庭情境是由住房格局体现的。在这方面，中西方的差距是很大的。中西国家都有很多美不胜收的建筑，但在中式家庭建筑中，聚家而居，或聚族而居，并且累代传递，这在西方家庭中很难看到。他们的院子比中国人的开阔，他们的房子比中国人的宽敞，但家庭中的夫妻、子女和老人到了一定阶段是分居的。尤其是子女，长大后便独立出去，不再与家长同住，几乎不存在几世同堂的现象。在现代化和全球化中，随着经济和科技力量增强，人文情感减弱，中国这种亲情依依、其乐融融的家庭情境，对西方社会产生了很大的吸引力。当然，中国当代也开始产生空巢家庭，与传统人文情境出现反差，以至引起怀旧伤感。所以，无论从哪个方面说，都应该对民居的家庭情

① 董天泽：《浙江海宁上梁风俗》，《民俗》1997 年第 3 期，第 9 页。

境做进一步的探讨。

（一）住房的伦理理念

中国住宅的家庭情境是根据儒家的道德伦理观建立的。中国是血缘家庭社会，它的体系制度是要依附在住房的空间上的。这种情况反映在住房的空间分配上，房间的高低、位置和朝向是受到伦理观念支配的，它主要由家长控制。在一所住房中，分房，就是分配权力。分房的过程，就是在家庭集体中，确认权力个体和巩固权力个体。家庭成员的有权和无权，以及权力和性别的差异，通过其住房的朝向和结构就能一目了然。家长住正房，子女住厢房；继承家业的子女住东厢房，非继承者住西厢房。正房要比厢房高，是父母之居，也是家庭的公共空间，在正房内发生的各种事件对全家人来说都有严肃的意义。正房的核心部位是中堂，中堂供奉“天地君亲师”条幅，挂祖宗家谱。年复一年，在家长的率领下，一家人在此聚合，远接神祖、近待友朋，讲“修”“齐”“治”“平”的人生大义，把家庭、祖先、历史、社会、国家的概念联系在一起。这些都是历史上传下来的，是中国人自己给自己定的规矩。

住房的内部结构分五块，即睡处、神位、照明、取暖和贮藏空间。睡处和神位属于一个结构单元。首先，中国社会的血缘制讲父系尊严，夫妻的姻亲关系是父系家族制度的附属物，处于次要地位。住房结构都遵守着这一制度，《孟子·万章上》说“男女居室，人之大伦也”，是把一个父系家庭视为一个睡处单元的。其次是男女有别。两代以上的父系家庭也可以合住。伙居处祭神，昼坐夜宿，此处最圣洁。已列入世界文化遗产的北京故宫还保存着满族火炕，就是这样一种睡处形式。据《黑龙江外记》和《柳边纪略》记载，火炕的原型，是“屋内三面皆炕”，“高尺五寸，周南西北三面”，俗称“围炕”，或“转圈炕”“万字炕”，“上下男女，各据炕一面”，不同辈分的家人在室内的居住上相对分开，如住南北炕等。以西炕为贵，供祖先、祭神灵，客人不许坐，倘若冒失就座，将被认为对其神灵祖先不恭。另一种形式是分居，指辈分分居，即以一对夫妻为主的核心家庭共享一个睡处单元。但从一个完整的家庭来说，在整体布局上，还是晚辈环绕着长辈，儿女顺从于家长的。不同辈分的人分室而睡，但合住于一个宅院内，权力分配制度不变。

睡处与神位的一体化使住房具有信仰空间的功能，也被用来管理家庭内外成员的伦理关系。汉族未出嫁的女子无论出身哪一阶层，在出嫁后都不再属于原父系家庭成员，被当作外人管理。彝族女子成年后，在出嫁前，就与神位的位置分离了，算做外人。

照明。分窗和灯两类。在开窗的技术和风俗上，南北各地互有不同。东北过去民居的窗户用纸贴糊采光，窗纸是贴在户外一侧的。有一首“东北三大怪”民谣说，东北人把“窗户纸糊在外”，就是描绘这种窗户特点的。苏州拙政园的纱窗以丝绸糊就，内可纳凉，外可透明，在使用玻璃窗之前，是一种华贵秀美的采光材质。灯的制造技术和使用风俗更是千样百种，堪称千灯千姿。我国民国前大都是用油灯的。油灯用麻油和菜籽油当燃料，用棉花和棉纱当油捻，置于灯盏之中，暗夜点燃，亮度极差。从民国时开始，有了煤油灯，分有罩和无罩的两种，亮度比油灯要好多了。之后，有了电灯，主要为上层社会所使用。在农村曾长期使用油灯，每天夜晚，农家妇女便紧挨着油灯，有做不完的针线活。儿童们在灯下打手势，编狗、马、鼠、兔等生肖动物，投影到墙上，开心大笑。冬季昼短夜长，农民舍不得点灯熬油，就阖家围坐在炕头上讲故事，男女老少互相看不见眉眼，但你一句、我一句，谈笑风生。① 1949 年后，城乡逐步换用了电灯。个别农村在 20 世纪 70 年代以后也安上了电灯。但不管怎样，管理灯火都是家长的权力。电视连续剧《大宅门》中的家长白七爷每晚要亲自带领仆役巡视灯火，就反映了这种权力。在传统中国社会，灯火资源是家庭资源中很重要的一部分，它不仅是自然资源，也是人文资源，前文讲过的“祭灶歌”和祭灶仪式，就是与对这种资源的早期崇拜有关。

取暖。这是民居的技术创造，也是民居的生活中心。我国南方的气候相对暖和，民居采用流动取暖的方式，用火盆、火塘或暖炉取暖，取暖处可以根据人的需要而流动。北方的气候相对寒冷，冬季漫长，民居采用固定取暖的方式，有火炕、火炉、火盆和地热取暖等。火炕以睡处为取暖处，能有效地利用睡处空间，还能一物而睡觉、取暖、做饭三用，成为北方人越冬的好帮手，还

① 岳守荣：《寿阳民俗》，太原：北岳文艺出版社，1996，第 180 页。

能节省能源。

根据人类早期信仰的传承，火盆也被用于祭祀，是一种权力。汉族、满族等一些民族在婚礼盛宴上有新娘跨火盆的习俗，传说能迎吉驱恶。彝族出于信仰的原因，把火塘固定，不准轻易挪动，以示崇敬。

贮藏空间。这是民居中的财富空间，只是文化传统不同，财富的观念也会有所不同。从前中国民居内的主要贮藏物是家具、服饰和粮食，看似平常，也有着不平凡的价值。家具、服饰都是祖传财产，通过隆重的婚礼仪式进入新人家庭，由上一代传给下一代，来之不易，一般都被摆在睡处和正房等重要位置，拥有物质财富和精神财富的双重价值。民间还有各种各样的供奉，如拜床神、拜柜神等，唯恐敬奉不及。粮食是家庭生命的财富，也同样是家长的权力，被细心保管。种粮还被放在居室里，促进人茂粮丰。逢年过节，家庭成员都要在家长的带领下，给衣柜和粮仓贴上“柜满箱”“粮满仓”等红对联，像对待亲人一样给予庆贺。

中国人对待住房，不是对待一般的物质空间，而是把家庭道德伦理当作这个空间不可缺少的要素，用家庭伦理原则处理房间的分配、长幼的共处和资源的管理等各种问题，使住房充满了浓厚的中国文化气息。他们也用家庭伦理原则处理人与环境、人与家畜家禽和人与粮食的关系，并将之与人的生命、家庭责任和人格完善联系在一起，这种家庭伦理原则就变成了一种让人知足的养分，能限制人的欲望无限膨胀。现代化和全球化以来，市场经济获得发展，住房、家具、服饰和粮食等所有东西都可以花钱在市场上买到了，老家底变得不再吃香，有的还流入了旧货市场，但转眼又被外国人高价收藏，奇货可居。于是中国人在强烈的反差比较中，而不是在温情脉脉的传承中，重新认识传统民居的价值，开始在现代家居中为怀旧留一份空间。

（二）住房的家族理念

中国民居需要家族文化的滋养，这是通过互助规约和祭祖联络共同完成的。互助规约如在奠基和竣工时请族人帮工与庆贺，祭祖联络如在特定时节举行的共同缅怀祖先活动，它们都给民居注入了人气、人缘和旺运，能把民居变成一块福地。中国人对这些是很看重的。兹举例说明。

竣工庆典。与前面讲过的选址开基仪式相呼应，这是一种告成仪式，在新屋落成后举行，四方亲属赶来庆贺，也欢迎村邻参加，又称“贺新房”。届时众人进入新房，道喜念福、祭祀后土、歌颂鲁班、追怀祖先、赠送礼品、恭喜发财，吃喝折腾闹够了，把房内的“生”味儿去除掉，房主才能进住。一首贺新房喜歌这样唱道：“一进新房，灯火辉煌，金银满地，子孙满堂。”另一首喜歌唱：“前房盖得阁老府，后房盖得祖先堂。阁老府内常赴宴，祖先堂前常烧香。”① 其习俗的起源可能与古老的“避煞”信仰有关。这种家族互助是互惠的，可以巩固家族关系，也能给民居安全带来进一步保障。

祭祖联络。与前面提到的清明节相比，清明是专门的祭祖仪式，要在祖先长眠的墓地进行；这类活动是家族祭祀，在各自的民居内和河面举行。被命名为地方级文化遗产的江南古镇同里县，每年农历七月三十日烧地香、放水灯，祭奠远祖。是日黄昏降临后，每户人家在自宅庭院内或门口燃烛烧香，俗称做“狗道场”，然后放水灯。水灯用牛皮纸扎制，圆形，有底座，内放一泥塑的三叉鸭脚，中留小孔，插入灯草。放灯时，河面上有小船负责执行仪式。前面一条船上有僧人吹奏佛乐引领，后面一条船负责点亮所有水灯，不久河上水灯点点，似满天繁星坠落，佛乐飘荡，似故人与族人心灵邀谈，美景人境构成画卷，对增强家族认同起到独有作用。②

在兄弟民族中，有的把民居含义引申到农事节日上，举行家族活动，联络四方情感。云南西双版纳、德宏傣族，在长期的历史文化发展中，把民居院落的开门引申为开始农闲，时间大约在每年傣历十二月十五日左右，各家过开门节，家族之间走亲戚、择婚期，披红挂绿，载歌载舞地庆祝。他们也把民居院落的关门引申为农忙季节的到来，届时过关门节，时为傣历九月十五日左右，相当于汉族农历的芒种，届时傣家人操持农忙，禁止婚庆、娱乐等一切非农事的活动，至少要“关门”三个月。

中国人把住宅与家族观念联系起来，使民居富于想象力、凝聚力、历史感

---

① 演唱者：杨玉芬，女，76岁，不识字，天津市宝坻区赵各庄乡高各庄村人。搜集者：倪淑娅，北京师范大学中文系1992级函授学员。

② 严品华主编：《同里》，苏州：苏州大学出版社，1998，第85—86页。

和人类自我约束力量，值得研究的正是这种民居观念。在全球化下，在现代人的生活已发生巨变的情况下，我们仍需要反思这类问题，思考中国人怎样把民居内的关键建筑与人生中的幸福、财富和运气联系在一起，怎样把家庭私有空间与社会公共空间的关系协调一致，怎样通过历史回忆的方式把这些建筑的含义告诉后代，怎样把建筑与天地自然看成亲密一体的事物，等等，然后把它们继续传递下去。

第二节 现代住房

在中国现代社会结构的变迁中，住房问题发生了变化。在从前长期的中国农业社会中，住房曾是一种家长权力，由家庭承担了建房、分房和建设文化故乡的压力。1949 年以后，社会制度发生变化，土地和房产收归为国有权力，国家保证人人有房住，给人民提供使用房屋的权利。进入现代化和全球化以后，住房又有三个新的变化：一是在城市单位住房上，在保证国有房地产权的前提下，由原有的单位房管权，发展为单位房管权、福利管理和市场化经营三块；二是农村盖房，在遵守国有土地法令的前提下，根据农村经济和农村城市化的变化，一部分富裕农民和有收入的青年人开始自主购房，从原有的家长权力中分化出新的住房人利益阶层；三是现代化之后，发展了新型的住户权利，产生了业主委员会、物业管理委员会等新事物，用以维护住宅的公共设施与人文环境。但不管怎样变化，好的住房都要有益于开发文化传承的活动，能促进住户与历史、与自然频繁的接触，也应该成为人民生活走向幸福未来的一个基础。

从民俗转型看，在现代住房上，可讨论的问题主要有：住房传说、住房利益分解、家居装修和民居遗产保护。它们都有自己的特殊现象，但也有一些基本的共同点，如可接续的民俗史、可观察变迁的民俗依据和可描述的民俗模式等。对它们的讨论，能让我们更加看清在全球化下中国民居建筑的价值和地位。

一、住房传说

在世界文化遗产申报保护过程中，各地都开始重视民居遗产，并搜集到它们的大量传说。从前仅看它们的文本，它们就是一种口头文学。现在它们被纳入恢复构建民居遗产的组成基础中，成为其整体结构的一部分，有的甚至是其特色构成部分，体现出民居物质结构的不可分割的成分，那它们的身份就不同了，它们是一种非物质文化遗产。当然，非物质文化遗产中也有口头文学，但以住宅传说为例，将它们视为口头文学和视为非物质文化遗产中的口头文化遗产，分量完全不同，它们与民居互为一体，共同传承，还能发挥一个重要功能，就是以超时间的记忆形式，体现民居文化的可持续历史。而一座民居如果没有可持续历史，也就没有了作为遗产的身份和价值。

住房传说可分为三类。

（一）建造技能传说

中国传统建筑是土木建筑，历代能工巧匠发明了独特的建造技术，创造了大量的建筑杰作。与西方石雕历史建筑和现代钢铁建筑相比，中国建筑显得神秘、雄奇、瑰丽而玲珑精巧，为举世所赞叹。住房传说主要解释建筑工匠、传授技艺和土木资源的由来，以鲁班传说为主。

建筑工匠。世界文化遗产故宫的角楼，三层拱顶、四面飞檐、檐脊交错构织，形成九梁十八柱七十二脊，立于紫禁城角，护城河畔，楼檐飞翘，朱廊金粉，水榭生辉，精美至极。传说讲，这是民间工匠大师鲁班的设计，他化成卖蝈蝈笼子的老头，把角楼的设计模型做成一个民间家用的蝈蝈笼，来到角楼建筑工地，把这个设计稿留给了工部的工匠，那些工匠再把蝈蝈笼子的模型放大，就修成了举世无双的皇宫角楼。① 我们都知道，故宫不是民居，是皇室建筑，但它的传说把故宫建筑与民用建筑联系起来，就使传说成了公共财富。

---

① 黄勤等搜集：《角楼》，张紫晨、李岳南编：《北京的传说》，上海：上海文艺出版社，1982，第25—29页。

传授技艺。在传说中，土木建筑分木匠行、石匠行、泥匠行和漆匠行，鲁班是这四行的祖师。他向工匠传授了很多土木结构组合的技术，如用鱼膘胶粘木料、[①] 用抹泥勾石缝、用胶泥红土给房梁上色、用米汤和面糊把木头和石料粘在一起等。有时还把鲁班的妹妹和妻子也加上，都成为传艺的神灵。传说讲："在早年间，盖房子很粗糙，用石头垒垒，或是砖坯砌砌，架上木什梁檩就行啦。墙没有抹过泥，木头没有漆过。所以，那时候盖房子都是请鲁班爷盖。鲁班是石匠和木匠的祖师，有他，就啥都有了。"传说也讲，民间工匠学会了鲁班的技艺，按照内部知识和词语继续传承，"这就是后来的泥水匠和漆匠。他们师徒相传，越繁衍越多，越干越精巧"。在现代社会，建筑技术和专业术语都是另一套了，但人们还需要保存这种传说，"发展到了今天，泥水匠用上了钢筋水泥，漆匠也不再使糨糊、红土了。可是说起他们的祖师来，都还说是师母班妻的传授呢"[②]。

资源由来。很多传说都对传统建筑中的木、石来料产地做了解释，但这也是常识，能形成遗产记忆的，还有一些调集路远、体积巨大和分量沉重的用料的运输过程。在那个没有现代化起重器械和搬运工具的时代，对这些巨型笨重建筑材料的被选择和被使用，传说都强调了两点，一是它们被用来表达的信仰意义，二是民间工匠的巧妙运输过程，如土运、水运、冰运、推运、滚运、拉纤运、撬运等，当然，加上神话形象思维，有的也说这些东西能走会飞，如世界文化遗产地的传说《天安门前的华表》《天坛天心石》《十三陵的石人石兽》和《颐和园的铜牛》[③]。

（二）房产权的传说

很多建筑文化遗产能对现代人产生深刻的震撼力，不是因为它们的房主始

① 贾连云讲述：《鲁班的传说》，任骋搜集整理：《行业祖师的传说》，郑州：海燕出版社，2000，第 97 页。

② 贾连云、刘三师傅讲述：《班妻的传说》，任骋搜集整理：《行业祖师的传说》，郑州：海燕出版社，2000，第 99—101 页。

③ 李岳南等搜集：《天安门前的华表》，紫晨搜集：《天坛天心石》，张紫晨、周荫曾等搜集：《十三陵的石人石兽》，张紫晨搜集：《颐和园的铜牛》，张紫晨、李岳南编：《北京的传说》，上海：上海文艺出版社，1982，第 30—33、70—73、159—164、101—105 页。

终不变，相反是经过数代房产权的移交，每个房产权人又不断地增加可以新旧协调的创造性建筑空间，最后使一座建筑成为连续历史文化的承载者。从前有些口头文学搜集资料，比较偏重被房主压迫的人们的权利，作品主人公都是小弟、小妹、牛郎、灰姑娘和移民户等人。可他们都是没有房产权的，他们只能依靠勤劳善良去赢得自己的幸福，包括一间说不出风格的、人间少有的乃至肉眼看不见的新房子。文化遗产建筑中的口头传说是另一种结构，它们强调一种建筑遗产之所以深具价值，是因为历代房主吸收了自己文化和多元文化中的优秀神话传说，产生了不同凡响的建筑创意，结果把建筑的文化传统更好地表达出来。

世界文化遗产苏州拙政园的房产权，自明弘治六年（1493 年）至 1949 年，易手 18 人之多，但由于房主特殊的政治、文化地位和人生际遇，使他们能把一腔文化感受倾注到私宅建筑中去。可想而知，这种建筑个性积攒多了，就不得了。一篇名为《古园旧主》的文章写道：

> 王献臣是拙政园的第一个园主，……回苏州以后，利用城东北娄门内的一块洼地，疏浚成池，积土为山，构而成园。……文徵明还把拙政园中的竹子移栽到他自己的停云馆中，并先后多次为拙政园画图。……王心一，……建成有兰雪堂、秫香楼等 55 景的“归田园居”。……王永宁，……建斑竹厅。……蒋棨，……自乾隆三年（1738 年）起整修 4 载，“山增而高，水浚而深”，可不出城市而获山林之胜。……叶士宽，……重新修建，起名“书园”，凡景观建筑，都带一个“书”字，如拥书阁、读书轩、行书院、浇书亭等。……张之万入住后，开拙政园腰门为入园处，进门有假山障景，遮园景于其后。全园经整修后“修廊迤逦，清泉贴地”，“吴中园亭之美，未有出其右者”。①

他们从各自生活的时代采撷精品形成建筑景点，在他们纷纷作为历史过客

① 徐文涛主编：《古园旧主》，徐文涛主编：《拙政园》，苏州：苏州大学出版社，1998，第 209—214 页。

退去后，这些建筑景点便自已连为一体，成为数百年中国传统文化的经典集萃。说远一点，举世闻名的西藏布达拉宫、甘肃敦煌石窟都是如此成为旷世的遗产集成的，这跟法国花几百年时间建成一个巴黎圣母院和卢浮宫也没有什么两样。

很多建筑遗产文化的构建，因能使之成为发挥人文价值最有力度的场所，也就更深层地揭示了房产权传说的内涵。对前面提到的江苏同里，余秋雨有一段描写：

> 上午看完了周庄，下午就滑脚去了同里镇。同里离周庄不远，却已归属于江苏省的另一个县——吴江县，也就是我二十多年前听到麦克白式的敲门声的那个县。因此，当我走近前去的时候，心情是颇有些紧张的，但我很明白，要看江南小镇的风韵，同里不会使我失望，为那二十多年前的启悟，为它所躲藏的闹中取静的地理位置，也为我平日听到过的有关它的传闻。
>
> 就整体气魄论，同里比周庄大。也许是因为周庄讲究原封不动地保持苍老的原貌吧，在现代人的脚下未免显得有点局促，同里亮堂和挺展得多了，对古建筑的保护和修缮似乎也更花力气。因此，周庄对于我，是乐于参观而不会想到要长久驻足的，而同里却一见面就产生一种要在这里觅房安居的奇怪心愿。
>
> ……
>
> 在同里镇随脚走走，很容易见到一些气象有点特别的建筑，仔细一看，墙上嵌有牌子，标明这是崇本堂，这是嘉荫堂，这是耕乐堂，这是陈去病故居。探头进去，有的被保护着专供参观，有的有住家，有的在修理，都不妨轻步踏入，没有人会阻碍你。特别是那些有住家的宅院，你正有点踌躇呢，住家一眼看出你是来访古的，已是笑容满面。钱氏崇本堂和柳氏嘉荫堂占地都不大，一亩上下而已，却筑得紧凑舒适。两堂均以梁棹窗棂间的精细雕刻著称，除了吉祥花卉图案外，还有传说故事、戏曲小说中的人物和场面的雕刻，据我所知已引起了国内古典艺术研究者们的重视。耕乐堂年岁较老，有宅有园，占

地也较大，整体结构匠心独具，精巧宜人，最早的主人是明代的朱祥（耕乐），据说他曾协助巡抚修建了著名的苏州宝带桥，本应论功授官，但他坚辞不就，请求在同里镇造一处宅园过太平日子。看看耕乐堂，谁都会由衷地赞同朱祥的选择。①

作者把房主的社会历史声望、当地独特的地方风韵和丰饶细密的民间文艺表现统统笼于其内，又能站在中华文化史的高度上进行总论，这种建筑遗产中的物质文化与口头遗产的关系便更加浑然一体，逼近文化生态的形貌。

（三）地权的传说

这种传说主要是风水类，通过叙述人祖和神祖开基的故事，找到确认中心地皮的办法，如一口井、一眼泉、一块界碑，避免减少自然资源的数量。以下是两则20世纪90年代中期在福建搜集到的传说：

王氏这一族在大杨开基，实际是从仲二郎开始的。据当地族人介绍说，他们来自武东的四维村，在砳下还建有一座总祠，称仲二郎公祠，主祀王氏三世祖仲二郎，而且当地还有一个关于仲二郎到砳下开基的故事：相传在很久以前，仲二郎是给何氏放牛的。他刚来的时候，看见坑口（即砳下水口）有一些黑石头，觉得不错，就把带来的雨伞放在上面。后来再仔细一看，感到那个地方确实很好，因此他给何氏放了一年的牛以后，就到那里开基了。直到现在，王氏族人每年要祭祖时，都要先到石头那边烧香。

我们在长汀县涂坊乡元坑村调查时就听到这样一个传说：据说马埔庙的风水很好。庙的大殿内有两条龙缠绕在柱子上。每天晚上，这两条龙就会出来偷吃东西。后来老百姓发现了，就用钉子把龙的眼睛钉住，结果龙就被钉死了。这个神奇的故事后来我们在连城县地安门

① 余秋雨：《江南小镇》，严品华主编：《同里》，苏州：苏州大学出版社，1998，第140—142页。

时又一次听到了它。[①]

它用于从整体上分析住房与村落保护、村落管理、村落发展和村落建设等问题，反映了浓厚的乡土观念，表述了对住宅所在地土地、阳光、空气和水的综合采纳和有效利用的传统。这些传说能把民居建筑定义为文化，能使民居因人的文化活动、经济活动和社会活动而变得与众不同。就是到了高科技的现代社会，这类传说还能引发社会对普通人住房的信息和资料的重视。高科技总是要扎根于传统文化的。

二、住房利益分解

现代化和全球化以来，中国出现了新的住房潮流。随着城市住房制度的改革，市场化房地产使用机制的运作，富裕农村新户型的出现，社区业主委员会等新组织的成立，各种媒介发售住房信息的参与，以及受到西方文化的影响，现代人接受住房知识和家居价值观的形式发生了变化。人们的住房利益也开始分解，由传统观念中的家长控制到后来社会主义计划经济下的单位控制，现在转为市场调控下的不同社会阶层的群组流动，与此同时，个性化的住房选择也得到发展。在短短十几年的时间里，人们在使用民居的类型和功能上有了新趋势，在创造民居的风格和审美意识上也有了新样式。但是，换一个角度看，这些变化除了体现新的价值追求和人生趣味外，在建房者和住房者的灵魂深处，传统民居的文化框架也还在起作用，就像皮影一样，前台演什么形象，后台就有什么影子。所以，在对这些问题的分析上也要掌握分寸，对两方面的情况都要加以考虑。

（一）建房

在家长管理和单位管理的时代，建房者即住房者，住宅从设计到分配，再

① 杨彦杰：《闽西客家宗族社会研究》，香港：国际客家学会、海外华人研究社、法国远东学院，1996，第177、243页。

到继承和延续，都属于一个利益整体。现在两者分开了，建房者是一个集团，住房者是另一个集团；建设者是卖方，住房者是买方。建房观念与住房观念也发生了分离。建房观念受到市场观念支配，住房观念受到阶层意识和个性、兴趣的支配，这些不同方向的变化，交合到一点，便促成了现代建筑的风格变异。

院的变化。民居古建的院落结构是分明的，院墙、院门、庭院和院内的花坊树木各有位置，各为要素，各司其职。现代住房还保留着这些要素，有院有室，不是一味学西方建筑把墙都拆掉了，但是对原有的要素做了改动，让现代人能从中领悟新奇，产生购买欲。比如，在院墙的建造上，把从前的砖墙、树墙、篱笆墙等各式风格的墙放到一起，变成一种组合墙，内有白色砖砌廊柱，中间用绿漆的铁栅栏连接，虚掩而通透，外植一排剪接整齐的浓绿灌木丛，恰似碧波掩映着白色镂空的花墙，有南北方风格结合的效果。在庭院的理解上也有发展，不像从前的封闭建筑那样，关住满园春色，现在是把憩息的长椅、欣赏的浮雕、柔和的灯盏也搬到庭院以外的地方，形成外庭式建筑，让人们在公共领域也能享受到美的韵律。还有的临街建筑不再用古老的院墙和深幽的庭院遮挡，但增加了护栏窗和阳台的鲜花盆景，依然有院墙栅栏和庭院花木的象征，让路人能想起以往，也看到历史符号在现代社会的移动。

现代人是享用现代住房形式的主力，他们对民居古建了解得少，可以首选传统建筑的变形风格，进行自我欣赏。他们对民居古建了解得多，可以首选其历史陈迹，再看传统建筑要素的适应性发展，然后指出它们美与不美。这些都是现代化条件下的学习方式，需要现代人在接受新事物时，也要建立更全面的知识系统。

房的变化。民居古建的居室建造是地理条件和社会功能制约的，从前北方的四合院和南方的板屋是自然条件的产物，也是血缘父系社会文化所致。现代住房在全球化的比较中，出现了一批半传统和半时髦的粘贴设计，不中不西，但它们的意思也多少能让人懂。晚上出门散步，四面走走，往往能看到这种建筑。有的是平房饭店，忽然在门前加盖了个四合院门脸仿古；有的是板楼，后来又在室内加修了楼梯，变成了楼上楼下的小洋房；有的是中医药管理部门，坐落在一片平凡的板楼宿舍区中，后来却装了个拱柱结构的西方哥特式面墙，十分抢眼。这些建筑新旧斑斓、五光十色地矗立在街道两旁，都有自己的理由，却也不乏几分匆促，缺了一点建筑与周围氛围的联系。

现代住房在高科技的带动下，已能使用空调、车库等先进设施，克服地理环境和气候条件给建筑形式带来的限制，于是人们开始自主选择建筑形式。传统建筑形式的打破，还标志着它所携带的社会制度规约的终结，于是人们开始突破住房权力和秩序的观念，追求个性化、自由化的空间。我们看到，当四合院不再成为家长权力的符号时，人们只留了它的门脸，让它代表“中式”；当干栏式建筑不再是上层住主人、下层住牲口的湿地选择时，人们把它的构思搬进了干爽的屋里，建成“楼中楼”，楼上住人，楼下待客，轻松惬意。但把一个中医药管理机关小楼改成希腊式建筑就没有必要了，既无底蕴，也无周围环境的烘托，孤零零的，没了文化挂靠。

（二）售房

在市场化经营中，出现了一批售房机构，有的是大楼，富丽堂皇；有的是门脸房，空间逼仄。它们都把住房售价写成商品价签，穿成串，挂在临街玻璃窗的后面，方便用户直接了解行情，观察差价的原因和进行比较选择。即使不买房的过往行人，也可以驻足观看，了解售房信息。这种做法在西方国家很多，我们和人家其实已经很像，大概在全球化下所有商品化经营都会尽快地趋同。然而，仔细看双方售房价签的内容，又会发现，正是在这里隐藏着文化。在同等面积、间数等物质标准的条件下，西方那些有绿地、有花园，居于著名地区和历史传统地区的房子售价就高，被确定为文化遗产的房子还有特殊售价。在中国就不同了。中国的卖方只能根据买方需求定价，不然再好的房子也可能无人问津。中国的售房价签显示，中国的房产市场是把民居古建的传统文化因素转为市场价格讯号，再行定价的。

首先是朝向。中国是传统农业国家，农业文化是崇拜太阳的文化，住宅朝向也追求太阳的方向，于是朝阳的房间售价就高，朝北的房间售价就低。实际上，现代住宅的用户都安装了调温调光设备，住南住北在温差和采光上的影响程度，已不像完全依赖自然地理条件的时代那么绝对，但朝向的价值依然在人们心中挥之不去，积淀下来。

再者是楼层。民居古建是平房，现代住宅是高楼，楼层是后起的高楼住宅概念。但现代高楼有电梯，住进顶楼也如履平地，所以楼层本身不是讨价还价的因素。制约售价的，是楼层的数字。中国人和西方人对楼层的算法不同，中国人以进入楼门的楼层为一层，西方人却以此为门厅或地下室，再上一层才算一层，这在中国就叫二层了。从二层起，凡带偶数的楼层，均被中国人看好，而在诸多偶数中，又以 8 层为上，6 层和 10 层也可以售价不菲，因为它们的中文含义“发”“顺”和“全”都会被自动附加在价格之中。凡带有奇数的楼层会另有一番讲究，其中，9 层是第一卖点，它符合传统上层文化中的“九五之尊”，以及民俗说法中的“九九归一”和“久运不衰”，这些都对拍定房价暗中使劲。还有些数字因素是全球化以后输入的，如 7 层，它原来在外来文化中是有地位的，但在中国文化中被有限度地使用，如中国人过去只在造塔中用 7，在佛经故事中讲七级浮屠，并不在民居建筑中使用 7，现在 7 层也悄然成为楼盘价格，是一种扩大化。剩下一个 5，因与 9 搭配后，可望文生义，便有内含价值。最后是 1 层，等于过去的平房，按中国传统说法，是接地气的住房，也方便老人出行，所以可以按需售出。综上所述，现代高楼的楼层说法虽然是后起现象，与民居古建没有直接关系，但因为中国有极其重视住宅人文内涵的历史传统，所以还是把吉利数字概念搬了过来，新建了楼层民俗。而这套吉利数字不是楼层的专属概念，是被现代人自己搬来搬去的，我们同样可以从现代通信中的手机和座机的号码、现代交通中的小汽车的牌照号码上，看到这套数字的作为。在帮助现代人从传统转向现代化和全球化上，吉利数字民俗成为搭桥的工具，这个现象比较普遍。仅就现代住房而言，它给出了一个潜在的分类系统，左右了市场的价格讯号，能让用户花钱买房还心里舒服，这就反映了有“文化”和没“文化”大不一样。我们来看一下，按照这套说法，最后从 1 到 10 各层楼房都卖光了，没有任何一层被落下，其实与经商赢利的目标是殊途同归的，这就是传统文化的力量。

最后是环境。西方人重视住宅的自然环境。中国人不是不重视住宅的自然环境，从前对田园风光的实践、对园林风光的创造，都是中国人自己的传统，现在经过现代化和全球化初期的悲欢品味，又重新成为中国人的一种向往。但从本质上说，与西方文化不同的是，中国人更重视住宅的人文情境。现代化和全球化以来，民居古建的小房大院变迁，亲如一家的人文情境结构消失，代之而起的高楼大厦邻里陌生、防盗门紧闭，人文情境出现了空缺。在这种时候，社区组织成了填补空缺的新结构。社区组织大多由离退休人员和在岗街坊组成，虽非家庭系统，但属于一种半单位、半邻居的熟人网络，给予住户相当的安全感。在各类社区组织中，业主委员会、楼管会和物业管理委员会都直接管理楼房，是现代住宅群中产生的组织，其中业主委员会由各家庭代表组成，专门联合单位同事和邻里熟人，维护住户利益，面对和解决现代住宅问题，比以往人情结构中的自然亲密关系更具现代意识，更能提出和呼吁现代住户所要解决的根本问题，发展也更快。

现代住房在管理机制、建筑风格和用户文化结构上都发生了变化，住房权益也被以各种形式重新划分，从家族世袭化，到单位福利化，转为现在的市场化和法制化，住户利益也得到了更多的关注，就此而言，这是一种进步。

三、家居装修

民居古建是以安居为根本的。现代住房不但要求安居，要求拥有民居古建所有可以适用的文化要素，而且更加追求住户利益。现代住户用现代意识体现自我觉醒，在购买房屋后，随即进入家居装修潮流，呈现出个性化和高消费的趋势。徽商、晋商故居和苏州名宅的内装修都很精美，夸富争奇不遗余力，但那是受到封建礼制对非官方居室等级严格限制的结果。现代住宅的内装修没有这些限制，在不危及建筑安全的前提下，视财力和个人志趣而定，住户的层次选择没有边界，只有认同。在装修原料和选材的产地上，也无国界禁区，全球化以来进出口的各国材料皆可入选。现代住宅与民居古建相比，在造型、布局、色彩、用料、家具的丰富度和用品的现代化上，都有了巨大改观。但是，尽管如此，也有共性可寻，在一些物化符号上，比较集中地体现了现代住户利益的变化。

（一）灯装修

在传统社会，管理灯火是家长的权力。在电视连续剧《大宅门》里，家长白七爷每晚查夜，在佣人的簇拥下，一盏红灯笼照耀开路，走遍每家每户喊关灯，这是一个循环上演的镜头。在小户人家，入夜用灯是母亲的权力，很多慈母篇中的灯下情节都是动人段落。

在计划经济时期，国内民用灯只有碘钨灯和白炽灯两种，黄、白两色，计划供应。爱迪生发明灯泡的故事谁都知道，被用于提倡科学理念。灯的单调跟服装的单调一样，整齐一律。

在现代化工业社会时期，灯具管理摆脱了权力管理和科学垄断模式，变成了商业技术开发产品。现代住宅用灯也转为住户利益，住户买房即买灯，住进新房后也因兴趣和需求继续买灯，灯具需求市场迅速扩大，灯盏品种空前增多，现代商城、超级市场、灯具市场出售数不清的各种灯具，如一夜绽放的梨花，令人咋舌。灯的命名也很生动，有迷你灯、学生灯、书桌灯、床头灯、电脑灯、绘图灯、工具灯、电视灯、宝石灯、舞厅灯、麻将灯等，都不是科学术语分类，而是针对不同用户的不同兴趣分类的，灯是用户的利益消费和情趣消费对象而已。

但中国的现代灯具变化太快，来不及组织文化，不能为自我传统画龙点“灯”，也是一种遗憾。设想一下，假如把故宫、卢浮宫和温莎城堡的古灯都换成迷你灯，韵味全无。不是不能换，是谁也没有那个文化胆量。所幸有识之士已开始搜集历代藏灯，诠释灯与文化结合所照亮的历史长河。中国新闻社曾有一个片子①，记录《人民日报》记者殷小林搜集的灯具藏品，让人很受鼓舞。

在中国，使用灯的方式由家长管理的权力时代，转向现代住户的消费时代，再转向文化人的典藏时代，反映了社会制度的变化和技术与人的关

---

① 中国新闻社：《殷小林古代民间灯具收藏》，郭无忌导演并拍摄，南海影业公司发行，1998。殷小林为《人民日报》记者，20 世纪 90 年代初在旧货市场上发现散落民间的古代灯具，有感其文化魅力，开始业余收藏。

系的变化。

（二）窗装修

现代住宅也进行窗装修，户主有多少自由选择，窗户就有多少新奇样式。从民居古建算起，中国住宅用窗的变化经历了三阶段，即功能窗、职能窗和外向窗。

功能窗和职能窗的性格都是内向的，在全球化之前，这是国内用窗的基本性格。其中，功能窗是民居古建的共同特点，用于采光和透气。窗的装修都是与户外自然界相适应的地方风俗，如北方民居冬季把窗户纸糊在外，有防潮耐用的好处，适合北方冬天外寒内热的居住条件。到了南方，天暖雨多，就要改成窗纸内糊的风俗了，不然窗纸抵挡不了刮风下雨的袭击。对窗户的其他“装修”，大都是一些象征艺术或宗教艺术，像祈福的窗花和还愿的“窗影”①，都是用来保佑户内人平安无事的。在我国北方著名的剪纸之乡河北蔚县，至今保留着八月十五和腊月小年贴窗花的习俗。在皮影之乡河北唐山地区，民间艺人还在四处为农民演出窗影，延续着这种特殊的窗户仪式。这种窗户是供窗里人向外看的，一般不提倡反着看。

职能窗出现在1949年以后，大体有两个变化：一是政治化。20世纪50年代初，我国学习苏联体制，在建筑上也有所体现，搞了一些政治性的装修，如革命军事博物馆的苏式大窗就是一个典型例子。高大窗户能增加军事展室的气势，自有优点，但这是对苏联博物馆的照搬，不大合中国的实际。革命军事博物馆建在北京，北京的纬度比莫斯科低，同样的苏式大窗在对方能增加明亮度，在北京却由于阳光照射强烈，足以破坏展品的寿命。现在北京还保留了一些这样的建筑，如里面有害怕强光的物品，就要长年拉上窗帘避光。二是职业化。改革开放前的银行、改革开放后的证券交易所，基于推广业务的要求，都使用了大窗，但它们同时也都在大窗后面加挂了百叶窗帘，半开半掩，可以控制，这是由于它们经营金融货币的业务性质所决定的。职能窗都不会是完全外向的。

---

① 窗影，河北一带的地方称谓，指一种皮影戏。

我国的外向窗是在现代化和全球化下的激烈市场竞争中形成的，是市场化带给窗装修的形式。特别是在餐饮业，20 世纪 90 年代以后，中外饭店竞争激烈，不少国内餐馆便模仿外国快餐店通墙大窗便于揽客的样子，把原来的民居用窗改成落地大窗，吸引街面上的行人进店就餐，打破神秘感。各大商场更是争做橱窗文章，窗户越改越大，并昼夜利用灯光或动画制造广告效果，增强经销力度。这些窗户的性格都是外向的，都是招徕外人的。

（三）墙装修

墙装修是现代住房的又一潮流。在民居古建中，这叫墙装饰。按中国传统文化，装饰墙面，既有秩序，也有限定。从前在正房北墙正中，悬挂祖宗画像，两侧是祖训楹联，庄严肃穆。在书房和寝室，大都挂字画和山水画，劝学励志，养气审美。民间也张贴年画，喜庆美观。但贴年画也有讲究，在家长居室的年画要有松鹤延年的含义，在夫妻居室的年画要有多子多福的含义，在儿女居室的年画要有五子登科的含义，在厨房的年画要有祈祷灶神的含义等，不是随便可以更换的。当一年结束、新年来临时，要在门口倒贴"福"字，表示全家福。这些装饰的含义结构，就是传统家庭伦理原则的结构，是对家庭人文情境的图像表达。

这类墙装饰一直延续到新中国成立后。在农村，一直保留了在墙上贴年画的习俗。在城市的住房内，受人口、面积的制约，墙上的装饰有多有少，但挂祖宗画像或相片已约定成俗。其他加挂的，还有共产党领袖像，表示人民对新生活的信念。也有的增加了后辈儿女和亲属的照片镜框，给家庭增添了幸福和睦的气氛。到"文化大革命""破四旧"时，祖宗像才被拿掉了，"文化大革命"后又逐渐恢复起来。

现代住宅仍然很重视对墙的加工，但已不再是传统的墙装饰，而是墙装修。墙装修有两个趋势。一是挂件装修。现代住户在墙上挂书画作品，同时也挂西方油画、男女主人的结婚照、中西电影明星肖像、十二生肖、京剧脸谱、傩戏面具、皮影头茬、民族布艺、外国游历挂饰、中国挂历、工作日历、腰刀宝剑、杭扇苏绣，乃至从旧货市场淘购得来的雕花窗棂和秦汉瓦当。现代人讲究自我、随意、情调、品位，反射到墙上的中西文化痕迹都有，从墙上能看到个性自由和思想解放。二是墙纸装修。中国人封闭千年的墙打开了，变成了开放的墙。有的现代住户选择了进口墙纸，搞墙纸装修，连墙纸图案也反映欧陆风情。然后钉上书架挂钩，书架里放上西方摇滚和中国民歌 CD、考研指南。从这种墙上能看见全球化，也能看见现代化。

（四）暖气装修

现代住房也时兴在取暖处装修，如给暖气套上镂花木罩，把暖气片深藏在里面，干净美观。另一种不同意见认为，既然需要采暖，暖气也需要气流通畅才能散热并保证安全，如果因为一味装修造成散热阻隔，殊不可取。为什么会产生前一种潮流呢？看看民俗史就知道，它是有前因的。所谓前因，即中国人在民居建筑中，自古重视取暖处，除了实用，还给了很深的神话解释，要求人们对它既祭祀也禁忌，在今天看来，这就是既用火，也要防火。现在虽然取暖处进化成了暖气，但现代人把装修热情也放在散发高热的暖器上，就在前因与后果的联系上，出现了不正确的挪移，所以它能流行一时，却未必能持续下去。这个例子是想说明，现代装修潮流也有一些是不适当的。

在其他地区也有遮蔽取暖的习惯，如在我国西南一带，壮、苗、侗、瑶等民族都有风雨桥，夏能挡雨，冬可避寒，但桥里并没有取暖器材。在美国北部，冬季寒冷，明尼苏达大学在教室和宿舍往来途中安装了取暖桥，样子很像中国的风雨桥，为学生就读提供方便，但桥里有偌大的散热空间，决不像在局促的家里，让木板与烫手的暖气靠在一起。

（五）床装修

现代居室装修所围绕的一个中心点是床，其他箱柜、窗帘、墙面、地板或地板砖等都包括在内，在选择颜色和格调上，都要与床铺的颜色和格调保持一致，以达到美观和谐的效果。

中国人看重床是有传统的。从前的床是家庭繁衍的物质结构，在所有家具中占有举足轻重的地位。现代家庭的生育观念发生了变化，床的形象也在改变。全球化后，商品床走进家具市场，床随之成为现代家居装修的对象，被用来体现现代人的价值观。家具市场里的床比比皆是，木板床、棕榈床、弹簧床、折叠床、沙发床、单人床、双人床、儿童床、欧式组合床、美式野营床分类齐全，几乎外面的世界有什么床，里面的市场就卖什么床。各式床都是机器工业产品，由螺丝钉把板材和辅料拧在一起成型，成本不高，更换性强。手头宽绰的青年人，喜欢搬一次家就换一次床，甚至不搬家也换床。买来的床不再是联络世代情感的物件，而是新消费观的代号。旧床受到冷落，被卖进交易市场或废品市场，命运就像流浪者，漂浮在滚滚的物流里，今天中化，明天欧化，听凭世人的情绪变化和购买能力的安排。

但是，就在中国人欣赏新床的时候，西方人却看上了中国的旧床。特别是旧床中的上品，量身定做、精工细料、巧手打造，审美性强，凝结家世心血，从制造到使用，经过了复杂的仪式，承载了深重的礼俗文化意义，将之与西方早已发达的工业产品相比，他们很快就鉴别出了孰贵孰轻，对中国床的兴趣自不必说。对这种反差，中国人也开始逐步反思。

在现代住宅床装修的西化倾向中，还有两点值得一说。一是床的人口观的符号变迁。中西国家的床上用品都有传达人口观的传统，过去中国用被子的数量表示，被子要求双数，还要多个双数叠加，暗喻多子多福。西方人用靠垫，按他们的传统，床上的靠垫摆得越多，越暗示人丁兴旺。现在中国人也摆靠垫，并以新床上的靠垫多为时髦吉庆。家具市场上也大批出售靠垫，此前未见。对靠垫的含义，买方和卖方都说不出所以然，但知道靠垫是床的配饰，靠垫要成对成双，其实再说下去，靠垫就是压缩变形的“被”了，中国人正在以被的思维模式叙述靠垫。当然，这种联系，要由研究者去揭示，而传统文化正是在人们不知不觉中变形的。二是床的家居中心点的符号变迁。同理，现代家居时兴床头柜和梳妆台，与传统旧床系列中的床箱、炕柜和梳妆篋，没有什么实质性的不同。但使用它们的主人变了，生活方式变了。现代住宅中的床头柜上摆着床头灯，灯下有一本打开的书，书旁有座机和手机，都是现代人的生活兴趣所在。每当入夜，他们劳碌一天后疲惫待寝，便会把所有家居生活的中心点挪到床头柜上来，使现代人的精神追求和社会活动特征用床头柜上的符号集中反映。现在我们能明白，为什么很多影视剧里都有床头柜的镜头。而过去这个家居中心只能是由家长操纵的，现在符号变了。

现代住宅装修以美化局部建筑和居室情境的形式体现了住户权利，实现了住户对住房拥有的自主利益。由于受市场机制和世界多元文化的影响，民居古建的文化传承方式发生了改变，上述实例只是其中的一部分。但仅从这部分看，它们家喻户晓，它们新潮前卫，它们却也未脱离中国文化传统的本质力量。所以，传统并未消失，但在以比较和反省的方式继续着，这是我们需要注意到的。接着，是需要重新学习历史和重新解释民俗。

四、民居遗产保护

中国政府近年颁布的多种物质文化遗产和非物质文化遗产保护文件都涉及民居古建的保护。一些省市经过长时间的酝酿研究，动员了很多政府部门和专业力量，编制保护规划，最终通过专家评审和政府批准，逐步开始实施保护方案，这些方案都比较全面地概括了当前国内民居古建保护区的现状与发展方向。

但是，目前民居遗产的保护工作还面临着三个矛盾：一是节约型的、可持续发展的社会对历史文化遗产的重视，与只有少数人了解其价值的矛盾；二是对民居古建遗产的普遍现状还不大了解，而对稀有品种又过分注意的矛盾；三是民居古建保护与人民住房条件改善的矛盾。可以说，现在国内的民居古建保护工作的进行，正是在处理这些矛盾的过程中摸索前进的。

近年联合国教科文组织与国内政府机构和高校院所合作，推行“综合保护”的新理念，推动了这项工作的开展。

各地政府、民间、学者和社会力量在保护工作中，经过磨合，已产生了一些统一话题，它们都靠近了一个基本问题，就是保护自我建筑文化代表作中的基本文化单元。任何建筑文化杰作中都有这种基本文化单元，它始终指示着一个最早的人居核心区，一个因历史人物和历史事件的重大影响而被长久饮誉的建筑地点和一个用建筑物书写的国家民族文化脉络。在我国，已得到各方关切的文化单元有院落建筑、重要故宅和历史街区。相对地说，目前对它们讨论得比较集中的、与民居古建传统关系密切的方面如下。

（一）大院保护

无论是已成为世界文化遗产地的北京、河北、安徽、江苏、山西的古建，还是在世界自然遗产、文化与自然双遗产和非物质文化遗产地中被囊括的云南、西藏、新疆、甘肃、四川、山东、江西、福建、湖北和湖南等地的古建，都提出了这种保护单元的问题。前庭后室的院落是中华文明起源地的人居模型，也是延续数千年的中国民居古建模式。但是，院落保护的概念不是单一的，在全球化下，在世界多元文化的比较中，中国人已从新的高度认识它的特征，主要有：与上层皇宫经典建筑连片成套的世俗院落，与农业文化唇齿相依的商居院落，借名山大川焚香致礼的宗教院落，在高原巨流的崇峻环境中和谐生存的民族院落，在中国古代哲学思想的框架中构筑成形的仙居院落，在遥远生态地理自然的怀抱中安静生息的林牧院落和在平原地区城乡修建的民居院落等。在长期的社会历史发展中，它们之间会有互相挪移，它们本身会有各种变形，但它们的核心性质不变，它们与周围环境共存的关系不变，它们还具有历史连续性并能以各种历史上的物质的和非物质的标志去说服和教育现代人。

在现代化工业规划建筑四面包抄的氛围中，院落是所幸留下的传统根据地，也是民居古建身上的最后一件外衣，对两者的共同认识和整体保护是合理方向。山西省近年做了这种努力，在申报平遥古城文化遗产获得成功后，继续大力建设“大院文化”，把乔家大院、祁家大院、王家大院等民居古建都加以修缮，在院内设民俗博物馆，供后人参观，形成省内的大院文化群。现在当地学者重视、老百姓重视、社会力量也重视，保护得好，大家都有成就感。

在全球化下一个很有吸引力的工作是院落部件保护，如四合院的门、门墩、门楼和影壁。在北京师范大学东门外，门墩还成了一家饭店的名字，叫“御马墩”。

与中国相比，西方住宅不是中国的院落格局，而以历史街区规划为主，所以西方文化遗产的保护强调保护历史街区，中国则要保护院落，彼此各保护各的特点。

（二）故宅保护

世界各国都很重视名人故宅保护。它的建筑本身不一定是最古老和最有代表性的，但它身上所保留的这类信息，却因名人的重大影响的缘故，对自身文化和外来文化成员都有着极大的彰显力，能给广大社会成员了解该国整体建筑代表作的激情和探索它的历史的欲望。它也因名人生平事业和日常生活的线索，建立了建筑与非凡人文活动的内在联系。它还因名人的唯一性，将与名人相关的杰出历史群体、重大历史事件和重要历史地点连成不可再生的文化遗产网络，进行可视化的生动叙述，使这种建筑被提升为拥有特殊价值的代表作。就中国的情况而言，在北京的40个胡同保护区中，便包含了自元代至今的大批名人故宅，其中还有的是世界级的和国家级的，地方级和行业级的名人宅院也有云集之势，是八百年古都的底蕴。多年来，对这些名人故宅本身的保护，已有很多有识之士提出了建议。但在全球化的背景下，也还需要增加三点：第一，故宅保护与院落保护结合；第二，名人故居保护与文化建筑遗产保护结合；第三，名人故宅个案展示与其在中国整体文化中的唯一性的价值阐释结合。

（三）街区保护

与上述保护概念稍有不同，街区保护在于强调保护民居古建的生活场所。[①] 从民俗学的角度看，与西方国家历史街区保护有差别的是，在中国，街区是一个民俗史的地方基本单元，一个文化空间的人群基本单元。

以我们对北京前门外一区的调查为例。这里是北京市政府划定的历史街区保护区之一，共有35个胡同、72个会馆、22个寺庙和近100个保护院落，是

① 王世仁：《保护历史文化街区的价值取向原则——兼议南池子保护试点工程》，《北京规划建设》2004年第2期，第106页。另见舒乙：《南池子的得与失》，刘小石：《保护四合院住宅街区是保护北京历史文化名城的当务之急》，林楠：《坚持实践与发展的观点为历史街区保护探路》，民盟北京市委：《关于北京历史文化保护区保护与更新的建议——南池子试点的启示》，《北京规划建设》2004年第2期，第114、101、109、117页。

世界文化遗产故宫皇城的保护缓冲区，北京市政府也在申办奥运会的过程中加强了对该地区的保护规划。自2005年10月起，我们在该区约60公顷的四合院区域内，对会馆、寺庙、钱庄、票号、老字号店铺、外国报馆、外国医院、文物保护院落、其他历史建筑和民国以前的居民大院做了调查，重点了解该街区史的各个方面，包括经济史、会馆史、胡同史，院落史等，关注其整体生活场所的历史传承特点和老北京民俗，对这些非物质文化所附着的建筑物质文化本身也做了探索。共调查了350个院落，并以每个调查院落为单位，撰写《大院志》350个。从调查看，在20世纪的百年历史中，自清末光绪三十二年（1906）至改革开放，该街区共被国家级和市级调查12次，涉及政界名流、知名人士、文化名人、商界巨贾、社会活动家和老市民，是一个长期被关注的历史街区。原有建筑史料和北京文化史文献也很多，具有很高的历史文化价值，是难得一见的老北京街区民俗和文化空间单元的代表作。

街区保护的难点在于对街区历史连续性的恢复构建。从前门外一区看，1949年前，整个地区富有历史建筑的文化内涵，其中商业经营型建筑25处、853间，居老北京同类建筑的第2位；会馆网络型建筑覆盖全国12个省市，占老北京同类建筑的第1位。此外，由于紧邻故宫，主配型建筑居多，官员品级建筑、省府公关行辕、社会各界名人宅邸、各地科第举子住所环绕，列旧京之首。1949年后，该区生存所依赖的关键人迁移，商业流动资源和生活场所资源的丰富度减少，传统文化人群中的行业网络经营和消费精英的小群体消失，大批普通市民用户入住，传承人群的随机性增强，整体环境变化，造成了生活史的变化。因此，从民俗史切入，恢复其文化空间原貌，成为一种可能。

在街区保护中，人们还要关注对虚拟权威地点和象征物的保护。从前门外一区看，它们包括寺庙、碑刻，包括被市民自己认定为镇宅之宝的建筑文物，也包括胡同和住宅的口述史。街区脱离了这些非物质文化遗产，就会失去作为一个生活整体的历史依托，失去街区所依赖的社会认同依据，也就不能保证街区的住户都会做出有利于保护的观念和行动，都会配合街区遗产保护的完整性、多样性、特殊性和真实性。在此之外，再建立多少缓冲区、仿古建筑和胡同游览区，也未必能达到如期效果，未必能留住街区文化空间。

综上所述，在民居古建的保护工作中，在物质环境的保护之外，强调非物质文化遗产保护的理念，深化对中国历史文化传承的认识，保持不同地区、不同时期、不同阶层民居的各自特色，强调街区整体结构的保护，维护建筑风貌、地方风格、规划格局及其文化内涵，挖掘与住宅、环境和原住民相关的历史变迁、人情礼俗和日常生活方式，结合特定的院落、故宅和街区，讲述特别的文化故事，确认其历史价值，动员市民参与的积极性，建立正确的维护、改造、更新的规范、机制和措施，这些都是必要的。

第七章

中式服饰与流行时装

第一节　中 式 服 饰

全球化以来，中国服饰业的一大变化是出现了崭新的职业模特群体，在服饰民俗演出的舞台上，在时装发布会上，在各大商场的广告里，在影视节目中，我们都能看见他们的身影。一群模特，站在T型台上，迈着猫步，从远处走过来，评委要在短时间内给他们打分，评价他们所展示的所有服饰的特点，包括风格、理念、面料、设计、文化、历史、民族、地区等，这就要懂服饰。评委要在短时间内调动所有的服饰文化知识、评估标准和流行时装信息，以对眼前的服饰价值做出准确判断。中国虽然是服饰大国，但这种职业及其活动也是新事物。

全球化以来，中国社会体制改革的一个窗口也是中国服饰。中国大地从来没有像现在这样穿着鲜亮、百花齐放。服饰生产还成为大宗的经济贸易，在中外市场上都占有相当的份额。不论从哪个角度看，中国服饰都提高了中国的对外影响力。

全球化以来，中式服装与西式服装开展了前所未有的交流与竞争。西式服装的样式和格调点亮了中国人的灵感，中式服装的传统工艺和自然面料受到了西方人的青睐。在中国自身的服饰文化发展上，经过对宫廷服饰、民俗服饰、民族服饰、职业服饰的大力挖掘、融合、提升和加工，还产生了一些新型的品牌服饰。

近年来，中式服饰经过对民俗服饰的挖掘、提升和加工，并吸收西服的一些特点，改善了自己的设计能力。民俗服饰也正在成为中式服装的活力之源和一部分代表作。本节重点论述服饰民俗的基本内涵、文化史地位和现代变迁。

一、中式服饰的结构与文化史地位

经济全球化是表层的，要从文化上深入人心很难。比如饮食，它的全球流行快餐是表层的；如通信，它的全球流行手机是表层的；再如服饰，现在全球流行牛仔服也是表层的。在一个国家、民族的所有重大场合，在每个社会成员用来表达社会认同的关键时刻，都会回到自我文化中找特征、找独立和找主体性，这时服饰承担了认同的角色。从服饰民俗的角度看，经济全球化的结果，反而把不同文化要求都激发出来，并促使人们把它表达得比以往更准确、更有激情、更明朗简捷、更能为他人所理解。

人们对服饰的日常选择是开放的，但人们对服饰的文化皈依是民俗的。在全球化的竞争和比较中，这种民俗皈依还有一种文化自省和文化回归的成分，重新认识服饰民俗，已成为现代人的社会生活内容。在不同国家、不同文化的服饰中，服饰民俗是标志自我文化认同的共同点。在服饰民俗的利用上，人类行为具有一致性。服饰民俗由它的结构符号和文化史地位所确定，一旦它在某种场合下被利用，这种符号意义与文化史价值便获得了传达和传承。

（一）中式服饰的概念

先解释一下“中式服饰”的概念。本书使用的这个概念是广义的，是针对全球化下服饰民俗的反观问题提出的。它是相对于西式服饰的概念，主要是西服概念。在文化比较的前提下，从自我整体文化出发，从传统文化延续至今的中国人穿衣戴帽的关切要素观察，在国内多民族、多地区长期交流的历史基础上，在各时期、各阶层和各功能服饰变化的共性方面，指出中国人使用服饰的一般特征。这里借用了以往通行的俗语“中式”，是因为它在语言上恰好能与“西式”对应，能用来表达本节要谈的内容而又不生僻，人人都熟悉；同时它也能区别以往从文化内部研究服饰的一些概念，包括阶级服饰、阶层服饰和民族服饰等。在中国这样一个章服礼俗制度影响久远的大国，讨论“中式服饰”，当然也要讨论它的阶级成员、文化角色成员和民族成员的不同选择，但在这里要集中讨论的问题，不是这些因素如何成为中式服饰发展的边界和障碍，而是怎样成为中式服饰具体化、差异性和丰富创造样式的各种不同的历史动力。需要说明的是，俗语“中式”的狭义含义在这里也不使用，其原意中的传统样式只是一部分基础，本节的“中式服饰”还要讨论其整体基础，以及服饰传统与其现代变迁的联系。

（二）中式服饰的基本样式与结构

中式服饰的基本样式是平面结构，男装的样式是对襟短衣、长衫长裤，现在也叫“唐装”。女装的样式是大襟右衽、长裤。男女装都以宽松为主。现代商场的民族服装柜台、丝绸面料柜台和睡衣柜台大都保留了这种样式，受到中外顾客的喜爱。中式服饰平面穿着、平面折叠、平面保存、平面携带，与全球化下西服旅行要带衣架和行李袋相比，它有相对的自由和便利。

中式服饰的结构分三部分，即衣服、鞋帽和佩饰。衣服分上、下衣，但这与西服的上衣下裤不同，它有一个漫长的演变过程，形成了上衣下裳、上衣下裙、内衣外袍和内衣外裙等多种形式，这些形式现在还都能看到，还在不同地区、不同民族和不同场合中被使用。鞋帽，以鞋的种类变化为较丰富，商周有舄、秦代有勾履、汉代有靴、晋代有屐、唐代有马靴、元代有鞥、明代有皂靴、清代有花盆底鞋，代代有不同品种，但在传统手缝工艺和自然选料上变化不大。中国人的帽子没有西方人那么丰富，民国以后帽店和帽子的样式增多是受到西方人的影响，这与中国帽饰的稳定象征性有关，它除了象征儒家思想的深刻影响，还象征了兄弟民族的各自信仰，在这些地方都不会变来变去。佩饰，包括头部的首饰、腰部的腰佩和脚部的脚环、脚链等装饰。全球化以来，中式的腰饰也以手工精美和象征含义丰富而对外驰名，如荷包、香包、花钱、中国结，以及维吾尔族、蒙古族的雕花配刀等。

总体说，中式服饰不是突出人体的线条美感和肉体的物质魅力，而是将中国民俗文化的象征含义化透在处理质料的物质活动中，包括选择质料、图案设计与缝制工艺，再由这些综合因素去表现服饰的文化属性。在全球化下，中式服饰的稳定传承成为一种“时髦”。在曾经的中央电视台青年歌手大奖赛中，在电视直播技术上，还增加了一个项目，就是用特写镜头对准参赛歌手的中式服饰，从头到脚，慢慢地扫描和细细地展现，主持人在综合知识考核之后，还要加问歌手服饰的含义，这就使一场综艺节目同时变成了中式服饰文化的全民在线教育课堂，这种有意思的插曲越多越好。

（三）中式服饰民俗的文化史地位

儒家思想体系决定章服制度。我国从先秦时期开始已使用“服饰”一词。从典章文献的记录看，它当时已进入儒家的视野，成为构建儒家礼俗文化的可视性符号，如《周礼·春官》说：“辨其名物，舆其用事，设其服饰。”从先秦到后世，中国社会经历了很多变化，也改变和丰富了服饰的文化史，但儒家礼仪制度思想对服饰文化的影响还是占支配地位的，中国传统社会制度的核心部分——血缘家族制，就是以服饰命名的，称“五服”，它强有力地控制了整个封建时代的社会基础，到今天也没有完全消失。儒家的人格评价也深深制约了中式服饰的基本风格，始终重含蓄而轻外露、重收敛而轻张扬、重中庸而轻偏激，讲究“宁穿破、不穿错”，人如其服。儒家规制早有文、武服之分和社会等级服饰之分，在农业社会的封闭状态下和社会分工简单时，对服饰的多样性变化产生一定的制约，但这点不是绝对的，因为政治意识与服饰意识不能完全等同，服饰对封建社会内部的其他政治变革，以及佛、道思想和外来文化的反应也很敏感。这些局部变化虽然不能根本上改变儒家规制，但能从民俗上做一些补充，包括补入色彩、图案和样式。

多元文化交流丰富服饰样式。中国历来与周边国家友好交往，在服饰上也相互影响。汉唐时期，我国与西域国家的交往增加，创造了丝绸之路，这本身也是一条服饰之路。隋唐时期统治者移风易俗，也促进了多元服饰交流。在中国内部，农业文化的亲密伴侣是游牧文化，在元、清两代，来自游牧文化的杰出人物两度成为中国皇帝，对中国封建政治、经济、服饰、戏曲、音乐等方面的改革都做出了重要贡献。汉族与兄弟民族服饰百花同园。当代通俗歌曲里唱道“五十六个民族五十六朵花”，包括对兄弟民族五彩缤纷的服饰文化的称赞。隋唐时期，中式服饰受西北兄弟民族及波斯的服饰影响，产生了样式变化，当时把兄弟民族的服饰称“胡服”，不少唐人笔记小说提到此点，说在当时的首都长安，人人争相模拟胡服，以为美貌快乐。胡服的特点是紧身衣裤，有帽子，有佩饰，有随脚靴子，适合骑马、户外运动和舞蹈。唐代诗人张祜以诗才名世，曾专门写过描述胡女穿舞服表演的诗歌《观杨瑗柘枝》：“促叠蛮鼍引柘枝，卷檐虚帽带交垂。紫罗衫宛蹲身处，红棉靴柔踏节时。”白居易的《柘枝妓》与之有异曲同工之妙：“红蜡烛移桃叶起，紫罗衫动柘枝来。带垂钿胯花腰重，帽转金铃雪面回。”在两位诗人的描写中，都讲到“胡服”刺激了中式服饰的四个亮点：一是头上有帽子，为卷檐虚顶，上缀珠玉和金铃，故能舞动出声；二是有腰饰，下垂刀子、佩巾等饰物，旋转起来增加美感；三是紧身衣服，折领、窄袖、长衫，领口和袖口缝了很宽的绣花缘边，能展现人体美；四是穿靴子，舞女穿的是红色矮腰软靴，轻盈俏丽。在诗人眼中，胡服四处都是闪光点，颇给他们以新鲜感和精神快感。这种红色软靴到清代还穿，在《红楼梦》第五十回中，就写林黛玉穿了一双掐金挖云红色羊皮靴，表示她既高贵又时髦。现在中式服饰样式的丰富不能没有这段历史的补充。

社会文化观念变迁引起服饰变化。辛亥革命改革了社会文化，也改革了服饰，出现了中山装。中山装，以中式平面服装效果为主，不过突出了旧民主主义思想。它在上衣的前片增加了四个兜，表示遵循中国祖先神话中的“国之四维”的观念；在兜上缝制了倒山盖，称“笔架盖”，表示中国知识分子对现代革命的作用；在两襟中间增加了五个纽扣，表示维新变法的“五权分立”概念（行政、立法、司法、监察、考试）；在袖口上缝了三个扣子，表达“三民主义”的概念（民族、民权、民生），总之无一处无来历。它同时也吸收了西服的优点，把以往中式的长袍马褂改为西装的上衣下裤，外加垫肩，体现人体特征。自中山装起，我国产生了现代中式服装的样本，即将中式的平装象征与西装的人体象征有机结合，建立服饰与社会革命的联系。此后出现的其他服饰，如“民国”时期的军常服、20 世纪三四十年代共产党解放区的灰布军装、50 年代以后的人民装等，都是在中山装的基础上演化而来的。民国时期的城市女装也有变化，女士的旗袍与西式外套、烫发、高跟鞋、长筒袜、手表结合，把西式服饰观念和风格移入中国服饰中，形成中西合璧的趋势，展现了中国现代社会服饰的新格调。①

二、中式服饰的民间工艺

中国服饰是中国农业文明的成果，服饰民俗集中体现了中国长期农业社会积累的生产生活文化知识，大体有六种，即仪式服饰与功能文化知识、生产服饰与仿生学知识、生活服饰与礼俗文化知识、岁时服饰与农业岁时知识、性别服饰与社会性别文化知识，以及多民族服饰民俗知识等。

（一）仪式服饰与功能文化

服饰民俗有丰富的人生文化内涵，寿诞婚丧皆有服制，里面的民俗很多，尤富象征意义，它们大都成为现代社会服饰开发的内容。

婴儿服。在我国，幼儿出生后，父母把服装当作孩子的护身符，要给孩子戴脚箍、手镯之类，上面刻有花草游鱼等饰物，据说这样孩子就会像鱼儿一样善游，躲过偷生娘娘的抢掠。儿童长大后还要穿肚兜，戴虎头帽，戴避邪项圈，戴到 12 岁，这些都是保护儿童生命安全的民俗说法。②

成人服。中国人进入成年阶段后必经历四种穿戴，古今亦然。首先是成年礼服饰，分男女青年群体进行。古时男青年要“加冠”，就是通过一个戴帽子的仪式，在仪式过后，方可使用字、号，成为真正的男人。现在民间还保留了这种帽筒，高大长圆、质地精良，专门用来盛放冠礼用的帽子，有时在各地历史博物馆的传统家具陈列中也能看到这种帽筒。女青年要改变发型，也有的民

① 在中山装的解释和民国服饰改革上，参考了杨源的说法。参见杨源：《二十世纪之中国服饰》，北京市哲学社会科学规划办公室等编：《首都服饰文化与服装产业研究报告》（2005），北京：同心出版社，2005，第 35、37 页。

② 湖北省地方志编纂委员会：《湖北省志 · 民俗》，武汉：湖北人民出版社，1996，第 70 页。

族要举行换裙子仪式，表示该女子已是成熟女性，可以嫁人成亲。有的地方举行“开锁”和“换项圈”等仪式，在十一二岁时举行，由家长把孩子身上从诞生起一直佩戴的饰物取下来，表示他们已经成人。不过这种仪式在较为低龄的孩子中间举行，应该是一种“青春礼”。从民俗上说，这也表示成年，但青春礼与冠礼和换裙礼相比，还是有较大区别的。过了成年礼，就是婚礼。中式婚服的一大特点是崇尚红色，与西式婚服崇尚白色恰成反照。据说红色是生命的颜色，是家庭繁衍的象征，所以这种婚服是地道的文化服。在人生经过丽日中天的阶段，进入中老年时，要举行寿礼，寿星穿寿服，届时也有庆寿仪式，它是中国家族文化的内容。从另一方面说，也形成了敬老文化。成人阶段的最后一次改变服饰的仪式是葬礼和穿丧服，它严格执行“五服”制度，是通过服饰整合血缘家庭社会的权威仪式和庄严的文化传承。

（二）生产服饰与仿生学知识

中国人穿衣服的一大特点是讲究实用性，要求结实耐用，这与农业社会的生产活动有关，对此，各种服饰书中讲得比较多，但从前对生产服饰的仿生学知识讲得比较少，其实这是需要注意的。我国是一个古老的农业国家，动植物一直是人们生产生活的异类伙伴，许多服饰的质料和形状都与模仿动植物的生存功能有关。看过由鲁迅小说改编的电影《祝福》和《阿 Q 正传》的人都熟悉贺老六和阿 Q 头上戴的乌毡帽。绍兴人说，这是从老虎那里得到的启发，老虎吃羊肉之后，将羊毛垫在窝里，天长日久，就压成了毡帽的形状。以后，绍兴人便争相效仿，如法炮制，这就产生了后来的毡帽。① 美国好莱坞大片《狮子王》和百老汇歌剧《美女与野兽》也都是用兽皮做舞台服装，仿生演绎动人的人间故事，赢得了票房。

（三）生活服饰与礼俗文化

章服礼俗的生活化。有一种头饰叫“胜”，据《山海经 · 海内北经》讲，

① 浙江省民间文艺家协会选编：《浙江民俗大观》，北京：当代中国出版社，1998，第 83 页。

西王母“梯几而戴胜杖”，这是关于女人戴“胜”的早期神话记载。它后来被统治阶级所利用，用来强调章服的社会等级，于是戴“胜”就成了一种封建社会的官场仪式。到了南北朝，宗懔作《荆楚岁时记》，说正月初七地方“造华胜以相遗”，“胜”成为男性的服饰。唐宋以后，戴“胜”演变成男性官服的组成部分，表示权力，据宋代孟元老的《东京梦华录》卷六记载：

立春。前一日，开封府进春牛入禁中鞭春……春日宰执亲王百官皆赐金银幡胜。入贺讫，戴归私第。邓之诚注引金盈之《醉翁谈录》云：“立春，开封府土牛进入禁中。……是日自郎官御史寺监长贰以上，皆赐春幡胜，以罗为之，近臣皆加赐银胜。开封府鞭牛讫，官府大合乐宴饮，辨色入朝门谢春幡胜。”

在宋代周密的《武林旧事》和宋代吴自牧的《梦粱录》中，也都有相同的记录。这些资料可以证明，到了宋代，通过春季男性官员戴“胜”，表示政府实行新一年农政管理工作的开始。

在日常生活中，治衣能力被与治家能力联系起来。一个浙江传说讲，一家三妯娌，都会做衣服，唯三媳妇的做工最为“别出心裁”，能制作出适合打鱼人穿的灯笼裤，被公公一眼看中，公公就选她接自己的班。[①] 这当然是一种说法。但过去女子要手巧才能服众，赢得管理资格，这是普遍现象。有一个美丽的故事传遍了全世界，就是《灰姑娘》。在故事中，一双鞋改变了一个女孩终生的命运，那双鞋象征着年轻王子让一个女孩做妻子和母亲的权力，也象征着一个女孩的社会地位向上浮动的机会。这双鞋太出“戏”了，一百年来，它神魔般地占据了各国的贵族沙龙和民间口碑。好莱坞用它来拍电影，艺术家用它绘制卡通画。80 年代，我国有的音乐家用它创作新歌。有人对《灰姑娘》这首歌的现代流行排行榜做过调查，发现喜欢唱这首歌的，有打工的外来妹，有渴望上大学的中学生，有外企的女白领，也有跻身儒林的女公子，由此观之，在现代化和全球化给女性就业带来威胁的背景下，这双水晶鞋的新演绎，表达了现代女青年对社会流动和社会升迁的愿望及争取就业权益的生命萌动。

① 浙江省民间文艺家协会选编：《浙江民俗大观》，北京：当代中国出版社，1998，第 81 页。

（四）岁时服饰与农业岁时

我国是一个古老的农业国家，岁时历法是农业文明的晴雨表。我国服饰的一个重要象征含义就来自对日月星辰、山川水利的崇拜。在我国的西南地区，苗、瑶、壮、纳西等二十几个兄弟民族都有创世神话，认为祖先诞生于日月星辰。据他们说，日月星辰是他们的保护神灵，因此这些民族的男人都在发髻上挂银泡或星状头钉，最多戴七八十个之多，据说能获得这些天体神灵的保护。[①] 西北新疆维吾尔族的帽子上有“巴达木”图案，传说是对古代西亚传入的抗旱良种杏的纪念，能给戈壁沙滩上勤劳生活的人们带来顽强的生命力。农业生产也与动植物相关，许多服饰的质料和形状都是模仿兽类和使用植物原料的。西式服饰的装饰性很强，也有自己的理念，但传到中国来，中国人不了解对方的文化背景，就不买，认为不实惠。

中国人穿衣戴帽的特点是根据四季变化不断调换。岁时服装都是应季服装。中国疆域辽阔，跨越气候带广大，四季分明，中式服装有单夹皮棉，适应四季特点。它的象征性往往用佩饰表示，每逢春秋两季，妇女儿童在头上插戴鲜花，用以避邪纳吉。节日服装是中国人在传统节日中的穿戴。由于中国民族众多，节日服装还有民族服装的差别。但就其共性而言，还是可以归纳出一些特点的，主要有三：一是新，强调“第一次穿”，迎接新的时间；二是艳，暗示平均每人都有一个可以被注意的地位角色；三是齐，表示社会合作，群体狂欢。

（五）性别服饰与社会性别文化

服饰有性别分类，这是常识。但我国很多服饰体现了社会性别意识，这是值得一提的。北朝民间叙事诗《花木兰》讲，花木兰从战场回到家乡，第一件事就是说服天子同意恢复她的社会性别服饰，诗中写道，她脱下了战袍，穿上了女儿装。诗中用了一个著名的对句写道，她“当窗理云鬓，对镜贴花

① 蒲朝军、过竹编：《中国瑶族风土志》，北京：北京大学出版社，1992，第112页。

黄”。这里的“理云鬓”，就是说花木兰在梳头；“贴花黄”，就是说花木兰在插戴女孩的头饰，即把花草形的面饰贴在眉梢或鬓边，恢复了自己的青春女子形象。这是汉代已有的女子贴花之风，北朝的花木兰还在按照老风俗打扮自己。这不是一般的生理性别意识流露，而是在经历了与男子共同浴血疆场后，所发生的社会行为选择。除了花木兰，祝英台、秋瑾、孟丽君和现代电影《战火中的青春》中的女兵高山，都曾女扮男装，选择另一种社会性别服装，冲破男女不平等的封建社会观念障碍，演绎了千古流芳的历史故事。传说才子唐伯虎也曾男扮女装，冲破封建等级束缚，追求心爱的姑娘秋香，实现人生中的爱情理想。

这些例子说明，中国人不是等到现代化、全球化以后，才知道社会性别差异的，而是以前就知道，不过在男尊女卑的长期传统农业社会里，她们采用了浪漫的、戏曲化的换装表达手法来争取社会性别的平等。一旦完成了特殊的社会革命任务，她们还是要恢复生理性别服饰，履行一部分生理性别的职能，去当女儿、妻子和母亲。

（六）多民族服饰民俗

我国兄弟民族服饰是中式服饰的重要组成部分。这里主要使用清代《皇清职贡图》所绘传统民族服饰的图画资料来说明这个问题。图像中的各民族男女都是二三百年前的人，但他们的衣服、佩饰和手中的其他地方物品有些今天还能看到，也有的已经消失了，但图像所绘民族服饰的基本特征大体正确。

哈尼族[①]。叶车支系女性头戴白布花帽，后端绣有深红色锯齿形花边图案。上衣分三套，一是却巴，无领无襟，半圆形状，像披肩；二是上衣，类似汗衫；三是外衣，类似礼服，在节日或接待客人时穿，无领对襟，在襟的左侧有 17 个假布扣。她们从小戴耳环。下身穿短裤，裤腰两端缝有红线编制的丝裤短带，13 岁后戴黑色围裙。[②]

---

① 李之檀编：《中国服饰文化参考文献目录》，北京：中国纺织出版社，2001，第 83 页。

② 中国当代文学研究会少数民族文学分会编：《少数民族民俗资料》第二集（上册），内部资料，1983，第 114—116 页。

布依族[①]。在镇宁、关岭等地，俗称扁担山一带，男装与汉族相同，仅以花格或青色包头相区别。女装上穿大领大襟短袄，领口、衣袖绣有花边，称“栏干”；下穿蜡染百褶大统裙，白底蓝花，束黑色花边围腰带。已婚妇女戴“假壳”，用青布和笋壳做成。外衣为青、蓝二色。[②]

白族。《清代民族图志》另有彩图，题“景东等府白人”[③]。女性戴花头巾，为蓝色，叫“网手巾”，将布的四角收于脑后，用红头绳扎住，伸出去的四个角像鸽子尾。圆领紧身上衣，有白色和浅蓝色两种，宽围腰束紧腰身，上有蝴蝶、蜜蜂等图案。外罩红坎肩或黑坎肩，下穿挨膝短裤。

彝族。《清代民族图志》另有彩图，题“云南等府黑罗罗”[④]。女性勾尖绣花鞋，[⑤] 男性对襟黑色或青色外衣，肥裤。女性右衽宽长上衣，衣袖和胸襟绣有金、红、紫、绿色等花纹图案，衣领镶细银泡。[⑥]

苗族。《清代民族图志》另有彩图，题“贵阳大定等处花苗”[⑦]。苗族服饰早已引起国内外民族学者的注意。女装为大领短衣或无领大襟短衣，衣服上有花纹图形，不同的分支花纹的色彩和图形不同。衣袖下摆有五彩线绣的图案，上面有彩色花鸟虫鱼。下装为百褶裙，一般都在500褶以上，裙边有绣花、挑花和镶花，裙料多是藏青土布。腿裹布护脚，藏青色。盛装还要增加银饰。一般都是几十种，最多50种，重达三四十斤。讲究梳头，编成弯月形挽在头顶，戴上木梳或银簪。讲究的戴更多银扇、银羽等银饰。[⑧]

瑶族。《清代民族图志》另有彩图，女像题“乐昌县瑶人”，男像题“宁远等处箭杆瑶”[⑨]。男女把头梳成尖顶，女子头戴五彩绣花头帕，上插尺余竹

---

① 李之檀编：《中国服饰文化参考文献目录》，北京：中国纺织出版社，2001，第126页。

② 中国当代文学研究会少数民族文学分会编：《少数民族民俗资料》第二集（上册），内部资料，1983，第101—108页。

③ 李之檀编：《中国服饰文化参考文献目录》，北京：中国纺织出版社，2001，第79页。

④ 李之檀编：《中国服饰文化参考文献目录》，北京：中国纺织出版社，2001，第76页。

⑤ 中国当代文学研究会少数民族文学分会编：《少数民族民俗资料》第二集（上册），内部资料，1983，第120页。

⑥ 中国当代文学研究会少数民族文学分会编：《少数民族民俗资料》第二集（上册），内部资料，1983，第122页。

⑦ 李之檀编：《中国服饰文化参考文献目录》，北京：中国纺织出版社，2001，第122页。

⑧ 中国当代文学研究会少数民族文学分会编：《少数民族民俗资料》第二集（上册），内部资料，1983，第136—140页。

⑨ 李之檀编：《中国服饰文化参考文献目录》，北京：中国纺织出版社，2001，第150页。

架，支撑成盆形，认为越大越好看，60年代被认为不卫生去掉。男裹白布头巾。男女都戴三角形耳环，如果男子戴两个耳环，表示第二次结婚。男女银饰都很多，据说能避鬼邪、试毒物。①

壮族。《清代民族图志》另有彩图，女像题“贺县僮族”，男像题“兴安县僮族”②。清代壮族男衣短窄，束绑腿，出入佩刀。女衣不过膝，长裙细褶，有蓝、红不同颜色。也有的女子穿夹裙，厚三四层，重五六斤，襟袂裙幅间缀五色绒。贺县男子青衣绣缘，女子锦边短衫，纯棉锦裙。清末之前，龙胜地区的男子穿铜扣大襟衣，清末以后改小铜扣小襟衣，民国以后改对襟衣。女子穿圆领对襟上衣，老年妇女为黑色，青年妇女绣红、绿、蓝、白、黑五色镶边，下穿裙子，长至膝盖，上绣各种颜色的图案。③

黎族。《清代民族图志》另有彩图，题“琼州府黎人”④。女子穿对襟无扣上衣或套头上衣，下着筒裙，束发脑后，扣以骨簪，披绣花头巾，戴耳环、项圈和手镯。有的妇女有文身习惯。男子结发于额前或脑后，穿无领对襟上衣，戴耳环。

傣族。《清代民族图志》另有彩图，题“曲靖等府僰人”⑤。女子穿宽短的黑上衣，袖管绣有各种鲜艳的图案。衣襟右侧系有密密麻麻的银泡，下罩黑布短裙。小腿裹绑腿，头发梳卷后，系绣花三角巾，上缀银泡。戴耳环、手镯，女子出嫁前都要学会绣花和制衣。⑥

藏族。《清代民族图志》另有彩图，题“西藏所属卫藏阿里喀木诸番民”⑦。

高山族。《清代民族图志》另有彩图，题“台湾县大杰岭等社熟番”⑧。

---

① 中国当代文学研究会少数民族文学分会编：《少数民族民俗资料》第二集（上册），内部资料，1983，第154—155页。

② 李之檀编：《中国服饰文化参考文献目录》，北京：中国纺织出版社，2001，第145页。

③ 广西壮族自治区地方志编纂委员会编：《广西通志·民俗志》，南宁：广西人民出版社，1992，第94—95页。

④ 李之檀编：《中国服饰文化参考文献目录》，北京：中国纺织出版社，2001，第160页。

⑤ 李之檀编：《中国服饰文化参考文献目录》，北京：中国纺织出版社，2001，第87页。

⑥ 中国当代文学研究会少数民族文学分会编：《少数民族民俗资料》第二集（上册），内部资料，1983，第172页。

⑦ 李之檀编：《中国服饰文化参考文献目录》，北京：中国纺织出版社，2001，第66页。

⑧ 李之檀编：《中国服饰文化参考文献目录》，北京：中国纺织出版社，2001，第173页。

鄂伦春族[1]。世居大兴安岭，终年戴狍皮帽，用完整的狍子头制成，[2] 顶部有挺然的双角和双耳，在原来的眼眶处镶黑色皮绣成的眼珠。男女穿狍皮大衣，领口、袖口和襟边都以他色兽毛为装饰，女袍的装饰图案化，显得更亮丽。用夏秋狍皮制作的皮袍还能反穿，皮毛朝外，当雨衣。下穿皮套裤，膝部绣图案，耐磨性和御寒性强。脚穿狍皮鞋，腰高至小腿肚，毛朝外。用狍腿皮制鞋面，狍脖皮为鞋底。冬天在冰雪上行走，轻盈无声。有时也穿布底或草编的靰鞡鞋，用白桦皮器具。

今天重看这些图画，能看到现代化以前的民族服饰史，也能看到民族服饰传承到现代社会的几个要素，主要是它们的造型构思和颜色。

三、中式服饰的民俗特点

中式服饰的民俗特点，从服饰的角度看，体现了中国传统文化的基本特征，包括祖先崇拜、地理地名、民间信仰和表演文化。

（一）祖先崇拜

在中式服饰民俗中，汉族穿衣服不是个体选择，是认同祖先传承的文化，是寻求祖先的庇佑。前面提到的东南和西南地区苗族、瑶族、侗族、彝族帽子上的银饰，象征祖先来自日月星辰，他们的民族服饰帮助他们获得这些祖先神灵的保护。

（二）地理地名

在广西白裤瑶的白裤裤脚上，有五条用红线绣成的连绵成峰的纹样，远看像山。瑶族老人说，它是瑶族在此选址的标志，曾有一个老头给瑶王托梦，说现在瑶族居住的地方“有山就有禽兽，可以打猎；有水就可以种庄稼，过不了

---

① 李之檀编：《中国服饰文化参考文献目录》，北京：中国纺织出版社，2001，第 32 页。

② 中国当代文学研究会少数民族文学分会编：《少数民族民俗资料》第二集（上册），内部资料，1983，第 123 页。

几年，这里就会变成好家园的”。瑶王明白这里是块宝地，高兴得把两手往膝盖头一拍，在白裤上留下了五条血手指印。现在这种图案成了当地白裤瑶的特殊识别标记。①

（三）民间信仰

中式服装为平面服饰，受中国人的民间信仰的制约。中国人认为，身体发肤，受之父母，穿衣不是表现个人的人体魅力，而是报答生养自己的父母的一种体现，因而，在穿衣戴帽上讲究报往励来，认为有这两面就够了。此外，在中式服装中，僧有僧服，道有道袍，各有专服，变化很小，也皆因信仰使然。

（四）表演文化

在民俗中，戏装专用于两种戏曲表演。一是古装戏，一般都是明清服装的样式，有特定的穿戴规矩，在规定的演戏时间到来时，需经过请神仪式，由年首或班主开封，才能启用。它长期承担着超越现实的载道文化功能，表德劝善、替天行道，是上下层文化和多民族文化相融合的遗产。二是面具戏，据《续汉书·礼仪志·大傩篇》所记，它起源于傩舞。西汉冀州有蚩尤角牴戏。到了东汉，东方有《东海黄公》面具狩猎舞。南北朝以后，出现《兰陵王入阵曲》《踏摇娘》等面具歌舞戏，据说是受了西域歌舞的影响发展起来的。现在的面具戏的戏装大都“隆其等威”，演绎天地诸神的威力。安徽贵池傩戏一直沿袭着戴面具演出的传统。跑龙套和一般插科子，为油漆彩绘，枫杨木雕刻。全套脸子共 18 块、24 块、28 块、32 块、36 块、42 块，分别表示十八学士、二十四诸天、二十八星宿、三十二方位龙神和三十六金刚等，可谓以简驭繁。在全球化下的中外文化交流中，中国的戏曲服饰和戏曲脸谱成为中国文化积淀的一种代表作，深受各国人士喜爱。

---

① 蒲朝军、过竹编：《中国瑶族风土志》，北京：北京大学出版社，1992，第 124 页。

四、中式服饰的手工艺民俗

在全球化下，中式服装的民间工艺大受重视，主要有以下三点。

（一）麻、丝、毛原料大国的使用观念

西方人喜欢中国的这些质料，但中国服饰能长期选择这些质料是有自己的民俗的。

与环境文化的关系。浙江千岛湖地区的淳安县人有穿苎麻服饰的习俗，据田野考察，当地山民穿苎麻的衣服和鞋袜劳动，能减轻荆棘的刺扎，荆刺和芒刺遇到质地硬挺疏阔的麻布会顺倒下来。

与身体文化的关系。《浙江民俗大观》中有一段资料，对此点记述得颇详细：

> 浙西的农民历来有腰围“汤布”的习俗……汤布的功能是多样的。冬天挑重担时，汤布捆扎腰部能增强腰杆子的挺劲；热天挑担汤布披肩可减轻肩头的皮肉之痛，同时长汤布披下的两头可作汗巾擦汗水。休息时用汤布揩身擦汗，还可将它荡风作扇子，或作掸尘帚驱赶虫子，见有清水时又可用汤布搓水洗面揩身，以降体温。在干农活中如挖水田、耕田、插秧及打稻等，汤布围腰际如穿套裙，使泥浆水溅不上衣裤。一些俭朴的老农索性赤身裸体围上汤布，即可遮羞又防泥浆，干得利落又凉爽。干完农活收工时，只要往水塘中一站，立在齐腰深的水中央，解下汤布先搓洗掉汤布上的泥浆，再用漂洗干净的汤布擦身洗个痛快澡。浴罢上岸拧干汤布围腰穿裤子，不至于使人感到不雅观。若在露天突遭阵雨，汤布又可从头顶披下当雨衣。赤日炎炎头上忘了戴笠帽，汤布披可当凉伞遮阴。①

① 浙江省民间文艺家协会编：《浙江民俗大观》，北京：当代中国出版社，1998，第 79 页。

这段文字详细描述了一块棉布在日常生活中与身体各部位的关系，它从头到脸，从肩到腰，从脚到全身，都能接触，被农民习惯地随时使用。它是一块布，但在生产、生活中都发挥了功能，从垫肩到扇风，从洗澡到遮阴，都很顺手。它本来属于一种腰围习俗，但在日常现实中，又能当帽子避雨，又能当裙子遮羞，在服饰的帽、衣、鞋三属性中，几乎担当了大半角色。棉布与人体接触如此密切，是与棉布的自然属性分不开的。棉布质地柔软，水处理方便，价格便宜，能作多功能使用，比起麻、毛和丝等质料，普通得多，因此在服饰中与身体接触最多，占有的文化份额也多。

棉布的使用还与人们对身体的空间分类相关。早期有现世身体和来世身体的区分。来世身体要接触神灵，因此要卫生干净，否则会亵渎神灵。在前文饮食民俗中，洗漱干净的祥林嫂仍被鲁家看成不干净，不能端祭祖先神的食品，就是出于这种民俗观念。在现世身体中，没有这种区分，所以在上面的例子中，浙西农民用汤布保护和接触身体各部位，以为都是干净的和合适的。19世纪后期，引进了卫生观念，对现世身体也进行了划分，于是，用什么布擦脸、用什么布擦手、用什么布擦脚，都是分开的。

（二）织、染、绣的民间工艺

中式服饰有织、染、绣工艺，它们体现了中式服饰工艺技艺的长期传承，也有的达到了很高的境界。历史名品苏绣、云锦和蜡染都有各自的传世绝技，研究过服饰史的沈从文先生曾对此赞不绝口。江南丝绸织造工艺在明清时代已得到高度发展，苏绣的双面绣气韵灵动，充满天籁之巧，是燕居观赏和访游求购的佳品。南京的云锦用长 5.6 米、宽 1.4 米、高 4 米、共 1 924 个部件构成的传统大花楼木织机织造，织工在花楼上下分两层作业，上层的叫“拽花工”，坐在织机上层提升经线；下层的叫“织手”，坐在织机下面编织纬线，两人配合工作，编织工艺口口相传，完成一件织品需要一两个月。一件云锦织物能把浮雕式的建筑效果、妆金敷彩的配色技术与丝滑柔软的面料效果完美地结合起来，加上各种寓意吉祥的图案，美轮美奂。名贵云锦曾是皇家贡品，在编织时采用皇室特需的图案，如用江山云海图案表示江山永固，用五彩祥云图案表示万事吉祥，用牡丹灵芝图案表示富贵长久，用祥云飞腾、万字无极图案表示万寿无疆等，再以88%的真金线绞边，可在不同的光线下折射出宝石般的七彩效果，遂成盖世绝品。但这些图案的大多数寓意还都是民俗。蜡染和印染工艺中的浆纹图案全部是手工操作，在灰浆阴干后自然绽裂形成，花纹的自然美不可模仿，蜡染的图案也大有文章，大都是借助神话故事保存下来的。在浙江杭嘉湖一带，有一种“凤凰印染图”，近看是清一色的点和短线，绝无一根长线条。凤凰的头是22点，身是39点，翅膀是75点，双尾是102点，共计238点，连成一个长空飞舞的凤凰，妙不可言。其精品也为上层用品所吸收。宫廷与民间工艺技术和图案含义总是有联系的，这些都是现代机械工业制品所不能比的。

我国还有很多手工艺技术积淀为服饰民俗，例如世世代代穿蜡染的老百姓，他们的蜡染制法、图案和工艺也都很少变化。几千年来中国皮靴的基本用料和缝制工艺都差别不大，都是直缝靴和连腿靴等。

五、中式服饰的总体特征与不足

（一）农业文明的祖传文化

在全球化时期反思中国文化的优秀资源，最主要的是农业文明。中国的农业文明不仅在农政管理、农业科学和地方文化上取得了辉煌的成就，也产生了衣食住行习俗，中式服饰正是这种农业文明的产物。祖传文化是中国农业文明的基本特征，也是中式服饰民俗的思想特征，这里面有民俗学、民间文学、历史学、考古学、民族学、人类学、美学、工艺学、服装学等多学科的知识。

（二）中国人的身体文化

中式服装尽管有多民族的差别，但都是平面设计，适合中国人的形体特点，这点又是统一的。在这些方面，中西服饰是有较大差异的。西方重人体文化，服装的总体设计是立体的，此外，西方各民族在历史上互相征服，在服饰上"尊己卑人"①，在含义上各不相同。中国服饰始终保持了自己的历史文化内涵。它不仅反映身体对自然的适应，做到与周围环境的和谐；还要反映身体对社会的适应，讲究个人穿衣与他人穿衣的协调搭配，而不是突出自己。此外是服饰审美。全球化以来，人们思想解放，为美而穿，为个性而穿，是对以往服饰观念的一种反拨。

（三）民族民俗象征文化

中式服饰富有神话传说故事，象征性强，并有仪式传承，因而变化很慢。多民族服饰创造了多种样式、颜色和图案造型，给现代服饰发展提供了可以无限延展的灵感空间。

（四）治衣换装的生态文化

中式服饰遵守服饰与自然和谐的原则，使用自然面料，对环境保护和身体健康都有好处。不过，在当今全球气候变迁和生态环境变化中，在中西服饰交流与竞争中，中式服饰也暴露了自己的不足，如平面局限，缺少个性；手工缝制，生产力低；天然原料，在加工处理上受到自然条件局限；绝活私传，濒临消失；缺少品牌，创新不足等，这些都有待改进。

第二节　流行时装

全球化引导着流行服饰的潮流，但成熟的流行服饰背后是文化。比起短时消费的流行食品和短暂风潮的家居装修，流行服饰到底是不同的，在任何文化中，地区审美、民族审美都是最难统一的，因此服饰始终是从商品转化为文化的一种符号。以下将对照前文，简述近年出现的时装与民俗交叉的现象。

---

① 李之檀编：《中国服饰文化参考文献目录》，北京：中国纺织出版社，2001，王宇清序，第3页。

一、西服与中式服装的碰撞与融汇

（一）时装之都的叩门与中式服装的崛起

自20世纪90年代初起，法、意、英、美等国的西式服饰纷纷叩响中国的国门，在国内各种服装服饰博览会上频频亮相，带着它们各自的成功影响走在中国服装设计业的高端，它们的存在和理念，在中国同行以往的服饰理解之外，首次建立了国际一流服饰水准的概念，打破了中国服饰长期封闭发展的局面。之后，德国、日本、西班牙、澳大利亚、奥地利等发达国家的知名品牌和面辅料也陆续来到中国，扩大了中国人对国际品牌的见识，对时装之都的名牌产品增强了烘托之势，也给中国服装业的发展提供了多彩的前景。

时装之都的产品带来的影响有两方面。一是设计师与品牌意识。它改变了中国服饰业以祖传文化和社会功能为主流的历史，承认服饰时尚具有自己的独立创造人。它也将服饰文化的群体传承与个性品牌的引导力区别开来，开拓了以品牌服饰塑造社会群体形象的潮流。它还利用独特的思路和手段，对服饰的造型、材料、工艺处理、色彩进行革新重组，创造出新的设计语言，通过服饰体现历史与现实相延续的精神，对人们的精神文化产生引领意义。二是面辅料的作用。新潮时尚服饰对传统面辅料下足功夫进行加工改造，也启用全新材料，如天然纤维、化学纤维、异型纤维交织混纺材料等制衣，在服饰效果上，增加金属性、闪光性、幻觉性、仿生性等，这些都是过去中式服饰所没有的，给现代中国服装市场的开发带来了新的启发。

中式服饰在经过一段时间的观察和学习西式服饰文化流行时尚之后，从20世纪90年代后期开始崛起。中国服装行业经过管理体制的改革和工业生产线与生产加工业的改造，提高了国有企业和乡镇企业的技术实力，调动了全行业技术人员的能量，培养了中国自己的时装设计师和知名品牌，建成了北京、上海、广东、福建、江苏、浙江、天津和辽宁等品牌服饰生产基地。同时还推出了时装模特、时装评论员等群体，使中式服饰以崭新的面貌再度亮相。中国加入世界贸易组织之后，国内服装业已有了一批知名品牌。中式服饰已步入与西方时装之都服饰平等交流发展的阶段。

中式服饰借鉴西方时装之都的标准自我发展，呈现出三个特点：一是建立了以我为主的设计研究队伍和品牌意识。以北京时装业为例，现已有白领、腾氏、玫而美、天马、巴比龙、顺美、赛斯特、绅士、依文、派克兰帝等专项设计部门和专业品牌，全年销售额均达上亿元，在北京市场上取得了稳固的地位。[①] 二是重新挖掘民族服饰资源。在服饰开发中，不是倾力打造标新立异的造型吸引用户，而是利用原有中国面料乔其纱、桑蚕丝等自带的垂感表现形体美。有的是把造型丰富的内装，如各式各样的衬衣、坎肩、毛衣等开发为外衣，内装外穿，形成时尚。也有的把传统宫廷服饰的肩饰加以变化，变成现代时装的宽肩垫衬，让男性显得更加挺拔潇洒，让女性显得更加独立果敢。三是运用特色工艺。被西式时装所使用的传统手法点亮灵感，大胆使用中国传统工艺，丰富现代服饰语言，如使用不对称针脚、翻转拼缝、立体起梗线条、飘悬线迹、立体雕花、装饰流苏、人造宝石等作为创新手段，引起消费热点，[②] 也给国际时装界吹去清新的中国风。

（二）大师独创的概念与民族传统的沿袭

在全球化的比较中，传统中式服饰没有大师个性，没有大师独创概念，成为一种空白。在这种背景下，西式服饰的大师名气及其成名之道传入中国，对中国人有一定的吸引力，大致有两种情况。一种是保持传统服饰的严谨、自尊、平衡和高贵感，但巧妙注入现代理念。曾任迪奥公司设计师的约翰·加里亚诺（John Galliano）的设计唯美、浪漫和前卫，造型自由自在，把法国经典文化融入美国现代精神，将传统艺术与现代审美移情移景，构成了独一无二的设计品格。乔尔乔·亚曼尼（Giorgio Armani）的造型有西方传统文化的影子，工艺处理精细考究，处处追寻高贵典雅的遗风，但在设计语言和材料上运用了装饰性的手法，又有现代精神。亚历山大·麦克奎恩（Alexander Mcqueen）的

① 牛继舜：《首都服饰文化与服装产业发展概况》，北京市哲学社会科学规划办公室等编：《首都服饰文化与服装产业研究报告》（2005），北京：同心出版社，2005，第5—6页、10页。

② 刘元风：《服装的个性消费与文化消费》，北京市哲学社会科学规划办公室等编：《首都服饰文化与服装产业研究报告》（2005），北京：同心出版社，2005，第210页。

作品自然起皱，绝无多余的装饰点缀，体现天然清纯，是一种古朴文化的张扬。克里斯蒂安·拉夸（Christian Lacroix）善用色彩，特别是用象征性的粉红色和红色，与多种肌理材料相映成趣，造成了新的视觉冲击力。另一种是刻意打破传统服饰的平衡感，创造出独立不羁的现代作品。保罗·戈尔蒂埃（Jean-Paul Gaultier）的设计怪诞夸张，与传统服饰观念大相径庭。简尼·维尔萨切（Jianni Versace）将闪光化学材料与人造丝相配，营造了前卫意识和前卫服饰的号召力。[①] 当然，不管是怎样的大师创作，都以其非凡的创意，构筑了服饰文化与消费的桥梁。

据有关专业人士对中国现代用户着装意识的调查发现，绝大多数人在选择服饰上还是遵守从众、合群、适应场合地点的传统服饰观念。尽管现代中国市场上标新立异的流行时装随处可见，但广大被调查者所关心的，还是服饰的社会认同力，对单纯表现个性的时尚服饰不大认可，甚至认为服饰无所谓"过时保守"，合适得体更为重要，[②] 这就等于不大接受西方意义上的流行概念，而是在中式服饰传统概念的基础上，有选择地接受西式服饰意识和西方大师概念的影响。从这个角度再看西方服饰设计大师的作用，也在于他们对传统的理解。实际上，他们正是基于对西方文化传统的合理继承和从不同视角的成功运用，建立了个人概念与群体审美之间的联系，铸就了服装时尚与文化传统的一脉相承的沿袭，这应该是这些外来大师作品能在中国这个服饰大国被思考和被用来发展自我的根本原因。

二、流行服装对服饰民俗的吸收

在中国流行服装以中国文化传统为主体发展的过程中，服饰民俗起了相当的作用。服饰民俗促进了流行服饰的文化回归，也体现了自我发展的现代走势。

---

① 刘元风：《服装的个性消费与文化消费》，北京市哲学社会科学规划办公室等编：《首都服饰文化与服装产业研究报告》（2005），北京：同心出版社，2005，第 207—208 页。

② 赵平：《服装消费者行为研究报告》，北京市哲学社会科学规划办公室等编：《首都服饰文化与服装产业研究报告》（2005），北京：同心出版社，2005，第 156—157 页。

（一）流行服装的文化回归

在现代中国服饰市场上，流行服饰的位置是不可忽视的。它以现代社会发达的社会职业为目标，以不同年龄人群、不同个性和不同肤色为对象，创造了服饰的新样式。它吸收西式服饰精确讲究合体缝纫的概念，将合体修改作为服装销售的一个环节，使每位用户都能穿出最好的效果，塑造了人体美的潮流，得到了广大受众的认可。它以青年人，特别是青年女性为聚焦点，加大青春女性时装的设计和生产力度，带动社会消费，也获得了成功，这些都是有目共睹的。

流行服饰经过少数人青睐追逐的初期阶段，发展到后来可以引导社会化的选择。从造型设计看，流行服饰突破了祖传论的功能，采用了多样形式的组合，呈现了怀旧古典的美。在色彩使用上，根据中国不同地区、不同民族、不同面料的不同颜色配色基础，创造新的流行色概念，而不是盲目地使用西方的流行色概念。① 如彝族服饰的基本色是金、红、紫、绿，过去汉族从不使用，认为"红配紫，难看死"，现在流行服饰加以适当突破，也取得成功。在工艺技术上，流行服饰将西式服饰的立体结构观念融入平面服饰，创造青年人喜爱的立体设计系列服装，同时保留平面结构服装的讲究襟、扣、边、领、袖、褶等工艺，使之在文化意蕴上大为增色，刺激了消费，又造就了一代高水准的设计人员。这些都是悠久的中国传统服饰文化渗透到现代发达的时尚文化中的结果。

（二）服饰民俗的现代走势

服饰民俗对现代服饰的发展有不可替代的作用。它告诉人们，服饰经济不是简单地卖衣服，而是对传统服饰文化的挖掘，同时吸收别的优秀服饰文化，更新设计理念，优化自我设计。对服装设计师来说，多地区、多民族的服饰创

① 崔唯：《中国服装产业谁持彩链当空舞》，北京市哲学社会科学规划办公室等编：《首都服饰文化与服装产业研究报告》（2005），北京：同心出版社，2005，第 212 页。

造，点亮了他们的灵感生活，使他们能从平面到立体，从立体到平面，穿梭游刃，在比较中抓住特点。从工艺处理上说，传统手工艺，诸如刺绣、蜡染、扎染、编织等，经过重新组合质料、组合结构和组合工艺，应用于现代服饰，能赋予现代人以浓郁的人情味，展现现代人的个性和文化需求，也使回归的工艺增值。

现代服饰的一个变迁趋势是体现民族性格。现代社会中的节日生活、舞台再现和影视打造，利用服饰民俗，使这点得到了集中展示。在这种场合，我们经常能从人们的着装上发现点缀民族性格的装饰物，如苗族崇信的银饰、羌族御敌的配刀、藏族避邪的镜子、满族纳吉的羽毛，它们都给服饰创造了特殊的氛围，给工业社会的面辅料增加了文化气息，也给现代服饰的发展增加了社会关注。

全球化产生的环境污染，还带来了生态工艺的机遇，使取自自然链条的传统服装业得到升值。据对现代中国用户所喜爱的面辅料调查，喜欢纯棉、真丝和麻等自然面料的仍占绝大多数，反之喜欢混纺、化纤等非自然面料的人是少数。[①] 现代流行时装也要走低能消耗产业的道路，从面料、辅料、服装加工、饰品、化妆品到形象设计，都符合中国自然资源条件，才能成为可持续发展产业。[②]

总之，服饰只有成为民俗文化符号，才能成为更耐寻味的消费品。

---

① 赵平：《服装消费者行为研究报告》，北京市哲学社会科学规划办公室等编：《首都服饰文化与服装产业研究报告》（2005），北京：同心出版社，2005，第140页。

② 郝淑丽、卢安：《服装产业与首都经济可持续发展》，北京市哲学社会科学规划办公室等编：《首都服饰文化与服装产业研究报告》（2005），北京：同心出版社，2005，第239—240页。

第八章

传统节日与法定节假日

人类总是需要休息的，这是休闲与节日的内在联系。但在各种各样的休息活动中，有的具有人类文化的间歇性和多样化的个性，这就是休闲；有的具有自然节律的节奏性和社会群体认同的传统，这就是节日。人类文化的多样性是与休息的多样性相关的。休息给人类带来了放松，带来了愉悦，也带来了交流，在抵制全球化和提倡文化多样性的思潮中，它也成了一个热门话题。

本章对传统节日和法定节假日分别做研究，同时也讨论两者共有的民俗或重合处，在此基础上，再讨论它们和民俗文化遗产保护的关系。

第一节 传统节日

本节从跨文化的角度讨论传统节日。节日民俗，指由共同祖先创造的、世代相传的、在社会集体中化风成俗的、成为情感符号的、又能附加现实价值的节日活动。在全球化时期的现代社会，节日民俗的范围，包括国别节日民俗、地方节日民俗、民族节日民俗、外来节日与传统节日融合的转型民俗等。本节主要讨论两个问题，一是节日分类及其历史文化内涵，二是节日的变迁及其现存传统。

一、节日的定义

在三千多年前的殷商时期，中国人就用汉字表达了对节日的认识，即“年节”和“时节”。这很有中国特点，表达了中国人对农业文化的记忆。西方的传统节日名称中有“圣主”或“圣祀”的含义，表达西方人对宗教文化的记忆。不同的节日概念属于不同的文化系统，但都有自己长期的历史脉络和庆典渊源。

（一）年节

中国境内的汉族地区和大多数兄弟民族拥有一个共同的年节，即春节。春节的本意是庆祝春耕的开始，祈祷全年的丰收，是一种农事概念。中国人对“年”的记录很早。在殷商甲骨文中，“年”字就频频出现了。东汉许慎的《说文解字》对“年”的含义做了清晰的解释：“谷熟也，从禾千声。”之后，“年”字又由谷物每年一熟，引申为时间概念。现在我们用的“一年一岁”“一年一度”的说法，都是对这种时间概念的继承。“年”从时间概念过渡到全民庆典概念，就成为年节。

年节的文化模式就是民俗，它由年节传说、年节祭祀、年节庙会、年节服饰、年节饮食、年节歌舞、年节戏曲、年节游艺等节日要素组合而成。春节具有中国年节民俗所有的要素，因而是第一年节。

仅以春节的神话传说为例，就有很多内容。据说，年是一只恶兽，要在新的一年到来之前赶走它。春节的很多民俗，如击傩鼓、放鞭炮、烧旺火等，都是驱恶避邪的象征。与这个年节要素相关的，还有别的要素。现在还能看到的，有以下三种：

挂桃符。据《山海经》说，黄帝发明了一个办法，把两块桃板挂在门外，上面画上神荼、郁垒两个神仙，每到过年的第一天挂起来，就能驱赶恶兽。

贴门神。由挂桃符演变而来。两汉后，变成年画。到了明清，我国的木版年画发展至极盛，南北各地都出现了一些年画之乡，如天津的杨柳青、河北的武强、河南的朱仙镇、山东的杨家埠、苏州的桃花坞和四川的绵竹。各地年画都有门神的内容，保存了古老的驱恶意义。

贴春联。一般认为，春联是桃符的替代品。据说，我国最早的一副文人对联是“新年纳余庆，嘉节号长春”，是五代时期留下的，《宋史·蜀世家》云：“孟昶命学士为题桃符，以其非工，自命笔题云。”①

其他一些中国年节，仅次于春节，如端午节和中秋节，也由多个年节要素组成。在我国历史文献中，对节日要素的记载是十分丰富的，从正统典籍，到诗词歌赋，到笔记杂纂，无所不包，相互之间还有一定的差异。之所以出现这种现象，是因为节日要素带有不同地区和不同民族文化的属性，文献记录的差异往往是这些属性的差异，而差异正是人文文化生态分类的本质，使彼此不能混淆。汉族的年节服饰不是苗族的年节服饰，维吾尔族的年节食品不是藏族的年节食品，东北的年节歌舞不是西北的年节歌舞，道理在此。中国古往今来积累了大量有关年节文化的文字，无非产自才子谪迁、朝吏封疆或文人学士的异地游历，是他们看到地区与民族间不同的歌舞、服饰、祭祀、饮食时的反应，不能随意将之合并在一起。例如，记录北京民俗史的明清方志笔记 13 种，均含节日要素资料，但在记录方式上各有不同，大体分 4 种情况：有的描述民族差异，如《帝京岁时纪胜》《京都风俗志》和《燕京岁时记》；有的描述地区差异，如《长安客话》《宸垣识略》《京师坊巷志稿》和《燕都丛考》；有的描述行政建制差异，如《日下旧闻考》《光绪顺天府志》和《北京市志稿》；有的描述作者个人经历和主观感受的差异，如《帝京景物略》中的“春场”、《酌中志》中的“饮食好尚记略”和《人海记》中的“灯节”，它们各有价

① 关于年画和春联的讨论，参见拙著《说话的文化》，第六章“说话文化的节日内涵”（三）《话说春联》和（四）《话说年画》，北京：中华书局，2002，第 243—267 页。

值，需要一一考察。[①] 当然，作为对明清时期北京节日风俗的记录，它们的内容或多或少都会涉及汉族、满族、蒙古族的节日差异与交汇，这也是共同点。如《光绪顺天府志》记端午节，就写了端午饮食、端午信仰、端午服饰和端午游乐等要素：

> 渍酒以菖蒲，插门以艾，涂耳鼻以雄黄，曰避毒虫。家各悬五雷符，簪佩各小纸符，簪或五毒、五瑞花草，项各彩系，垂金锡，若钱、若锁者，曰端午索。[②]

> 端午用角黍、杏子相遗，挈酒游高梁桥或天坛。[③]

文中的插艾草、涂雄黄酒、结五彩线、游高梁桥和天坛等习俗，皆为汉族、满族、蒙古族市民所共享。该书还专门记载了端午在天坛进行的“射柳”和“打马球”两种竞技，并指出其源自“辽俗”：

---

① 〔明〕刘侗、于弈正：《帝京景物略》，明崇祯八年本，北京：北京古籍出版社，重印本，1981。〔明〕蒋一葵：《长安客话》，据北京图书馆明抄本排印，清宣统盛宣怀《常州先哲遗书》本校阅，北京：北京古籍出版社，1994。〔明〕刘若愚：《酌中志》，清道光二十五年刻《海山仙馆丛书》本，北京：北京古籍出版社，1994。〔清〕吴长元：《宸垣识略》，清乾隆戊申刻本，北京：北京古籍出版社，重印本，1983。〔清〕潘荣升：《帝京岁时纪胜》，《北京史迹丛书》本，北京：北京古籍出版社，重印本，1981。〔清〕于敏中：《日下旧闻考》，清乾隆五十三年内务府本，北京：北京古籍出版社，重印本，1983。〔清〕查慎行：《人海记》，清光绪七年崇文书局《正觉楼丛刻》本，北京：北京古籍出版社，重印本，1981。〔清〕：富察敦崇《燕京岁时记》，清光绪三十二年刻本，北京：北京古籍出版社，重印本，1981。〔清〕让廉：《京都风俗志》，清光绪刻本，北京：北京古籍出版社，重印本，1981。〔清〕周家楣、缪荃孙等编纂：《光绪顺天府志》，清光绪十五年本，北京：北京古籍出版社，重印本，1987。〔清〕朱一新：《京师坊巷志稿》，清光绪十一年本，北京：北京古籍出版社，1982。陈宗蕃：《燕都丛考》，民国刻本，北京：北京古籍出版社，重印本，1981。吴廷燮等编纂：《北京市志稿》，北京：北京燕山出版社，1998。在对北京地方志和风土笔记的研究上，北京师范大学本科生赵娜同学做了前期文献搜集和数据库录入工作，并撰写了相关题目的本科毕业论文。另见拙文《清乾隆时期朝鲜使者手记中的北京民俗与政治》，收入陈平原、王德威编：《北京：都市想像与文化记忆》，北京：北京大学出版社，2005，第459—486页。

② 〔清〕周家楣、缪荃孙等编纂：《光绪顺天府志》，清光绪十五年本，北京：北京古籍出版社，重印本，1987，第588页。

③ 〔清〕周家楣、缪荃孙等编纂：《光绪顺天府志》，清光绪十五年本，北京：北京古籍出版社，重印本，1987，第587页。

金因辽俗，重五日插柳球场，为两行，当射者以尊卑序，各以帕识其枝，去地约数寸，削其皮而白之，先以一人驰马前导，后驰马以无羽横镞箭射之，既断柳，又以手接而驰去者为上，断而不能接去者次之，或断其青处，及中而不能中者为负，中者负，每射必伐鼓以助其气。已而击球，各乘所常习马，持鞠杖，杖长数尺，其端如偃月，分其众为两队，共争击一球，先于球场南立双桓置板下，一孔为门，而加网为囊，能夺得鞠击入网囊者为胜，球状如小拳，以轻韧木枵其中而朱之。①

书中有《前代风俗考》，援引《金史礼志》，解释此为蒙古族和满族的节日习俗。这种描述的文字都比较长，初看以为不过生动详细而已，其实里面有对不同民族的节日要素属性差异的区分。今人的文献辑录和研究也应注意年节要素的这个特点，在学术分类上，要尽量体现其复杂性，这样才能呈现年节要素所有属性的差异，保持年节记录的地方性和民族性特点。

传统节日的活动多、时间长，不是一天可以完成的，要分成几个时段进行，对此称之为“节点”。春节就有多个节点，包括小年、除夕、初一、初二、初三、初五、初七和正月十五等。清《京都风俗志》记晚清时期北京过七夕节，也有讲述牛郎织女渡河传说、初六午观碗中花影乞巧、初七午观水中柳枝占巧、初七三更夜在葡萄架下听牛郎织女哭声的四个节点。② 节点越多，对本民族来说，这个节日就越隆重。其他像广西壮族的清明节、贵州苗族的牯脏节、云南和四川彝族的火把节、新疆维吾尔族的古尔邦节、西藏藏族的藏历年等，也都有多个节点。欢度年节，就是按照祖先传承的节点秩序，从准备到结束，有秩序地完成一个个节点。能在连续多个节点中欢庆的节日，也称“盛大节日”。

到了现代社会，生活节奏加快了，有些节点被省略了，但节点的秩序不变，像过春节，还要从除夕到人日，按秩序庆祝，不可能倒过来。我国历代地

① 〔清〕周家楣、缪荃孙等编纂：《光绪顺天府志》，清光绪十五年本，北京：北京古籍出版社，重印本，1987，第 598 页。

② 〔清〕让廉：《京都风俗志》，清光绪刻本，北京：北京古籍出版社，重印本，1981，第 6 页。

方志和风土笔记记载年节，也都是按照节点的顺序次第描述的，形成了有节点结构的编年史。不同的节点结构，反映了不同的节日模式。今人从这个角度看年节，能看出节点既是时间，也是文化规矩。中国人在漫长的社会历史中，把时间和规矩绑在一起，就成为群体自我约束，没有任何个人可以修改它。

（二）时节

时节，又叫“二十四节气”。节气历法是中国人对世界文明的一大贡献，早在殷商时期出现，在战国时期成形，成书于公元前 137 年的《淮南子》中已有它的全部名称。在时节中，有的本身就是传统节日，如“清明”；有的是传统节日的一个节点，如“春分”是“二月二”龙抬头节的起头，此外还有“打春牛”“引龙”“咬春”等其他活动。其他大多时节都是民间历法上的一个时间名称，以日月运行的一个回归年为单位，分成 24 节，每节 15 天，各有命名，从春节开始，依次称呼。这套时节划定方法又称“阴历”。20 世纪初以后，中国施行阴阳合历。阳历是西方的公历，在国家公共领域、行政系统和工业系统使用。阴历在家庭私人领域、人生仪礼和农业系统使用，至今还对中国人起作用。①

时节与年节关系的组成特点：

地区同一性。中国地域广阔，在农业生产生活上，地理条件和气候条件的差异很大，虽然全国共用一个二十四节气表，但在东西南北各地的执行上，还有自己的小节气表，以一方时节养一方人。山东沿海渔民每年过“谷雨节”，祈祷渔业丰收。华北广大地区在“夏至”前后都有专门节日，当地叫“磨刀节”“雹子节”和“北斗节”，祈求风调雨顺，夏灌秋种。西方很多国家现在还保留着夏至节，年年欢庆。法国虽脱离农业社会已久，却依然在夏至节当晚举办传统的音乐节，通宵弹唱，歌颂太阳给大地带来的光辉。在我国，这些时节的庆典都不能成为全国性的节日，但它们对于本地社会有重要的决定意义，因而变成节日，被格外庆祝。由此能看到年节遗产的组成方式。

民族同一性。我国各民族有不同的民间历法，藏族有藏历、回族有回历、

---

① 钟敬文主编：《民俗学概论》（第二版），北京：高等教育出版社，2010，第 165 页。

佤族有佤历、傣族有傣历，苗族、哈尼族、普米族、独龙族、苦聪人也都有自己的历法。各民族都把自己历法中的关键时节视为民族节日，举行盛大庆典，称为本民族的“年”。1949 年以后，独龙族改用汉族的阴历，不再以独龙人古老的自然历算法纪年，但他们在内部习惯上仍保留了“播种月”“花开月”“烧火山月”“收获月”等十二“节月”的概念，老一辈仍按独龙历安排农事生产。[①] 这让我们了解到节日遗产的民族认同。

宗教同一性。处于两个节气中间的是宗教节日。例如，在“惊蛰”和“春分”之间有二月十九观音节，在“谷雨”和“立夏”之间有四月初八浴佛节，这些都是国内比较普遍的宗教节日。还有很多宗教节日是局限于某一地区的，但也在两个节气中间进行，如曾在河北一带影响很大的混元教节日，每年阴历三月二十一日和九月二十七日举行，正好在“立夏”和“小满”、“霜降”和“立冬”之间。总的说，宗教节日在时节和年节之间起衔接作用，而不是与农事节日起冲突。地方基层社会的民间宗教扎根很深，又不影响男女信徒从事农业劳动，大概也与这种信仰生活与农业生活的依次排序有关。很多地方宗教传说还说，佛祖或老君如何帮助农民解决自然灾害问题，把宗教史嵌入了地方社会史。这是一个角度，能让我们观察节日遗产中复杂的象征含义。

据专业人士统计，国内现存节日 70 余个，如果回到古代文化的背景中去，上述节日的总和是大于这个数字的，祖先的遗产成就了现存节日的厚重。

二、主要节日名称与时间分布

在全球化时代，了解自我文化中的主要节日，是一种社会使命，也是一种未来意识。简单地说，在现代社会，一个人，没有节日，也就没有文化归属，没有公共自由，没有可以寄托的生命家园。但现代节日教育与以往不同的是，不再是一种自然传承，也不仅仅是一方水土养一方节日的局部解释，而是从人类、自然与多元社会和谐发展的整体观念出发，重新讨论节日，反思节日对守护人类遗产的价值，解读节日把祖先文化与未来社会加以衔接的群体模式，同

① 龚明华：《独龙族历法》，原载《民族文化》1980 年第 2 期。引自全国民俗学少数民族民间文学讲习班编：《少数民族民俗资料》（上册），内部资料，1983，第 250—251 页。

时将之置于全球化下的开放文化、比较文化和交流文化的大视野下，做有利于节日遗产保护的解释，促使现代人享受自我节日，也尊重别人的节日，并对人类整体节日文化遗产中的优秀文明加以认真继承和合理利用。

我国传统节日是分为很多节点的。现代社会仍在传承的传统节日，都是抓住了其中的某些节点。节点的社会位置，依所含节日要素的性质，在开放和封闭的使用上，分量轻重不同。从方便研究的角度看，又可将节点分为原点节点、核心节点和非核心节点。原点节点带有整合社会的节日要素，其实中西文化中都有，往往被拿到国家级层面上使用，在各国首要传统节日的前夜，都是被格外庆祝的，其盛况几可超过正式节日，乃至国家元首要发表讲话，国家主流媒体要发出声音，国家的凝聚传统被重新强调，对此，中国人叫“除夕”，西方人叫“平安夜”，而中国的原点节点正是祖先文化。核心节点带有整合资源的节日要素，在地方层面上被使用，在中国长期的农业社会中，重点资源对象是土地、水利和气象，各地方因地制宜地利用节日，感谢土地、敬祀水源和观测天象，各有仪式，各有说法，非如此不算过节。非核心节点带有不同历史时期、不同社会阶段和不同人生文化观念的节日要素，在适应当时历史、当时社会和当时人们需求时，在不同群组层面上使用，一旦这种适应性结构解体，非核心节点就会消失，或者被跳跃、被省略。在上述节日节点中，唯有一种情况不会那么简单地来去，即宗教信仰。

现在再来讨论节日名称，与传统学界讨论节日名称，就会有一些区别。当然，节日名称本身不变，包括它的节点名称也不会变化，因为它们都是祖宗定的，已属于一个稳定的文化系统，没有人能够改变。节日遗产的力量，跟泰山、武夷山和三江并流等世界文化与自然遗产一样，因其以遥远的古貌呈现于现代人面前而震撼人心。但遗产要征服现代人的信念，并经现代人之手留给未来，就要有现代评价和与此相关的名称定位。例如，对泰山遗产，要指出它对于华北大平原的地貌生成和中国天人合一文化形成的价值，现代人才会称服泰山之伟大；对武夷山遗产，要指出其世界最大的生物圈栖息地和全球绿色环境之门的价值，现代人才会知道武夷山之珍贵；对三江并流，要指出其第四纪冰川地质博物馆的价值，现代人才会站在这块喜马拉雅山下的高原上，感悟自然造化之浩瀚和人类之渺小。总之，这样他们才会悉心呵护，不忍斧凿。现代评价是对现代自然科学和人文社会科学知识的综合运用，节日遗产评价也需要它。从现代知识体系的角度看就能发现，从前谈节日，都是把节日名称当成一个既定的统一体去谈，由此观察节日的传承和变迁，便十分笼统，或者流于现象和常识，说出来人人都知道，但很难深化对问题的讨论。这与把节日名称本身当作不争之前提是两码事。其实在祖先文化的传统中，已经有节日和节点两种名称，在历代地方史志文献的记载中，也对两种名称都有记录，两者都不是后人的发明。但历代文献作者在处理它们的方式上有区别，主要有两种：一是月令系统，以月序为纲，把节日和节点放在一起，按月内发生的前后顺序记录；一是年节系统，把当地重要节日名称辑录出来，按年内发生的先后顺序记录。月令系统要比年节系统更能反映传统节日的属性差异和差异的细节，年节系统要比月令系统更能反映传统节日的变迁及其文化属性的共性特征，两者各有各的用途。

从现代人了解和利用节日遗产的角度看，对自我文化中的主要节日和节点名称及其时间分布都应该了解，对它们两者的记录方式也都应该掌握。至于解释节日属性，不是越细越好，也不是越粗越好，要区分场合和对象。在全球化下多元文化的比较和展示中，需要把自我节日的共性属性讲清楚，这时采用年节系统就很合适，但也还要对节日要素做提取和分析。在传统节日处于全球多元文化的撞击下被保护传承的过程中，需要把自我节日的属性差异讲清楚，这时采用月令系统就很合适，但也还要注意分析节日内涵的变迁与转型。不管怎样，都不能只谈现象，不顾属性。不研究属性，就会将节日问题表面化，就无法把握节日遗产研究和保护的主动性。

（一）汉族的主要节日与时间分布

在这里使用“汉族节日”概念有五个原则。一是传统悠久。属于历史节日，又在全球化下继续流传。二是共享程度高。为国内大多数民族所共享，也为国人与海外华侨所共享。共性不等于完全共有，中国境内有汉族和兄弟民族的多民族节日，除春节为大多数民族所共有外，其他节日都有民族和地区的范围。但作为相处几千年的中国人，还是有一些节日影响极大，能反映中国传统节日的共性的，比如那些含有四大传说表演民俗和信仰民俗的节日，它们跨时空、跨民族地流传到今天，使中国节日变得更加容易被集体识别和同心传递。三是转型民俗。指在农业社会向现代化工业社会转型中，在古代文本向历史文物、工艺美术、书籍插图、绘画艺术、歌舞戏曲和影视文艺等多种文化形式的过渡中，这些节日均能跟着转型，能附着在不同文化种类上，成为物质化的符号。中国四大传说都有这个能量。四是可视性强，都有可视化的节日要素。四大传说因为是表演民俗，在将节日要素可视化上占有优势。可视化要素的另一成因是动植物，它们在一年四季中均匀分布，能得到自然资源的合理补充。四大传说也都有动植物，如牛、鱼、蝴蝶、树和草。五是地方属性。它是传统节日的认同实体和属性支撑。汉族节日与地方特色不矛盾，没有地方特色的汉族节日是不存在的，地方特色体现汉族节日的传承精神，保存了汉族节日背后的大文化。

在汉族节日的研究上，强调传说故事的作用，是因为它是原点节点的组成部分，也是节日共性被享用和被研究的原型。在中国节日史上，传说故事是传家宝；在 20 世纪人文学术史上，传说故事的类型研究发挥了历史作用；在当代中国的农业化转型、城市化、文化大众化的社会变迁中，传说故事是叙事库；在全球化中，传说故事是一种非物质文化遗产。古往今来，中国人庆贺节日、传承文明、衣食住行、诗词歌赋、四海汇聚和五洲交流，都离不开传说故事，它展现节日的历史积累和人文魅力，奉献节日的文化财富。

汉族节日的讨论目标。按照以上原则，以中国四大传说为线索，以一年四季为分期，重点讨论春节、元宵节、上巳节、清明节、端午节、七夕节、中秋节、寒衣节八个传统节日，它们是中国人认同程度很高的传统节日。其中，春节、元宵节、上巳节和清明节是春天的节日，端午节是夏天的节日，七夕节和中秋节是秋天的节日，寒衣节是冬天的节日，四大传说便贯穿在四个季节中，它们是梁山伯与祝英台的蝴蝶夫人故事、白蛇传的夏草祛病故事、牛郎织女的星辰相恋故事和孟姜女的一个冬天的故事。

汉族节日的属性研究。改变以往节日研究的历史文献描述和单一节日分析方法，对全球化下被强调的传统节日的共性属性进行综合思考，对这些节日的要素加以提取和分析，尝试从新的角度，把中国人的节日说明白。

在表 8-1 中，在“节点”列里，分别以 1、2、3 的标号顺序，对原点节点、核心节点和非核心节点做了依次划分，同时指出其物质化成分和可视化成分，包括饮食、服饰、传统工艺、信仰仪式和表演民俗等。在“节日要素”列里，指出了这些节点的人文要素。可以看出，现代社会对节日遗产的利用是有轻重缓急的。在原点节点方面，基本予以保留和继承，并对其节日要素大有发挥。在核心节点方面，转型民俗较多，在节日要素上，也适应现代社会的知识结构和市场需求，进行了改造解释，也有的是“文革”后重新恢复的，有的是在改革开放后开发为国际交流项目和旅游品的，如耍狮子、舞龙灯、闹花灯、赛社火、划龙舟、赛风筝，以及出售香包、五毒挂件和避邪童服等。在非核心节点方面，有的残缺，有的消失，有的转移到传说故事中保存。

表 8-1　汉族的节日名称、节点与节日要素采集表

节日名称	时间分布	节点	节日要素
春节	腊月廿三日至正月十二日	1. 小年洗扫、贴门神、贴对联 除夕肃衣冠、守岁/初一出行互拜 2. 自初三起，耍狮子、舞龙灯、唱百戏 3. 初五破五/初七人日/初八谷日/初九上九	祭祖/团圆 祭天地/贺岁 洁除/驱避 绕游/四至 馈赠/狂欢
元宵节	正月十三日至十七日	1. 十五灯会、猜灯谜、吃汤圆、舞狮子龙灯、迎紫姑 2. 十六、十七踩柏枝，送穷祛病 3. 十三张灯棚，男女、家族、社区合作	观灯/崇明 祭厕/卜蚕 占云/测雨
上巳节	三月三日	1. 临水禊祓 2. 曲水流觞 3. 采芥辟虫蚁	洗澡风俗 圣水风俗 仙草风俗
清明节	三月初四至初五	1. 上坟、扫墓、折柳插门 2. 荡秋千、踢蹴鞠、放风筝	祭祖 驱避

续表

节日名称	时间分布	节点	节日要素
端午节	五月初五至初八	1. 吃粽子、饮雄黄酒、悬菖蒲、熏艾 2. 结五彩线、儿童缀五毒虫、做香包、赛龙舟 3. 卖药售香	夏初禳毒 身体习俗 祭水习俗 中药店习俗
七夕节	七月初六至初七	1. 七月初七祀牛织、望鹊桥、听情话 2. 初六至初七发巧芽、观巧针、陈女工 3. 陈瓜果、纸笔许愿	祭双星 乞巧 女儿会习俗
中秋节	八月十四日至十六日	1. 吃月饼、观玉兔、祀时鲜瓜果、拜月 2. 以秋粮和新瓜奉遗亲友	拜月/占天象 尝秋粮仪式
寒衣节	十月初一	1. 做冬衣寄远人或焚纸衣祀先“送寒衣” 2. 以糯米饭挂牛角、庆牛神诞辰、报其一年之劳	祭先/祭祖 寒衣告冬 祀牛

节日遗产教育是吸引青年人的事业，采用既符合传统，又能为现代媒介载体所承载的表达方式，也是对未来社会文化财富的建设，功在长远。

（二）兄弟民族的主要节日名称与时间分布

其他节日，指国内少数民族自己的传统节日。它们不属于汉族节日，但对少数民族自己十分重要。我国是个多民族统一国家，其他节日和汉族节日之间是有间接或直接联系的。讨论其他节日，能更全面地了解中国的节日传统。全球化以来，在旅游活动中，以及在接踵而来的文化遗产保护潮流中，其他节日以其鲜明的民族色彩和原生态文化空间，对国人产生了强大的吸引力，也迅速进入国际视野。因此，有必要对这些节日进行分析。

在本书中，暂按下列原则，对“其他节日”稍做分析：（1）世界自然与文化遗产认定地点的兄弟民族节日和相关节日；（2）在中国文化史或民俗文化史上产生过一定影响；（3）被现代社会中外人士和地方群众所共同选择；（4）有田野调查的基础资料。

在表 8-2 中，共列举了 14 个节日，其他节日的总藏量肯定要远大于这个数字。还有一些其他节日，过去由于交通、地理环境和社会封闭等种种原因，对外界来说还很神秘，现在也正在揭秘。当然，对文化遗产保护者来说，了解它们的目的，不是闯入，不是破坏，而是尊重和保护。所以，上述工作还仅仅是个开始。

表 8-2　兄弟民族的节日名称、节点与节日要素采集表

节日名称	时间分布	节点	节日要素	相关遗产地①
开斋节②	伊斯兰教历十月一日	清真寺礼拜/刁羊、赛马、摔跤	斋月祭祀禁食仪式结束、庆祝新生	甘肃莫高窟
藏历年③	藏历一月前后（相当于春节前十二月廿九日至春节的初七）	洁除/祭菩萨/背吉祥水/吃酥油糌粑	崇佛 圣水习俗	四川九寨沟

① 在此列入的世界自然遗产和文化遗产地以联合国教科文组织公布名单的时间为序。对位于以汉族聚居区为主的遗产地，如河北的“承德避暑山庄”、山东的“泰山”和浙江的“苏州古典园林”等，因相关节日为共性节日，故不在此讨论。对位于兄弟民族聚居区的遗产地，皆在选择之列，但考虑此处主要讨论地方民族节日，不是世界遗产本身，所以对同一省份的两个或两个以上地点，如四川的“九寨沟”和“黄龙”，因其具有相同的兄弟民族共享节日，故选择九寨沟为代表。

② 郝苏民主编：《甘青特有民族文化形态研究》，北京：民族出版社，1999，第 138、210、287 页。另见张紫晨主编：《中外民俗学词典》，“开斋节”词条，杭州：浙江人民出版社，1991，第 45 页。

③ 陈钟：《草地藏民的节日》，原载《民族团结》1981 年第 2 期，引自全国民俗学少数民族民间文学讲习班编：《少数民族民俗资料》（上册），内部资料，1983，第 114—115 页。

续表

节日名称	时间分布	节点	节日要素	相关遗产地
郎扎热甲	农历五月初四	郊游/砖茶酸奶/歌舞欢庆	崇佛 祈求丰收吉祥	四川九寨沟
罗让扎花	农历十月二十五日	喇嘛念经/宰肉分粮/点酥油灯	崇佛 尝新	
洛萨节	藏历一月一日（相当于春节稍后）	跳神/吃吐故/背吉祥水	崇佛 驱鬼 圣水习俗	西藏拉萨布达拉宫和大昭寺
雪顿节①	藏历七月一日至六日	祭祀/演藏戏/施舍酸奶	崇佛 驱鬼	
祭天② 祭祖节	春节和七月祭天 农历六月初二和腊月初二祭祖	新春大祭天和七月小祭天 六月和十二月两次祭祖	祭天 祭祖	云南丽江古城
火把节③	农历六月二十日至二十五日	纪念神话英雄额其拉巴/男梳“天菩萨”和扎“英雄结”、女穿百褶裙/摔跤、斗牛、射箭/泼火	驱虫仪式 男女结社	云南三江并流

① 郑传寅、张健主编：《中国民俗辞典》，“洛萨节”和“雪顿节”词条，武汉：湖北辞书出版社，1987，第252、254页。

② 全国民俗学少数民族民间文学讲习班编：《少数民族民俗资料》（上册），“纳西族的祭祀风俗”词条，内部资料，1983，第98—99页。关于纳西族信仰，参见白庚胜：《东巴神话象征论》，昆明：云南人民出版社，1998。

③ 张紫晨主编：《中外民俗学词典》，“开斋节”词条，杭州：浙江人民出版社，1991，第96—97页。

续表

节日名称	时间分布	节点	节日要素	相关遗产地
赶年场①	农历正月	盛装聚会/交流物资/打秋千、舞狮子、耍龙灯/上刀梯/歌会	贺岁仪式 男女结会	
插糯糍粑	苗历二月初一	在树枝上粘糍粑饭、遍插田中或园内	驱虫仪式	湖南武陵源
看龙场	农历三月谷雨期间	看头龙/看二龙/看三龙/看龙日全民休息	祭龙仪式	
土家族春节	农历正月初一	除夕问树和守岁/初一放鞭炮接年/跳摆手舞	祭土 祭树 贺年	湖北武当山
古尔邦节②	伊斯兰教历十二月十日	洁除/清真寺会礼/羊肉和烤包子等节日食品/麦西莱甫歌舞	宰牲献祭	新疆十二木卡姆

① 郑传寅、张健主编：《中国民俗辞典》，“插糯糍粑”“赶清明”“看龙场”和“土家族春节”词条，武汉：湖北辞书出版社，1987，第257、278页。

② 张紫晨主编：《中外民俗学词典》，“古尔邦节”词条，杭州：浙江人民出版社，1991，第120—121页。黎蔷：《欢腾的古尔邦节》，原载《喀什噶尔》1980年第1期，引自全国民俗学少数民族民间文学讲习班编：《少数民族民俗资料》（上册），内部资料，1983，第118—122页。

续表

节日名称	时间分布	节点	节日要素	相关遗产地
大年和小年①	腊月至正月十五日	腊月调马、清扫蒙古包/小年祭灶“送年火”/除夕守岁/初一家族拜年、寺庙绕三/初五访亲友献哈达/十五寺院念经庙会	敬祀火神 佛寺祈福 祭祖 团圆 马背习俗	蒙古族长调

与汉族节日相比，兄弟民族的节日虽有不同的个性，但在深层含义上，也有一些节日要素是彼此相似的，如祭祖、祭天地、祭圣水、驱避、禳灾、酬报动物、团圆、庆祝新时间和新生命的开始等，不过呈现这些要素的符号形象和享用主体不同罢了，这就是前文反复说的属性差异。根据研究目标的需要，综合考虑这些因素，就能既抓住传统节日的一般特征，也不忽略各个节日的不同属性；既有概括力，又不放弃复杂性，这对我们认识传统节日的现代转型是有意义的。

三、节日的分类与庆典内涵

在全球化的冲击下保护传统节日遗产，还需要进一步分析节日内涵、节日的转型民俗，以及节日的整合范畴。

将节日内涵与节日的转型民俗做综合分析，可以看出，各节日名称、节点和节日要素是被整合成不同的范畴产生功能的。以往学界习惯于把节日名称及其整合范畴割裂开来看，就会产生一种错觉，以为节日会直接产生功能。但这样就无法解释很多节点的独立性，如“除夕”便往往被单独拿出来运作，本身也在汉族节日和其他节日中出入，成为移动要素。从前的做法体现出节日要素在不同节日名称下出现的重复含义，如在相同民族的不同节日和不同季节的

① 额布泰：《蒙古族“大年”和“小年”》，原载《内蒙古妇女》1983年第1期，引自全国民俗学少数民族民间文学讲习班编：《少数民族民俗资料》（上册），内部资料，1983，第101—122页。

汉族节日中都会出现“祭祖”“驱避”“郊游”，崇拜“树”“草”“圣水”等要素，让人怀疑节日要素排列的秩序性，以为要素的重复是节日的复合性所致。而在从前的研究中，不提取节点和节日要素，也就只能在节日名称下做单一归类。现在我们在这方面做了弥补工作，就能避免这些人为造成的问题，并发现以下两点：第一，反思大多数史志文献在节日名称与节点上有分有合的记载方式；第二，在节日名称和节日要素的关系上，对相关节日要素也应给予关注，增加对地方性或民族节日的人文属性的考察，以恢复节日文化情境。从这个角度出发，我们能看到，节日内涵及其整合范畴是有秩序和有层次的，主要有四种，兹以汉族节日为例说明。

（一）家庭节日与庆典内涵

在各种节日中，家庭都是一个文化空间，过节总是要回家的，这个空间是地方性或民族节日文化空间的内核。由家庭成员在规定时间内完成节日要素后，通过出行、探访或郊游等活动，由家人带动内核向外延展，移步下一个空间。此时无数个家庭空间开始合并，以有序或无序的两种形式，依次合成更大的家族空间和社区空间。这种大范围节日空间的边界，有自然的和行政的两类。过去民俗学重点研究自然边界，它也有人为成分，但它主要是按照民俗规则形成的，是约定俗成的结果。它按祖灵、婚姻、贸易、地方神和特定自然资源的地点划界。除非因某种自然资源极其乏匮，造成以该资源划界的超家庭（甚至超家族）空间外，其他大体都是以家庭为内核空间的。在此，我们把这类节日名称统称为“家庭节日”，并按照它的整合范畴，观察节日功能（见表8-3、表8-4）。

表8-3　家庭仪式与庆典内涵关键词采集表

节日名称	农历时间	庆典内涵	执行功能	民俗志解释
送灶	小年二十三	祭灶/洗扫/更换门神、对联、年画、剪纸	在厨房暗处与神灵沟通/家庭财富与安全管理的年报	一家之主 上天言好事 下界保平安

续表

节日名称	农历时间	庆典内涵	执行功能	民俗志解释
除夕	小年三十	回家/放鞭炮、焰火/击鼓/吃年饭	家庭团圆/回忆历史/确认家谱关系/家庭教育	祖先回家 辞旧迎新
春节	正月初一	穿新衣/贺岁道喜/压岁钱/出行	庆祝新时间的开始	新年伊始 万象更新
人日	正月初七	吃春饼和菜	祈求家庭人口繁盛	木兰贴花 当日晴则 人民安乐
中秋节	八月十五	拜月/吃月饼/吃新果	家庭团圆共同尝新形式的丰饶仪式	嫦娥保佑 兔爷显灵
寒衣节	十月初一	送棉衣/送纸衣纸钱	迎接肃冬时间开始	孟姜女送寒衣/哭倒长城

表 8-4　家族或社区仪式与庆典内涵关键词采集表

节日名称	农历时间	庆典内涵	执行功能	民俗志解释
清明节	三月初五	扫墓烧纸/家族坟会	由家庭空间向家族空间扩展	家族开基传说 祖谱传说
元宵节	正月十五	观灯会/吃元宵/闹社火/唱百戏	由家庭空间向社区空间扩展	由正月十五观测中秋天象
端午节	五月初五	吃粽子/戏水竞技		屈原投江 白蛇救夫
七夕节	七月初七	祭星/乞巧		牛织相会

家庭节日的整合范畴是在固定的空间内组成的，包括可以聚合家庭全部成员的正房和庭院，也包括被视为家长通神地点的厨房。它的时间也是固定的，即在年首和年尾，每年循环进行一次。其余时间，从春到秋，都会组织地方节日文化空间，但也有固定的构成秩序，即从家庭空间，到家族空间，到社区空间。在家庭和家族空间中，由于受到祖先观念的共同支配，其整合范畴是有序的，是严格按照祖谱进行的。在社区空间中，其整合范畴是无序的，人人皆可呼朋引类、结识新交。四大传说的爱情故事都是在这个空间内发生的，节日狂欢也都在这个空间内进行。反过来说，如果所有节日庆典都是有序的、早已被祖先千百年前就安排好的，便也就没有狂欢。说到底，无序构成是对有序构成的补充。在这里没有列表分析的其他节日，里面多有兄弟民族男女青年自由相邀、载歌载舞的歌会，就是一种以无序狂欢补充家庭婚姻资源的形式。四大传说中的社区空间太大，暗含天上人间，有情人难成眷属，但征服了所有中国人，成为千古流传的美谈，这也说明，即便过分违背中国血缘家庭基础的社区空间补充不成功，人们也需要这份无序的想象，这跟崇拜祖先不妨碍次第崇拜灶神和日月星辰神灵是一个逻辑。因此，总的说来，家庭节日的特点是将节日庆典与地方文化空间同构、将有序组织与无序组织同构、将现世世界与超现世世界同构。

（二）土地节日与庆典内涵

农业是人类对土地和水利人为改造的结果。在传统节日中，除了家庭节日，就是表现中国人庆祝农业生产生活的节日。与家庭节日相比，它们的庆祝者主体是相同的，但庆祝内涵不同：家庭节日是调节人际关系和社会关系的庆典，农业生产生活节日是调节人与自然关系的庆典。在农业生产生活节日中，被首要庆祝的，是土地节日（见表 8-5）。

土地节日，是庆贺农民获得生产资料的第一节日。在农业生产中，可耕地是基础，然后才是灌溉用水和耕种气候等其他条件。土地节日是人对大自然的祈求和感恩的象征活动，它的观念是古老的，它的整合范畴是宏观的乃至浩瀚无边的，但人类从来不曾放弃它，世界各国都有这种仪式，地多地少的国家皆

表 8-5　土地节日庆典内涵关键词采集表

节日名称	农历时间	庆典内涵	执行功能	民俗志解释
立春	立春日	祭天/迎春神仪式/天子亲耕仪式/民间打春牛仪式	确认农民动土耕种的许可时间、地界和获取丰收的可能性	地是黄金板 土能生万物
腊八	腊月初八	以腊八粥祭地和地上的农作物、果树	感谢土地恩惠并封土/祈祷下一个土地恩惠	拜土地爷 谢土

如此。它的节日时间是以动土与封土的时节构成周期，循环往复。它的功能是将土地与粮食结成一对关系。虽然农民的实际生产耕作要在社会关系中进行，但对土地节日的不懈怠庆祝，也暗示了人类对自然界大地控制的恐惧和对开发土地后的偿还民俗。这种节日的整合范畴，赋予人们以农业权利，也给人类以自我约束的理由，过节的人们就要节制对待土地的野心、行为和态度。

（三）水利节日与庆典内涵

水利节日是土地节日的伴随物。我国缺水，水利节日首先要满足灌溉用水和饮用水的物质需求，其次还要满足特殊的非物质文化需求，如祭祖和祭佛。祭祖是所有节日活动中的原点节点，连佛祖也是由祖先观念衍化来的，所以本质上也是祭祖。中国人把水利庆典与祭祖节点相结合，可见对水利的重视程度（见表 8-6）。

表 8-6　水利节日庆典内涵关键词采集表

节日名称	农历时间	庆典内涵	执行功能	民俗志解释
二月二	二月初二	引龙钱/引龙水/洗头	确认龙神权威/建立人与水的可限定关系	二月二、 龙抬头

续表

节日名称	农历时间	庆典内涵	执行功能	民俗志解释
寒食节	三月四日	禁火冷食	通过换薪断火减少用水	介子推的传说
放水节	四月五日	开闸放水	水渠放水/确认用水历史规约	李冰父子传说
浴佛节	四月八日	以水礼佛	以水、酒进献确认圣水的存在	祭奠佛祖
中元节	七月十五日	放河灯/诵经祭祖	建立祖灵观念与圣水的关系	奠亲招魂

水利节日的整合范畴是人与水资源的关系，节日要素是引水、观水、禁火、节粮、管水、祭神用水、驱避用水等。节日功能是确认圣水观念，水神是祖先、龙和佛。水利节日都有相关的祭祀水神仪式，通过仪式稳定神权，保持历史用水规约的有效性，控制日常用水。

（四）气象节日与庆典内涵

气象节日是土地和水利节日的附属品。它有象征物，主要是花和草。我国地域广大，地貌变化多样，物候现象也十分复杂，但春花和秋草是普遍存在的。在传统节日中，便有这样一类节日，它们把花草和人的活动整合在一起，予以庆典，预示四季，也形成了一种身体民俗（见表 8-7）。

表 8-7　气象节日庆典内涵关键词采集表

节日名称	农历时间	庆典内涵	执行功能	民俗志解释
花朝节	二月十五日	插花/花市	标志春季的气候	庆花神生日 带花祛凶
重阳节	九月初九	插茱萸/饮菊花	标志秋季的气候	秋游去灾 登高祈福

气象节日对人与植物的整合范畴，大体限定在农业耕种的春秋周期内。它以春秋两季的植物变化做标志，传承气象观测知识；通过提醒人们调整农业生活，保证农业生产。中国人至今共享这种节日，积累了遵循气候节律安排生产生活的丰富经验。

四、节日的民俗特征

在上述各种角度的分析中，都涉及节日的民俗特征。将它们归纳起来看，可概括为以下六点。

（一）团圆

强调团圆，是传统节日的一个突出特点。除夕是回家团聚的特殊日子，此日所有的家庭成员都要在一起体验团圆文化。它的核心是祭祖。它的内容是学习祖先的文化，并将之传递下去。在祖先文化面前，人人都是平等的、和谐的，所有的悲喜恩怨都被抛弃，一切都可以从头开始。在团圆的有限时刻，人人都要告别过去，并以告别的仪式，把过去时间变成祖先历史的一部分；人人都要准备未来，并以准备的仪式，把未来又变成与祖先文化有延续性的新目标。团圆对亲情进行了最大限度的美化，赋予了永恒的价值观，给予了生命的安全感，并以新衣新帽、美味佳肴、载歌载舞等形式，使之充满了诗意。团圆的本质是通过一系列过渡仪式，令人更加兴奋和充满希望，甚至比过年本身还让人期盼。团圆与平时聚会最大的不同，是能建立历史与现实之间的联系，能借助历史祖先的强大力量，又朝着有利的方向，把过去、现在和未来统一在一起，给家庭成员提供综合思考的动力和整体合作的行为模式。

（二）绕游

传统节日是要“游”的，不“游”的传统节日是没有的。“绕”是它的文化空间。节日期间的耍狮子、舞龙灯、闹社火等表演，就是按照“绕”的固定路线进行“游”走，确认家族或社区的空间范围。绕游遵循地方文化空间的权力秩序进行，有权力的家族或村落会排在队伍的前面，权力小的家族或村落会排在队伍的后面，所有家族或地方社会的强人也会在绕游的队伍中出现，不失时机地给予展示，他们还往往是绕游队伍的组织者，由他们确定绕游队伍与社会公共领域建立联系的目标和方式。绕游也有明确的内部地标，如祖先墓地、寺庙、祠堂、位于分界地的田埂、街口、三岔路、水源地、山坡和树林等。在不同时代、不同社会时期，人们会给绕游地标以不同的口头解释，但其传统路线和物化符号本身不变。绕游还有竞赛性和决胜性，考验是否卖力和富有足够的胆量与勇气，人们借此表达敬谢水土的虔诚心灵。需要说明的是，在节日和非节日的日常生活中，一些带有人生过渡性质和重新组合性质的重要仪式，如婚礼、禳灾仪式、丧礼等，也走这条绕游路线，以取得神圣意义，不过它还有另一个做法，就是区别世俗空间与神圣空间，并也用某种物化符号，把两个空间的边界清晰地划分开来。

（三）洁除

洁除也是传统节日中的一种组织文化空间的活动，要求在节前一周的时间里进行，完成身心清洗、冲刷旧时间、洗扫建筑污秽等工作，体现民间的幸福观。这七天的用水被确定为传统的需水量，没有一家不是在这个时间内洗扫的。它确定了洁除用水的定义，这种定义的原意不是现代人所说的卫生观念，而是一种幸福指标。可以对比理解的是，在这七天过后，进入除夕，直至初五日出之前，垃圾便是不能扫走和不能丢弃的了。因为洁除之后，用水分类发生了变化，水成为新年中的圣水，被圣水浸润过的垃圾，包括灰土，都变成了财富的象征。这时的洗扫就不是洁除，而是毁坏财富了。与此有关的是，在各地、各民族的节日中，都有除夕过后进入新年迎接圣水、背圣水和使用圣水的仪式。以后在全年的时间里，还有不同的圣水仪式依次举行，如洗澡仪式（上巳节）、生产用水仪式（清明节）、象征用水仪式（浴佛节）和禳灾用水仪式（赛龙舟）等。它们都表现了人类对水和土的共同尊重。待这些圣水用水仪式结束，便是下一个洁除用水仪式的开始。它们是不同类型用水的示范活动，是利用节日对人们进行用水分类和计划用水的传统教育。

（四）馈赠

馈赠是传统节日的兴奋点。世界各国节日都有馈赠。家庭馈赠是其中的古老形式，主要在成人和儿童间进行，能给儿童以极大的惊喜感。在中国传统中，最有代表性的馈赠品为压岁钱，由家庭中最年长的老年家长向儿童发放，儿童们快乐地接受，并把这种快乐保持一生。西方的节日馈赠者中也有一个权威的老人形象，但不是家长，而是鹤发童颜的圣诞老人。另一种馈赠是人神互惠，这时人给神上香，也希望得到神的庇佑。在节日馈赠中，人还要对平时使用的家畜和家具等做答谢，如多给家畜喂粮食，或者在畜棚、箱柜上张贴对联等，对其一年的辛劳给予酬报。这些馈赠的民俗意味都很浓，都是在深厚的精神信仰和文化传统中传承的，没有利益动机，只有补偿性和合作性。在与神灵的礼物沟通上，甚至还有超现实的消费习惯和竞赛性，以预支神力与人事的和谐。

其他馈赠都是人际关系和社会关系圈中的馈赠，范围更广，主要是为了确认关系和释放压力，这种馈赠还有一定的对等性和轮流性，主要是对日常生活的一种补充。

（五）娱乐

吃和玩，几乎在世界各国节日中都占很大的比重，它展示一年中最好的精神产品和物质产品，表达为生产生活而奋斗的合理性。

在我国传统节日中，有两种娱乐，一种是民俗文艺表演，如西南和西北的歌会；一种是民间体育竞技，如北方的赛马、南方的斗牛和中原的斗鸡等。它们中有的现在也很知名，具有原生态和转型民俗的双重品格。

（六）计划

中国人长于精打细算，也体现在节日中。那些节日中的生产仪式，表示了人们对上一年生产的反思和对下一年生产的打算。那些节日禁忌，表示了一种集体休息的社会约定，人们在节后会以更充沛的体力和精力投入生产生活。那些象征性的符号行为，表示了中国人更广大的精神世界，他们在那里寄托对家庭、人生和社会的梦想。只要是被中国文化教育长大的人，就会熟悉这些节日特征，能说上几个好听的故事，并回味和留恋终生。

五、休闲民俗

“休闲”，是个现代词、外来词，但中国自古也有这类观念和活动，单称“休”。“休闲”和“休”，在意思上都是休息。从我国的历史文献看，对休息的记录是相当早的。它是人类与天地的古老约定，每当轮到休息的时候，人类就什么也不做，停止劳动、工作、诵读、写作、会议、洽谈、经贸、公出或战事，离开岗位，暂弃尘世，回归自然，返璞归真，感天谢地。这个时候，也是人与自然、人与人和人与神之间最和谐的时候。人类需要休息，就像需要工作一样。它不能虚拟，也不能取消，它是人类社会和人文自然生存的呼吸道。国内开始流行“休闲”一词，与中西文化的交流有关，但从中国人的休闲观念和休闲方式看，仍有中国传统休息观的深厚基础，尤以民俗“休闲”为最普遍，这里称“休闲民俗”。

20 世纪 90 年代中期，有一位加拿大蒙特利尔大学的博士生伊丽莎白来北师大访问钟敬文教授，要搜集改革开放后中国人的休闲文化资料做博士论文，结果她发现，中西休闲观是大不相同的。这件事也启发我们，在经济全球化的背景下，应该观照自己的休闲民俗。

休闲民俗，指休息日的民俗。从中西休闲文化的比较看，在中国人的休闲文化中，具有农业社会休闲民俗、人生成长休闲民俗、家庭休闲民俗和节日休闲民俗等不同特点。

（一）农业社会休闲民俗

中国长期处于农业社会，休闲民俗也围绕着农业生产生活的节律展开，并分散在不同的休息日中进行。在我国古代文献中所记载的各种休闲规定，大都属于这种情况。《诗经·大雅·民劳》说的“民亦劳止，汔可小休”，是对这种农业社会休闲观的总体概括。古人又把休闲具体分为四类：一是休下和休日，指官员休假和民间放假；二是休外，指离开工作地点去休息；三是休牛，指给牲畜也放假；四是休沐，指洗澡休息。这些休闲方式，今天还能看到。站在现代人的立场回头去看，现在的休假、郊游、洗澡和动物竞技等游戏，在我们的祖先那里已有了，连对它们的冠名和描述也有三千年的历史了。在郊游和洗澡休闲上，中国还有花朝、踏青、上巳、端午、重阳等岁时活动，它们也都衍化成节日，并产生了美丽动人的四大传说“牛郎织女”“孟姜女”“白蛇传”和“梁山伯与祝英台”，传说中的梁祝在碧草春色中十八里相送，织女和孟姜女以洗澡风俗嫁给心仪男子，都已成爱情经典，家喻户晓。现代人由此产生的“文化惊奇”，其实是一种对民族传统文化的学习和复习。而年年复习自己祖先的文化，也是民俗。

中国人的农业社会休闲民俗的一大特点是遵守资源伦理观，强调崇敬自然，根据伦理道德使用自然资源，从不任意开采新资源，保持与自然的对话关系。在上述传说中，牛织之爱止于水，梁祝之爱止于郊，孟姜之爱止于山，都是一种遥远的譬喻，象征着人在自然面前的牺牲与让步。即便在登山临水的休闲假日中，人们也要以祭祀的形式，先复习一番历史规矩，然后才是夏划船和秋采草。中国人在遵从自然伦理的前提下，以农业环境为休闲空间，以农具、农业家禽畜力为对象，开展休闲娱乐，并形成自己的品牌节目，如开封斗鸡和金华斗牛。但即便如此，中国人也对这些农业伙伴疼爱有加，甚至为其贺岁送往，怀着一颗慈悯之心与之相处。这与西方人以剧场格斗、刺死神牛和贵族颁赏为中心的刺激性娱乐是有区别的。

中国人也利用自然力开展游戏活动。从古代起，人们就把平坦的土地当作游乐场，跑铁圈、踢房子、跳百索（跳绳）、藏猫猫、跑旱船、扭秧歌、耍龙灯和舞狮子；利用自然结冰的冰面玩耍，打冰尬和滑雪橇；利用自然风力放飞手工艺制品，如放风筝和吹纸风车等，它们也流传到今天。这些休闲活动的共同特点都是用力踏土，象征着人对土地的叩敬和谈话，并祈求获得土地赐予人的力量和丰收。那些与水、冰和风有关的休闲活动，也有民俗，如《红楼梦》

里就写了林黛玉通过放风筝放邪气和祛病等，总之也不是一玩了之的。

（二）人生成长休闲民俗

在中国人的休闲民俗中，也有一些磨炼心智、锻炼技巧、培养口才、增加艺能的活动，这类活动大都有特定的玩具和歌谣，集动手性、知识性和趣味性为一体，能促进人生成长。

在磨炼心智方面，棋类是一个大宗，代表作是中国象棋和围棋。它们以模拟军事活动展开游戏，对抗性强，智力要求高，魔力也大。《左传》说“古之大事惟祀与戎”，原是记录上层社会的典籍文字，但在这种休闲活动中，也能看到它的深沉积淀。在中国长城的路经省份，有转九曲民俗，有民间社火仪式，也都是模拟军用词汇和战局展开的。相比之下，西方也有象棋，也有史诗记录古代军事活动的民俗，但里面讲的是伊戈尔大公或尼伯龙根英雄的远征队，中国人是讲用心自卫。

在锻炼技巧方面，踢毽子、骑竹马、丢手绢、打马球、一抓金都是传统休闲游戏，玩具制作简单，又能锻炼身体灵活性，还有专题歌谣，好玩好听。一首北京的踢毽子歌谣唱道：“一个毽、踢两半/打花鼓、绕花线/里踢外拐、八仙过海/九十九个一百。”另一首《一抓金》，是用手指和手掌做玩具，边玩边唱，以“抓”住别的伙伴为胜利。例如湖南的《一抓金》：“一抓金/二抓银/三抓、四抓、抓茶叶/五抓、六抓、抓个人。”游戏时，先由一人伸出一只手向下张开，其余人每人伸出一指，顶在此人的手心下，大家同声歌唱，唱到最后一句，这人就赶快把手向下抓，抓到谁的手指头都算赢，然后再轮到输者抓别人。这些都是节省资源的游戏，也是培养社会合作性的游戏。

在培养口才方面，绕口令是老牌游戏，中西文化都有。中国绕口令着重训练唇舌音，是中国人学母语的初阶，也是外国人学汉语的关口。

在增加艺能方面，中国传统社会注重训练青少年掌握琴棋书画，凡家庭文化背景深厚者，对此无不兼备。但中国人不仅视之为游戏，也视之为一种高雅的精神修养。现在中国家长也带孩子学琴学棋，不过大都换了器具，如把民族乐器换成了钢琴。而且，绝不是玩游戏，也不仅是加强人生修养，更主要的是提高社会竞争力，这是变迁。

中国人的上述休闲游戏，自幼接触，影响一生。有时成人也玩，或者成人带着孩子玩。它们不分节假日，劳作间隙都能玩，业余时间也能玩，是中国人休闲活动中老少咸宜的一道甜品。

（三）家庭休闲民俗

中国社会以家庭为细胞，休闲民俗富有家庭色彩。这种休闲大都与传统节日相连。中国人过节休闲，以家庭为核心，再扩展到家族、社区和社会，一层层升级。春节、元宵节和中秋节是三大休闲节日，主要内容是祭祖、团圆、敬老、馈赠、大吃、大玩。其中，春节的放鞭炮、元宵节的逛灯会和中秋节的赏月，不仅让阖家欢乐，也能整合家庭和社会，是共同认同祖先历史的重要民俗。

中国的家庭休闲活动在长期男耕女织的农业社会基础上产生和发展，还具有社会性别分工的功能。在这种休闲中，户外性游戏的主角多是男性，一只铁圈、一根拔河粗绳、一个冰尬、一条龙船、一种黄牛角力的逗引，都能拽着男子向外跑，向着大自然跑。他们还要在春季到来之前打春牛、起春社，商量一年的生产计划。户内游戏的主角多是女性，一条挽花编图的细线、一只迎灯穿透的衣针、一块零头碎脑的棉布、一串猪羊膝盖的拐骨，都能把女子关在墙内，让她们当穿越时空的“织女”。陕西关中地区的女子在七夕夜可以结队出门，做女儿游戏，临井自照，互比身材和女工，领会女子的性别角色，为将来当好妻子和好母亲做准备。

前文那位加拿大博士生说，其实中国人是身闲心不闲的。当然，在中国人看来，这表明了中国人做事的计划性，中国人不是不休闲，而是量入而出，计划行事。

现代人的休闲不受农业社会的限制，能利用现代交通工具和娱乐器具安排休闲活动，休闲的观念和方式都发生了变化，这些都是好事。但是，复习一下休闲民俗还是必要的，它让我们尊重自然、爱护环境、传承资源伦理、追求人文和谐，让我们玩得更好、更长远。

（四）节日休闲民俗

休闲和节日是有区别的。但在全球化的冲击下，人们倾向于给节日一个宽口径的定位，在节日与休闲之间建立关系，以把文化和自然方面都好的地方加以利用，使节日成为具有多元身份的实践文化，于是把休闲也纳入节日的范畴讨论，结果助长了泛节日化的倾向，淡化了对节日历史传统的关注。还有另一种倾向，即受全球化的影响，把休闲剥离出来，做成旅游工业的对象，让人们换个活法，结果造成了文化变异、市场主宰，其实人们换了个累法，随之影响了对节日传统的保护。

休闲和节日是有重叠的，很多带有共同民俗的休闲活动都是节日内容。不过休闲比节日更现实，节日比休闲更历史化。休闲是个人或小群体的休息模式，节日是全社会的隆重庆典和文化仪式。

将休闲与节日结合起来研究，能为节日传统的构成基础、现实存在要素和物质成分开列清单，能观察节日文化遗产的组合方式与物质文化的象征符号，能了解节日社会认同及其关系的组成过程。

第二节　法定节假日

在现代社会，特别是进入全球化时期以来，社会各界应用者对节日的划分，以及学术界的归纳，都有了不同的说法。一是按国别划分，有民族节日（即传统节日）和外国节日（如印度的浴佛节和西方的圣诞节）；二是按行政划分，有政府节日（如国际妇女节和国际劳动节）和非政府节日（如父亲节、母亲节）；三是按社会组织划分，有家庭节日、社交节日（如情人节和愚人节）和办公室节日；四是按项目划分，有主题节日（如国际风筝节、世界爱牙日和大学生艺术节）、环保节日（如植树节、世界水日）和市场节日（如西瓜节和电脑节），等等。不同的划分，有不同的目标。从全球化下多元文化开放交流的形势说，外来人士对本土国家中的传统节日十分重视，本国人对外来节日有兴趣，但照样庆祝自己的传统节日，这种情况在世界各国都有。从节日本身说，随着全球化对消费主义的提倡，各国传统节日的庆典手段也在变化，它们大都成为高消费的峰点，很多祖先的朴素传统也被打扮得花枝招展，但也有一些对享用者本身来说十分重要的或鲜为人知的优秀传统，在获得经济实力之后，得到了开发，在社会关注中得到了监督保护。从文化传承的层面说，节日中的传统和现实成分的比重都在变化，而不变的节日模式是没有的，但在发达国家和发展中国家中，这点发展得并不平衡，比起发达国家，发展中国家的传统节日受冲击更大，所面临的保护形势更严峻。在上述纷繁复杂的现象中，也有两点是一致的，即现代人节日观念的变迁和现代政府节日管理的宏观调控作用。

一、节日的现代变迁

这里讨论的节日变迁，不是指代际变化，如老年人和青年人对待节日的态度如何不同，也不是指地区差异和民族差异，那里面的情感和价值观早有人类学者和民俗学者解释过。此处讨论的重点不是节日模式内部的嬗变，而是人类在进入现代化工业社会和全球化之后，在整体社会结构的变化下，所引起的节日观念变化。在节日的现代变迁中，最深刻的变迁，也可以说是裂变式的变迁，莫过于这种观念变迁。在中国社会，这种变迁千年等一回。它给了中国人两种视角，一个是农业文化评价视角，一个是工业文化评价视角，两者不是在情感世界内发生冲突，而是在理性范围内发生冲突。因此，现代人有了两面性，又想过年，又怕过年。一个社会集体只有在经历了这种理性冲突之后，才能对自己的情感家园加以恢复重建，在这一过程中，有三个具体问题需要被加以辨别、选择和重组，即消费节奏、社会分层和文化比较，然后获得新的社会共识，逐步达到保护节日文化遗产的境界。

（一）消费节奏

在现代人的节日观念变迁中，有一个普遍问题，是节日节奏与社会节奏的差距。一位中国学者谈到他在现代社会中过春节的感受时说：

面对过年，自然不像童年那么兴奋，却说不上喜欢。

站在维护文化资产的立场，尤其希望国民藉种种年俗活动，表达民族生活感情及特色，过年既是传统的重要民俗，没有反对的理由；只是在现实里，过年对我个人真带来了不少困扰。

身为现代忙碌人，过年，实在太奢侈。

再说我的老家在高雄，南来北往的路途，就像一场战争，而在台北呢？原已病入膏肓的交通状况，在过年之前，更是寸步难行。

仿佛有些脚步不得不停顿下来，却偏偏又有停不得的脚步——又是一种难过的时间感觉。①

这段话说得很真实，它提出了一个消费节奏的问题。当然，是广义的消费节奏。时间消费只是它的表层，它的深层是时间与社会生活概念产生联系的结构变化。在现代人的观念里，时间概念与小汽车、高速公路、飞机场、公司商务、多头业务关系、超级市场、跨国公司、电子邮件和国内生产总值增长指标等组成了同一个关系组，这就使时间消费变成了工业社会生活的代名词。这个消费指标是高速攀升的。在这个消费结构中，也包括了全社会对商品和对人的精神与体力的高消费。连自然的人情也被卷入这个消费圈中，人们在时间紧张的情况下，以高消费物品抵还人情的不足便成为一种温厚的补偿，其口号是花钱买时间。实际上，不能说现代人排斥传统节日，也没有现代社会快节奏会直接导致节日快节奏的证明，相反是现代社会的节假日增多了，传统节日的时间不是被缩短了，而是被拉长了。现代人的问题是心忙，加上高消费底气足了，节假日比平时更忙，跑人情、跑旅游、顺带打手机移动办公，忙得不亦乐乎。当人们告别了慢悠悠的看天种田、数星星过年、听奶奶讲故事的农业社会之后，当人们也品尝了快速的高消费商品、资源和生命的糖弹滋味之后，便会对这两者做出比较。所谓节日节奏和社会节奏差距的问题不过是现象。那么，什

① 庄伯和：《民俗学者谈过年》，原载台湾《民俗周报》1977 年 3 月 7 日，引自王秋桂等编：《表演、艺术与工艺》，台北：稻香出版社，1996，第 135—136 页。

么是本质呢？就是被节日所保持的尺度。在这变化无穷的大千世界里，它总是一把测量人类行为是否适度的尺子。前文那位学者说他“难过”，就是被这把尺子量出来的。而从它的普遍社会意义来讲，在现代化社会，过节能产生“有些脚步不得不停顿下来”的群体放慢约束，也是很重要的。有了这个阶段，中国人才能自外于农业社会，对以往的优秀传统做客观的反思，然后把它带入自身所处的现代化社会。

（二）社会分层

中国传统节日的一个特征是团圆，团圆的模式是回归，中国人看重的回归是家庭回归。这与西方宗教国家的回归目标是不同的。在现代中国节日的变迁中，另一个普遍问题是家庭回归与社会分层的冲突。

现代中国分化出了许多新的社会阶层，像公务员阶层、打工族阶层、企业家阶层、个体户阶层、移民阶层、私营阶层等，他们按照工业社会的快节奏过年，以提高生存竞争能力。他们的阶层不属于农业社会，他们的个人价值观也要重新建立，他们站在两种文化的边上过年，这种现象是过去所没有的。但是，尽管如此，传统节日对这些新阶层仍是考验。他们的根还在农业社会中，他们不过要取得工业社会的知识、技能和身份，以改变个人价值。这样，在观察现代节日的变化中，就能看见他们的另一面，即在他们中间形成了一种新旧混合的节日观。农业社会的观念在他们身上顽强地保持着，每逢春节，他们挤车赶船、千辛万苦，赶回家过年。这种家庭回归的价值观是以巩固血缘亲属制度为基础，以其他要素为补偿的，工业社会的观念也给了他们另外的影响，他们有时也以车挤船满为由，放弃过年，留下不走，争取稳定的工作机会。这种面对现实的价值观是以现代社会分层的激烈竞争实际为基础，以其他要素为辅的。然而，家庭回归与社会分层的矛盾究竟是表面现象，更主要的是，由这些新生阶层承担角色，首次把两种节日观集中起来，又不得已地剥离开来，加以反映。有了这个阶段，才能引起公众社会的思考。近年铁路交通部门不断加大运输力度，成功地疏导了春节客流量。影视界也拍了不少纪录片，记录了这一变革时刻。还有人将半个世纪以来中国火车的峰值期分为三次，即“文革”

串联、知青下乡和民工潮，并加以对照。其实现代化工业时期的移民潮与此前的任何社会流动都是不一样的。不过如此广泛的社会关注是必然的，也是好事，节日传统只有在现代社会的剥离和变异中，才能被辨识，被珍惜，然后回到人们的深层关爱中。

（三）文化比较

中国现代节日变迁还提出了一个普遍问题，就是西方节日的影响。近年几乎所有媒体里都在讨论这个问题。在传统节日的传承上，社会疑问、社会焦虑和社会危机结成一体，表现得高度敏感，也似乎无奈。但说归说，年轻人照样逛教堂、过愚人节，自己找乐。不少退休人员也开始出国旅游，还把节日长假当作旅费打折的佳期，纷纷选择。也有很多外国游客来中国过年，还到西南和西北兄弟民族中间过民族风情年，这类游客的人数也在增多。不同国家的人们在彼此节日的尝试中，总算明白了自己的节日是什么和为什么不能丢弃。

因此，外来节日的侵入固然是一种因素，能使本国的传统节日产生变化，但应该相信的是，现代社会的节日教育方式也在变化。与以往的农业社会相比，今天的世界已没有一块封闭的净土。人类在共享一片蓝天。现代化工业在生产工厂产品的时候，也在生产现代四通八达的交通网络，生产几乎让人无处躲藏的因特网和手机，生产各种文字、各种学科、各种行业都能使用的通用客户标准系统，加上全球化的掺和，高消费观的推波助澜，已基本结束了传统节日在单一文化中自然传承的时代，开始了多元文化比较下的自我节日传统教育和节日传承的时代。对此，现代人应该有清醒的认识。

实际上，回过头看，西方文化的影响是一个老话题，还不止节日。中国人为此已经讨论了一整个 20 世纪，这里就不去细说它了。现阶段的讨论所关心的根本问题是提高全民素质，学会文化比较，创造传统节日教育向现代公共社会教育转化的新形式，把握主动权。而这个问题不是单凭口号、说教和热情就能解决的，大家都要学习，国民要学习，学者要学习，政府也要学习。

二、节假日的划分与利用

从现代社会管理运作和文化保护的角度看，目前国内的各种节日可分为三类，即传统节日、法定节假日和办公室节日。对不同的节日加以不同的利用，才能收到应有的社会效益。

（一）传统节日

在现代化和全球化的时代，传统节日仍是自我文化的堡垒。20 世纪以来，国别的定义被普遍使用，在各民族、各种族和各地区间的差异之上，在政治、军事、经济和文化等诸领域，在民间和政府的不同层面上，在传统与现代的转型中，成为可认同和可操作的概念，但这时传统节日的位置稳定不变，在国别文化中，传统节日还是一种代表作。全球化以来，多元文化均以国别的名义交流和渗透，传统节日再次成为举世亮点。不论节日氛围怎样变化，节日种类怎样翻新，内外节日成分怎样组合，传统节日的核心成分总是被维持着，并在不同的国别之间，体现着不同的文化主体性。

但是，在内部民俗和世界国别之间，在历史社会和现代社会之间，传统节日的要素还是要被遴选的，还是有些节日要素要被改造之后才能进入现代社会，或者代表国别文化进入人类先进文化的视野。还有些节日要素不适合在国别间交流，但对本地或本民族来说很重要，就始终停留在地方或民族内部流传。当然也有省略或淘汰成分。不过这种省略在国别间与在本国内部的观念不同，不能以优劣论；它也与历史上不同时期的自然淘汰不同，不能等同对待，这是要特别指出的。

本节在这个意义上讨论“传统节日”，主要讨论它在现代化和全球化下被省略的部分和被遴选使用的部分，并就此分析它被利用的趋势。

传统节日的整体时间缩短。在农业社会伴随斗转星移、岁时交替而到来的节日，如春节、元宵节、上巳节、清明节、端午节、七夕节、中秋节和寒衣节等八节，现在除了春节、清明节、中秋节、端午节，其他都没有假日了。在不必遵守公休假期、以岁时节律为节奏的农村，不少传统节日的利用也在简化，变成个别地区性的节日，如上巳节和七夕节，或者仅为老人、妇女恪守的节日，如寒衣节。在农村城市化的进程中，过年的时间更加缩短，越来越多的家庭只有等到在外打工的主力返回后，才能一起过团圆年。在兄弟民族拥有特色节日的地区，近年受到旅游开发的影响，有的把传统节日改造成民族风情表演，出现了"天天过年""天天庆典"的现象，但这不过是一种市场化和舞台化的利用，与当地人和游客理解的过年都有差距。春节是被民间和政府双方都在保护和利用的。但仅从春节看，有些节点被放大和加强了，如除夕，国家介入和民间庆贺都在发展。中央电视台的春节联欢晚会已经举办了多年，实际就是除夕晚会，当夜中国万家灯火、四海欢腾，欢歌笑语响彻九州。传统节日的原点节点"祭祖"被提高到最高程度，用来号召中华民族和全球华人凝结同心。也有些节点被省略了，如人日。

传统节日的社交化。与传统节日"祭祖"节点相关的，是节日要素"团圆"，在现代社会中，它依然被看重，但进入了更深的精神层面。在现代人的行为实践中，另一个节日要素"社交"被扩大使用了。按中国传统讲，"社交"与"团圆"的地位不能比，中国传统文化在本质上就不是社交文化，而是家庭文化。原有的节日要素"社交"是从家庭节日中推衍出来的核心节点，是在家庭团圆之后，由家人外出的脚步，从四面八方、十里八村踩出来的关系圈，形成了社区文化。这种社交不是没有基础，现在还能从兄弟民族的歌会中看到它活泼的历史影子，但它在传统节日中不是主流，是支脉。从现代人对它的利用看，有四种情况：（1）宗教社交。传统节日中有宗教庙会，如与道教相关的燕九节、佛教的浴佛节，以及与民间信仰组织活动相关的二月二和端午节等。由于现代化下社会分层的种种波及，以及全球化下造成的种种失衡，这种社交因正好适应着人们的心理需求而获得发展。北京厂甸庙会已有四百余年的历史，在清代笔记和近现代文学作品中都有提及，已被评为国家级非物质文化遗产。2015 年春节期间，厂甸庙会走进台湾岛，以北海白塔和庙会门头为主景观，引起了台湾市民的极大兴趣。[①]（2）行业社交。在传统节日中，在进入社区庆典后，有行业活动，它

① 曹蕾：《400 年厂甸庙会首次走进宝岛》，《北京西城报》2015 年 3 月 2 日，第 1 版。

遍及民族工商业、传统手工作坊、民间戏曲说唱班社和歌会等业缘圈，开展行业神祭祀、敬神赛艺等活动。在现代人讨厌统一规格、面目冰冷的钢铁制品和水泥世界的时候，充满地方特色和民族色彩的传统手工业、附着在民俗表演上的传统文化制品业又时髦起来，银匠、玉匠、木匠、乐器匠的手艺人，走花会和说书会等民间组织，都发展了行业联网，随之也恢复了相关的行业节日。（3）性别社交。发展社交活动，提供社交场合，对青年男女来说是大受欢迎的。传统节日中的庙会、歌会的一大功能是相亲和定亲。在河北、陕西和广东，从前过七夕乞巧，还是女性组织的活动日期，节日里女儿结游和竞赛巧智，为今后组建家庭打下基础。男子集体出游的时间是重阳节，中国文学史上留下了他们登高唱赋的得意诗篇。但这些在以前都不是主干，小儿女要跟家长合作行动才是鱼儿归大海。在现代社会，提倡社会性别观念，男女青年的自主权利得到了保护，他们利用节日的时间，进行性别社交，还成为日常生活的合理补充。近年鹊桥会的启动、西方情人节的加入，都与此有关。（4）特殊组织。传统节日中还有一些非核心节点，原来是为特定组织的节日传承和特殊功能服务的，如一些民间水利组织利用节日进行自治节水管理等。它们虽然数量很少，但在现代社会遭遇资源乏匮的今天，却愈发显示其珍贵。全球化以来，也出现了一些非政府组织，它们呼吁环境保护、提倡绿色行动、号召爱护动物、组织公益活动的志愿者等，并利用节日进行社会动员，也发挥了积极作用，让传统节日生辉。

传统节日的节日经济。传统节日无不充溢商业活动，“节日集市”是一个节日要素。但从前这种场合是“货、艺、祀、神”并行的，节日贸易与节日馈赠混合。现代化和全球化以来，节日中的贸易部分被强化了，市场经济、商业经济和宗教经济都很活跃，节日时间成为“休息周”兼“黄金周”，借助消费意识的流行，商家甚至开发节日资源，寻找所有节日卖点，牟取赢利。

传统节日的节点、要素等被选择利用，与现代化工业社会的社会结构和现代人的思想观念、全球化的影响等都有关系。不能设想，一个国家的传统节日的传承，会脱离它的现实环境和现实人群存在；也不能设想，一个国家的节日的现代变迁，会违背它的关键节点和节日要素而恣意伸展。对此，能研究、能宽容、能驾驭、能守住，便是明智之举。

（二）法定节假日

从人类文明史的角度说，节日是一种文化记忆；从社会组织的角度说，节日是一个社会宏观管理。我国自汉代起，就有政府管理节日的传统，并延续到后世农业社会中，管理者是封建社会的统治者。现代政府与历史上的封建政府有根本性质的差别，政府的节日管理，体现了现代国家治理的社会制度和意识形态特点。

自20世纪初以来，经历两次世界大战，至20世纪60年代，世界各国人民反侵略、反战争、反霸权、维护和平和维护妇女儿童权益的潮流成为时代焦点，政府节日管理也体现了这些潮流。元旦、"三八"国际妇女节、"五一"国际劳动节、"六一"儿童节、"七一"建党节、"八一"建军节和"十一"国庆节等，都是这样陆续确定的。20世纪60年代至90年代中期，世界各国相继进入现代化和全球化时期，同时也提出了保护地球环境、保护民族文化主体性、保护世界文化遗产、保护人类健康等社会公共安全问题，我国政府也确定了相应的节日，如植树节、水日、文化遗产日、教师节、爱牙日、消费者权益日等。在整个20世纪的政府管理中，都把春节作为法定节日确定下来，并由政府颁布休假时间和管理春运交通。

法定节假日有三个特点。一是纳入国家法规，体现政府权力，由政府职能部门管理，是权力的象征。二是执行公历时间，不使用传统节日的阴历时间。即便对传统节日春节，在公布休假日期时，也使用公历时间。政府通过历法制度，把现代节假日与传统节日分成两个系统，政府主要在现代节假日的领域内成为强有力的管理者。三是现代节假日的目标与传统节日的功能不同。现代节假日旨在强调现代国际共识、国家政治纪念、民族主体性和唤起对人类自身关切问题的注意，它的时效性和公益性很强。

我国以往法定节假日管理的不足是没有把传统节日保护纳入国家法令。多年来，与现代节假日相比，传统节日处于弱势。当然，在全球化到来之前，对传统节日即便不去格外呵护，它靠着自身深厚的社会文化根基也能传承发展，但在全球化到来之后有所不同。仅从政府管理看，经政府颁布法令，现代节假日“十一”改为七天长假，与春节假日相等，这对保持现代人对春节的注意力是有一定副作用的。传统节日清明节，因固守“祭祖”的原点节点，已成为海内外华人的一个凝聚日，陕西的黄帝陵、河南的太昊陵、山西的洪洞大槐树、浙江的大禹陵等，均依附这个节日声誉日隆，也吸引了海外汉学界的关注，但早前由于不归政府管辖，皆为民间运作，也造成了反差。还有一些传统节日，如端午节和中秋节，对塑造国家民族形象独具魅力，所囊括的文化品种相当丰富，但由于以往长期在野，也成为全球化的运作对象，这对政府来说也曾是损失。当然，政府增加节日管理政策需要新的平台，21 世纪初联合国教科文组织出台人类口头与非物质文化遗产保护公约，将传统节庆及其文化空间纳入非物质文化遗产，正是提供了这样一个平台。我国政府已经行动，在保护国家级和地方级非物质文化遗产方面制定社会公共政策，并已涉及传统节日。

（三）办公室节日

全球化对我国传统节日的直接影响是出现了办公室节日，在跨国企业、外资和合资公司的中外同事之间，在接受外来事物较快、模仿力较强的中国青年人中间，以及在刚刚走上或将要走上就业岗位的大学生中间进行，活泼热闹、娱乐性强，如情人节、万圣节和圣诞节。

办公室节日的性质是群组节日，不是全民节日；是中外混合节日，不是在中国传统浓厚的地方过的节日；是“白领”“新新人类”等新社会阶层的节日，不是一般行政单位的节日；是工余节日，不是全休节日。

办公室节日的地位是非主流的，但它能联络同事、表达情绪；能在家庭和工作环境之间的空间进行，允许模糊情感的存在；能适应现代社会多元节日交流和彼此了解的好奇心；能面对年轻人成长的烦恼和社会压力的危机；能拉动传媒和消费，因此也能获得发展。它还能通过群组活动扩大一定的社会影响，对传统节日和法定节假日未能覆盖的现代生活新领域进行填补，所以它也有价值，已成为节日类型的一种补充。

节假日以家庭为单位，祭祖敬神、敬老爱幼、人人和睦，保持凝聚力。这种特点同时也与“社会凝聚”和“国家凝聚”的特点联系在一起，使全国人民能在同一个节日时间里，一起行动、一起休息、一起欢乐、一起为自己的社会认同而激情燃烧，也一起为作为认同的一分子而自豪。节日保护离开了这一点，就会变得空洞无味。只要是被中国文化教育长大的人，都会熟悉这些节假日的好处，在节日文化的滋养中成长。

站在跨文化比较的立场看，中国人的传统节日和法定节假日没有实质性的变化，主要是在此之外出现了办公室节日。但新出的节日有相对局限的活动范围，有特定的人群定位，没有对传统节日造成太大影响。需要强调的是对传统节日的保护和对其优秀传统的发扬，它们是中国人的社会整合物、综合文化传承体和传统教育的天地大学校，应该从这些功能上加强认识和引导。法定节假日是一种保护举措，可以加强现代政府的社会公共政策建设，有利于公民实施传统节日教育，也应该提倡和研究。

第九章

世界遗产与人类文化新财富

我们面临着一个悖论，即全球化的发展主义对民俗传承的消解与可持续社会的节约主义对民俗传承的重视。在这个似乎不可克服的矛盾中，世界文化遗产保护公约的出现，使节约型可持续社会成了被关注和强调的主流，也改变了世界人民和各国政府关注民俗学的水平。民俗优秀样本被推向人类共同遗产的高度，而不限于自我文化格局的思考；民俗的性质也首次被界定为人文精神的代表作之一，而不只是国家或民族化的工具；民俗的功能被用来揭示世界遗产存在的奥秘，而不只是某地某种民俗存在的结果，等等。这些都促进了保护民俗学的发展。

从与世界遗产公约相关的方面看，迄今为止，民俗学的发展经历了三个阶段：第一个阶段是以进化论孕生民俗学的理论，这使民俗学与自然物和人工物的人文解释部分相贴近，并做出了有关精神民俗和物质民俗的解释。第二阶段是从民族、国家视角对口头传承和前工业化社会的民俗进行研究，并提出了与支配文化和主体文化相关的民俗功能论。第三阶段是在经济全球化后，提出民俗与多元文化遗产的构成与保护的双相关的关系，并进行民俗学与人类遗产学的交叉学科建设。

当然不能把世界遗产简单地理解为从前民俗学所讨论的对象。世界遗产的基本特性是世界性、杰出性、独特性和多样性，它的涵盖面远比民俗要宏大。它还强调世界遗产是人类共同财富，虽为原地、原国家人民所创造，但它们不仅属于原地、原国家，也属于全世界和全人类。此外，缔结世界遗产公约本身也是一场伟大的思想革命和社会革命，它突破了人类历史上自私有制以来建立的所有国别制度和分类制度，而要求建设一个属于人类最高级文明标志的、由所有人合作传承和共同享用的公共产品，这种世界遗产正是人类和地球相处亿万年所保留的最伟大成果。民俗，是在人类、地球、自然、历史与文化之间起平衡作用的结构，是世界遗产得以保护的人文要素，也是世界遗产保护公约得以有效实施的内在机制。

世界遗产资源的概念的提出，是包括民俗学在内的诸多现代学科成果汇集的结果。跨文化的民俗学需要对许多人文社会学科成果加以吸收，丰富自己的研究理论和方法，才能把握和驾驭对世界遗产资源的研究，使保护民俗学建立在公认的价值体系之上，形成一种新的、严谨的民俗学研究对象。

第一节　世界遗产与民俗

一、 自然遗产与民俗

自然遗产，全称是“世界自然遗产”，由联合国《保护世界文化和自然遗产公约》于1972年巴黎会议通过，是世界上第一份关于人类自然遗产资源保护的公约。此外，还有一份《世界遗产名录》，是对公约实行监督的文件。1985年，中国加入该公约。1992年，中国政府签署了联合国《生物多样性公约》。近年来，中国政府了颁布了一系列法律法规，如《中华人民共和国环境保护法》《中华人民共和国森林法》《中华人民共和国自然保护区条例》《风景名胜区条例》《四川省世界遗产保护条例》《福建省武夷山世界文化和自然遗产保护条例》《黄山风景名胜区管理条例》《泰山风景名胜区保护管理条例》等，加强这项工作。

自然遗产保护问题是在第二次世界大战后提出的，到了20世纪60年代以后，工业化和现代化社会发展迅猛，人类使用自然资源的活动无限膨胀，这一运动也更加高涨。它体现了人类对农业社会绿色家园价值的真心发现，也是对人类所依存自然环境的安全性的重新深省。它的基本理念是敬畏自然和约束人类。它的普遍口号是“绿色空间”和“保护环境”。

自然遗产保护活动早在人类社会初期就开始了，一直延续到后世。从前这类活动的性质大都是民俗的，依靠宗教信仰进行，如把某山、某水或某林区视为圣地、风水宝地等，使之得到保护。也有少数情况是把自然地点划为特权区得到保护的，如圈定皇家的狩猎地为“苑囿”等。但这种民俗保护方式是以某种神权的名义限制人们索取自然资源的行为，对违反者举行神判，加以严厉的制裁，这在很长时间内有效地保持了人与自然的和谐相处关系。与之相比，现代社会的自然遗产保护公约是一种以被破坏和失去为教训的拯救行为，是人类自我觉醒的理性产物，是一场遍及全球的自然环境伦理教育。现代社会的遗产保护与对人类传统的民俗保护如能结合起来，将会更有力地开展这项工作，并产生摄人魂魄的力量和深入人心的社会效果。

（一）定义与分类

在联合国《保护世界文化和自然遗产公约》中，自然遗产的定义是：

> 从审美和科学的角度看，具有突出的、普遍价值的、由物质和生物结构或这类结构群组成的自然面貌；从科学和保护的角度看，具有突出的、普遍价值的、由地质和自然地理结构以及明确划为受威胁的、动物的、植物的生境区；从科学、保护的或自然审美的角度看，具有突出的、普遍价值的天然名胜或明确划分的自然区域；从审美和科学的角度看，具有突出的、普遍价值的、由物质和生物结构或这类结构群组成的自然面貌。①

① 中华人民共和国联合国教科文组织全国委员会编：《世界遗产与我们》，北京：北京师范大学出版社，2004，第 19 页。此定义的中译文句子缺标点符号，句子过长，而且难懂，本文在引用时，补出标点，缩短句子，如原文为“从审美和科学的角度看具有突出的普遍价值的由物质和生物结构或这类结构群组成的自然面貌”，本文引为“从审美和科学的角度看，具有突出的、普遍价值的、由物质和生物结构或这类结构群组成的自然面貌”，以利读者理解，但原意不变。

这个定义说明，所谓自然遗产，是指具有突出的科学的、美学的和保护价值的自然地形地貌区和动植物物种的栖息地。

自然遗产主要分三类：自然地貌区、动植物生态区、天然名胜区。自然地貌区，也称“地质遗址”“地质公园”；动植物生态区，也称“自然保护区”“森林公园”“国家公园”；天然名胜区，也称“风景名胜区”，我国还有国家级的重点风景名胜区、省级风景名胜区。

现在，根据实际情况，与世界遗产计划配套，还设立了其他一些具有特殊价值的自然保护区，包括大面积淡水生态保护区、特种生物圈保护区等，如中国有山口红树林自然保护区、贵州草海湿地自然保护区。

它们都是世界上最好的地理环境地点，与文化遗产相比，自然遗产覆盖了相当大的面积。它们是在受到人类利用的强烈影响后，仍然保持了自然价值的地区。它们都是人类的天然邻居和朋友，构成了完美、和谐的地球气候圈和生物圈。那些美丽的名山大川还陶冶了人们的情操，创造了辉煌的山水文化。①

（二）评价与描述

中国地域辽阔，拥有典型的地质地貌形态，神奇瑰丽的自然景观，丰富多样的生物物种和珍贵的、濒危的动物物种栖息地，它们都具有全球性的重要意义。中国自古就有天人合一的文化传统，很早就规定春不伐木，夏不捕鱼，不准捕杀幼兽和获取鸟蛋，要求按照气候节令安排农作时间。中华文明为世界展现了人与自然亲密相处的诸多奇观。②

中国现有 11 个自然遗产地，其中四川的九寨沟和黄龙、湖南的武陵源、云南的三江并流自 1992 年至 2003 年先后被列为世界级的自然遗产保护区，成为国内最早的世界自然遗产。在国内，三江并流被称为“国家公园”。

对这些保护区，世界遗产委员会有一个概括性的评价，中国遗产委员会也

---

① 《保护世界遗产乐山宣言》，转引自中华人民共和国联合国教科文组织全国委员会编：《世界遗产与我们》，北京：北京师范大学出版社，2004，第 3 页。

② 中华人民共和国联合国教科文组织全国委员会编：《世界遗产与我们》，北京：北京师范大学出版社，2004，第 2 页。

做了更详细的描述。如果将外部评价与内部描述做一个比较，可以进一步认识自然遗产被关注的标准和程度，还能发现民俗隐藏在什么地方，以及民俗评价与这项工作的关联。

1. 自然地貌区

武陵源，1992 年列入世界自然遗产。

世界遗产委员会的评价：

武陵源景色奇丽壮观，位于中国中部湖南省境内，连绵 26 000 多公顷，景区内最独特的景观是 3 000 余座尖细的砂岩柱和砂岩峰，大部分都有 200 多米高。在峰峦之间，沟壑、峡谷纵横，溪流、池塘和瀑布随处可见，景区内还有 40 多个石洞和两座天然形成的巨大石桥。除了迷人的自然景观，该地区还因庇护着大量濒临灭绝的动植物物种而引人注目。

中国委员会的描述：

武陵源是一个以中外罕见的石英砂岩峰林景观为主，以“湘西型”岩溶地貌景观为辅，兼有大量地质历史遗迹的自然遗产地。由于地域偏僻、人迹罕至的自然地理条件，使这块土地保存了近乎原始状态的亚热带优美风景环境、生物环境及其生态系统。在自然保护方面，武陵源包揽了地质及其生态环境的全部内容，具有极高的生态价值、科学价值和美学价值。

从自然美学价值来看，武陵源以奇峰、怪石、幽谷、秀水、溶洞“五绝”而闻名于世。独特的石英砂岩峰林为国内外罕见，峰峦如林，造型奇特，又有茂密的森林、幽深的谷躯、变幻的烟云、奇妙的溶洞和淳朴的田园风光，构成一幅奇、秀、幽、险、野的立体长卷画，蔚为壮观。

从地学价值来看，三官寺向斜东起索溪峪的马颈界，北抵天子山的泗南峪，南到协和的梓木岗，东达张家界森林公园的龙凤庵，不仅在科学研究上有重要意义，而且地貌形态造就了极其奇特的景观。

从生物多样性和生态完整性价值来看，境内有维管植物 1 630 种（194 科，746 属），其中蕨类植物 190 多种，裸子植物 32 种，被子植物 1 415 种，境内木本植物达 770 多种。有脊椎动物 195 种，其中两栖类 19 种，爬行类 39 种，鸟类 91 种，兽类 46 种，昆虫 540 种。列入国家重点保护野生植物名录的共 23 种，其中Ⅰ级 4 种：珙桐、银杏、伯乐树、南方红豆杉；Ⅱ级 19 种：篦子三尖杉、白豆杉、红豆树、鹅掌楸、水青树、香果树、伞花木、厚朴、凹叶厚朴、樟、闽润楠、楠木、野大豆、金荞麦、榉树、毛红椿、巴山榧树、喜树、花榈木。国家重点保护动物 30 种。①

世界遗产委员会的评价是中立的，中国遗产委员会的评价有本土文化特点，主要是使用了古典审美理论和相关自然科学的标准，提到武陵源兼有大量的“地质历史遗迹”，提到当地有“三官寺”“天子山”“龙凤庵”，说明有不同民族的传统文化影响，这些都是正确的。但也有些地方不够完整，如说“由于地域偏僻、人迹罕至的自然地理条件，使这块土地保存了近乎原始状态的亚热带优美风景环境、生物环境及其生态系统”②，就不够全面，缺少民俗学知识。自然遗产的出现，与人类活动较少有关，在这层意义上说，它的美丽是“人迹罕至”的结果。但人口数量少与人类活动效果就不是一回事了，人少不等于人类活动的破坏力就小，敦煌才去了几个考古学者，就险些让文物损失大半，因为他们都是识货的。在武陵源地区，也由于民俗的原因，人们对大自然始终保持着敬畏心理和宗教崇拜，因而减少了与自然物质的接触。所以，只从地质上解释当地奇观的保持原因是不够的，民俗学的加入能帮助完成对自然遗产持续保护的评价。

---

① 中华人民共和国联合国教科文组织全国委员会编：《世界遗产与我们》，北京：北京师范大学出版社，2004，第 19—20 页。

② 中华人民共和国联合国教科文组织全国委员会编：《世界遗产与我们》，北京：北京师范大学出版社，2004，第 19 页。

2. 天然名胜区

九寨沟，1992 年列入世界自然遗产。

世界遗产委员会的评价：

九寨沟位于四川省北部，面积超过 72 000 公顷，曲折狭长的九寨沟山谷海拔超过 4 800 米，因而形成了一系列不同的森林生态系统。它壮丽的景色因其喀斯特溶岩地貌和壮观的瀑布而更加充满生趣。沟中现存 140 多种鸟类，还有许多濒危的动植物物种，包括大熊猫和四川扭角羚。①

中国委员会的描述：

人们常说，如果世界上真有仙境，肯定就是九寨沟。它是一个以众多高原湖泊、瀑布、植物景观铸成的美丽名胜，是一个佳境荟萃、神奇莫测的旷世胜地，是一个不见纤尘、自然纯净的童话世界，是一个生活着大熊猫等多种珍禽异兽的人间仙境。

九寨沟地处四川省阿坝藏族羌族自治州南平县，古称羊峒，又称翠海，因周围有 9 个藏族村寨而得名。整个风景区面积 720 平方千米，外围保护林带 600 平方千米。九寨沟主沟呈“Y”字形，由则查洼、日则、树正三条沟组成，总长 50 余千米。则查洼沟尽端是长湖，日则沟尽端是草湖，两沟由南向北在若日朗合为树正沟。两沟尽端湖泊至术正沟口高差 1 000 余米，其间有分呈梯级分布的大小湖泊 114 个，湖泊之间有 47 眼泉水，17 个瀑布群，11 段激流，5 处钙化滩流，相串相联，形成以高山湖泊和瀑布群以及钙化滩流为特色，集湖、瀑、滩、流、雪峰、森林、藏族风情为一体，体现原始美、自然美、野趣美的风景名胜区。

① 中华人民共和国联合国教科文组织全国委员会编：《世界遗产与我们》，北京：北京师范大学出版社，2004，第 6 页。

九寨沟被当地的藏民奉为神山圣水，得到了极好的保护。海拔4 000多米的尖峭雪山的雄奇之美和多姿多彩的秀水的绚丽之美并存。九寨沟的精灵是水，这里的水清澈透底、纯净碧澄、没有污染。由于水中沉积物和湖底水藻对阳光的反射，使水色五彩缤纷，加之蓝天、雪山、层林、红叶倒映在水中，色彩斑斓，形成了层次丰富的组画，美不胜收。湖泊、瀑布和滩流随季节、日照和环境的改变而产生变幻无穷的景致，令人叹为观止。九寨沟是大自然的杰作，体现了风景美学的最高境界。它集水形、水色、水姿、水声于一体，收尽天下水景，构成了一幅多层次、多方位的天然画卷。其水景规模之巨，景型之多，数量之众，形态之美，布局之精和环境之佳，位居中国风景名胜区水景之冠。①

九寨沟是高峡深谷溶岩型自然遗产，生态环境十分优美。在中国遗产委员会的描述中，多次使用了民俗词语，形成了一定的表达特点。

第一，采用超自然的词汇补充审美学和科学学用语的不足。例如：形容九寨沟是“仙境”“童话世界”等。

第二，用地名传说补充地方文献，解释风景区的地方史。例如，评价九寨沟“古称羊峒，又称翠海，因周围有9个藏族村寨而得名”在这里，作者要说明九寨沟的数量词“九”的来历，可是历史文献没有记载，只讲了当地的另外三个地名“南平”“羊峒”和“翠海”，于是作者便需要借助当地口传资料。

第三，宗教化的保护。上述评价说明，九寨沟的完整生态环境没有受到人为破坏，主要是有了当地的宗教化保护，如评价文字说：“九寨沟被当地的藏民奉为神山圣水，得到了极好的保护。”这是替原住民讲话的立场，也是民俗学的立场。九寨沟和西南地区的藏族聚居区一样，广大藏族群众都信奉佛教，不杀生，崇敬山水，这一观念和行为在客观上成了一道大自然的保护屏障。这些宗教信仰和实践，民俗学原来只看成是民俗，现在看来，它们也是保护大自然一切生命的祖传公器。

---

① 中华人民共和国联合国教科文组织全国委员会编：《世界遗产与我们》，北京：北京师范大学出版社，2004，第6—7页。

黄龙，1992 年列入世界自然遗产。

世界遗产委员会的评价：

黄龙名胜风景区，位于四川省西北部，是由众多雪峰和中国最东部的冰川组成的。在这里人们可以找到高山景观和各种不同的森林生态系，以及壮观的石灰岩构造、瀑布和温泉。这一地区还生存着许多濒临灭绝的动物，包括大熊猫和四川疣鼻金丝猴。①

中国委员会的描述：

素有“人间瑶池”之称的黄龙位于四川省阿坝藏族羌族自治州松潘县境内，与九寨沟毗邻。主要景点均在海拔 3 000 米以上，是中国最高的名胜风景区之一。五彩缤纷的彩池、白雪皑皑的雪山、蜿蜒曲折的峡谷和神秘幽静的原始森林，以“黄龙四绝”闻名于世。自然景观犷中有静，静中有动，雄中有秀，野中有文，构成奇、峻、雄、野的景观特点。素有“世界奇观”、“人间瑶池”的美誉。长约 3.6 千米的沟坡上，层层叠叠的乳黄色碳酸钙自上而下，将整个坡面铺满，就像一条从雪山上飞跃而下的黄龙，沟内的彩池随风晃动，抖动的水波又恰如龙的鳞甲，更添了“龙”的形象。而黄龙寺的前、中、后三寺正好建在龙头、龙腰和龙尾的位置上，不难想象，黄龙的名称由此而来。

……

黄龙名胜风景区同时拥有世界自然遗产、世界生物圈保护区和“绿色环球二十一”三顶世界级桂冠。它以绚丽多姿的高原风光和特有的民族风情为综合景观的基调，高山摩天、峡谷纵横、莽林苍苍、碧水荡荡，其间镶嵌着精巧的池、湖、滩、瀑、泉、洞等各类钙化景观，点缀着神秘的寨、寺、耕、牧、歌、舞等各族乡土风情。它们景类齐全、景形特异，但又组合有机，整体和谐，呈现出一派时时处处

① 中华人民共和国联合国教科文组织全国委员会编：《世界遗产与我们》，北京：北京师范大学出版社，2004，第 52 页。

皆有景，动态神奇无穷的天下画境。①

黄龙是地表钙化类型完整、三个大地构造单元结合部的高山峡谷，是一个高山型的自然遗产区。世界遗产委员会的评价，强调其有特殊的高原自然风貌和濒危动物大熊猫和金丝猴。中国委员会补充描述了黄龙杰出的自然美景，称之为“天下画境”。描述的角度，使用了审美学和自然科学的知识，也提到民俗，特点如下：

第一，民俗事象成为审美描述的一部分。如：“黄龙寺的前、中、后三寺正好建在（雪山的）龙头、龙腰和龙尾的位置上，不难想象，黄龙的名称由此而来。”。作者从审美进入，审视高山寺庙的地理分布、风水观念和地名由来的传说，又将三者归为高山景观的一体结构，这样就能出入自如，构建了一个自然遗产地的具体民俗空间。过去民俗学要么重视研究地名传说，但不理会实际的地理地貌；要么就把风水、地名和地理分开说，而不恢复其整体联系，这样就只见树木、不见森林。自然遗产评价比较宏观，强调遗产地的多样遗产共时性，这就能让民俗的意义跟着升格。

第二，民俗事象成为自然科学普遍价值的表现成分。如说“黄龙还是植物资源的绿色宝库。……还有珍珠湖和据说能够‘明目’的牛鼻泉”。作者从科学与人类的关系出发，介绍高原遗产中的民族风情，这既抓住了黄龙遗产地的特点，也带出了民俗。这种民俗价值是附属于科学价值的。这也给我们一个启示，即自然遗产评价对自然与人文双关性的阐述方式，能把民俗与自然界的关系加以具体地说明，还能把对民俗价值的解释导向自然科学，这点对民俗学就是个搭救。从前民俗容易被说成科学的对立物“迷信”，现在遗产学的做法避免了这种误解。这样的自然科学和民俗学，就是一种尊重当地人观念和行为的科学。

第三，从审美和科学价值的角度涉及民俗，还不等于民俗学的研究，如果把民俗学也放进去，会有新的内容，比如，增加对民俗分类、民俗结构、民俗行为和民俗功能的介绍等。现在要突出审美和科学，民俗就只能一笔带过了。

---

① 中华人民共和国联合国教科文组织全国委员会编：《世界遗产与我们》，北京：北京师范大学出版社，2004，第52—54页。

3. 自然保护区

三江并流，2003年列入世界自然遗产。

世界遗产委员会的评价：

> 三江并流国家公园坐落于云南省西北部，占地面积约170万平方公里。公园内有8种保护区的地貌，其特点主要是：亚洲三大河流金沙江、怒江和澜沧江平行自北向南流淌，流经海拔3 000余米的峡谷，两岸是海拔6 000米以上的冰河期峭壁。这个地区是中国的地震中心，也是世界上最为丰富的气候现象地点之一。①

中国委员会的描述：

> 在中国青藏高原与滇西北横断山脉纵谷之间有三条自北向南奔腾不息的大江，它们就是我国云南省的金沙江（长江上游）、澜沧江（湄公河上游）和怒江（萨尔温江上游）。在这个宽150千米的区域里，三条大江上接6 000米高的雪山，下穿3 000米深的峡谷，在横断山脉的高山深谷里并行穿行400米，怒江与澜沧江的最短距离18.6千米，澜沧江与金沙江的最短距离66.3千米，形成了世界上独一无二的“三江并流互不交汇”的壮丽奇观。
>
> ……
>
> “三江并流”地区包括云南省迪庆州、怒江州，及丽江地区、大理州的部分地区，被规划为世界遗产的地区面积为170万公顷。这里生活着藏、纳西、傈僳、白、彝、普米、怒、独龙等14个少数民族，他们的民居服饰、婚嫁礼仪、宗教习俗、耕收方式、音乐歌舞、文字绘画等各不相同，包含着浓郁的民族风情和多彩的民族文化。②

---

① 中华人民共和国联合国教科文组织全国委员会编：《世界遗产与我们》，北京：北京师范大学出版社，2004，第61页。

② 中华人民共和国联合国教科文组织全国委员会编：《世界遗产与我们》，北京师范大学出版社，2004，第61—62页。

“三江并流”是富水型遗产区，极富水流域资源，适合人居。另外的自然遗产点，如湖南的武陵源和四川的九寨沟是溶岩型的，四川的黄龙是高山型的，在人类与自然的接触和人居利用上，都受到一定的局限，很难像三江并流地区一样，找到自然、生物与人类完美共存的平衡点，它还因此成为气候博物馆、地质地貌博物馆、生物群落基因库，这种环境是大自然的伟大造化。

这个遗产地的民俗突出，主要有三点：一是三江水流绵长互依，造成民俗环境空间广阔又自成一体；二是自然地貌、动植物生态和风光人情交融，造就了民俗基因的多样性，以及民俗与天地世界的多样联系；三是将三江上下游、左右岸的多民族文化传统笼为一个传承社区，形成了一个少数民族文化群落和民俗基因库。如果没有如此奇特的富水遗产，就不会有如此多样的气候带和生物种类，也就不会出现如此灿烂的人类财富。

世界遗产委员会的评价侧重“三江并流”的自然特点，与之相比，中国委员会的描述有两点不同，值得指出。

第一，从地理水势的角度，指出了该遗产与其上下游非遗产地水系的相连关系，如指出“它们就是我国云南省的金沙江（长江上游）、澜沧江（湄公河上游）和怒江（萨尔温江上游）”。这让人们了解水系流域的整体性，并从这种事实出发，输入国家、地区和民族的地理标识概念，人们就会通过“长江”的地标想到中华民族，从“湄公河”想到东亚邻邦越南，从“萨尔温江”想到南亚邻邦。在大自然的赐予中，在世界范围内，在地理上，遗产地的所有主流和支流，上游、中游和下游成为一个整体，里面的所有国家、地区和民族都长期共享这份自然遗产，拥有共同的自豪感，并创造了多种适合自己的表达方式。

第二，从水利人文的角度，指出了该遗产地与14个云南少数民族传统文化的相连关系，如说“这里生活着藏、纳西、傈僳、白、彝、普米、怒、独龙等14个少数民族，他们的民居服饰、婚嫁礼仪、宗教习俗、耕收方式、音乐歌舞、文字绘画等各不相同，包含着浓郁的民族风情和多彩的民族文化”，这让人们认识自然遗产与文化遗产的联系。同时，在文化遗产方面，输入了中国多层次文化的观念，并将少数民族文化归为乡土风情文化，并在这个意义上，把该遗产地的文化遗产描述为民俗，民俗成为少数民族文化的替换词。

我们可以比较一下，中国的另一种文化和自然双重遗产地，如泰山、黄山、峨眉山和武夷山，它们也都有同样的自然遗产与文化遗产双关特征，但由于它们的文化是上层文化或精英级的佛、道教文化，被归入“双遗产”。与之相比，“三江并流”的文化涉及14个民族，从种类和群落上说更为丰富，却成为“自然遗产”，可见这是由文化分类的概念造成的结果。这一点也启示我们，在世界遗产的评估中，如果涉及民俗事象，有一种情况，就是指遗产地的少数民族传统文化，并对其保持天一合人的文化传统、与自然和谐相处的贡献加以肯定。

第三，从民俗学的角度看，在这种遗产定义中，对民俗的描述，主要是从人类学和民族学的角度进入的，如描述为“民族风情”和“民族文化”。这与民俗学的研究有关，但还不全是民俗学的视角。从前民俗学不介入此事，也影响了其学科视角的发挥。

4. 国家级自然保护区

（1）贵州草海国家级自然保护区

贵州草海位于云贵高原的贵州西部威宁县西南侧，面积120平方公里，水面面积25平方公里，是一个典型的高原湿地类型的生态系统。草海的生物资源极其丰富，各类水生植物几乎布满湖区，水草覆盖度达80%以上。鸟类繁多，有184种，16目，41科，其中国家一级保护鸟类7种，二级保护鸟类20种。在草海越冬的鸟类总数达10万只以上，是中国最大的候鸟越冬地。

（2）西藏自然保护区

西藏是地球上最高、最大的一级高原台地，是青藏高原的主体部分，平均海拔4 000米以上，号称“世界屋脊”。东部有世界自然地理中最具特色的横断山高山峡谷区，南部有世界上最年轻、最高大的喜马拉雅山脉，北部有世界上最高的高原荒漠大草原。特殊的自然地理环境使其成为东亚和南亚地区大江、大河的源头，也为各种生态系统的形成与发展提供了优越的自然条件，是中国乃至世界上生物多样性最为丰富的地区之一，素有“江河源”“生态源”“亚洲心脏”和“生物发源地”之称。

这片土地上有16个自然保护区，它们是：世界上最大、最深的峡谷——雅鲁藏布大峡谷自然保护区；中国最大、最完整的亚热带原始森林区——察隅自然保护区；世界上单位面积蓄积量最高的云杉林区——波密岗乡自然保护区；西藏特有树林分布区——吉隆江村自然保护区；世界上被毛最长的野羊活动区——聂拉木樟木沟自然保护区；世界上最大、最古老的柏树生长地——林芝巴结巨柏自然保护区；世界上最高的山峰群——珠穆朗玛峰自然保护区；世界上最大的滇金丝猴野外栖息地——芒康盐井自然保护区；世界上最珍贵、最漂亮的山羊活动区——林芝东久自然保护区；世界上最高的鹤类繁殖地和鸟岛群——申扎自然保护区；中国野生鹿类密度最高区——类乌齐长毛岭自然保护区；世界上最后的净土——羌塘自然保护区；世界上鹤类动物密度最高的地区——林周澎波自然保护区；世界城市内最大的湿地——拉萨拉鲁湿地自然保护区；世界上最高的大湖——纳木错自然保护区；世界上罕见的土林——札达自然保护区。

西藏自然保护区内有十分重要的历史文化遗迹，如在聂拉木亚古泉华中有人类石器和灰烬遗址，唐代藏王松赞干布时修建的吉隆邦兴村的强真格给寺，有公元 8 世纪吐蕃王朝古墓群，及世界上最高的寺庙——海拔近 5 000 米的绒布寺等。还有一些珍贵的民俗文物，如定日聚落遗址、古岩画、石刻、通界碑、清代木匾等。①

（三）民俗学研究与自然遗产评价

自然遗产与民俗资源有密切关系。我国的自然遗产地是多种资源合成群落，植物多样性、动物多样性和气候多样性融合在一起，相互之间存在着资源链共生现象，民俗讲究人与自然界建立生命圈的关系并成为这个链条的一环。我国的自然遗产地也是西南地貌群落，那里的大地运动、大地地质生成和大地景观的组合都有地区特殊性，当地长期发生和使用的民俗让人们对这些地貌群落始终保持虔诚的敬意。我国的自然遗产地还拥有多民族文化群落，他们的宗教化保护维护了西南的峻美山川。在自然遗产评价中，如能采用民俗学的视角，会有利于挖掘这些人文文化，阐释自然遗产对人类社会发展的价值和意义。

---

① 刘务林：《西藏自然保护区的高原特色》，郑玉歆、郑易生主编：《自然文化遗产管理——中外理论与实践》，北京：社会科学文献出版社，2003，第 310—322 页。

1. 揭示生物多样性的人文特质

强调自然遗产地的生物多样性，是自然遗产评价的一个内容，这是针对现代化工业社会对生物多样性急剧破坏的现实提出的。在此之前，在人类社会漫长的历史中，大多能保持一种人与生物平衡相处的境界，即民俗的境界，许多自然遗产评价也会以“田园风光”一类的词语加以形容，但由于自然遗产偏重地质地貌，所以在评价遗产地的地质价值时，又会忽视民俗资料，如在评价湖南武陵源时说：“从地学价值看，三官寺向斜东起索溪峪的马颈界，北抵天子山的泗南峪，南到协和的梓木岗，东达张家界森林公园的龙凤庵，不仅在科学研究上有重要意义，而且地貌形态造就了极其奇特的景观。”① 其实这段话并没有讲地学，而是在做景观描述。而运用民俗学的知识，再讲讲“三官寺”“龙凤庵”等寺庙名称的由来，讲讲“马颈界”“天子山”等地名的来历，以及原地社会的文化习惯等，就可以把地学价值与原地人的价值观结合起来表述，去掉了这些，评价就不丰满。从大体上说，民俗学的加入，可以更深入地解释自然遗产屹立于人类社会的原因，说明人类发明的大量神话传说如何具有禁止破坏的权威，也说明原地历史上的个体和群体活动与地方生物景观的关系，以及民俗如何帮助他们对自然景观建立起历史感和自豪感等。这些认识和做法被开发出来和得到重视，对现代社会和未来社会都是有启示作用的。

2. 阐释天人沟通的民俗实体

评价自然遗产的另一个内容，应该是对人类热爱自然的优秀传统的肯定与尊重。对自然遗产的审美和依恋都是人类自身的行为，人类对此是有很多共同语言和共同行为历程的。在这方面，所谓人类优秀传统，就是都有阐释天人沟通的民俗实体。在中国，自古就有敬天祭地的仪礼，有顺应岁时节律的历法，有崇拜山水的观念，还有与山川结亲或者以山川命名建立人生幸福文化的习惯。中国的自然遗产地还有大量亲近山水的游历活动，有相应的节日以及固定插戴的象征性生物标志等，并相沿成习。它们都是限制向自然过量索取的规

① 中华人民共和国联合国教科文组织全国委员会编：《世界遗产与我们》，北京：北京师范大学出版社，2004，第 20 页。

约，没有它们，自然遗产评价就不透彻。从民俗学的方面说，在调查研究的基础上，在介入自然遗产的保护上，也应提出自然保护区的民俗资源名称、类型和特征，并做出保护方案，才能发挥自己的作用。一个遵循规范的做法是，在开始阶段，先按照联合国教科文组织保护世界遗产的工作框架拟定自然遗产地的民俗保护对象清单，如世界自然遗产地民俗保护清单、国家级自然保护区民俗保护清单和国家级风景名胜区民俗保护清单等，再往下走。

二、 文化遗产与民俗

文化遗产保护的概念是欧洲国家于18世纪最早提出的，至20世纪中期，由联合国教科文组织通过海牙《武装冲突情况下保护文化财产公约》，基本形成了一个稳定的共识。它的基本理念是提倡文化权利和精神伦理，呼吁将各种文化的优秀成分列入人类公共财富，对它们的保护和使用也应纳入世界范围内的关注、监督和互助之中，同时还应保持优秀原地、原国家不可移动的拥有权和标识权，尊重其对于原地、原国家（民族）的重大意义，并从艺术价值、考古价值和历史信息含量等角度，开展世界文化遗产交流。文化遗产的对象很广泛，从建筑、建筑群、艺术和历史纪念物、考古遗址、手稿、书籍、档案，到科学收藏品及其复制品，都有所涉及，几乎考虑到了各类具有历史和艺术价值的人类杰作。

文化遗产保护公约的制定，反映了人类社会经历了战争、冲突和自然灾害等重大变迁后，对人类自身与周围事物关系的反省，对文化、艺术与国家地位的认识，对文化、历史与当代生活意义相关的发现，以及对人类共同文化意识的增强。

在文化遗产中，民俗属于对原地、原国家（民族）具有重大意义的精神和物质部分，也属于原地、原国家历史信息的构成部分，有些民俗产品还具有很高的艺术价值和考古价值，它介于不可移动和可移动文化之间，是一种独有的和认同性很强的文化类型。

中国政府陆续制定了一系列文化遗产保护法律法规，如《中华人民共和国文物保护法》《风景名胜区条例》等，并制定了16字保护方针，即“保护为主、抢救第一、合理利用、加强管理”。民俗部分的文化遗产保护是参照这些法规执行的，它们是中国文化遗产保护工作进入更高层次和崭新阶段的标志。

（一）定义与分类

1. 文化遗产的定义

从历史、艺术或科学的角度看，具有突出的、普遍价值的建筑物、碑雕和壁画，具有考古性质、成分或结构的铭文、窑洞以及联合体；

从历史、艺术或科学的角度看，在建筑样式、分布格局或与在环境景色的结合方面，具有突出的、普遍价值的单立或连接的建筑群；

从历史、审美、人种学或人类学的角度看，具有突出的、普遍价值的人类工程或自然与人联合工程，以及考古地址等地方。①

2. 文化遗产价值的定义

（1）人类创造性的智慧的杰作；

（2）一段时间内或文化期内在建筑或技术、艺术、城镇规划或景观设计中一项人类价值的重要转变；

（3）反映独有或至少特别的现象或已消失的文化传统或文明；

（4）是描绘出人类历史上一个重大时期的建筑物、建筑风格、科技组合或景观的范例；

（5）代表了一种（或多种）文化，特别是在其面临不可逆转的变迁时的传统人类居住或使用土地的突出范例；

---

① 中华人民共和国联合国教科文组织全国委员会编：《世界遗产与我们》，北京：北京师范大学出版社，2004，第 15 页。对原文翻译不当处增加了文字和标点，以利读者理解。

（6）直接或明显地与具有普遍重要意义的事件、生活传统、信仰、文学艺术作品相关（通常该项标准不单独作为列入条件）。①

文化遗产的定义说明，文化遗产是指在原地、原国家具有突出的历史学、美学、考古学、民族学、人类学、民俗学价值的纪念地、建筑群和人类活动遗址。文化遗产往往符合两个或两个以上价值标准，但总的说，都要有世界性的、突出的普遍价值。在上文的“文化遗产价值的定义”中，第（6）条标准是附属标准，不单独列为文化遗产标准，但又十分重要，大都是民俗，后来发展为口头与非物质文化遗产保护公约，自己独立出来，其对象被作为无形文化遗产加以评价和保护。

3. 文化遗产的分类

文化遗产分五类：文物、建筑群、遗址、文化景观、城镇。其中，文物、建筑群和遗址前三类是人们较熟悉的，后两类是新增的，这里稍做说明。

文化景观类。1992 年美国盛菲会议通过，被描述为“自然与人类的共同作品”。其下又分三类：一类是由人类有意设计和建筑的景观，含因美学欣赏建造的园林和公园景观；一类是有机进化的景观，开始可能产生于社会、经济、行政、宗教的需要，后来通过与周围自然环境的相联系或相适应，发展到目前的样式，具体又分化石类景观和持续性景观两小类；一类是关联性文化景观，基本上以自然、宗教、艺术或文化联系为特征，而不是以文化物证为特征。根据这一分类，菲律宾的稻米梯田、匈牙利的托考伊葡萄酒产区、阿富汗的巴米扬河谷文化和我国的庐山都已列入其内。这类遗产扩大了文化遗产的定义。

城镇类。由 1976 年至 1987 年联合国教科文组织、世界遗产大会和国际古迹遗址理事会等一系列公约和宪章提出和完善，指保护历史名城、历史街区、历史村落和相似的古老群落，它们被认为是人们日常环境的组成部分，是形成历史的生动见证，提供了社会多样化和相关生活背景的多样化的样本，也提供

① 中华人民共和国联合国教科文组织全国委员会编：《世界遗产与我们》，北京：北京师范大学出版社，2004，第 26 页。

了文化、宗教和社会活动多样化的形式和财富。

我国拥有各类文化遗产，除了世界级的著名历史城镇，还有国家级历史文化名城、省级历史文化名城、市级历史文化名城乃至县级历史文化名镇等。在这些成名作中，都有民俗。民俗的名声，也成就了这些文化遗产成名作的名声。

（二）评价与描述

1. 文物类与民俗分析

以下重点分析中国的世界级文物文化遗产，包括长城、莫高窟和布达拉宫。

长城，1987 年列入世界文化遗产。

世界遗产委员会的评价：

> 公元前 220 年，秦始皇统一中国以后，将原诸侯国修建于战国时代的一些断续的防御工事连接成一个完整的防御系统，用于抵御来自北方游牧部族的威胁。明代（1368—1644）又继续修筑，使长城成为世界上最长的军事设施。它在文化艺术上的价值，足以与其在历史上、战略上的重要性相媲美。

中国委员会的描述：

> 长城是中国古代伟大的建筑奇观，并成为中华民族的象征。
>
> 现存的长城，东起鸭绿江，西到嘉峪关，穿越河北、天津、北京、内蒙古、山西、陕西、宁夏、甘肃等 8 个省、市、自治区，总长度超过 6 700 千米。
>
> 修筑长城的历史可以追溯到公元前 9 世纪，直到秦始皇统一中国时代。汉武帝也曾多次修筑长城，用以保护河套、陇西等地，加强东西方交流。到明代，为防止元朝残留势力南下，明朝政府不断修筑长

城，并形成了今天长城的基本面貌。

长城作为防御工程，所经地形极为复杂，根据地形又采用了不同的结构，充分显示了中国古代人民的创造力。

长城在世界古代工程史上可谓罕见。城墙沿着山坡起伏延伸，穿过沙漠和沼泽。长城在重要道口、山口、山海交界处设立关城，既便于交通，又有利于防守。长城每隔一段距离，设有敌楼，用于存放武器、粮食和士兵居住，战时用作掩体。长城沿线还建有独立的烽燧、烽火台，用于在敌人入侵时，举火燃烟，迅速传递消息。

自修建以来，长城就在中国历史上起着举足轻重的作用，长城的守与失关系着许多朝代的更替，关系着中华民族的兴衰。伴随着长城之内外著名战役的发生，英雄人物云涌而出，大大丰富了长城的文化内涵。[①]

长城是建立在北方河套和丘陵复杂地形结合处的历史建筑，长城沿线省区的民俗文化活动极为丰富。以上文物类评价介绍了长城的地理位置、工程结构、军事史和文化史作用，其实也涉及民俗文化的价值，主要有三点。

第一，长城在文化史上，对中国和中华民族的概念具有象征作用。此外，长城建筑中的民间科技也是值得称道的，上文提到“中国古代人民的创造力”时就打住了，其实还有很多内容。

第二，介绍长城的工程结构不能不提到烽火台，上文在评价中说，它“在敌人入侵时，举火燃烟，迅速传递消息”，这就是古代通信民俗。

第三，长城还有自己的著名传说“孟姜女”，中国人家喻户晓、妇孺皆知。这也是一个冬天的故事，能把特殊建筑与气候变化联系在一起，反映了中国农耕社会的文化特征。长城蜿蜒盘旋，把地势复杂的多省山区和高原连接在一起，也成为这绵延长线上的建筑民俗、交通民俗和节日民俗的物化标志。

千百年前，我们的祖先修建长城，曾使用笨重的工具，但表现了超越历史和超越地域的杰出智慧。在今天看来，长城的建筑是无法起到固守疆土的作用的，但长城所创造的文化价值举世无双。这种建筑具有国家意识和国家空间的

① 中华人民共和国联合国教科文组织全国委员会编：《世界遗产与我们》，北京：北京师范大学出版社，2004，第5页。

象征性，对中国社会整合和民族认同有鲜明的符号意义。它的存在让亿万后人为之骄傲。它在世界光辉灿烂的文明珍宝中具有最耀眼的可比性，这是它的军事建筑本身所不能比拼的。

莫高窟，1987 年列入世界文化遗产。

世界遗产委员会的评价：

> 莫高窟地处丝绸之路的一个战略要冲，它不仅是东西方贸易的中转站，同时也是宗教、文化的交汇处。莫高窟的 492 个大小石窟和洞穴庙宇，以其塑像和壁画闻名于世，展示了延续千年的佛教艺术。

中国委员会的描述：

> 莫高窟位于中国西部甘肃省敦煌市东南 25 千米处鸣沙山的岩壁上，这里全年日照充足，干燥少雨，四季分明，昼夜温差较大。石窟南北长 1 600 余米，上下共 5 层，最高处达 50 米。现存洞窟 492 个，壁画 45 000 余平方米，彩塑 2 415 尊，飞天塑像 4 000 余尊。莫高窟规模宏大，内容丰富，历史悠久，与山西大同云冈石窟、河南洛阳龙门石窟并称为中国的“三大石窟艺术宝库”。
>
> ……
>
> 1900 年在莫高窟偶然发现了“藏经洞”，洞里藏有公元 4 世纪到 14 世纪的历代文物五六万件，这是 20 世纪初中国考古史上的一次重大发现。此后又由此发展出著名的“敦煌学”。敦煌学经过近百年的研究，不仅在学术、艺术、文化等方面取得了令人瞩目的成果，同时也向世界展示了敦煌艺术之美和文化内蕴之丰富。
>
> 莫高窟以一部最具代表性的、最系统的石窟艺术编年史，中国乃至世界历史上内容最为丰富、规模最为宏大的佛教石窟艺术宝库呈现于世。①

---

① 中华人民共和国联合国教科文组织全国委员会编：《世界遗产与我们》，北京：北京师范大学出版社，2004，第 16 页。

莫高窟是干燥气候型的佛教石窟艺术，世界遗产委员会评价说，是“宗教、文化的交汇处”，用语简明，而在中西学术界，对莫高窟的民间宗教和民间文艺的研究成果都很丰富，已构成其文化长卷的支撑部分。在中国委员会的描述中，使用了科学价值和审美价值标准，介绍了当地的地理气候特点和佛教艺术成就，指出藏品有“历代文物五六万件”，其实里面有不少是民俗藏品，如果使用民俗标准，便可以对这些民俗遗产加以揭示，还可以指出民俗藏品的信仰内涵和大批历史人群的崇朝活动，让莫高窟放射出更加夺目的人文光辉。在这些方面，都有探宝挖潜的余地。

布达拉宫，1994年列入世界文化遗产，2000年、2001年增列其部分内容。

世界遗产委员会的评价：

> 布达拉宫，坐落在拉萨河谷中海拔3 700米的红色山峰之上，是集行政、宗教、政治事务于一体的综合性建筑。它由白宫和红宫及其附属建筑组成。布达拉宫自17世纪起就成为达赖喇嘛的冬宫，象征着西藏佛教和历代行政统治的中心。优美而又独具匠心的建筑、华美绚丽的装饰、与天然美景间的和谐融洽，使布达拉宫在历史和宗教特色之外平添几分风采。

中国委员会的描述：

> 布达拉宫在西藏拉萨市市中心的红山上，布达拉是梵语（古印度语）的音译，意为“佛的胜地”。布达拉宫始建于公元7世纪吐蕃王松赞干布时期，他为迎娶文成公主在这里建造了宫殿，后又建造了大昭寺。
>
> ……
>
> 布达拉宫依山而建，占地面积约36万平方米，主建筑共13层，高110多米。它是著名的藏式宫堡建筑，也是汉藏结合风格的古代建筑艺术的杰出代表，享有“世界屋脊上的明珠”的美誉。
>
> 从17世纪中叶到1959年以前，布达拉宫一直是历代达赖喇嘛生

活起居和从事政治、宗教活动的重要场所，是西藏地方政教合一的统治中心。布达拉宫气势雄伟、规模宏大的建筑中，蕴藏了藏、汉民族在文化、艺术、宗教等方面的卓越成就。今天，布达拉宫以其辉煌的雄姿和藏传佛教圣地的地位，成为世界公认的藏民族象征。①

布达拉宫是佛教山体宗教建筑，在地理民俗上有显著特点，烘托它的唐代文化，奠定了中国社会的建筑、宗教、文学、艺术的大体模型，也对东亚国家产生了深远的影响。它拥有自己的松赞干布与文成公主传说及民俗地名传说，对藏、汉两地的文化交流起到重要的象征作用。它在宗教民俗上也有大量精品，所藏传的佛教艺术和佛教文化经典，富于藏族聚居区民俗的基础，充分体现了在世界屋脊上居住的藏族人的精神世界。它与周围的藏族群众生活区构成高低错落、风格一体的王室建筑群，也决定了那里的统一空间分布、统一生活观念和统一行为方式。在世界文化遗产研究中，运用民俗学，能更全面地认识布达拉宫。

2. 建筑群类与民俗分析

以下重点分析中国的世界级建筑群类文化遗产，包括故宫和武当山。

故宫，1987 年列入世界文化遗产。

世界遗产委员会的评价：

紫禁城是 5 个多世纪最高权力的中心，它以园林景观和容纳了家具及工艺品的庞大的建筑群，成为明清时代中国文明无价的历史见证。

中国委员会的描述：

北京故宫，是世界上规模最大、保存最完好的古代皇宫建筑群，

① 中华人民共和国联合国教科文组织全国委员会编：《世界遗产与我们》，北京：北京师范大学出版社，2004，第 26—27 页。

是中国古代建筑最高水平的体现。

……

明清故宫的规划和建筑，不仅继承了中国古代建筑的传统，而且有所发展创新，是中国古代文化和中国古代建筑艺术成就的集大成者。其室内建筑空间的组合、建筑体量大小的搭配、材料的运用、小品的陈设、装饰的制作、色彩的选择都到达了很高的水平。

故宫还是中国收藏最丰富的博物院。抗战期间，为确保国宝安全，曾将精选的五批故宫文物转移到南方。抗战胜利后，部分运回故宫，部分运抵台湾。新中国成立后，国家千方百计收集流失文物，使故宫藏品达到一百万件，其中包括：青铜器、玉器、金银器、牙竹木雕、丝织刺绣、文房四宝、绘画书法、家具等，代表了中国历代文化艺术的最高水准。①

世界上有历史传统的国家都有自己的皇家建筑群，我国的故宫也如此。对故宫的文化遗产评价，是从科学价值、文化史价值、伦理思想价值和古代艺术价值等方面做出的，未涉及民俗。但是，故宫经历了明清两朝皇室的修建和使用，融合了汉、满等多民族民俗，却是它的一个重要特点，它是需要采用民俗标准评价的。

首先，故宫虽然是上层阶级的政治生活建筑群，但故宫里面的宗教民俗、居室民俗、礼仪民俗和文艺民俗都是相当丰富的。在学术研究上，从前受到学科划分、阶级划分和文化层次划分的影响，造成了民俗学声音的缺失。本来故宫是民俗活跃的地方，却成了民俗学研究的死角。

其次，故宫虽然是皇家历史艺术品的宝库，但也收藏了大量民间珍品。在中国委员会的描述中，提到了“牙竹木雕、丝织刺绣”和“家具”，都是工艺美术史和民俗史的共同研究对象，两者是交叉的。完全不考虑民俗学，就切断了历代艺术品与它们的活态文化的现实联系，这是很可惜的。

武当山古建筑群，1994 年列入世界文化遗产。

① 中华人民共和国联合国教科文组织全国委员会编：《世界遗产与我们》，北京：北京师范大学出版社，2004，第 40 页。

世界遗产委员会的评价：

武当山古建筑中的宫阙庙宇集中体现了中国元、明、清三代世俗和宗教建筑的建筑学和艺术成就。古建筑群坐落在沟壑纵横、风景如画的湖北省武当山麓，在明代期间逐渐形成规模，其中的道教建筑可以追溯到公元7世纪。这些建筑代表了近千年的中国艺术和建筑的最高水平。

中国委员会的描述：

武当山，坐落于湖北省丹江口市境内，又名太和山，古时称“玄岳”、“太岳”。明代旅行家徐霞客曾经赞叹此山“玄岳出于五岳之上”。面积40万平方米，主峰天柱峰，海拔1 612米，四周有72峰耸立，24水环流，危岩奇洞深藏，白云绿树交映，蔚为壮观。

武当山是唐代以来中国道教的发祥地，有规模宏大的道教古建筑群。始建于唐贞观年间（627—649年），在宋朝也有所建设，元代进一步扩大修建规模，在明代达到修建的鼎盛时期。明朝永乐皇帝亲自主持修建，动用数十万民工，在武当山大兴土木，历时12年，建成9宫、9观、36庵堂、72岩庙的大规模道教建筑群，成为统治阶级利用宗教加强思想统治的史证。①

武当山是按中国道教思想规划修建的山水建筑群，道教是中国土生土长的民间宗教，本身就是一种民俗。在世界遗产委员会的评价中，指出了它的民间性质，肯定武当山的寺庙建筑包含了“世俗”的艺术成就。在中国委员会的描述中，在讲武当山建筑与周围山水环境的关系时，揭示了里面的风水民俗，说它“讲究山林水脉，聚气藏风”，还说明在建造技术上，武当山的建筑具有

① 中华人民共和国联合国教科文组织全国委员会编：《世界遗产与我们》，北京：北京师范大学出版社，2004，第49页。

“明代金属加工工艺”的特点，也包括了民间传统手工艺的成就。这种文化遗产性质的本身决定了评价标准的民俗倾向。

苏州古典园林，1997年列入世界文化遗产，2000年增列部分内容。

世界遗产委员会的评价：

没有哪些园林比历史名城苏州的园林更能体现出中国古典设计的理想品质，咫尺之内再造乾坤。苏州园林被公认是实现这一设计思想的典范。这些建造于11—19世纪的园林，以其精雕细琢的设计，折射出中国文化中取法自然而又超越自然的深邃意境。①

中国委员会的描述：

苏州是中国著名的历史文化名城，这里素来以山水秀丽、园林典雅而闻名天下，有“江南园林甲天下，苏州园林甲江南”的美称。据记载，苏州城内曾有大小园林将近200处，其中沧浪亭、狮子林、拙政园和留园分别代表着宋（960—1279年）、元（1271—1368年）、明（1368—1644年）、清（1644—1911年）四个朝代的艺术风格，与环秀山庄、艺圃、藕园、退思园一道，构成苏州园林的杰出代表。

……

耦园位于苏州城东，东临护城河，全园正宅居中，因东西两个花园，故称耦园（“耦”与“偶”音同）。两人耕种亦称耦，意指夫妇隐居归田。耦园居城湾一隅，三面萦河，一面临街，具有浓郁的水乡特色。在建筑艺术构思上，也别出心裁地反映出主人双隐归田的思想，堪称佳构。②

苏州园林是寓山水景观于人居建筑的成功范例，在中国广大人民中间历来

① 中华人民共和国联合国教科文组织全国委员会编：《世界遗产与我们》，北京：北京师范大学出版社，2004，第28页。

② 中华人民共和国联合国教科文组织全国委员会编：《世界遗产与我们》，北京：北京师范大学出版社，2004，第28—31页。

享有口碑，中国委员会的评价使用了一条民谚，叫“江南园林甲天下，苏州园林甲江南”，用来描述其作为中国民居代表作的独有地位。在指出耦园构思的奇妙特征时，也使用了民俗修辞做介绍，说两人耕种亦称耦，意指夫妇隐居归田。耦园居城湾一隅，三面萦河，一面临街，具有浓郁的水乡特色”。在这里，民俗学常用的“水乡特色”一词，还被用来描绘名园的整体地方风格，提高了苏州园林建筑的历史文化内涵。实际上，寄情山水和在自然山水中陶冶人性，是中国人的一种古风，既有诗意，也有民俗，苏州园林的突出特点是把这种中国人的思维方式和行为方式挪移到平原庭院中，创造了一种日常生活化的建筑结构，上述评价之所指，还是小民俗，这一点才是大民俗，是能在世界多元建筑文化的比较中，突显自我文化的地方。

青城山和都江堰，2000 年列入世界文化遗产。

世界遗产委员会的评价：

都江堰是修建于公元前 3 世纪的水利工程，至今仍在治理岷江中发挥着作用，并灌溉着成都平原的农田。青城山是道教的发源地之一，著名的道教名山，有一系列古代宫观。

中国委员会的描述：

青城山位于四川省都江堰市西南，山上树木茂盛、四季常青，享有“青城天下幽”的美誉。它是中国道教的重要发祥地，全山的宫观以天师洞为核心，包括建福宫、上清宫、祖师殿、圆明宫、老君阁、朝阳洞等 10 余座。

……

著名的古代水利工程都江堰，位于四川都江堰市城西，古时属都安县境内而名为都安堰，宋元后称都江堰，被誉为“独奇千古”。都江堰建于公元前 3 世纪，是中国战国时期秦国太守李冰及其子率众修建的一座大型水利工程，是世界上为数不多的年代久远、留存至今并仍在使用的宏大水利工程，以无坝引水为特征。2 500 多年来，它引水灌溉着成都平原的良田，使得蜀地有了“天府之国”的美誉。都江堰是“天府”富庶之源，至今仍发挥着无可替代的巨大作用。①

青城山是道教山体型遗产，以山景与道教建筑出名；都江堰是水利工程建筑遗产，本身有李冰父子治水传说和放水民俗，也属于民俗文化遗产。在世界和中国遗产委员会的评价上，对青城山的定位，与湖北的武当山比较而言，确定为西南道教圣地。在评语上，也与武当山一样，使用了一批民间宗教词汇，如“中国道教的重要发祥地”“反映了道教追求吉祥、长寿和升仙的乐趣”等；不同的是，在景观描述上，还使用了当地谚语补充描述遗产地的审美价值和地域特色，如说这里是“天府之国”和“青城天下幽”等，这些评价都可从民俗学的角度进一步深入挖掘和分析。

对都江堰的文化遗产价值评价做得比较完整，在评语中陈述了都江堰的重要地理特征、历史内涵和社会实践作用，指出了遗产地人民对都江堰的历史情感和口头文学创作，重新叙述了李冰传说，同时也从科学价值的角度，分析了这一古代水利工程延续至今的世界性创造意义和水利史价值，这就比较完整地展现了人类遗产学教育的内容，能吸引各界人士保护都江堰和尊重文化遗产。

3. 遗址类与民俗分析

这里重点分析中国的世界级遗址类文化遗产样本，以周口店为例。

周口店北京人遗址，1987 年列入世界文化遗产。

世界遗产委员会的评价：

这一遗址在北京西南 42 千米处，遗址的考古工作仍然在进行中。在这里，科学家已经发现了属北京人的中国猿人遗迹，他们大约生活在中更新世时代，同时发现的还有各种各样的生活用品，以及可以追溯到公元前 18000 年到 11000 年的新人类的遗迹。周口店遗址不仅是有关远古时期亚洲大陆人类社会的一个罕见的历史证明，而且也阐明

① 中华人民共和国联合国教科文组织全国委员会编：《世界遗产与我们》，北京：北京师范大学出版社，2004，第 42—43 页。

了人类进化的进程。[1]

中国委员会的描述：

20世纪20年代，在北京的西南郊发现的“北京人”头盖骨化石，使周口店这个地名为世界所知。1987年，“周口店北京人遗址”被确认为世界文化遗产。

……北京人已经懂得用火和吃熟食，用火主要取于自然，知道保存火种，火的使用完备了人的特征。

北京人的发现，为中国古人类及其文化的研究奠定了基础，为人类进化理论提供了有力证据，是中国科学家为世界考古史做出的伟大贡献，也构成了人类远古文化的宝库。北京人及其文化的发现与研究，解决了19世纪爪哇人发现以来的关于“直立人”是猿还是人的争论。事实证明，“直立人”是人类历史的最早期，处于从猿到人进化过程最重要的环节。他们是“南猿（南方古猿）”的后代，后来“智人”的祖先。北京人具有“直立人”的典型形态标准，山顶洞人化石和文化遗物的发现，更充分证明了北京人的发展和延续。[2]

周口店是我们的祖先早期洞居生活的证明，包括用火和使用骨器具、石器、角器等物质生活和相关精神生活，是人类文明共同历史的一部分，历来受到各国考古学者的重视，在民俗史上也不可或缺。但在上述评价中，侧重叙述了周口店遗址对认识上古文明的文化价值、考古学价值、文化人类学价值和体质人类学的价值等，这当然是重要的，但没有提到民俗学价值，这是很可惜的，评语由此得出结论说，周口店遗址是“已消失的文明”，便成为传统考古学定论的一种逻辑延伸，而对人类遗产学教育来说，这却是一种狭义的界定。

① 中华人民共和国联合国教科文组织全国委员会编：《世界遗产与我们》，北京：北京师范大学出版社，2004，第35页。

② 中华人民共和国联合国教科文组织全国委员会编：《世界遗产与我们》，北京：北京师范大学出版社，2004，第36页。

如果考虑到民俗学，便能发现，这种远去的祖先生活方式，要被今人所理解，并被未来社会所记忆，是需要指出它的文化根性作用的，而这种要求并不是遥不可及的。在汉字字符里就有很多对古代先民山居含义的记录，在汉字字形学里也有对它的符号结构注疏的大量沉淀。至于它的文化影响，可采用对遗产地空间社会的恢复构建方法和历史民俗学的研究方法，做多种可控性比较分析。这样看来，在评价文字中的多个提法，如周口店“人工制作的工具和用火遗迹”“山顶洞人化石和文化遗物”“北京人已经懂得用火和吃熟食，用火主要取于自然，知道保存火种”“远古文化的宝库”等，都是可开发课题，也有利于推进保护工作。它们的评价词汇就与民俗学有关。它们所涉及的问题，如取火民俗组织、火神信仰、火的传说，以及相关上古文化、上古饮食和上古器具等，利用民俗学做研究，也能促进今人和未来社会对祖居方式的思考。当然，人类遗址研究与民俗学研究的脱节是个学术史问题，就不去多讨论了。但最近的研究成果已表明，做一些学科疆界的突破，对考古遗址进行多层次的综合学科研究，包括引进民俗学研究传统生活方式的一些视角，还是能产生新意的。①

4. 文化景观类与民俗分析

文化景观类遗产保护是后列入世界文化遗产项目的，但对我国这种拥有山水文化传统的国家十分合适。根据它的条例，我国很多富含人文信息的自然遗产都能进入这一系列，扩大了自然遗产的范围，也增加了人们对从文化角度保护自然山川的意义的认识。1996 年，江西省的庐山成为这类遗产，引起了国人的自豪和世界的关注，以下重点谈谈这个例子。

世界遗产委员会的评价：

> 江西庐山，是中华文明的发祥地之一，这里的佛教和道教庙观，代表理学观念的白鹿书院，以其独特的方式融会在具有突出价值的自然美之中，形成了具有极高美学价值的、与中华民族精神和文化生活

---

① 近年来，法国考古学者杜德兰（Thote Alain）在河南南阳大龚营村落民居遗址发掘和研究。

紧密联系的文化景观。[①]

中国委员会的描述：

庐山位于中国江西省九江市南，北濒长江，东接鄱阳湖。最高峰为大汉阳峰，海拔 1 474 米。群峰间散布有许多壑谷、岩洞、瀑布、溪涧，地形地貌复杂多样。

……

庐山是一座集风景、文化、宗教、教育、政治为一体的历史名山。这里是中国山水诗的摇篮，古往今来，无数文人墨客慕名登临庐山，为其留下了 4 000 余首诗词歌赋。晋代高僧慧远（334—416 年）在山中建立东林寺，开拓了佛教中的“净土宗”，使庐山成为中国古代重要的宗教圣地。遗存至今的白鹿洞，是中国古代教育和理学的中心学府。庐山上还荟萃了各种风格迥异的建筑作品，包括罗马式与哥特式的教堂、拜占庭式建筑、日本式建筑和伊斯兰风格的建筑等，使得庐山具有了更为丰富的文化内涵。[②]

庐山是儒、释、道规划观念融合，山、江、湖地形多样，以及近代中西风格建筑融汇一处的独特景观区。在世界遗产委员会的评价中，指出庐山是“与中华民族精神和文化生活紧密联系的文化景观”，肯定了它在自己所在国家的整体历史文化中的地位，其中的民俗是必不可少的。中国委员会的评价，说明了庐山的地理气候特点、佛道宗教圣地特点、建筑规划中的理学理念及与中国正统文化的关系，以及造型艺术等，在人文信息含量的丰富度上，强调了中国的景观类文化遗产代表作与自然遗产的一些差别。在形容这些文化特征时，评语也使用了遗产地的民间谚语和民间传说做补充，如提到了“匡庐奇

① 中华人民共和国联合国教科文组织全国委员会编：《世界遗产与我们》，北京：北京师范大学出版社，2004，第 50 页。

② 中华人民共和国联合国教科文组织全国委员会编：《世界遗产与我们》，北京：北京师范大学出版社，2004，第 50 页。

秀甲天下”的历史常谈，也说到“神仙之庐”的创建话题和具有“神秘色彩”的信仰文化等。从民俗学的角度看，增加了这些信息，能使庐山景观浸润在深邃的中国历史人文精神之中，能体现庐山景观的文化空间和社会基础，也给其他同类文化景观的评价和保护确立了样本。

5. 历史名城类与民俗分析

历史名城类遗产与景观类遗产一样，都是后续项目，但对文化遗产地的整体文化空间保护有重要建设意义。我国云南省的丽江古城于1997年列入这项遗产，使中国有了此类项目的一个具体样本。

世界遗产委员会的评价：

丽江古城，把经济和战略重地与崎岖的地势巧妙地融合在一起，真实、完美地保存和再现了古朴的原貌。古城的建筑经历无数朝代的洗礼，饱经沧桑，它融会了各个民族的文化特色而声名远扬。丽江还拥有古老的供水系统，这一系统纵横交错，精巧独特，至今仍在有效地发挥着作用。

中国委员会的描述：

丽江古城位于云南省的纳西族自治县，始建于宋末元初（13世纪后期）。古城地处云贵高原，海拔2 400余米，全城面积达3.8平方千米，自古就是“茶马古道”上的重镇。古城现有居民25 000人。其中，纳西族占总人口绝大多数。有30%的居民仍在从事以铜银器制作、皮毛皮革、纺织、酿造业为主的传统手工业和商业活动。

丽江古城内的街道依山傍水修建，以红色角砾岩铺就，雨季不会泥泞，旱季也不会飞灰。石上花纹图案自然雅致，与整个城市环境相得益彰。位于古城中心的四方街是丽江古街的代表。在丽江古城区内的玉河水系上，修建有桥梁354座。桥的形制多种多样，较著名的有锁翠桥、大石桥、万千桥、南门桥、马鞍桥、仁寿桥，均建于明、清时期（14—19世纪），其中以位于四方街以东100米的大石桥最具特色。①

凡民俗学者都不会放过丽江。丽江，这个云贵高原茶马古道上的小城镇，不仅有地理学、民族学、人类学、社会学、建筑学和城镇水利学上的可考价值，而且在时间民俗和空间民俗上也富有特点。世界遗产委员会评价这座小城有“古朴的原貌”“各个民族的文化特色”“古老的供水系统”等，无疑都是民俗学的研究对象。在中国委员会的评价中，介绍了丽江古城的多种民俗，包括茶马交通、商业集市、多民族风俗、民族传统手工艺、民族民居建筑、桥梁建筑和古老街道的供水系统等，也都有丰富的民族志资料基础。与其他类型的世界遗产不同的是，作为历史名城的遗产，丽江有其独具风格的物质民俗文化群，包括古道、古街、古屋、古桥和古老的供水系统等，这些是小城能进入世界文化遗产的重要构件。丽江还有非物质文化遗产系统，如多民族手工艺、相当数量的传统手工艺从业人口、多样化的工艺产品等，它们也是小城的世界文化遗产构件。这两种遗产与小城居民的传统生活方式构成一个整体结构，走过了历史岁月，进入了现代社会，也参与了全球化下的多元文化比较和交流，它的生命力是毋庸置疑的。在这种历史名城中研究民俗，对小城本身有阐释力，对民俗本身也有整合性，做得好，对提高遗产地人民和外来参观者共同保护文化遗产的积极性都是有益的。

三、 文化自然双遗产与民俗

文化自然双遗产，是含有文化和自然双价值要素的世界遗产。在地球上的地质与生物演化过程中，它们是体现人类与自然环境的相互和谐关系、人类文化与自然资源的正确互动关系的杰出代表。

① 中华人民共和国联合国教科文组织全国委员会编：《世界遗产与我们》，北京：北京师范大学出版社，2004，第42页。

（一）定义与分类

文化自然双遗产的全称是“世界文化与自然双重遗产”，它将在人类历史、艺术、审美、民族学、人类学和科学方面均具有突出的、普遍价值的纪念文物、建筑物和遗址等文化遗产，与在审美、科学和保存形态上具有突出的、世界性价值的地形或生物，以及包括景观在内的地域等自然遗产融合起来，构成的第三类别的世界遗产。自20世纪80年代以来，我国有多处景点被评为这种双遗产，如泰山、黄山、峨眉山和乐山大佛、武夷山。以下重点分析泰山和武夷山。

（二）评价与描述

泰山，1987年列入世界文化与自然双重遗产。

世界遗产委员会的评价：

> 庄严神圣的泰山，两千年来一直是帝王朝拜的对象。山中的人文杰作与自然景观完美和谐地融合在一起。泰山一直是中国艺术家和学者的精神源泉，是古代中国文化和信仰的象征。[①]

中国委员会的描述：

> 泰山是1987年作为我国的第一批世界遗产地被世界遗产委员会批准的。它记录着华夏民族的发展进程，蕴含着丰富的中华文化，反映出中华民族的精神特征。从泰山的文化价值与自然价值来进行分析，可以帮助我们更好地理解双重遗产。
>
> 中国古人有崇拜山岳的思想，对泰山的崇拜便是一种表现。泰山

① 中华人民共和国联合国教科文组织全国委员会编：《世界遗产与我们》，北京：北京师范大学出版社，2004，第22页。

地处中华大地的东方，而东方是太阳升起的地方。按五行属木，四时属春，五常为仁，八卦为震，星宿为苍龙，所以被古人视为紫气之源、吉祥之地、神灵之宅、万物发育之所，成为天的象征、神的化身。于是“受命于天”的帝王，为答谢天帝“授命”之恩，便要到接近天庭的泰山之巅积土筑坛，增泰山之高以祭天，表示归功于天，这就是历代帝王举行的泰山封禅大典。

中国的史书《史记》里全面而翔实地记载了秦汉时期的封禅活动。秦始皇、秦二世、汉武帝、汉光武帝、汉安帝、隋文帝、唐高宗、唐玄宗、宋真宗等中国古代帝王，都曾亲临泰山。其中仅汉武帝，就曾 8 次冬巡登封泰山。这种封禅祭祀活动在泰山延续了数千年，并贯穿了整个中国封建社会。

随着封禅的兴起，僧侣道人纷至沓来，创建宫观，传经布道，遂使泰山寺庙林立，古刹掩映。继而儒家学者、文人墨客也聚于泰山，登山览胜，隐居苦读，留下了大量的诗文墨迹。泰山保留的历代碑碣和摩崖刻石有 2 300 多处，著名的有《秦泰山刻石》……唐《纪泰山铭》等。

泰山的文化遗产，反映了人文与自然景观相协调、相融合的思想因素。文化遗产主要包括建筑物、构筑物、石刻及道路等，大部分是根据地形特点和封禅、游览、宗教活动的需要设计的。其布局重点是从祭地的神社首山至告天的玉皇顶。在约 10 千米的登山盘道两侧，对完整的自然空间进行了整体构思。在这条景观带上形成了完全不同的空间：一是以泰安城为中心的人间闹市，一是以城北岱宗坊为起点，沿长达 5 800 多级的天梯盘道直至岱顶的天庭仙界。

泰山古建筑最突出的特点是充分利用地理环境，巧妙地借用自然地势，以人工创造加强和美化自然环境。建筑与绘画、雕刻、山石、林木浑然一体，为我们留下天人合一的建筑典范。①

---

① 中华人民共和国联合国教科文组织全国委员会编：《世界遗产与我们》，北京：北京师范大学出版社，2004，第 22—24 页。

泰山崛起于华北大平原东侧，雄驾于齐鲁丘陵之上，具有通天拔地之势，与平原和丘陵产生了强烈的对比，长期成为中国天人合一哲学和上层经典文化的寄托实体，作为文化与自然双遗产的代表作是当之无愧的。然而，从泰山遗产价值的分析中，我们也看到民俗文化视角的分量，主要有三点：一是高山信仰和祈天民俗的集中代表，二是泰山碧霞元君祭拜圣地对泰山景观规划的决定作用，三是泰山地质遗产本身的科学研究价值。总之，泰山文化巨大的影响力使地质遗产受尊重和被爱护，地质遗产也启迪和丰富了泰山文化，这种互动开始得很早，长达千年以上，使泰山的双遗产都能得到平衡发展。泰山最终形成一个以儒家思想为主和佛道思想为辅，三者又能彼此渗透的中国整体传统文化的象征符号群，这是不多见的。

另一方面，由此例可见，在这种遗产评估中，由于涉及漫长的历史时期和包罗万象的社会文化，都会提到文明、民俗一类的词汇和事象，但也因此会产生其他倾向，即把其内涵扩大化，这样把不少生动具体的文化创造都变成泛指的一般现象。其中，一是泛民俗化，主要是把民俗文化创造融入“华夏民族”共有文化，如“丰富的中华文化”“中华民族的精神特征”，因此把泰山说成是“中华民族悠久文化的重要发祥地之一”等，概念过大，很多场合都能用，未必仅是泰山，反而让人看不见民俗。二是泛历史文化化，如说“我国神话传说中的三皇五帝中，伏羲、黄帝、舜、颛顼等 4 人都与泰山相关，7 个历史王朝曾建都于泰山周围”。这就把“三皇五帝”神话人物也纳入了中国正史，并构建成一部更宏大的文明史，其实这种使用资料的方法还是需要讨论的。三是泛精神信仰化，如说“中国古人有崇拜山岳的思想，对泰山的崇拜便是一种表现。泰山地处中华大地的东方，而东方是太阳升起的地方”等。在这段文字中，高山崇拜和日月崇拜都是民俗信仰，现在将之统一说成中华民族的精神世界，就去掉了不同历史时期、不同地区和不同民族的差异，这样精神世界也就被虚化了。四是泛中国古典哲学化，如说泰山“按五行属木，四时属春，五常为仁，八卦为震，星宿为苍龙，所以被古人视为紫气之源、吉祥之地、神灵之宅、万物发育之所，成为天的象征、神的化身。于是‘受命于天’的帝王，为答谢天帝‘授命’之恩，便要到接近天庭的泰山之巅积土筑坛，增泰山之高以祭天，表示归功于天，这就是历代帝王举行的泰山封禅大典”。这种描述是把阴阳五行学说、万物有灵和崇龙观念、反对占乩和唯实理念等观念组合在一起，但也把中国古代哲学思想的丰富层次和不同形式的思维概念混为一谈。五是泛民族生活化，如说泰山“文化遗产主要包括建筑物、构筑物、石刻及道路等，大部分是根据地形特点和封禅、游览、宗教活动的需要设计的。其布局重点是从祭地的神社首山至告天的玉皇顶。在约 10 千米的登山盘道两侧，对完整的自然空间进行了整体构思”。从历史文献和民俗调查资料看，评语所说的这个地点正是泰山民俗传承最为深刻生动的地方，其主体活动范围以当地民众为主，在较大的范围上可涵盖华北其他一些省份，但在这段上下文中，继续将之扩大到中华民族生活传统，未免笼统。六是泛人文景观化，如说“经历几千年的开发建设，泰山形成了中国山岳风景的典型代表：即以富有美感的自然景观为基础，创造人文景观，并根据传统的山水观，把富有美学价值和科学价值的自然景观同悠久的历史文化有机地结合起来，形成内容丰富的自然与人文浑然一体的突出特点”。其实将这个景观评价用在国内其他名山上也未尝不可。

应该说，泰山确实保留了中国帝王文化的大量遗迹，为其他名山所不能比并，但中国推翻帝制也百余年了，泰山文化依然屹立，还与生命力旺盛的民俗文化密切相关，正是民俗文化成为这种活态遗产地的主体。在保护这种双遗产地和实施现代公民遗产教育上，强调它的活态，它的可触摸，它与现代人的亲近感，也许是更积极的做法。

武夷山，1999 年列入世界文化与自然双重遗产，对它的评语如下：

> 它是中国目前面积最大的世界遗产地，总面积 999.75 平方公里，范围包括武夷山风景名胜区、武夷山自然保护区及武夷山古汉城遗址。
>
> 武夷山保护了地球同纬度带最完整、最典型，而面积最大的中亚热带原生性森林生态系统，有植物种类 3 728 种，包括常绿阔叶林带、针叶阔叶过渡林带、温性针叶林带、中山苔藓矮曲林带和中山草甸五个植被带，几乎囊括了中国中亚热带所有的植被类型，是尚存珍稀濒危物种的栖息地。

……

武夷山古汉城文化遗址，保存了国内外绝无仅有的古闽族、古越族的文化，有著名的武夷山悬棺和汉代闽越王宫城遗址，后来又成为朱子理学的发祥地。①

武夷山双遗产的独有价值在于它是多种文化、多种生活传统、多种信仰和多种重要历史事件的集合体，这个集合体又位于“中国目前面积最大的世界遗产地”上，位于“全球生物多样性保护的关键地区”和“典型的丹霞地貌区”，这是十分难得的，非民俗胶合不能达到此和谐境界。但评语只用古代文化遗存去概括这种现象，这对于要保护它和欣赏它的现代人来说，等于宣布了它的文化生命的终结。所以，我们还是需要民俗学的，民俗学是以研究古老文化的长期传承见长的。

四、 非物质文化遗产与民俗

联合国教科文组织的《保护非物质文化遗产公约》，2003 年 10 月 17 日在法国巴黎通过，是一个与有形世界遗产相对而言的无形文化遗产保护公约。它更强调对人类多元文化创造和多元文化传统本身的尊重、平等发展与友好交流，对由全球化和现代化所造成的文化冲击采取了更坚决的抵御举措。此前，联合国教科文组织在 1998 年通过了《人类口头和非物质遗产代表作条例》，已表现了相应的姿态，促动了各国保护工作的开展。我国于 2004 年正式加入此公约，现在已在国家和地方的不同层面上得到推广。

我国非物质文化遗产保护的一个大宗对象是民俗，民俗也在非物质文化遗产保护工作中得到了空前的社会关注。与此同时，民俗学也获得了很多机会，去整合资源、增广领域和拓展自己。但是，民俗学要介入非物质文化遗产保护工作，还有许多理论问题、实践方法和目标对象需要研究，以保证学科发展与社会应用都取得切实的效益。以下拟对此做简要分析。

---

① 束楷夷：《忧患意识与世界遗产资源管理》，郑玉歆、郑易生主编：《自然文化遗产管理——中外理论与实践》，北京：社会科学文献出版社，2003，第 305—306 页。本书引用时有改动。

（一）定义与分类

联合国教科文组织对非物质文化遗产的定义：

> 它是被各群体、团体、有时为个人所视为其文化遗产的各种实践、表演、表现形式、知识和技能及其有关的工具、实物、工艺品和文化场所。各个群体和团体随着其所处环境、与自然界的相互关系和历史条件的变化，不断使这种代代相传的非物质文化得到创新，同时使它们自己具有一种认同感和历史感，从而促进文化多样性和人类的创造力。

联合国教科文组织对非物质文化遗产的分类：

> （a）口头传说和表述，包括作为非物质文化遗产媒介的语言；
> （b）表演艺术；
> （c）社会风俗、仪式、节庆；
> （d）有关自然界和宇宙的知识和实践；
> （e）传统的手工艺技能。[①]

需要注意的是，在联合国教科文组织的陈述中，有四个概念需要给予充分理解：一是口头的概念，它被用来区别文字传播的概念，强调口语是承载和表述非物质文化遗产的物质媒介；二是传统的概念，被用来区别于现在的发明，强调风俗、仪式和节日等都是原遗产地、原国家积累而成的主体文化，人的随意记忆和后世仿造不是传统；三是文化的概念，被用来区别于没有地方知识、

① 联合国教科文组织《保护非物质文化遗产公约》，2003 年 10 月 17 日在法国巴黎通过，英文原名为 *Convention for the Safeguarding of the Intangible Cultural Heritage*，中译本应译为《保护无形文化遗产公约草案》，但现在将“无形文化遗产 *Intangible Cultural Heritage*”译成“非物质文化遗产”。《保护文化内容和艺术表现形式多样性公约》（*Preliminary Draft of a Convention on the Protection of the Diversity of Cultural Contents and Artistic Expressions*），2004 年 7 月在法国巴黎通过。

群体实践和技艺传承的自然物与人工物，强调它是一种依附于物质形式的思维方式和行为方式；四是空间的概念，被用来区别于狭隘的、不能构成地方社会最小单元的现象，强调这种遗产与被认同的文化地点和原创人民的结合，并具有自己的统一地方风格、地方价值观和地方情感。

（二）评价与描述

在上述概念中，口头的概念是占有重要地位的，它对理解现代民俗学的对象有特殊意义，主要有以下几点。

第一，口传活动是自然物质文化化的产物，能反映三种遗产中的细微差别，也能反映民俗和民俗的细微差别。一般说，人不消失，口传活动就不消失；口传活动不消失，民俗就不消失；民俗不消失，民族就不消失，国别文化的界限就不消失。

第二，在口传活动中，文化记忆起核心作用。

第三，在口传过程中，传承者的个人魅力起重要作用。

第四，口传经历是一种社会活动，有利于民间社会结构系统（婚姻、家庭、贸易、家族、乡里、民约）的建立和运行。

第五，在口传中使用文字是异化个体的群体行为，被用来创造超现实的象征性管理系统。这种文字有时也是一种权力符号，被用于进行现实管理，并维护管理者的权威和利益。

在拙著《不灌而治》中，曾对水利民俗中的口传资料与文字资料的关系进行初步研究。① 也有研究口传和文字相混合的资料指出，它们可以共同发生作用，主要有三个途径：多个写手加工、文献地方化加工、不同时代加工。②

与联合国保护非物质文化遗产的文件相比，中国民俗中的口头与文字遗产是一个更复杂的问题，有自己的文化特点。中国是一个民俗大国，也是一个文献大国，两者相辅相成的地方很多。因此，在保护范围的探索上，对两种资料

---

① 董晓萍、［法］蓝克利：《不灌而治——山西四社五村水利文献与民俗》，北京：中华书局，2003，第16—17页。

② 董晓萍：《传说研究的现代方法与现在的问题——评杜德桥的〈妙善传说〉》，《民族文学研究》2003年第3期，第3—12页。

都要注意。同时，也要像对文字资料保持距离一样，对口头资料也要保持距离，这样才有利于研究，才能提出合适的保护建议。

将口头与非物质文化遗产的定义与“两概论”相比较可见，上述定义中的“口头”部分，是以往民间文艺学所研究的内容；[①] 上述定义中的“非物质文化遗产”部分，有些是以往民俗学所研究的内容，[②] 但它们还不是非物质文化遗产保护内容和社会工作的全部，如对“传统”“文化”和“文化空间”的研究，民俗学就需要补充其他学科的知识，并展开交叉研究。

（三）民俗学研究与非物质文化遗产评价

从非物质文化遗产的定义和分类看民俗学以往的研究，有三点不同。

第一，非物质文化遗产的定义和分类是世界性的，民俗学的定义是本国的或文化内部的。

第二，非物质文化遗产的定义和分类的意义，是揭示了世界各国从历史上流传至今的共同优秀文化现象，同时也是值得保护的民俗对象，包括民族语言、表演艺术、风俗、仪式和节日、地方知识及其日常实践、民族传统手工艺和文化服务业等。

第三，非物质文化遗产的定义和分类的性质，是提出了一个全新的概念。在它们中间，有的不是民俗学独立研究的对象，有的不是民俗学的强项。例如，表演艺术是民俗学的研究范围，更是音乐学、舞蹈学和戏曲学的强项。仪式和地方知识也是民俗学的研究范围，但首先是人类学的研究强项，民俗学是要借鉴它们的成果的。传统民间手工艺学也是民俗学的范围，但同时是自然科学史的强项，双方只有结合起来，才能揭示其技能传承和历史文化内涵。总之，非物质文化遗产是综合性的现代知识系统，对它的研究应该是民俗学与人类学、音乐学、舞蹈学、戏曲学、语言学和自然科学等多学科资源互补和联合攻关的结果。

---

① 钟敬文主编：《民间文学概论》（第二版），北京：高等教育出版社，2010，第 24 页。

② 钟敬文主编：《民俗学概论》（第二版），北京：高等教育出版社，2010。重点参见第二章至第十二章。

五、 中国民俗遗产资源的分布

（一）文化空间分布

中国民俗遗产资源的空间分布，在地理构成与社会构成上相协调，富于地理人文色彩。

1. 地理文化空间分布

中国的遗产资源在空间上呈现了面状分布和复线网络的特点。其中，北京地区和西部地区的遗产分布最多，面状范围最大，复线结网的情况也最突出。北京是中国的政治和文化中心，占据了华北平原与燕山山脉交汇的有利地形，积蓄了众多的文化遗产，共 11 个。这些文化遗产又与上层历史相关，反映了封建帝王的政治、历史生活的理念和实践，成为中国文化与历史传统结合的最高峰。西部是中国地理结构最为复杂的地区，高山大川、世界高原、第四纪冰川遗址、喀斯特地貌、钙化地质和荒沙大漠等所有能产生神奇风景的地理要素都出现在这里，中国的多个自然遗产点也都集中于此。值得注意的是，当地还有其他 6 个文化遗产点，共 10 个。这种自然造化与当地的多民族文化密切相关，成为美景与民俗的完美结合。如果单凭某一点，两个遗产地区都不会那么精彩绝伦。

从宏观上说，中国遗产资源分布的共同特征，就是都有自然与文化遗产双结合的特点。现在中国的文化与自然双遗产虽然只有 4 个，但分别位于东、西、南、北部，分布均衡，名副其实，这是符合中国的国情的。

2. 气候文化空间分布

我国的自然遗产地大多在西南地区，那里具有南亚热带、中亚热带、北亚热带、暖温带、温带、寒带等多种类型，集中了世界上最丰富的气候现象，也为地方文化传承创造了方便条件。以四川九寨沟为例，它位于东经 103°46′~104°05′，北纬 32°55′~33°16′，气温在−8.7℃（1 月均温）~16.8℃（7 月均温），年降水量为 700~800 毫米，年降水日超过 150 天，全年中湿度都保持在

70%左右，气候宜人，适合当地藏族群众进行常年耕种、放牧的传统作业，也适合藏族神话传说、史诗、宗教和戏曲活动的流传。三江并流地区的特点更为突出，一是三江水流绵长互依，造成民俗环境空间广阔又自成一体，他们顺应当地的气候，进行生产生活，有一套传统生产习俗。二是自然地貌、动植物生态和风光人情交融，将三江上下游、左右岸的多民族文化传统笼为一个传承社区，形成了一个少数民族文化群落和民俗基因库，他们的民居服饰、婚嫁礼仪、宗教习俗、耕收方式、音乐歌舞、文字绘画等各不相同，包含着浓郁的民族风情和多彩的民族文化，对外界有很大的吸引力。[①] 此外，举世闻名的莫高窟壁画的留存也与气候有关。如果没有如此奇特的地理气候，就不会有如此多样的生物和人文作品留存，有些种类恐怕早就消失了。

（二）山体生态分布

我国的世界遗产主要呈山体分布，高原、高山对遗产资源有构架作用。在世界范围内，大都是由地质多样性构成了大面积的世界遗产，中国也不例外，很多遗产地的产生都是因为有独特的洞穴地貌和地形，形成了异常优美的自然风景。

湖南武陵源和四川的九寨沟与黄龙，都是以喀斯特地貌景观的独特性为世所瞩目。我们在关注中国的遗产资源时，也应该关注中国的名山。

1. 生物圈分布

从遗产描述看，与山体相关的，是庞大的生物圈生态系统。山地结构也提供了多种动植物独一无二的生存地，产生很高的生物学价值。民俗种类的丰富度与遗产地生物藏量有关系。三江并流拥有北半球80%的生态系统类型，是欧洲大陆生物生态系统环境的缩影，在那里，自新生代以来的生物物种和生物群落的分化仍在继续，成为生物史上的奇观。它还是欧亚大陆生物物种南来北往的主要通道和第四纪冰期欧亚大陆生物的主要避难所，具有无与伦比的生物环

① 中华人民共和国联合国教科文组织全国委员会编：《世界遗产与我们》，北京师范大学出版社，2004，第61—62页。

境多样性。这种结构让三江并流成为世界上生物多样性最丰富的地区之一。整个地区维管束植物有 7 000 多种，占全国的 20%以上，其中珍稀濒危植物 103 种，特有植物 882 种，鸟类 437 种，占全国的 35%左右，爬行类 50 种，占全国的 35%，国家级保护植物 53 种，国家级保护动物 80 余种，是世界上生物多样性最丰富的地区之一。① 九寨沟也是世界级的生物活化石公园，当地有植物 4 000 种，脊椎动物 123 种，其中珍稀动物 50 余种，还有鱼类 1 种，两栖动物 4 种，都很珍贵。

生物的多样性，给遗产地带来了绮丽的景象，给人与生物圈的相处带来了特殊的亲和力。民俗种类的丰富度，也与生物保留的年代和种类有关。在三江并流地区，藏族等少数民族占人口的 50%以上。森林区的民俗，有神树习俗。渔业区的民俗，有敬畏龙王习俗，控制捕鱼量。信仰文化的密度在全国首屈一指。九寨沟的藏族群众达 80%以上，他们长期奉行不杀生的佛教信仰，十分有利于动植物的生存。早在 1997 年，九寨沟就被联合国教科文组织列入了“人与生物圈计划”。当地的动植物民俗对于保持人与生物圈的平衡，制约人对生物种类的过度消费，起到制衡的作用。

但是，生物多样性遗产在自己的地理地点中都很强盛，离开了自己的地理地点就很脆弱，所以，山是这种遗产资源的摇篮、屏障和生命防线。

2. 山水文化区

山地结构也是多元文化的发生地，具有很高的人文价值。中国大部分遗产地都是山地，山地的地质形成年代提供了特殊的科学价值和美学价值。武陵源的近乎原初状态的地质历史遗迹，从古老遥远的年代保存到现在，呈现了相当的独特性，引起了学者文人的共同兴趣。周口店的北京人遗址、泰山的新旧石器时代人类活动遗址，虽然陈述着已消失的人类文明，但也具有很高的地学、

① 杨锐：《建立完善滇西北国家公园与保护区体系的行动计划》，郑玉歆、郑易生主编：《自然文化遗产管理——中外理论与实践》，北京：社会科学文献出版社，2003，第 129—130 页。这里所举述的部分数字与中国遗产委员会的描述有区别，中国遗产委员会指出，三江并流地区有中国 25%以上的动物种数，国家级保护植物 34 种。参见中华人民共和国联合国教科文组织全国委员会编：《世界遗产与我们》，北京：北京师范大学出版社，2004，第 62 页。另见，陈锡诚：《“三江并流”风景名胜区资源的保护思路》，郑玉歆、郑易生主编：《自然文化遗产管理——中外理论与实践》，北京：社会科学文献出版社，2003，第 288 页。

考古学、历史学和文化学意义。

山地的地形复杂程度也与遗产及周围环境的社会关系有关。如长城，它所经过的地形极为复杂，长城本身根据地形的不同采用了不同的结构，以抵御北部游牧部族的南下。这使长城的工程实施艰难、耗时巨大。城墙沿着山坡起伏延伸，穿过沙漠和沼泽。每隔一段距离，都设有敌楼，用于存放武器和粮食，并方便士兵居住和战时用作掩体。在重要道口、山口、山海交界处，都设立关城，便于交通往来，也有利于防守。长城沿线还建有独立的烽燧、烽火台，用于在敌人入侵时举火燃烟，传递消息，这些都体现了遗产工程与周围社会关系的历史，显示了中国古代人民的伟大创造力。

山地的高大形制还使之成为历史文化的地标。泰山山体高大，形体雄伟，高大的主峰与平坦的平原丘陵产生了强烈的对比，人们仰之弥高，视为天梯，崇拜高山，祭天习俗自古兴盛。泰山的建筑物、石刻和道路都是根据封禅、游览、宗教活动的需要依地形设计，其布局重点从祭地的神社首山至告天的玉皇顶。在约 10 千米的登山盘道两侧，切割了两个完全不同的空间：一个是以泰安城为中心的人间闹市；一个是以城北岱宗坊为起点，通过 5 800 多级的天体盘道，直至岱顶的天庭仙界，这充分反映了山与人互动的多元因素。除泰山之外，我国还有一批名胜都是因山岳崇拜而得名的，被誉为“山不在高，有仙则灵”。西藏自然保护区位于世界屋脊，很多地方人迹罕至，仍不乏多元文化的遗迹，如聂拉木中有人类石器和灰烬遗址，吉隆邦兴村有藏王松赞干布时修的强真格给寺，还有古岩画和定日聚落遗址等民俗文物。

山地地貌的复杂组合还产生了大量的风水文化。武当山的古建筑群就十分讲究山林水脉，聚气藏风，达到了建筑与自然的高度和谐。四川黄龙则在长约 3.6 千米的沟坡上，由层层乳黄色的碳酸钙自上而下，将整个坡面铺满，就像一条黄龙从雪山上飞跃而下，沟内彩池随风晃动，就像龙鳞在抖动，当地人在这龙头、龙腰和龙尾三处，分别建立了黄龙寺的前、中、后三寺，不难想象，这是一种很用心的风水设计。

3. 圣地信仰和劳作社区

宗教分布是中国遗产资源的一种特有的本土成分。在现有的中国世界遗产中，武当山、青城山、武夷山都是著名的中国道教圣地，也有一定的世界影响。在其他自然遗产的分布区，如西藏、四川和云南等，当地的藏族群众信奉藏传佛教，而且传统深厚，已成为一种与自然遗产相斯守的精神文化。认识这种现象，可以更多地了解我们的祖先创造的多种天人沟通方式，寻找他们把人的活动纳入自然界生命圈的心路历程。

九寨沟是一种山地社会，当地居民信奉苯教，视山川为神山圣水，对人对生物圈的消费起到制衡作用，九寨沟因此成为世界级生物活化石公园。1997年，联合国教科文组织将其列入“人与生物圈计划”，对遗产地人民的自然观和生活传统加以肯定。

（三）平原文化分布

在我国的遗产地中，平原结构略少于山地结构，但也有自己的民俗分布特点，主要有以下几种遗产形式：

帝王历史纪念地。在半平原、半丘陵之处，在依山傍水之地，多有帝王陵墓遗址，如北京的明清皇陵和西安临潼的秦始皇陵，这与当时墓葬地修建的难易程度和来世文化哲学都有关系。此外，北京的故宫、天坛和颐和园等地，都是帝王活动的历史场所，过去为上层统治者所专用，现在变成广大人民参观游览的皇家博物馆和建筑艺术陈列馆。

儒学发祥地。山东的曲阜孔府、孔林和孔庙坐落在齐鲁平原上，是孔子儒学思想的故乡，两千五百年来，一直被朝拜、祭奠，对中国文化产生了深远影响。

园林景观。苏州园林是平原地带文化景观的代表，其借山水入园的作品设计，用诗歌文化带动地理欣赏的风气，创造了中国建筑史上的独特风格，也引发了世界游人的兴趣。

（四）民族聚居区分布

民族聚居区分布与遗产类型相关，形成了多元文化并存的格局。

我国的汉民族主要分布在平原地区，拥有较多的历史文化遗产代表作。少数民族主要分布在山区，拥有较多的自然遗产。此外，从实际情况看，在本书未列的非物质文化遗产中，也是少数民族的传承作品最多。我国多民族长期合作，在不同的遗产地创造了大统一，又有地方多元的遗产资源品种，所有中国遗产都凝聚了他们的共同智慧和劳动。

（五）岛状遗产地分布

一般认为，岛状结构遗产地的物种丰富度大于大陆结构的物种丰富度，岛屿和沿海海域的生物多样性资源十分丰富，能为许多动物的迁徙提供栖息地，为区域性卵生动物的繁殖提供场所，还为人类的出海活动提供重要交通枢纽。现在世界上完全因为岛状地和海域生物多样性而被列为世界遗产的有多处。但在我国，尚无岛状结构的遗产地，这与中国是大陆国家有关。不过，目前人类活动对岛屿和沿海地带的生物多样性破坏增多，包括采矿、过度捕捞、海洋运输、抛锚和污水排放等，因此也需要对此加以注意。

此外，自然条件和民俗生活传统也不都是有益于人类的。民俗资源有时也面临它们的多种威胁，主要有以下几点：

自然灾害和自然侵蚀。大自然给人类馈赠了大批遗产，同时又是这些遗产的天敌。自然界的洪水、海啸、台风、山崩、地震、火灾和火山爆发等，每次发生，都会给人类遗产造成毁灭性损失。我国西北部还有不少宝贵的文化遗址，但早年由于鲜为人知的原因被遗弃，或由于自然力的侵蚀，历久年衰、腐化蜕变。在云南和西藏的遗产地，特殊的地貌环境也造成了生态系统对这种环境十分敏感和完全依赖，生存状态极其脆弱，种群繁殖率低，防御敌害能力差，一旦破坏就难以恢复，急需保护。[①]

非法开采和狩猎。在人类遗产的巨大生物价值和文化价值中，也蕴含着可观的经济价值，因此急需保护，避免为经济利益而破坏遗产原貌。近年来，很多地区发生了不可持续性的自然资源开采，造成了资源枯竭、珍稀动植物灭

① 刘务林：《西藏自然保护区的高原特色》，郑玉歆、郑易生主编：《自然文化遗产管理——中外理论与实践》，北京：社会科学文献出版社，2003，第 318—319 页。

绝。在湖南武陵源和四川九寨沟的遗产地，也曾因为经济的压力，毁林开荒、过度放牧，后经采取适当的保护行动，解决了这些问题。

战争和冲突。战争和冲突对人类遗产的杀伤力最大。20 世纪的两次世界大战使许多古老的城镇、遗址、名胜被蹂躏和损坏。我国在抗战期间，为确保国宝安全，曾将故宫的精品文物分五批转移到南方，又在抗战胜利后，部分运回故宫，部分运抵台湾。在日军侵华战争中，1927 年以来发现的全部北京人和山顶洞人化石标本遗失，损失重大。①

城市化和土地利用。在现代社会，失控的城市化是人类遗产资源的主要威胁。在联合国教科文组织宣布的 16 种濒危遗产中，有 8 种与城市化有关。城市化的影响主要是破坏遗产地的原有风貌，在城市扩展、道路规划和民居建筑中，侵占遗产地的土地。近年北京胡同的拆迁就遇到这个问题，经北京市政府的干预，现已得到制止。

水坝项目和水电站建设。现在，缺水是世界问题，解决缺水危机，也是科技攻关的重要项目。但一部分水项目也造成了对人类遗产的严重威胁，这是人们始料不及的。我国云南怒江大峡谷曾上马水电站项目，引起了广泛的社会关注，后项目缓行。

综上所述，我们讨论地理现象与人类遗产资源的关系，主要是想说明，地理现象不是孤立存在的，它是与社会、经济、文化等多种因素相互作用的。它们彼此之间有联系，也相互制约。保护人类遗产，就要解决地理地点与人类活动的关系，研究和发挥遗产地的优秀传统文化的作用，这样才能达到目的。

第二节　人类文化新财富

世界遗产是大自然的馈赠和人类的文化创造，但从前它是在自然状态下生存的，容易自生自灭。在现代社会，将之列入世界精神文化与物质文化的代表作，建立了人类文化的新财富。对它的跨文化研究，可以提升民俗学的地位和影响。

---

① 中华人民共和国联合国教科文组织全国委员会编：《世界遗产与我们》，北京：北京师范大学出版社，2004，第 36 页。

一、 世界遗产概念对跨文化民俗学的影响

（一）积极的影响

保护世界遗产公约提出“突出的普遍价值”观念，强调世界多元文化和遗产景点不仅对当地具有重要性，而且是人类新财富的一部分，这对阐释民俗在现代社会的发展趋势与交流前景是一个新视野。过去民俗学者只强调民俗的主体性，现在公约说明，被选择为世界遗产的民俗还要有世界意义，有普遍价值，这就给民俗学提出新任务，即不但要解释本民族自己享用的一般民俗，还要解释能成为世界代表作的少数民俗，后者需要比较文化和比较历史的知识。过去民俗学也强调自己是比较的科学，但过去比较是为了在世界范围内自己认识自己的民俗，现在不但如此，还要认识自己的哪些民俗同时可以拿出去，具有展示性，带有世界普遍价值。

公约具有人文、社会、自然科学相关性规定。由于公约强调自然、历史、科学、文化、艺术和审美的相关性，一项世界遗产往往在几个方面都具有突出的世界性的特征。这有利于民俗学挖掘那些鲜为人知或过去被忽略的民俗内涵，把民俗本来就是自然与文化高度相关、高度依赖的文化特质加以充分研究和阐释。

公约强调“公益性”的遗产利用观念，是与民俗的公益传统相吻合的。但公益的自然文化遗产也容易遭受破坏，因此，发挥民俗的公益管理传统，将之纳入乡规民约，容易使保护工作奏效。另一方面，也有一些脆弱民俗，可以借助公益性的理念，得到新的保护理由和保护性研究。

世界遗产评估的概念，促使民俗学的研究具有可操作性，创造一套可测量的专家系统和民众系统的双重民俗评估系统，要增加对工艺民俗等部分民俗事象的技术评估指标，这能推动应用民俗学的研究。

世界遗产拥有标识的概念，要求说明遗产地的名称和地理位置，划定遗产保护地区和缓冲区（控制地带），注明保护区的面积和人口，这能限制民俗类型学的无限扩张，鼓励民俗地图学的发展。

世界遗产要求合法的概念，要求说明遗产对象的法律地位，管理和保护遗

产的法规、措施，这能促进建立成文法和习惯法的联系，开拓对民俗法学的研究。

世界遗产的政府申报概念，要求民俗的定义可纳入政府的定义之内，这要求民俗学的研究与社会公共政策学相结合，这方面的成果，不但要能说明遗产地民俗的优长，也要能说明遗产地的民俗传承存在压力和威胁，并提出政府保护的措施，这也是新任务。

（二）不利的影响

世界遗产的边界不甚清晰，对划分中国的遗产资源有交叉现象。在中国这样一个历史文化大国，用世界遗产的标准，将自然遗产、文化遗产、文化与自然双重遗产等分开申报，不完全符合中国的实际情况。在中国，几乎各类遗产都有连带的文化基础。以云南三江并流遗产为例，它被确定为世界自然遗产，但它同时也是一个文化多样性和口头与非物质文化遗产多样性并存的地区，它中间的一个小镇丽江古城就申报了世界文化遗产。陕西临潼的兵马俑被列入世界文化遗产，其实它就坐落在骊山森林公园地区。其他文化遗产，如黄山和泰山，也未尝不是自然遗产。所以，建立适合中国特点的评价系统还是有必要的。

世界遗产的定义不够宽，对开展中国遗产保护工作有限制。中国政府所申报成功的遗产项目，都是根据世界遗产申报体制申报的。但在世界级的评价系统中，对国家级和地方级遗产只是原则上略有所涉及，实际是不列入评价标准的，而只是一种范畴上的结合，这也不大符合中国的实际，不能反映中国遗产的多样性和复杂性。中国的国家级和地方级遗产资源加起来难以胜数，以现在的定义的框子去申报和保护，将有许多遗产受到损害和破坏。特别是那些自然保护区，大都处于经济不发达地带，更亟待保护。中国的国家级贫困县有 426 个，与自然保护区毗邻的占 3/4，区内 71.5%的人口为农民，而 1 126 个自然保护区中约有 50%位于贫困县之中。[①] 这说明，自然保护区的人民有极度依赖

① 苗鸿等：《中国自然保护区的社区参与机制研究》，郑玉歆、郑易生主编：《自然文化遗产管理——中外理论与实践》，北京：社会科学文献出版社，2003，第 189 页。

于自然资源的生产生活习俗。自然保护会与他们的传统生产生活发生冲突，但贵州草海国家级自然保护区的例子说明，通过针对中国实际的正确引导和保护，是可以解决这些问题的。草海是国家级贫困县，当地原有的农牧渔业都依赖自然资源开展，与自然保护的矛盾曾经十分突出。自 1993 年起，国家环保局与贵州省环保局、草海自然保护区管理处和国际鹤类基金会等国际组织合作，推行自然保护与社区发展相协调的“村寨发展计划”、小额捐助的“渐进项目”，同时，利用农民传统民俗知识，实施“小流域治理”和“参与式环境教育”计划，让他们自己根据当地风俗习惯画出资源图，确定种树范围，治理水土流失，建立拦沙坝，自己选举管理人员，集体制定村规民约，并刻在石碑上，共同遵守。[①] 在这种工作中，村民的积极性很高，自然保护与经济发展得到了协调，这时民俗控制了当地经济的有限发展。总之，我们应该抓紧世界遗产资源保护的机会，做自己的事，看好自己的家底。

在文化遗产方面有遗漏。现在根据世界遗产的体制申报，没有考虑到全国 31 个省市和 2 000 多个县所蕴藏的大量民俗文化代表作，这些地方却常年接待着大量的游客，倒腾着祖宗的家底，保护资金和精力都严重不足。相关法律法规也顾不到民俗，没有强调利用传统民俗规约对保护遗产的不可忽视的作用。此外是缺乏使用权限定，很多公共工程破坏了民俗遗产地，剥夺了当地民众的民俗权利，却没有法律可以对之加以限制。

从一般民俗学的角度说，申报世界遗产，也促使民俗学将民俗的定义加以扩张，从强调地区民俗到强调全民族民俗和国家的主体民俗，这也容易减少民俗学者关注民众民俗的注意力，这是一个值得警惕的问题。另外，在这种研究中，民俗学的传承研究容易与文化遗产的理论研究相结合，这虽丰富了现代民俗学的内涵，但也要求民俗学将民俗的日常状态与代表作相区分，将不可转移的民俗与可转移的民俗相区分，这也对民俗学形成挑战，要求民俗学科提出自己的新课题。

但不管怎样，世界遗产资源的概念和保护行动，将地理人文意识上升到全

---

① 管毓和：《草海的社区组织在自然保护区发展与保护中的作用》，郑玉歆、郑易生主编：《自然文化遗产管理——中外理论与实践》，北京：社会科学文献出版社，2003，第 177—178、181、183、185 页。

球意识和人类生命意识、生存质量意识上来认识，是对物质文明与精神文明的共同建设，它要求逆转人类生态与自然生态的退化趋势，重新调整人类心态、生产关系、生活方式和生态秩序，恢复人和自然的生态潜能，在资源承载能力和环境容量许可的前提下，促进人与自然在时间、空间、数量、结构和功能关系上的可持续发展，实现农业社会的自然经济向城市社会的市场经济，再到可持续社会的生态经济的良性过渡，[①] 这些努力对中国现在和未来的发展都是有利的。

二、 世界遗产保护理论的关键词

人类遗产保护工作现已深入到全民、全国、全球，大有不可阻挡之势。它对经济全球化有很强的批评能力，对国家民族历史有很旺盛的表达能力，对现代社会可持续发展有很实际的建设能力，对人类多元情感和价值观有很高的整合能力，前景看好。它很理想化，也很理性，能够前所未有地把人类的理想与理性扣在一起，抵制某些人的疯狂破坏，对人类社会的发展正在发挥自律和自正的作用。

中国人早就有保护文化遗产的传统，学者始终是文字文化的保管者。历代官方下令搜集和保护的记载也相当丰富，还出过几位政绩卓著的皇帝，如汉武、唐宗、宋祖和后来明清的一些有识明君。在民间社会，保护祖先文化的社会活动也传承悠久，创造了家族保护、宗教保护、方言保护、民间文艺保护、农业仪式保护、民族节日保护、衣食住行习惯保护、医疗健康方式保护、民居村落格局保护、地方水土资源保护等多种形式，各具深刻而丰富的内涵。对民间活动，有些政府和学者了解，也有些从前不大了解或不大接触和不熟悉。20世纪以来，中国现代学术兴起，一些现代学科如民俗学、社会学和人类学等，都侧重对从前被视为非主流文化的对象进行调查研究，民俗学还有自己记录和出版民间文艺作品与民俗志资料的传统，这些学科都有各自的积累。传统文史国学的优势也还在继续，同时补充了新思维和新方法。但上述这些还都是分散的保护工作，没有形成人类遗产保护的整体理论。

---

① 王如松、周鸿：《人与生态学》，昆明：云南人民出版社，2004，第201、211页。

全球化具有强劲的信息和经济动力，能把20世纪原本掩藏的分门别类工作的空隙之处利用个够，也挤压个够。一个互联网可以把地图上找不到的某个小地方保存了千万年遗产的消息在一两秒钟内公布给全世界，让人类兴奋，也为难、吃亏，最后不得不寻求共同保护的出路。在种种探索中，人类遗产保护的整体理论便显得十分重要和必要，我国已具备了建设它的条件。

中国富有保护传统和保护层次的多样性，建设人类遗产保护理论的日常基础和民主基础深厚，也为国家和国际社会所共同关注，目前还有许多外国流行理论可以借鉴。但在开始阶段，还要先认识几个关键词，让各方人士感到对路、不难，能统一认识，才好一起使劲。这几个关键词是：评价标准、公民意识、国情资源和良性治理。

（一）评价标准

人类遗产保护理论首先关注保护事业的全面运行机制指标，即评价标准。它以环境机制和文化机制为主。它有三个层面：文化科学体系的评价、农业生态标准的评价、遗产主体的丧失危机评价。19世纪中后期，人类学家和民俗学家引进科学进化论学说，把工业社会与前工业社会相比，评价人类的文化体系，将之界定为民族生存环境中的文学、艺术、哲学、历史、风俗、习惯、法律、制度等所有可以起源、演化、变迁和衰亡的精神文化。在20世纪，经历了战争和现代化，学者又把现代化全面开花和少数发达工业化社会相比，将之界定为农业生态标准，用以批评各国片面追求国民经济增长总值的做法，他们指出，仍在发展中国家保留的部分农业生态标准本身就能保护环境、限制利用资源和爱惜祖传遗产，应该继承。进入全球化时期，学者再把经济全球化增长结果与人类所付出的巨大代价相比，将之界定为人类遗产主体不可再生说，他们提出，需要使用死亡假定法严肃地对待人类遗产与人类主体的依存关系，敦促人们思考假设有一天人类把地球上的自然和文化资源全部消耗殆尽后应怎么生存，就像思考父母或爱人失去而不能复生一样，应趁之在世加倍珍惜和保护。法国哲学家魏五海在《人类财富新尺度》中说，改变人类遗产的评价标准，是人类改变自己的财富观念所致，应该促进这一趋势的到来。他说，据统计，美国“9·11”事件中的手机通话在生命最后一刻都是被用来向亲人传递情感，而不是通知银行密码，这说明人类在失去生命资源时最清醒。

（二）公民意识

人类遗产保护理论大力提升公民意识，把各民族优秀遗产看成是全人类的共同财富，要求提高保护的共同社会责任感。在第二次世界大战前，曾有两种“挪移”论，一种是殖民地和宗主国之间的挪移，一种是社会上下层之间的挪移，诺曼和葛朗西的书都讲过此点，其中的文化霸权弊端遭到了猛烈批评。在现代化和全球化时期，它体现为文化差异对象之间的挪移潮流，如西方人嗜好东方古董，东方人追逐西方时髦等。在这种挪移中，人类遗产保护可能会随机错位，但人类遗产与原生态人民的生活和情感相剥离的现象应受到批评。

（三）国情资源

人类遗产保护理论的基础是国情。中国在这方面有优裕的资源。前文提到的历史传统是资源，还有一些仍待发掘和保护的地方，如多民族、多地区、多语言和多信仰的遗产等。还有，中国人历来十分看重精神文化遗产，现在还应该注意对物质文化遗产、社会组织遗产及其农业生态评价体制和规约，以及其他口头遗产的保护。它们的有些方面，学者和政府从前不大接触或不熟悉，而在民间却一直以民俗的方式传承，民俗方式也是一种资源。

（四）良性治理

人类遗产保护的本质是政府良性治理，也称协同治理。西方国家动手保护要比我们早，也总结了不少政府难题，比如保护资金的来源、保护法律和教育政策、保护遗产与经济发展的矛盾、国家评估成就的指标不考虑保护遗产的成本和劳动等。他们提出两条治理方案，可供我们参考：一是政府、学者和经济实体相结合，产生一个权威性的专业保护遗产机构，独立运作并监督执法，以解决碎片化的工作带来的弊病；二是发展人类遗产保护公益事业，从而使其在根本上得到可持续发展。

需要强调的是，关键词是针，国情是线，人类遗产保护在别国再流行，不结合中国国情，学者和政府也不能飞针走线。然后，才是用全民之手，绣全国之特色，在全球化中保持独立的生存发展空间。

后记

本书于2012年获评教育部“十二五”国家级规划教材，为了更好地发挥它的作用，此次出版前，作者对原书做了修订。首先，将书名稍做调整，改为《全球化与民俗化》；其次，增加了全球化下加强跨文化对话的内容。本书本次出版的总目标，是适应高校民俗学教学发展的要求，提供较为前沿的理论研究和资料资源，拓展民俗学教学空间，培养学生关注全球化下多元文化竞相发展的当代思潮，同时坚持民族文化主体性，成为现代社会的新型人才。

本书同时属于教育部人文社会科学重点研究基地重大项目“跨文化学理论方法论”的子课题成果。①

12年前，作者讨论了当时还很少有人讨论的全球化与民俗化的关系问题；12年后的今天，作者开始讨论现在还很少有人讨论的跨文化视角下的民俗文化教育问题。当然，这只是一个开始，与后面还要进行的万里长征相比，只能算是一个“跬步”，但这一步总得要“跨”出去。为此，我要感谢乐黛云先生的一路引领，感谢法国阿尔多瓦大学金丝燕教授的理论启发。感谢高等教育出版社文科事业部汤悦主任和迟宝东主任的多年关照。感谢金英编审在本书的

① “跨文化学理论与方法论”为2016年教育部人文社会科学重点研究基地重大项目（项目批准号：15JJDZONGHE00316JJD750006），项目主持人：金丝燕教授。作者为其中“跨文化视野下的民俗文化研究”子课题负责人。

初版和修订版的两次出版过程中给予的诸多指点。感谢责任编辑张婧涵女士付出的辛劳。

所有的师恩与友情都是我心田上的春风和秋雨，催人笔耕四季，我始终不忘。

董晓萍

2017 年 3 月 2 日

反盗版举报电话　(010)58581999　58582371　58582488

反盗版举报传真　(010)82086060

反盗版举报邮箱　dd@hep.com.cn

通信地址　北京市西城区德外大街4号

高等教育出版社法律事务与版权管理部

邮政编码　100120